KB276112

청소년 비행-성-약물 상담

와일드북
와일드북은 한국평생교육원의 출판 브랜드입니다.

청소년 비행–성–약물 상담

초판 1쇄 인쇄 · 2026년 01 월 15일
초판 1쇄 발행 · 2026년 01 월 20일

지은이 · 이지연 · 고혜인 · 노성현 · 김재은 · 김아신 · 정현주 · 이윤진 · 송찬미
　　　　　정새롬 · 손향미 · 오은경 · 김혜숙 · 신수진 · 정난숙 · 조은문 · 임려원
발행인 · 유광선
발행처 · 한국평생교육원
편　집 · 장운갑
디자인 · 박형빈

주　소 · (대전) 대전광역시 유성구 도안대로589번길 13 2층
　　　　　(서울) 서울시 서초구 반포대로 14길 30(센츄리 1차오피스텔 1009호)
전　화 · (대전) 042-533-9333 / (서울) 02-597-2228
팩　스 · (대전) 0505-403-3331 / (서울) 02-597-2229

등록번호 · 제2018-000010호
이메일 · klec2228@gmail.com
instagram @wildseffect

ISBN 979-11-94710-26-4 (13190)
책값은 책표지 뒤에 있습니다.

청소년 비행-성-약물 상담

이지연 · 고혜인 · 노성현 · 김재은 · 김아신 · 정현주 · 이윤진 · 송찬미
정새롬 · 손향미 · 오은경 · 김혜숙 · 신수진 · 정난숙 · 조은문 · 임려원 지음

청소년 상담은 그저 누군가의 고민을 들어주는 일이 아니다. 그것은 변화의 가능성을 믿는 일이고, 아직 온전히 자라지 않은 존재들이 상처 속에서도 자기를 잃지 않도록 곁에서 지켜보는 일이다. 청소년의 일탈, 성 문제, 중독은 많은 경우 '문제행동'이라는 이름으로 낙인찍히지만, 실제로 그 안에는 구조화되지 않은 고통과 미처 표현되지 못한 절규가 숨어 있다. 따라서 청소년 상담은 표면의 행동보다 깊은 맥락을 읽어야 하고, 판단보다 이해로 나아가야 한다. 이 책은 바로 그 지점을 놓치지 않기 위해 기획되었다.

'청소년 비행-성-약물 상담'은 청소년 관련 전문 영역에서 실무를 하고 있는 상담사와 교사, 사회복지사뿐 아니라 청소년상담사 1급 자격시험을 준비하는 수험생에게도 필요한 교재로 집필되었다. 이론적 지식을 아는 데 그치지 않고, 실제 상담 장면에서 청소년과 어떻게 만나고 무엇을 이야기해야 할지 고민하는 이들에게 구체적인 방향을 제시해 줄 수 있는 책이기를 바랐다.

1부는 청소년 비행을 다룬다. 1장은 정난숙이 청소년 비행의 정의와 유형을 중심으로 서술했고, 2장은 이윤진이 생물학적 관점에서 비행 행동의 기제를 조명했다. 3장은 고혜인이 심리학적 이론을 바탕으로 청소년의 내면과 행동을 분석하였으며, 4장은 노성현이 사회학적 관점에서 비행을 바라보는 시각을 담아주었다. 이어지는 5장에서는 김혜숙이 학교폭력과 사이버 폭력이라는 현실적인 문제를 다루었고, 6장은 정현주가 상담 현장에서의 실제 개입 경험을 토대로 청소년 비행 상담의 흐름과 전략을 제시했다. 각 장은 청소년 비행을 단순히 '문제행동'으로 단정 짓지 않고, 그 이면에 숨겨진 심리적 결핍과 관계적 맥락을 함께 조명하고자 했다.

2부는 청소년 성 상담을 다룬다. 7장은 신수진이 청소년기의 성 발달 과정을 발달심리학적 관점에서 정리하였고, 8장은 손향미가 청소년 성범죄의 원인과 특성, 그리고 상담적 개입의 방향을 구체적으로 서술하였다. 9장은 김재은이 성교육과 성 상담의 실제를 중심으로, 성 문제를 다루는 상담자의 태도와 접근 방식을 정리하였다. 세 장 모두 청소년의 성 문제를 단순한 지식이나 규범의 차원에서 다루기보다, 자아 정체감의 형성, 타인과의 관계, 자기 보호와 자율성까지 아우르는 복합적인 주제로 접근하였다.

3부는 약물과 중독이라는 민감하면서도 중요한 주제를 다룬다. 10장은 오은경이 청소년 약물 사용의 개념과 특성을 중심으로 서술하였고, 11장은 김아신이 인터넷, 스마트폰, 게임 등을 포함한 행위중독의 양상과 개입 방안을 정리했다. 12장은 정새롬이 대인관계 속에서 나타나는 관계중독의 특징과 상담자의 개입 방향을 다루었으며, 13장은 송찬미가 중독 상담의 이론과 실제를 통합적으로 정리하여 현장에서 적용할 수 있는 개입 전략을 제시하였다. 중독은 청소년기의 불안정한 자아상과 외부 자극에 대한 취약성 속에서 자주 나타나는 반응이며, 단순히 사용을 중단시키는 개입보다 관계 회복과 자기조절 능력을 키우는 접근이 더욱 중요하다. 이 장은 중독을 단절의 문제가 아닌 회복의 실마리로 바라보며, 청소년과 상담자 모두에게 새로운 가능성을 열어주는 시선을 담고 있다.

4부는 소년 사법 제도를 다룬다. 14장은 이지연이 소년사법의 기본 개념과 제도의 구조, 그리고 상담자가 알아야 할 주요 내용을 정리하였다. 청소년 비행을 보다 넓은 사회적·법적 맥락에서 이해하고 개입할 수 있도록 돕는 기초가 되는 장이다.

이 책은 각 분야의 전문성과 경험을 갖춘 저자들이 치열하게 고민하고 성실히 집필한 결과물이다. 각 장은 독립적이면서도 전체 흐름 안에서 유기적으로 연결되도록 구성되었다. 특히, 모은 상담심리연구소 조은문 소장, 임려원 소장은 전체 집필진과의 긴밀한 협업 속에서 책의 구성과 흐름을 조율하고, 중심축을 잡아가는 데 있어 큰 역할을 해주었다. 이러한 공동 작업을 통해 이 책은 단순한 공저를 넘어, 실제 상담 현장에 닿을 수 있는 언어와 메시지를 담은 살아 있는 교재로 완성되었다.

청소년 상담은 결국 '사람을 만나는 일'이다. 이 책이 그런 만남에 함께하며, 청소년의 삶 전체를 품어 안을 수 있는 시선과 언어를 갖고자 하는 모든 이들에게 이 책이 실제적인 도구이자 따뜻한 위로가 되기를 희망한다.

◈ 독자의 이해를 돕기 위해 본문에서는 '청소년', ' 상담자', '내담자'라는 용어를 일관되게 사용했다. 기관에 따라 명칭은 다를 수 있으나, 혼란을 줄이기 위한 선택이다. 본문에서는 '청소년'이라는 표현을 중심으로 일관되게 사용했고, 상담 장면에서는 도움을 제공하는 사람을 ' 상담자', 도움을 요청하는 사람을 '내담자'로 정리했다.

◈ 책에 담긴 상담 사례는 실제 현장 경험을 바탕으로 구성되었으며, 청소년의 보호를 위해 모든 인물과 상황은 가명과 허구로 재구성되었다. 사례는 상담 개입을 이해하는 데 도움을 주려는 것으로, 실제 인물이나 사건과는 관련이 없다.

2025년 겨울
저자 일동

차 례

1부 비행 상담

3부   약물 및 중독 상담

차 례

4부   소년사법

1부

비행 상담

1 / 청소년의 개념과 청소년기 특징

1) 청소년기(adolescence)의 의미

'청소년'이라는 용어는 라틴어 'adolescence(성장하다, 성숙해지다)'에서 유래되었으며, 이는 청소년기를 단순한 연령 구간이 아닌 하나의 발달 과정으로 이해해야 함을 시사한다. 청소년기는 아동기와 성인기 사이에 단순히 머무는 시기가 아니라, 신체적·정서적·사회적 변화와 성장이 집중되는 시기이다.(권남희, 이혜경 외, 2020)

보통 12세 전후부터 18~24세까지를 청소년기로 보며, 이 시기의 청소년은 성적 성숙과 함께 자율성과 정체감에 대한 강한 욕구를 드러낸다. 이들은 '나는 누구인가?'라는 질문을 중심으로 자아정체성을 탐색하며, 독립을 원하면서도 여전히 주변 환경에 의존하는 이중적 상태에 놓이게 된다.(김현수, 2019)

'성장하다', '성숙해지다'라는 의미를 지닌 Adolescence에서 유래된 말처럼, 청소년기는 성숙을 향한 내적·외적 성장을 경험하는 시기로, 가족, 학교, 또래 집단 등의 영향을 받아 정체성과 가치관이 형성된다. 이 시기의 발달은 단순한 생물학적 변화에 그치지 않고, 인지적·정서적·사회적 성숙을 향한 복합적 과정으로 이어진다.(권남희, 이혜경 외, 2020)

현대 산업사회에서는 교육 기간이 길어지면서 청소년기가 연장되었고, 그로 인해 청소년은 신체는 성숙하지만, 심리는 미성숙한 상태, 독립을 원하면서도 현실적으로는 독립하지 못한 상태라는 긴장 속에 놓이게 되었다. 이러한 이중성은 정체감 혼란과 정서적 불안을 높이고, 비행 행동의 위험성을 높이는 요인으로도 작용한다. 청소년 비행을 이해하기 위해서는, 청소년기의 급격한 발달로 인한 변화와 구조적 긴장, 그리고 자아 정체감 확립 과정에서의 갈등을 충분히 이해하는 것이 필수적이다. 이는 청소년 문제에 대해 보다 효과적이고 공감적인 접근을 가능하게 한다.

2) 생리적 성숙과 2차 성징

청소년기는 영아기 이후 가장 급격한 생리적 변화가 일어나는 시기로, 여학생은 대체로 10~11세경, 남학생은 12~13세경부터 키, 체중, 골격, 근육, 호흡기, 생식기관 등이 빠르게 성장한다. 이 시기의 생리적 성숙에서 핵심은 '2차 성징'으로, 성호르몬 분비에 따라 남성은 음성 변화, 근육 발달, 수염 생성, 몽정 등을, 여성은 유방 발달, 초경, 골반 확대 등을 경험한다. 이러한 변화는 청소년을 신체적으로 성인에 가깝게 만드는 생물학적 이행 과정이라 할 수 있다.

신체적인 변화는 단지 몸이 자라는 것에 그치지 않고, 청소년의 감정과 또래 관계, 사회 속에서의 자기상에도 영향을 미친다. 이 시기의 청소년은 외모 변화에 민감하게 반응하고, 자기 외모에 관한 관심과 더불어 또래나 사회 기준과 비교함으로써 불안, 고립감, 열등감을 경험하기도 한다. 특히 후기 청소년기로 갈수록 자기 이미지에 대한 집착이 심화되고, 타인의 시선에 대한 의식이 강화되어 자아 정체감 형성에도 영향을 준다.

생리적 변화는 자존감과 감정 조절에도 직접적인 영향을 미치며, 감정 기복, 충동성, 성적 관심 증가 등으로 이어지기도 한다. 또래보다 빠르거나 늦은 성숙은 사회적 소외나 과도한 주목의 원인이 되어 또래 관계에 불안을 초래하고, 행동 문제로 연결되기도 한다. 더불어 신경계와 호르몬계의 변화는 청소년의 행동을 보다 충동적이고 즉각적인 방식으로 이끄는 경향이 있다.

무엇보다 신체적 성숙과 심리·인지적 성숙이 반드시 일치하지 않는다는 점이 청소년기 혼란의 핵심이다. 겉모습은 성인처럼 보이지만 감정 조절, 판단력, 도덕성은 미성숙한 상태에 머무는 경우가 많다. 이로 인해 성적 충동이나 자율성 욕구가 통제되지 않을 경우, 비행이나 일탈 행동으로 표출될 위험도 높다.

결론적으로 청소년기의 생리적 변화는 신체의 급속한 성장과 2차 성징을 중심으로 전개되지만, 이는 정서적 반응성, 자아 이미지 형성, 또래 관계에도 깊은 영향을 미친다고 할 수 있다. 신체적으로는 성인에 가까워 보이지만, 감정 조절이나 판단력은 아직 미성숙한 상태로, 충동성과 불안정한 감정이 행동화로 이어질 가능성도 높다. 따라서 생리적 성숙은 인지·정서·사회적 발달과 긴밀하게 맞물려 있으며, 이를 통합적으로 이해할 때 청소년의 건강한 성장과 적응을 도울 수 있다.

3) 심리적·정서적 미성숙

청소년기는 급격한 신체 발달과 함께 인지, 정서, 사회성 발달이 복합적으로 이루어지는 시기로, 이에 대한 깊이 있는 이해가 필요하다. 이러한 점에서 많은 학자들은 청소년기의 특성과 발달 과정을 다각도로 분석하며 인지, 정서, 도덕성, 심리발달에 대해 다양한 이론을 제시하였다.

(1) 피아제(Jean Piaget)의 인지발달이론

피아제는 청소년기를 인지 발달의 마지막 단계인 '형식적 조작기(formal operational stage)'라고 하였다. 이 시기의 청소년은 논리적, 추상적인 사고가 가능해지며, 자기중심적이고 직관적인 판단에서 벗어나 다른 사람의 입장을 고려하고 가설적으로 사고하는 능력이 발달한다. 그러나 동시에 청소년들은 자신의 외모와 행동에 지나치게 몰두하며, 타인의 시선을 과도하게 의식하는 등 자기중심적 사고도 여전히 지니고 있다. 대표적인 예로 항상 누군가가 자기를 지켜보고 관심이 있다고 믿는 '상상적 청중(imaginary audience)'이나 청소년 자기의 생각이나 경험하는 세계가 아주 특별하고 독특하며 타인은 절대로 이해하지 못하리라 생각하는 '개인적 우화(personal fable)' 등을 들 수 있다.

(2) 로렌스 콜버그(Lawrence Kohlberg)의 도덕성 발달이론

콜버그는 청소년기를 '도덕적 사고의 확장기'로 보았다. 이 시기 청소년은 사회 규범에 대한 이해를 넘어 보편적 도덕 원리와 정의의 개념을 인식하게 된다. 동시에 비행 청소년의 사례처럼, 또래 집단 내 반사회적 행동에 노출될 경우, 도덕적 기준이 퇴행하거나 무디게 작용할 수 있다. 즉, 이 시기의 도덕성은 발전 가능성과 동시에 취약성을 모두 지니고 있다.

(3) 에릭 에릭슨(Erik Erikson)의 사회심리학적 이론

에릭슨은 청소년기를 중요한 심리적, 사회적 전환기로 보았다. 청소년기는 '자아 정체감 vs 역할 혼란(identity vs. role confusion)'의 시기이며, 자신이 누구인지, 어떤 존재로 살아갈 것인지에 대한 탐색과 혼란이 공존한다. 이 시기에 자아 정체감을 성공적으로 형성하는 경험은 성인기의 심리적 안정성과 삶의 방향성을 결정하는 데 중요한 토대가 된다.

(4) 안나 프로이드(Anna Freud)의 자아 심리학 이론

안나 프로이드는 청소년기를 '심리적 이유기(psychological weaning period)'로 개념화하였다. 청소년기는 부모와의 정서적 · 심리적 의존에서 벗어나 독립적인 정체성을 형성하려는 시기이므로, 내적 갈등과 불안정성이 증가한다. 자아와 초자아 사이에서 심리적 긴장과 충돌이 커지는데, 이는 청소년기 특유의 심리적 혼란으로 나타난다. 이러한 관점은 청소년기의 발달을 신체적인 성장 그 이상, 즉 심리적 독립성과 자율성의 성취를 위한 중요한 이행 과정으로 바라볼 수 있다.

이렇듯 청소년기는 정서 발달에서 양가적 특성이 두드러지는 시기로, 권위와의 갈등과 또래로부터의 인정 욕구, 독립성과 의존성 사이의 긴장이 반복된다. 이러한 내적 갈등은 감정 기복과 예측하기 어려운 반응을 유발하며, 심리적 스트레스와 정서 불안정으로 이어질 수 있다.

정서 조절력이 미숙한 청소년은 감정을 즉각적으로 폭발시키는 경향이 있으며, 장기적인 결과를 고려하기보다 눈앞의 감정 해소나 즉각적인 만족에 몰입하는 특징을 보이기도 한다. 분노의 갑작스러운 표출, 충동적인 행동, 우울감의 반복, 불안정한 대인관계가 나타나기 쉽고, 이러한 정서적 반응은 비행 행동으로 확장되기도 한다. 특히 감정조절 능력의 부족은 공격적 행동이나 위법 행위로 이어질 수 있으며, 이는 청소년 비행을 단순한 일탈이 아닌 심리적 고통과 발달 과정의 결과로 이해할 필요가 있음을 보여준다.

이렇게 청소년기는 신체적 변화, 인지적 성숙, 정서적 재구성, 사회적 역할 학습이 동시에 진행되는 복합적 전환기로서, 다양한 이론가들이 이 시기를 '정체성 형성'의 결정적 시기로 강조한다. 이는 청소년이 성인기로 이행하는 과정에서 겪게 되는 내적 혼란과 외적 긴장이 교차하는 시기이며, 발달 과업의 실패나 충족 여부에 따라 이후 삶의 방향에도 큰 영향을 미칠 수 있다.

따라서 청소년 발달을 다각적으로 바라보는 통합적 시각은 필수적이며, 이는 비행 청소년에 대한 예방과 개입 전략을 수립하는 데 핵심적인 이론적 기반이 된다. 청소년의 건강한 발달 특성에 대한 충분한 이해와 공감은, 비행 청소년에게도 효과적이고 지속 가능한 지원을 제공할 수 있는 중요한 전제가 된다.

4) 사회경제적 능력 부재

청소년기는 자립적인 사회 구성원으로 성장하기 위한 준비의 시기이지만, 현실적으로는 경제적 자율성과 사회적 책임 수행 능력이 충분히 갖추어지지 않은 상태에 머무는 경우가 많다. 이 시기의 청소년은 교육을 통해 사회에 필요한 지식과 기술을 습득해야 하는 동시에, 학생의 역할에 맞는 도덕적 기준과 학업 성취의 압박을 함께 감당하고 있다. 이러한 이중 과제는 상당한 심리적 중압감으로 작용하며, 정체감 형성과 자율성 발달을 방해할 수 있다.

청소년은 스스로 주도적인 삶을 살고자 하는 강한 욕구가 있지만, 경제적으로 부모에게 의존할 수밖에 없는 현실에 부딪히며 내적 갈등을 경험하게 된다. 어른으로 인정받기에는 미성숙하고, 아동으로 보호받기에는 책임을 요구받는 애매한 사회적 위치는 그들을 혼란스럽게 만들며, 이도 저도 아닌 정체성 속에서 방향을 잃기 쉽다. 여기에 치열한 입시 경쟁과 장기화한 취업 준비는 청소년기의 부담을 더 많이 심화시키고, 청년기의 진입을 지연시키는 '성인 유예(adultescence)' 현상을 심화시키고 있다.

청소년은 법적, 경제적, 사회적으로 제약된 환경에서 자율적인 선택을 실행하기 어려운 구조 안에 있으며, 이는 자립을 위한 의사결정 능력과 통제력 부족으로 이어지기도 한다. 이러한 한계는 음주, 흡연, 가출, 유흥업소 출입 등 다양한 일탈 행동으로

이어질 수 있으며, 때로는 폭력, 괴롭힘, 절도, 강도, 성매매 등과 같은 비행 행동으로
확장된다. 특히 경제적으로 결핍된 환경에서 자라는 청소년은 생존을 위한 금전적 욕
구를 충족시키기 위해 범죄에 노출될 가능성이 더 높아진다. 더욱이 자신들의 문제를
해소하거나 대안을 찾을 수 있는 제도적 자원이나 사회적 지지가 부족할 경우, 문제는
더욱 심화된다.

청소년기의 사회경제적 미성숙은 단순히 개인의 책임으로 돌릴 수 있는 사안이 아니
며, 이들의 발달 수준에 맞는 정서적 보호, 진로 교육, 경제 교육, 사회적 안전망의 체계
적 구축이 필요하다. 청소년이 자율성과 책임감을 균형 있게 키워갈 수 있도록, 가정과
학교, 지역사회, 국가가 함께 개입하고 지원하는 다각적 접근이 요구된다.

1) 청소년 비행(Juvenile Delinquency)의 개념

청소년 비행(Juvenile Delinquency)이란 법적 책임이 완전히 성립되지 않는 청소년이 사회의 법규나 규범을 위반하는 일탈 행위를 뜻한다. 여기에는 절도, 폭력, 흡연, 음주, 무단가출, 성적 일탈, 사이버범죄 등과 같이 경미한 규범 위반부터 범죄로 간주될 수 있는 중대한 행위까지 포함된다. 사전적으로 '비행(非行)'은 그릇된 행위나 규범을 어긴 행동, 즉, 하지 말아야 할 행동을 뜻하며, 일반적으로는 청소년에게 국한되어 사용된다. 청소년 비행은 단순한 일탈행동(deviant behavior)과는 구별된다. 일탈은 사회적 규범에 어긋나는 모든 행동을 포괄하지만, 청소년 비행은 특히 법적 처벌 대상이 되거나 사회적으로 해악이 큰 행동을 중심으로 정의된다. 또한 성인에게는 허용되는 음주나 흡연 등의 행위도, 청소년에게는 사회적 지위상 금지된다는 점에서 청소년 비행은 지위 기반 금지 행위까지 포함하는 다차원적인 개념이다.

청소년 비행은 단순한 규범 위반을 넘어, 국가 차원에서 보호처분이나 처벌의 대상이 될 수 있는 법적 개념으로 다루어진다. 우리나라에서는 일반 범죄자와는 다른 법적 절차를 적용하여, 형사처벌보다는 보호처분, 소년 보호기관 수용 등의 조치를 우선으로 시행하고 있다. 「소년법」 제4조에 따르면, 소년범은 연령과 법적 책임 능력에 따라 우범소년, 촉법소년, 범죄소년으로 분류된다.(자세한 연령 기준은 14장을 참고) 또한, 청소년 비행은 그 성격과 심각도에 따라 다음과 같은 유형으로 나눌 수 있다.

■ 청소년 비행의 성격과 수준에 따른 구분[1]

비행 구분	개념	적용사례
비행	형벌 법령에 위배되거나 사회규범이나 관습에 따라 금지된 행동	
지위비행	청소년이라는 신분 때문에 금지된 행위	흡연, 음주, 무단결석, 가출, 성관계
범법 행동	형법 및 사회규범에 위배되는 행동	집단따돌림, 심한 놀림/조롱, 패싸움, 구타, 협박, 갈취, 절도, 성폭력

지위비행이란 성인에게는 허용되지만, 청소년에게는 금지되는 행위를 말한다. 또한, 범법 행동은 법적 처벌 대상이 되는 중대한 위법 행위이다. 실제 청소년 비행 사례는 본드·가스 흡입, 물건 훔치기, 또래를 위협하거나 폭행하는 행위 등으로 다양하며, 그 심각도에 따라 보호처분 혹은 형사처벌이 결정된다.

한편, 청소년기에 경험되는 이 시기의 혼란은 외부에 대한 반항 행동 혹은 비행 형태로 나타나기도 한다. 또한 가족 내 갈등, 부모의 양육 태도, 학교 부적응, 또래 집단의 부정적 영향 등은 비행 발생의 주요 요인이 된다. 이처럼 청소년 비행은 환경적, 심리적 요소가 복합적으로 작용한 결과로 해석할 수 있다.

청소년 비행은 단순한 규범 위반이 아니라, 청소년기의 발달 특성과 사회적 환경이 복합적으로 작용한 결과이다. 따라서 청소년 비행에 대해 법적 기준에 따른 분류뿐 아니라, 그 배경에 깔린 심리·사회적 요인을 함께 고려하는 통합적 시각이 필요하다. 이러한 이해는 청소년 비행에 대한 예방적 접근은 물론, 실질적인 개입과 치료 전략을 수립하는 데도 중요한 기초가 된다.

2) 청소년 비행의 위험성

청소년 비행은 단순한 규범 위반을 넘어 개인의 발달과 사회 전체에 광범위한 영향을 미치는 심각한 문제로 청소년 발달에 부정적인 영향을 끼친다.

---

1 출처 : 이종원 외(2016) 한국아동청소년패널조사 Ⅶ. 한국청소년정책연구원

(1) 자아 정체감 형성과 자기효능감 발달의 악영향

반복적인 비행 경험은 청소년의 부정적인 정체성을 강화하고, '나는 원래 문제아'라는 자기 낙인을 내면화할 위험이 있다. 이에 따라 학업 포기, 자존감 저하, 진로 좌절 등의 문제로 이어질 수 있으며, 이는 장기적으로 사회적 낙오로 이어질 수 있다. 특히 학업 중단은 이후 직업 안정성과 소득 수준에 직접적인 영향을 미치며, 이는 다시 사회적 고립이나 빈곤으로 연결될 가능성이 크다.

(2) 정신건강에도 악영향

비행 청소년은 일반 청소년보다 우울, 불안, 충동성, 공격성과 같은 정서적 문제를 경험할 가능성이 더 높으며, 자살 위험도 함께 증가한다는 보고도 있다.(이승우, 남재성, 2021) 특히 가출, 약물 사용, 성적 일탈 등 위험 행동과 연계될 경우, 신체적·정신적 건강에 미치는 위험은 더욱 심각해진다.

(3) 또래 및 학교생활의 부정적 변화

비행 행동을 경험한 청소년은 일반적인 친구 관계보다 비행 집단에서 유대감을 형성하게 되고 이것은 더 높은 수준의 일탈 행동으로 이어질 가능성으로 연결된다. 실제로 비행 청소년은 서로의 행동을 모방하거나 정당화하면서 비행을 강화하는 경향이 있다. 이처럼 비행 청소년으로 이루어진 집단적 비행을 통해 청소년 개인의 자기 통제력이 약해지고, 비행을 일종의 '소속감'으로 인식하게 만들며, 결국 비행청소년은 사회규범으로부터 점차 멀어지게 된다.

(4) 학교생활 부적응

학교생활 부적응 문제는 청소년 비행의 결과이지만 또 다른 원인이기도 하다. 비행 청소년은 무단결석, 수업 방해, 교사에 대한 반항 등으로 학업 환경을 해친다. 또한, 음주 및 흡연 등 학교 교칙을 위반하는 행동은 또래와의 갈등 및 교사와의 관계 악화로 이어진다. 반복적인 징계나 정학, 퇴학은 청소년의 교육권을 침해하고, 정서적 박탈감을 심화시켜 다시 비행으로 이어지는 악순환을 형성한다.

(5) 가족 관계의 부정적인 영향

비행 청소년이 있는 가정에서는 부모의 양육 스트레스가 증가하며, 가족 간 갈등이 잦아지고 의사소통이 단절될 가능성이 높아진다. 특히 부모가 비일관적이거나 방임적인 태도를 보일 경우, 청소년은 정서적 지지 없이 외부로부터 소속감을 찾으려 하며, 이는 비행 집단으로의 유입으로 이어지기 쉽다. 또한, 비행 청소년이 있는 가족 내의 형제자매도 영향을 받아 비행 청소년으로 행동할 가능성이 매우 높아진다.

(6) 비행 행동의 세대 간 전이 가능성

부모의 학대, 방임, 범죄 이력 등은 자녀의 비행 행동과 유의미한 상관관계를 가지며, 비행 청소년이 성인이 되어 자기 자녀를 양육할 때도 유사한 문제를 되풀이할 위험이 존재한다. 이는 사회 전체의 건강한 기능 유지에 위협 요인이 된다.

(7) 장기적인 사회적 비용의 증가

청소년 비행 행동은 보호관찰, 소년원 수용, 상담 및 개입 프로그램 운영 등 직접적인 제도 비용뿐 아니라, 청소년 비행이 성인 범죄로 이어질 경우 형사사법 비용까지 발생한다. 또한 비행으로 인한 지역사회 불안감 증대, 범죄 피해 증가, 공동체 신뢰 저하 등 간접적인 사회적 손실도 크다.

(8) 공동체 안정성 파괴

특정 지역에서 청소년 비행이 반복되면 해당 지역에 대한 낙인효과(stigmatization)가 생기고, 주민 간 갈등과 사회적 해체 현상이 나타날 수 있다. 이는 결과적으로 청소년 비행의 예방과 조기 개입의 필요성을 더욱 강조하게 만든다.

청소년 비행 행동을 몇 가지 종류로 나누어 설명하고자 하나 청소년 비행은 서로 연결되어 있고 무엇이 원인이고 결과인지 분명하게 나누기가 쉽지 않다. 하지만 확실한 것은 청소년 비행이 한두 가지의 특징적인 행동으로 끝나는 것이 아니라 초기에 경험되는 한두 가지의 비행을 시작으로 점점 비행이 심화되고 다양화된다는 것이다.

1) 폭력 및 공격 행동

폭력 및 공격 행동은 청소년 비행의 대표적인 유형으로, 신체적 · 언어적 · 정서적 수단을 통해 타인에게 해를 가하는 행위를 말한다. 최근에는 SNS나 단체 채팅방을 통한 디지털 언어폭력이 빠르게 퍼지며, 대면과 비대면을 가리지 않고 폭력 행동이 일어나는 양상을 보인다. 이러한 행위는 단순한 장난으로 오해되기 쉽지만, 실제로는 법적 처벌이나 보호처분의 대상이 되는 중대한 폭력 행위이다.

청소년의 폭력 및 공격 행동은 주먹다짐, 욕설, 협박, 따돌림, 집단 괴롭힘 등 다양한 형태로 나타나며, 특히 학교 내에서 발생하는 학교폭력은 피해자의 자존감과 심리적 안정에 심각한 손상을 초래한다. 피해 청소년은 외상 후 스트레스 장애(PTSD), 우울, 대인기피 등 장기적인 후유증을 겪을 수 있으며, 이는 사회적으로도 중대한 문제이다.

「학교폭력예방 및 대책에 관한 법률」 제2조 제3항은 '가해 학생이란 학교폭력을 행사하거나 그 행위에 가담한 학생'이라고 정의하고 있으며, 단순한 가해자뿐 아니라 방관하거나 조장한 학생도 포함된다.

청소년의 폭력 및 공격 행동이 왜 발생하는지, 그리고 그 이면에는 어떤 심리적 · 사회적 요인이 숨겨져 있는지 이해할 필요가 있다. 단순히 나쁜 행동으로만 여겨지는 청소년의 폭력 및 공격 행동은, 사실 또래 관계, 자존감, 충동성 등 여러 요소와 연결되어 있다는 것을 알 수 있다. 청소년의 폭력 및 공격 행동의 동기를 두 학자는 다음과 같이 설명하였다.

- 영국의 범죄심리학자 패링턴(Farrington, 1996): '가해'를 자신보다 약한 대상에게 신체적·심리적 억압을 가하는 행위로 정의하며, 가해 청소년은 충동적이고 공격적인 성향을 보이기도 한다. 청소년들은 폭력을 통해 권력을 획득하고, 쾌감을 느끼며 점차 공격 행동이 강화된다.
- 노르웨이의 교육심리학자 올베우스(Olweus, 1993): 청소년이 자신을 드러내고자 하는 수단으로 폭력을 택할 수 있다. 이는 또래 집단 내에서 지배력을 확보하고 자기 존재감을 드러내기 위한 방식이 되기도 한다. 아울러, 폭력에 대해 허용적이거나 정당화하는 태도를 지닌 청소년은 위기 상황에서 폭력을 문제 해결 수단으로 받아들이고, 자신의 행위를 피해자의 탓으로 돌리는 경향을 보이기도 한다.

두 학자의 설명처럼 청소년의 폭력 행동은 또래 관계 속에서 인정받고자 하는 욕구, 권력과 통제감을 느끼고자 하는 심리, 그리고 자기 정당화의 인지적 경향 등이 복합적으로 작용한 결과일 수 있다. 따라서 청소년 폭력을 예방하고 개입하기 위해서는, 표면적인 행동만을 제지하기보다는 그 이면에 있는 심리적 동기와 또래 문화, 정서적 결핍 등을 함께 이해하고 접근하는 노력이 필요하다.

이러한 청소년기의 폭력 및 공격 행동은 공감 능력의 결핍, 타인의 관점 수용의 어려움, 낮은 자기 통제력 등과 관련되어 있다.

- 공감 능력의 결핍: 공감 능력은 정서적 공감과 인지적 공감으로 구분되는데, 정서적 공감의 부족은 배려심과 동정심의 결여로, 인지적 공감의 부족은 타인의 처지를 이해하지 못하게 만든다. 이에 따라 상황에 적절히 반응하지 못하고, 사회적 관계에서 충돌을 유발할 수 있다.
- 타인의 관점 수용의 어려움: 청소년기는 타인의 관점을 수용하는 데 어려움을 겪기 쉬운 시기로, 반항적이고 방어적인 태도를 보일 가능성이 높다. 타인 관점 수용이 어

려울 때 갈등 상황에서 타협이나 조정보다는 폭력적으로 반응할 위험이 크며, 이는 또래 관계 형성 및 학교생활 적응과도 밀접한 연관이 있다.

　　• 낮은 자기 통제력: 자기 통제력은 충동성과 반비례하며, 낮은 자기 통제력은 공격적 충동을 억제하지 못하고 즉각적인 폭력 행동으로 이어질 가능성을 높인다. 실제로 학교폭력 가해 청소년은 일반 청소년과 비교하면 자기조절 능력이 낮고, 감정 조절 실패로 인해 충동적인 폭력을 자주 행사한다.

　　청소년의 폭력 및 공격 행동은 반복될 경우 또래 집단 내에서 배척당하거나 가해자·피해자의 역할이 고착화될 위험이 있다. 이러한 공격 행동은 상호작용을 왜곡시키고 의사소통의 단절 및 사회적 부적응을 초래함으로써 또래 괴롭힘의 악순환을 심화시킨다. 결론적으로 청소년의 폭력 및 공격 행동을 단순 처벌의 대상으로 판단하기보다 상담과 교육을 통해 변화할 수 있는 발달 과제로 접근함으로써, 청소년이 더욱 건강한 방식으로 자기 존재를 표현하고 사회적 관계를 형성할 수 있도록 도울 필요가 있다.

2) 절도 및 금품 갈취

　　청소년기에 나타나는 절도 및 금품 갈취는 타인의 소유물을 무단으로 취득하거나 강제로 빼앗는 행위를 말한다. 이러한 행동의 시작은 단순한 호기심이나 충동에서 비롯되나, 반복되는 경우 습관화되어 행동의 고착으로 이어질 수 있다. 학교나 학원에서 친구의 물건을 훔치거나, 공공장소에서 타인의 소지품을 절도하는 것이 대표적인 사례다.

　　청소년의 절도 행위는 친구 관계의 영향을 크게 받으며, 특히 가출 청소년의 경우 비슷한 환경에 놓인 또래들과 어울리면서 자연스럽게 비행 하위문화에 편입되는 경향이 있다. 처음에는 무단결석, 음주 등의 지위 비행에 참여하다가 점차 절도나 다양한 범죄로 확대되기도 한다. 청소년들은 또래 관계에서 쉽게 유혹받고 쉽게 저지를 수 있는 환경 속에 놓여 있다. 즉, 청소년들 사이에서는 절도 행위가 범죄로 받아들여지기보다 친구들 사이에서 자연스럽게 벌어지는 또래 문화처럼 받아들여질 수도 있다는 것이다.

　　절도에서 더 나아가 위협을 수반하는 금품 갈취는 명백한 강도 행위로서 법적 처벌의 대상이 된다. 금품 갈취는 청소년 비행 중에서도 대표적인 폭력적 행위로, 또래나 후배를 대상으로 물건이나 돈을 강제로 요구하거나 빼앗는 행동을 포함한다. 금품 갈취는 언어적 위협이나 신체적 폭력 없이도 이루어질 수 있어 외형상 드러나지 않으며, 피해 사실이 은폐되는 경우도 많다. 반복적인 금품 갈취는 피해 청소년에게 심리적 위축, 불안, 자존감 저하 등을 유발하고 학교생활 적응을 방해한다. 반면 가해 청소년은 힘의 우위를 바탕으로 또래 집단 내 위계 구조를 형성하고, 권력을 행사하며 우월감을 경험한다. 일부 청소년은 갈취한 금품을 게임 아이템 구매, 간식비, 개인 욕구 충족 등의 수단으로 활용하기도 한다.

「학교폭력예방 및 대책에 관한 법률」에서도 금품 갈취는 명확한 학교폭력 유형으로 규정되어 있으며, 이러한 행위는 청소년기의 도덕성 부족, 낮은 공감 능력, 자기통제력 결여와 밀접한 관련이 있다. 또한, 청소년기의 금품갈취 행동은 성인 범죄로 이어질 가능성이 높으므로, 학교와 가정, 지역사회 차원의 조기 발견과 적극적인 개입이 무엇보다 중요하다.

3) 가출

가출은 청소년이 부모나 보호자의 허락 없이 집을 떠나 일정 기간 귀가하지 않는 행위를 말한다. 청소년 가출은 단순히 일탈 행동으로만 이해할 것이 아니라 심리적 구조 신호로 이해할 필요가 있다. 아직 경제적, 사회적으로 독립하지 못한 청소년기의 가출은 가족 문제나 학교 문제에서 기인하는 경우가 많다. 즉, 가족 내 갈등, 학대와 방임, 학교 부적응, 또래 관계의 어려움 등 복합적인 스트레스 요인에서 비롯되며, 이는 청소년이 처한 환경에 대한 극단적인 회피 방식으로 나타나는 경우가 많다.

가출 이후 청소년은 보호 체계에서 벗어나 거리 생활, 찜질방, PC방 등을 전전하는 불안정한 생활에 놓이게 된다. 이러한 상황은 또래 비행 집단과의 연결 가능성을 높이며, 성매매, 약물 사용 등 2차적 비행에 연루될 위험성을 증가시킨다. 특히 재가출률이 높고, 최근에는 가출 청소년의 나이가 점점 낮아지는 경향까지 나타나고 있어 그 심각성이 더욱 두드러지고 있다.

가출 청소년은 신체 건강뿐 아니라 정신건강 측면에서도 매우 취약한 상태에 놓인다. 지속적인 수면 부족과 영양 결핍, 거리에서의 외상 경험 등은 청소년의 전반적인 발달에 부정적인 영향을 미치며, 자존감 저하, 무기력, 대인 불안, 우울 등의 심리적 문제로 이어질 수 있다. 이는 청소년기의 건전한 자아 형성과 사회 적응을 저해하는 주요 요인으로 작용한다. 결국 청소년 가출은 단순히 개인의 일탈로 치부할 수 있는 문제가 아니라, 구조적 위기와 심리적 고립이 복합적으로 작용한 결과로 보아야 한다. 따라서 가출을 예방하기 위한 조기 개입과 함께, 이미 가출한 청소년이 사회로 복귀할 수 있도록 돕는 통합적이고 지속 가능한 지원 체계 마련이 절실하다.

4) 음주 및 흡연

청소년의 음주와 흡연은 법적으로 명백히 금지되어 있음에도 불구하고, 여전히 흔하게 발생하는 비행 유형 중 하나이다. 청소년 비행의 출발점이 흡연이며, 흡연은 다른 일탈 행동의 전조 역할을 하기에, 초기 비행의 징후로 간주된다.

청소년이 흡연을 시작하는 계기는 대체로 개인적 호기심에서 비롯된다. 담배를 구하기 어려운 현실 속에서, 일부 청소년은 부모나 가족이 피우는 담배를 몰래 사용하거나, 길거리나 공공장소에서 버려진 담배를 주워 피기도 한다. 그러나 더 일반적인 경로는 또래 집단의 영향이다. 선배나 친구의 권유를 받은 후, 집단 내 소속감 형성 욕구, 혹은 위축되지 않기 위한 자존심 유지 등의 심리적 동기가 작용하여 흡연에 쉽게 가담한다. 이러한 또래 압력 속 흡연은 담배를 구하기 위한 수단으로 이어져 절도, 갈취 등의 2차적 비행을 유발하기도 한다. 특히 또래 내 비행 집단과의 연대는 흡연을 일종의 '통과의례'로 정당화하며, 일탈 행동을 지속·강화시키는 요인이 된다.

음주의 경우 흡연보다 진입 장벽이 높다. 비용, 장소의 제약, 음주 후 알코올 냄새 등으로 인해 초기 시도는 제한적일 수 있으나, 일단 시작하면 그로 인한 문제는 더욱 심각하다. 음주는 공격성 증가, 폭력, 기물 파손, 성적 일탈 등의 심각한 비행으로 이어질 수 있으며, 특히 집단 음주 상황에서는 통제력이 더 약화된다.

또한, 흡연과 음주는 중독성을 지니고 있어 반복될수록 청소년의 신체 건강, 뇌 발달, 인지 기능에 치명적인 손상을 초래할 수 있다. 학업 집중력 저하, 감정 기복, 충동적 행동 증가 등은 장기적인 부적응으로 이어지며, 특히 음주 상태에서 다른 비행과 병행되는 경우 그 위험성은 배가된다. 가정 내에서 부모의 음주 및 흡연 행동은 청소년에게 모방 학습의 대상이 되며, 부모의 감독 부재는 비행 행동을 촉진하는 환경적 요인이 된다. 이에 따라 예방 교육뿐만 아니라 금연·금주 프로그램, 개별 및 집단 상담, 부모 교육 등이 병행되어야 하며, 조기 개입이 무엇보다 중요하다.

5) 약물 사용

청소년의 약물 사용은 의료 목적이 아닌 방식으로 약물이나 화학물질을 오·남용하는 행위로, 대표적인 비행 유형 중 하나이다. 본드 흡입, 수면제 과다 복용, 기침약 및 ADHD 치료제 오남용, 마약류 사용 등이 이에 해당한다. 특히, 중독성이 강한 약물의 경우 인지기능 저하, 환각, 뇌 손상, 심지어 사망에 이를 수 있어 매우 위험하다. 청소년은 주로 인터넷 커뮤니티 또는 또래 관계를 통해 약물을 처음으로 접하게 되는데, 초기에는 호기심으로 시작되지만, 점차 중독과 범죄로 이어지는 경우가 많다.

약물 남용은 단순한 법 위반을 넘어 심각한 정신건강 문제로 직결되며, 조기 발견과 치료 중심의 접근이 필수적이다. 학교와 지역사회에서는 약물 예방 교육, 조기 선별, 상담 및 치료 연계 체계를 구축해야 한다. 특히 약물 남용은 '암수 범죄'의 특성이 있어 수사기관의 공식 통계에 잘 드러나지 않고, 청소년의 경우 성인보다 더욱 은밀하게 진행되는 경향이 있어 실태 파악이 어렵다. 따라서 청소년 약물 남용의 심각성은 성인보다 더욱 높다고 평가된다.

청소년 약물 사용의 심각성을 살펴보면 청소년은 아직 신체 발달이 완료되지 않은 상태이기에 약물을 복용한 청소년의 골수, 간, 신장, 뇌 등 주요 장기에 심각한 손상을 입을 가능성이 크다. 또한, 약물을 사용하는 청소년은 판단력 저하와 충동성 증가로 인해 타인이나 자신에게 폭력적인 행동을 보일 수 있다는 점에서 그 위험성이 더 크다고 하겠다. 더불어 청소년기에 약물에 노출되면 성인기에 더욱 강력한 약물에 의존하거나 중독될 가능성이 높다는 점을 들 수 있다.

하지만 약물 남용은 이러한 신체적·심리적 문제에 그치지 않고, 청소년의 일상생활에도 다양한 부작용을 초래한다. 예컨대, 학교 결석이나 조퇴가 늘어나고, 약물 구입을 위한 돈을 마련하기 위해 용돈을 더 요구하거나 친구에게 돈을 빌려서 갚지 못하는 경우가 생긴다. 또한, 은밀한 약물 사용을 위해 밀폐된 장소를 찾는 등의 행동을 보이게 되어 점점 학교생활에 부적응 양상을 보이게 된다. 청소년 약물 남용은 개인의 발달적 문제를 넘어 사회 전체의 안전과 연결되는 문제이다. 따라서 가정, 학교, 지역사회, 국가 차원의 다각적 접근과 지속적인 예방·치료·재활 프로그램이 절실히 요구된다.

6) 성 관련 비행

청소년의 성 관련 비행은 신체와 정서발달이 미완성된 시기에 충동적이고 무분별한 성적 행동으로 나타나는 일탈 행위를 의미한다. 이는 성적 호기심에서 비롯된 단순한 장난 수준의 행동부터, 강제추행, 성폭행, 성매매 등 형법상 범죄에 해당하는 심각한 수준까지 포함된다. 특히 또래 관계 내의 권력 불균형, 강압적인 분위기, 왜곡된 성 가치관 등은 성 관련 비행의 발생과 심화를 유발하는 주요 요인으로 작용한다. 청소년기의 성 비행은 단순한 규범 위반에 그치지 않는다. 피해 청소년에게는 심각한 정서적·심리적 트라우마를 남길 수 있고, 가해 청소년 또한 사회적 낙인, 자아정체성의 혼란, 대인관계의 어려움을 경험하게 된다. 성에 대한 왜곡된 정보와 비현실적인 기대 및 인식은 청소년의 판단력을 흐리게 하며, 공감 능력의 부족은 타인의 경계와 권리를 침해하는 행동으로 이어질 수 있다.

최근에는 디지털 매체의 보편화로 인해 디지털 성 관련 비행도 증가하고 있다. 청소년들이 스마트폰을 통해 음란물에 무분별하게 노출되거나, SNS와 메신저를 활용해 성적 메시지·사진을 주고받는 사례가 빈번해지고 있다. 특히 청소년 간의 자발적인 촬영·유포 외에도, 협박이나 강요에 의한 성 착취 영상물 제작 및 유포는 매우 심각한 범죄로 간주한다. 이러한 디지털 성범죄는 물리적 접촉 없이도 피해자에게 장기적인 심리적 고통과 사회적 낙인을 남긴다.

청소년의 성 관련 비행을 예방하기 위해서는 성 정체성의 건강한 발달을 지원하고,

자율적 판단력과 공감 능력을 기를 수 있도록 하는 체계적이고 지속적인 성교육이 요구된다. 학교, 가정, 지역사회가 유기적으로 협력할 때, 청소년은 더욱 안전하고 책임감 있는 방식으로 성적 발달을 경험할 수 있다.

7) 인터넷 · 디지털 비행

사이버 관련 비행은 사이버범죄, 사이버 일탈, 사이버 비행 등 다양한 용어로 사용되며, 이는 컴퓨터, 휴대전화 등 모바일 기기와 정보통신 매체를 통해 온라인 공간에서 발생하는 청소년의 비행을 포괄하는 개념이다. 사이버 비행은 전자통신기술의 급진적인 발전에 따라 등장한 새로운 형태의 비행이다. 이것은 사이버 공간이라는 비물리적 공간에서 이루어진다는 점에서 기존의 오프라인 비행과 구분된다. 오늘날 인터넷과 스마트폰 사용이 일상화되면서 사이버 비행 또한 빠르게 증가하고 있다. 사이버 비행의 유형은 아직 명확한 분류 체계가 존재하지 않으며, 연구기관마다 다양한 기준에 따라 구분하고 있다. 방송통신위원회(2022), 한국여성인권진흥원(2022), 한국형사정책연구원(2015)의 사이버 비행 분류기준은 다음과 같다.

■ 사이버 비행 유형

연구단체	근거	사이버 비행 유형
한국형사정책연구원 (2015)	• 실제 발생 사례 중심	사이버 비방, 사이버 감옥 및 스토킹, 개인정보관련, 사이버 갈취 및 명령, 사이버 성폭력 및 성희롱, 이미지블링, 플레이밍, 사이버 배제
한국여성진흥원 (2022)	• 관련 법령(성폭력처벌법, 청소년성보호법 등)	불법촬영, 편집합성, 유포, 유포 협박 유포불안, 사이버 괴롭힘
방송통신위원회 (2022)	• 사이버 폭력 실태조사	사이버 언어폭력, 사이버 명예훼손, 사이버 스토킹, 사이버 성폭력, 신상정보유출, 사이버 따돌림, 사이버 갈취, 사이버 강요

기관마다 분류 기준이 다르지만, 일반적으로 청소년 디지털 비행의 대표적 유형으로는 사이버 비방, 사이버 감옥 및 스토킹, 개인정보 관련 침해, 사이버 갈취 및 명령, 사이버 성폭력 및 성희롱, 이미지 불링, 플레이밍, 사이버 배제, 등이 포함된다. 사이버 비행

의 예방 및 대응 방안은 다음과 같다.

■ 사이버 비행 및 대응 방안

순	유형 구분	예방 대응
1	사이버 비방	• 사실관계 확인 없이 글을 올리지 않기 • 피해자는 캡처 등 증거 확보 후 경찰 또는 사이버수사대 신고
2	사이버 감옥 및 스토킹	• 차단 기능 사용 및 계정 비공개 • 증거(스크린샷, 메시지 등) 수집 후 경찰 신고 • 사이버 범죄 피해자 지원기관 연계
3	개인정보 관련 침해	• 개인정보는 신중하게 관리하고 타인의 정보 공유 금지 • 유출 시 방송통신위원회, 경찰청 등에 신고
4	사이버 갈취 및 명령	• 낯선 사람과 사적 정보나 사진 공유 금지 • 피해 시 즉시 대화 내용 저장 후 경찰 신고 • 청소년인 경우 보호기관에 상담 요청
5	사이버 성폭력 및 성희롱	• 성적인 언행에 대해 명확히 거부 의사 표시 • 캡처 등 증거 확보 후 경찰, 여성가족부, 디지털성범죄지원센터 등 신고
6	이미지 불링	• 이미지·영상은 온라인에 공유 전 신중히 판단 • 자료 보존 후 사이버경찰청 및 디지털성범죄센터 신고
7	플레이밍	• 감정적인 댓글 자제, 커뮤니티 규칙 준수 • 욕설, 모욕성 게시물은 캡처 후 신고
8	사이버 배제	• 조용히 기록 유지(대화 캡처, 정황 메모) • 교사나 보호자에게 상담 요청 • 교육청 학교폭력신고센터 등에 신고 가능

디지털 비행은 물리적인 접촉이 없음에도 피해자에게 심각한 정신적 상처를 줄 수 있으며, 기록이 온라인상에 남는다는 특성상 장기적인 피해로 이어질 가능성이 높다. 청소년은 아직 자기 통제력과 위험 인식 능력이 완전하지 않아 온라인상에서 경계심 없이 행동하는 경향이 있으며, 이에 따라 디지털 비행에 쉽게 노출된다.

청소년기는 자율성과 표현의 자유가 중요시되는 시기이지만, 동시에 책임 있는 디지털 시민의식이 요구된다. 따라서 학교, 가정, 지역사회가 협력하여 온라인 윤리 교육을 강화하고, 상담 및 모니터링 체계를 구축함으로써 건강한 디지털 환경을 조성할 필요가 있다.

8) 학교 규칙 위반 및 학교 부적응

'학교를 꼭 다녀야만 할까?'라는 질문은 오늘날 급변하는 교육 환경 속에서 점점 더 현실적인 고민으로 다가오고 있다. 고교학점제의 도입은 학생들의 주도성과 선택권을 강조하지만, 동시에 새로운 혼란을 초래하기도 한다. 여기에 코로나19 팬데믹은 학생들의 학교 소속감을 크게 약화시켰고, 일부 청소년이 등교를 거부하거나 자퇴 후 검정고시를 택하는 현상으로 이어지고 있다.

그러나 학교는 단순히 지식을 배우는 공간을 넘어, 청소년이 정서적·사회적으로 성장하고 다양한 변화를 경험하는 중요한 환경이다. 학교의 규칙에 적응하는 과정은 사회화의 일환이며, 성실성과 책임감을 기르는 기회이기도 하다.

그러나 또 다른 측면으로는 학교가 청소년에게 부정적인 영향을 미치는 환경이 되기도 한다. 청소년의 개인적·발달적 스트레스가 누적되거나, 학교가 요구하는 기준이 학생의 능력이나 대처 자원을 초과할 때 부적응 행동이 나타날 수 있다. 무단결석, 지각, 수업 방해, 시험 부정행위, 교사에 대한 반항과 폭언, 교내 기물 파손 등은 대표적인 학교 부적응 사례로, 이는 결국 학업 중단이나 자퇴로 이어질 수 있으며, 더 나아가 가출이나 범죄로 이어질 가능성도 있다.

청소년기는 자율성과 독립성이 확대되는 시기이자, 동시에 심리적 지지와 환경적 보호가 절실히 필요한 시기이다. 따라서 학교는 단지 규칙을 집행하는 기관이 아니라, 학생들이 겪는 어려움의 원인을 이해하고 그 회복과 성장을 지원하는 체계의 역할을 더 많이 강화해야 할 것이다.

1 / 생물학적 범죄이론의 역사적 배경

　청소년 비행에 대한 생물학적 관점은 개인의 신체적·유전적 특성에 주목하는 가장 초기의 이론적 접근이다. 이는 인간 행동이 단순한 환경 요인이 아닌, 선천적 생물학적 요인에 의해서도 영향을 받을 수 있다는 전제를 바탕으로 한다.

　19세기 이탈리아 정신과 의사인 체자레 롬브로소(Cesare Lombroso)는 일부 사람들의 경우 태어날 때부터 범죄 성향을 지닌다고 주장했다. 그는 비행이나 범죄를 저지른 사람들에게 공통으로 나타나는 신체적 특징이 있으며, 이를 통해 '선천적 범죄자'라는 개념을 제시하였다. 예컨대 얼굴의 비대칭, 긴 팔, 두개골의 형태 등은 범죄 성향의 외형적 지표로 간주했다. 그러나 이 이론은 과학적 검증의 부족, 인종적 편견, 환경 요인 무시 등의 이유로 많은 비판을 받았다. 그런데도 범죄를 생물학적 관점으로 설명하려는 시도의 출발점이라는 점에서 역사적 의미를 지닌다.

　20세기 중반에는 미국의 심리학자 윌리엄 셸던(William Sheldon)은 인간의 체형과 성격 간의 연관성을 주장하였다. 그는 체형을 내장형, 근육형, 마른형으로 분류하고, 그중 근육형 청소년이 충동성과 공격성이 높아 비행 행동과 밀접한 관련이 있다고 주장했다. 일각에서는 그의 주장이 지나치게 단순화되었다는 비판이 있었으나, 신체적 특성과 행동 간 연계를 시도한 점에서는 주목할 만하다.

　현대 생물학적 이론은 인간 행동을 생물학적 기초 위에서 설명하려는 보다 정교한 시도로 발전해 왔다. 초기의 외형 중심 이론에서 벗어나 유전학, 신경과학, 생화학 등 과학적 연구 결과를 바탕으로 한 더 체계적이고 객관적인 접근이 이루어지고 있다. 이러한 이론들은 인간 행동이 생물학적 기반 위에서 형성된다는 전제를 중심으로, 일부 청소년이 타고난 생물학적 취약성을 지닐 수 있으며, 이러한 취약성이 환경과의 상호작용을 통해 비행 행동으로 연결될 수 있음을 강조한다. 특히 생물학적 취약성을 조기에 발견하고 그에 맞는 맞춤형 개입을 시행함으로써 문제행동을 예방할 수 있다는 관점은 상담 및 중재 실천에 있어 실질적 함의를 제공한다. 이와 같은 통합적 접근은 생물학적 요인과 환경적 요인의 상호작용 모델을 중심으로 청소년 비행 문제를 보다 근원적·다층적으로 이해할 수 있도록 한다. 상담 현장에서는 청소년의 문제행동을 단일 원인으로 환원하지 말고, 생물학적 기질과 환경적 맥락을 함께 고려한 다차원적 평가와 통합적 개입이 필요하다.

2 / 뇌 발달의 불균형 및 지능

청소년 비행 행동을 이해하는 데 있어, 생물학적 요인은 종종 간과되기 쉽지만 배제할 수 없는 핵심적인 영역이다. 청소년기는 신체와 뇌의 급격한 발달 변화가 일어나는 시기로, 이 시기의 생물학적 기반은 정서, 충동, 사고 및 사회적 행동에까지 깊은 영향을 미친다. 유전적 요인뿐만 아니라 뇌 발달의 불균형, 신경전달물질이나 호르몬의 변화, 그리고 신체적·신경계 손상은 모두 청소년 비행 행동의 발생과 유지에 직·간접적인 영향을 미친다. 본 장에서는 이러한 생물학적 요인들을 네 가지 범주로 나누어 구체적으로 살펴보고자 한다. 특히, 행동을 통제하고 미래를 예측하며 사회 규범에 적응해야 하는 청소년 시기의 특성을 고려할 때, 생물학적 기반에 대한 이해는 단순한 행동 통제를 넘어, 보다 효과적이고 공감적인 개입의 실마리가 될 수 있다.

1) 뇌 발달의 불균형 이론

(1) 전두엽 피질의 발달 지연

청소년기는 단순히 아동도 성인도 아닌 과도기적 시점이 아니라, 뇌 발달이라는 생물학적 관점에서 보았을 때 매우 독특하고 복합적인 변화의 시기이다. 특히 전두엽 피질의 발달이 완전하지 않은 상태라는 점은, 청소년기의 충동성과 위험 행동을 이해하는 중요한 실마리를 제공한다. 전두엽은 계획, 판단, 충동 억제, 문제 해결과 같은 고차원적 기능을 담당하는 뇌의 전방 영역으로, 일반적으로 20대 중후반까지 점진적으로 발달한다.

블레이크모어와 로빈스(Blakemore & Robbins, 2012)는 청소년의 전두엽 피질이 아직 성숙하지 않았기 때문에 충동적 행동, 감정적 폭발, 사회규범에 대한 낮은 민감성이 나타나며, 이는 비행 행동의 생물학적 배경 중 하나라고 설명한다. 상담 현장에서 "그때는 아무 생각이 나지 않았어요.", "생각은 나중에 들었어요.", "그 순간에는 그냥 하고 싶었어요."라고 말하는 청소년들을 자주 접하게 되는데, 이는 단순한 핑계가 아니라 전두엽의 미성숙이라는 생리적 기반에서 비롯된 설명일 수 있다.

(2) 변연계의 조기 성숙

감정과 보상 체계를 담당하는 변연계는 전두엽보다 이른 시기에 성숙한다. 특히 도파민 보상 경로의 민감성은 청소년기를 정점으로 하며, 이는 즉각적인 만족과 강한 감정 자극에 이끌리게 만드는 원인이 된다. 스테인버그(Steinberg, 2008)는 청소년기 감정 충동 체계가 통제 체계보다 먼저 발달하는 이중 체계 모델을 제시하였다. 그리고 전두엽의 억제 기능이 완성되기 전에 변연계가 과도하게 활성화되면서 청소년이 감정에 휘둘리고 즉각적인 보상을 추구하는 행동을 하게 된다고 보았다.

이는 실생활에서도 쉽게 관찰된다. 짜릿한 경험을 위해 위험한 도전을 하고, 단기적 쾌락을 위해 장기적 손해를 감수하는 행동 양상은 단순한 반항심이라기보다 뇌 발달의 불균형에서 기인하는 감정 조절력의 미성숙을 의미한다. 이때 청소년을 일방적으로 비난하기보다는 뇌 발달의 맥락 속에서 이해하고 지원하는 접근이 필요하다.

(3) 전두엽과 변연계 간의 불균형

서머빌과 케이시(Somerville & Casey, 2010)의 연구에 따르면, 전두엽과 변연계 간의 연결성은 청소년기 중반 이후에 서서히 안정화되는데, 그 이전까지는 변연계의 성숙이 전두엽 통제보다 앞서 있어 감정이 먼저 반응하고 통제는 뒤따르는 구조가 유지된다고 한다. 이런 구조적 불균형은 청소년이 비합리적이고 과도하게 반응하거나, 충동적으로 행동한 후 후회하는 패턴을 반복하게 만드는 원인이 된다.

우리가 흔히 접하는 청소년의 감정 폭발, 충동적이고 공격적인 행동, 탈선행위는 뇌의 기능적 불균형이라는 측면에서 볼 때 어느 정도 예측 가능한 현상이며, 이를 이해하는 태도가 상담 및 교육 현장에서 매우 중요하다.

2) 지능과 비행 행동

(1) 낮은 지능과 충동성

지능이란 단지 IQ 점수로 환산되는 숫자 이상의 의미가 있다. 지능은 문제 해결 능력, 언어적 이해력, 계획 수립 능력, 상황 판단력 등 다양한 측면을 반영하며, 이러한 기능이 부족할수록 청소년은 충동적으로 행동하거나 감정적으로 반응할 가능성이 커진다. 허쉬와 힌델랑(Hirschi & Hindelang, 1979)은 청소년의 낮은 지능과 비행 행동의 관련성에 주목했는데 지능이 낮은 청소년의 경우 환경에 적응하고 복잡한 사회적 요구를 해결하는 데 어려움을 겪어 비행 행동의 가능성이 높다고 지적하였다.

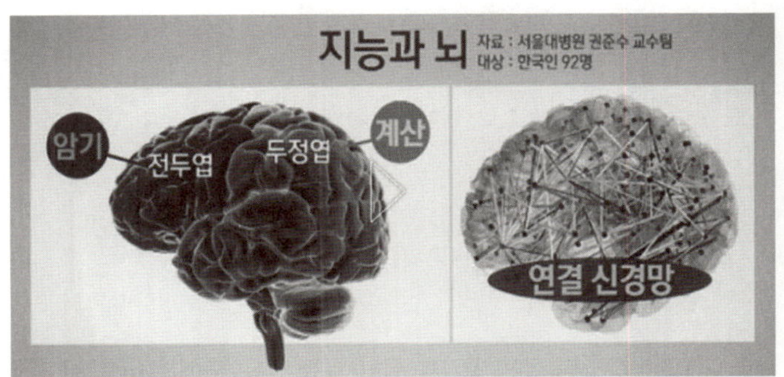

[그림] 지능은 뇌 크기보다 신경망의 발달과　관련이 있다[2]

---

2 출처: 2017.06.12. SBS NEWS
(https://news.sbs.co.kr/news/endPage.do?news_id=N1004241728&plink=SHARE&cooper=COPY)

(2) 낮은 학업 성취와 비행

청소년의 지능은 학업 성취와도 밀접한 관련이 있으며, 학업에서의 지속적인 실패 경험은 낮은 자존감과 좌절감을 불러일으킨다. 모핏(Moffitt, 1993)은 청소년의 학업 실패와 비행경로의 관련성을 언급하면서 반사회적 행동의 발달을 설명했는데, 특히 정서적 지지 없이 방치된 청소년일수록 반사회적 행동으로 빠질 위험이 높다고 보았다. 이는 실제 학교 현장에서 '문제아'로 낙인찍힌 아이들이 비행 청소년으로 전환되는 과정을 설명하는 데 이해를 제공한다.

이에 관하여 서미정(2009)은 청소년의 외현적 공격성과 비행 및 학업 성취감에 관한 연구에서 초등학교 4학년 학생 중 높은 수준의 외현적 공격성을 보이는 아동들이 중학교 1학년 때 비행이나 우울·불안과 같은 다양한 유형의 행동 문제와 학업적 어려움에 부딪칠 수 있음을 확인한 바 있다.

(3) 인지 기능 저하와 부적응

인지 기능이 저하된 청소년은 상황 판단이나 사회적 단서 인식에 어려움을 겪으며, 이에 따라 또래 관계나 교사와의 상호작용에서 반복적인 갈등을 경험한다. 르블랑(Le Blanc, 2005)은 청소년 일탈 행동의 발달 메커니즘에 대한 일반 이론을 발표하였는데 사회적 인지능력의 결핍이 비행 행동의 유의미한 예측 변인임을 밝히고, 사회적 부적응이 청소년기 행동 문제의 주요 배경임을 강조하였다. 결국, 낮은 지능은 단순히 학업 문제에 그치지 않고 전반적인 사회적 기능 저하 및 부적응과 연결될 수 있다.

1) 유전적 요인

(1) MAOA 유전자와 공격성

청소년의 행동 문제에는 환경적 요소뿐 아니라 생물학적 기질도 중요한 영향을 미친다. 최근 유전학 연구에서 주목받는 MAOA 유전자는 세로토닌, 도파민, 노르에피네프린과 같은 신경전달물질의 분해를 조절하는 유전자로, 이 효소의 활성도가 낮은 경우 충동성과 공격성이 증가한다는 보고가 이어지고 있다.

카스피 외(Caspi et al., 2002)는 MAOA 유전자와 공격성의 관계를 설명한 대표적 연구에서 MAOA 유전자의 저활성형을 가진 청소년이 아동기에 학대를 경험했을 경우 성인기에 폭력적 성향을 보일 가능성이 높아진다고 발표하였다. 이는 유전적 요인이 환경과 만나 어떻게 행동으로 발현되는지를 보여주는 중요한 근거가 되며, 상담 현장에서도 내담자의 행동을 다면적으로 이해하는 데 도움을 준다.

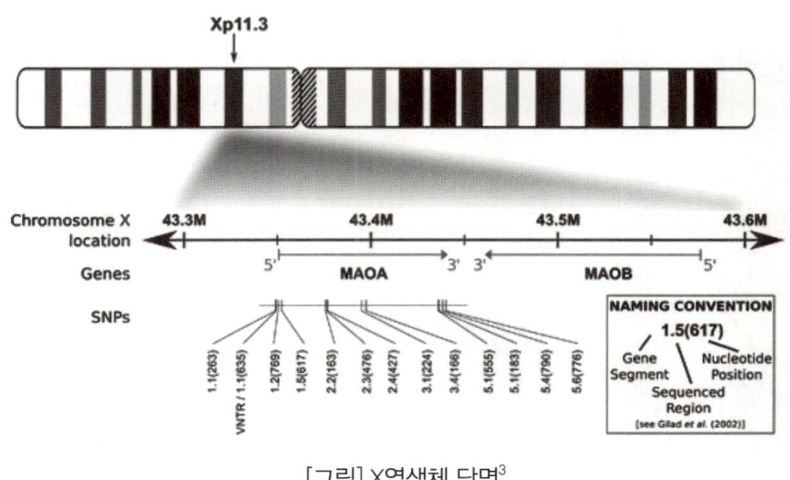

[그림] X염색체 단면[3]

3 출처: Eccles, D. A., Macartney-Coxson, D., Chambers, G. K., & Lea, R. A.(2012). A unique demographic history exists for the MAO-A gene in Polynesians. Journal of human genetics, 57(5), 294–300.

(2) DRD4 유전자와 자극 추구

청소년이 위험하고 자극적인 행동에 끌리는 이유는 단순히 유행이나 또래의 압력 때문만은 아니다. 생물학적으로 자극을 더 강하게 추구하는 경향이 유전적으로 내재해 있을 수 있기 때문이다. DRD4 유전자는 도파민 수용체와 관련된 유전자로, 이 유전자의 특정 변이형을 가진 사람들은 새로운 자극에 더 민감하게 반응하고 반복되는 자극에는 쉽게 싫증을 느끼는 경향이 있다.

스완슨 외(Swanson et al., 2000)의 DRD4 도파민 수용체 7-repeat allele와 주의력 및 충동성 간의 관련성에 관한 연구에서, DRD4의 특정 변이인 7-repeat allele을 가진 청소년은 주의력결핍, 충동성, 자극 추구 행동에서 높은 경향을 보였다. 이들은 스릴을 추구하거나, 반복되는 규칙이나 지시를 거부하며, 규범을 벗어난 행동을 통해 자신만의 자극을 찾는 경우가 많았다. 따라서 이를 단순한 '문제행동'으로 판단하기보다, 생물학적 기질로 이해하고 긍정적인 방향의 자극을 제공하는 등의 환경적 조율이 필요하다.

2) 기질적 특성

(1) 충동성과 위험 추구

모든 청소년이 위험한 행동에 빠지는 것은 아니다. 그러나 특정 기질을 가진 청소년은 그렇지 않은 또래보다 훨씬 더 높은 확률로 충동적인 선택을 하거나 위험한 행동을 시도하는 경향이 있다. 충동성이란 자극에 대한 즉각적인 반응 경향으로, 계획성 부족과 연관된다. 위험 추구 성향은 새로운 자극을 향한 강한 선호로, 일반적인 규칙이나 통제에 저항하는 특성을 포함한다.

주커만(Zuckerman, 1994)은 감각추구 성향의 생물학적 기반에 관한 저서에서 이러한 충동성과 위험 추구 성향이 유전적으로 결정되는 측면이 있으며, 청소년기의 뇌 발달과 맞물려 더욱 두드러지게 나타난다고 보았다. 따라서, 상담 현장에서는 단순히 문제 행동을 제지하기보다는 청소년의 충동성과 자극 추구 성향을 수용하고, 이를 건설적으로 표출할 수 있는 대안을 함께 모색하는 것이 중요하다. 예를 들어, 익스트림 스포츠, 창의적 예술 활동, 사회적 프로젝트 참여 등이 긍정적인 대안이 될 수 있다.

(2) 부정적 정서성

부정적 정서성이 높은 청소년은 사소한 자극에도 과민하게 반응하고, 타인의 말이나 행동을 부정적으로 해석하는 경향이 있다. 이들은 분노, 우울, 짜증, 불안 등 정서적 자극에 민감하며, 이를 적절히 조절하지 못할 경우 공격성이나 회피 행동으로 이어질 수 있다. 로스바트와 베이츠(Rothbart &Bates, 2006)는 아동 발달 핸드북에서 기질과 정서조절에 관하여 정리하였는데 기질적으로 부정적 정서성이 높은 아동은 스트레스 상황에서 정서조절 능력이 떨어져, 문제행동의 위험이 크다고 보고하였다.

부정적 정서성이 높은 청소년에게는 정서 인식 훈련, 감정 조절 전략, 심리적 안정감을 줄 수 있는 인간관계가 매우 중요하다. '화를 내지 말라'는 지시보다는, '화를 어떻게 다룰 것인가'에 대한 구체적인 방법을 제공하는 것이 상담과 중재에서 효과적이다.

4. 신경 화학적 불균형 및 호르몬

청소년기를 살아가는 아이들은 단지 어른보다 미숙한 존재가 아니라, 신체적으로도 전혀 다른 방식으로 작동하는 존재이다. 특히 뇌에서 일어나는 신경 화학적 변화와 호르몬의 급격한 변동은, 청소년의 충동적 행동과 감정 기복, 비행 행동에 밀접하게 영향을 준다. 여기에서는 청소년의 비행 행동과 관련된 주요 생물학적 요인 중 신경전달물질과 호르몬의 불균형을 살펴보고자 한다.

1) 신경 화학적 불균형

(1) 도파민 시스템의 민감성 증가

청소년의 뇌는 보상 시스템에 성인보다 훨씬 더 민감하게 반응한다. 특히 도파민은 쾌락, 동기, 학습, 보상 시스템을 조절하는 주요 신경전달물질로, 청소년기에는 도파민 수용체의 밀도와 분포가 일시적으로 증가하면서 즉각적인 보상에 더욱 민감해진다. 이 시기의 청소년은 순간적인 자극과 쾌락에 강하게 끌리며, 장기적 결과를 고려하지 않고 행동하기 쉽다. 갈반(Galván, 2013)은 청소년 보상회로의 민감성에 관한 연구에서, 청소년의 도파민 회로가 과활성화되어 자극적인 활동이나 모험적인 행동에 쉽게 끌린다고 설명한다. 친구의 제안에 쉽게 휘말려 위험한 행동에 참여하거나, 통금 시간을 어기는 행동 역시 이러한 신경학적 특성과 관련이 있다.

(2) 세로토닌과 충동 조절

세로토닌은 기분을 조절하고 충동적인 행동을 억제하는 데 중요한 역할을 한다. 하지만 청소년기의 세로토닌 시스템은 아직 안정적으로 정착되지 않았으며, 이에 따라 기분의 변화가 크고 감정의 폭발이 쉽게 일어난다. 크로켓 외(Crockett et al., 2012)의 세로토닌과 충동·공격성의 연관성에 대한 연구에 따르면, 세로토닌 수치가 낮은 청소년은 충동적이거나 공격적인 행동을 보일 가능성이 높으며, 스트레스 상황에서도 효과적으로 자기조절을 하지 못하는 경향이 있다고 한다. 실제 상담 현장에서도 쉽게 분노하고, 사소한 말에 상처를 받거나 대인관계 갈등을 자주 겪는 청소년은 이 같은 생물학적 기전을 바탕으로 한 정서적 취약성을 지닌 경우가 많다.

(3) 노르에피네프린과 스트레스 민감성

노르에피네프린은 주로 각성과 주의력, 스트레스 반응에 관여하는 신경전달물질이다. 니호프(Niehoff, 1999)의 노르에피네프린과 스트레스 반응 연구에서 청소년기 노르에피네프린 시스템이 불안정할 경우, 청소년이 외부 자극에 과도하게 반응하거나, 사소한 갈등에도 쉽게 흥분한다고 지적한다. 이는 스트레스 상황에서 회피적 행동, 폭언, 폭력과 같은 행동으로 표출될 수 있는데 학교에서 교사의 지적에 과도하게 반응하거나, 친구와의 갈등이 폭력으로 이어지는 경우가 이에 해당한다. 결국 이런 생화학적 기반은 청소년기 특유의 불안정성과 감정 기복을 이해하는 중요한 열쇠가 된다.

2) 호르몬 변화와 행동 특성

(1) 테스토스테론과 공격성

사춘기를 맞은 남학생들의 가장 뚜렷한 생물학적 변화 중 하나는 테스토스테론의 급격한 증가이다. 이 호르몬은 단순히 성적 특성뿐 아니라 경쟁심과 공격성과도 밀접한 관련이 있다. 아서(Archer, 2006)는 테스토스테론과 공격성의 상관관계 메타분석에서 테스토스테론 수치가 높을수록 갈등 상황에서 분노를 강하게 표출하고, 자신을 과시하는 행동을 보일 가능성이 높다고 분석하였다. 물론 모든 청소년이 동일한 반응을 보이지는 않지만, 환경적 스트레스와 결합할 때 테스토스테론의 영향은 더욱 뚜렷하게 나타날 수 있다. 예컨대, 가정폭력이나 또래 괴롭힘을 경험한 청소년이 공격적으로 반응하는 데에는 이러한 생물학적 요인도 작용한다.

(2) 에스트로겐과 감정 불안정성

여학생들은 사춘기 이후 에스트로겐의 급격한 변화를 겪으며 정서적으로 더욱 민감해진다. 스테이너 외(Steiner et al., 2003)는 이러한 호르몬 변화가 여성 청소년의 감정 기복, 우울, 불안 등에 영향을 준다고 보고하였다. 에스트로겐 수치의 변동은 신체 이미지에 대한 민감성, 또래 관계에서의 불안, 자기 비하 등과 관련되며, 때로는 충동적인 행동이나 학교 부적응, 대인 회피로 연결되기도 한다. 특히 생리 주기 전후로 나타나는 감정 변화는, 단순한 기분 문제가 아니라 뇌와 호르몬 시스템의 상호작용 결과임을 이해해야 한다.

(3) 코티졸과 스트레스 민감성

스트레스 상황에서 분비되는 대표적인 호르몬인 코티졸은 생존을 위한 생리적 조절에 매우 중요하다. 하지만 서스먼 외(Susman et al., 1999)는 청소년의 코티졸 스트레스 반응과 행동에 관한 연구에서, 스트레스에 반복적으로 노출된 청소년이 코티졸 수치가 지나치게 낮거나 높을 경우, 오히려 스트레스에 효과적으로 대처하지 못하고, 무기력하거나 과잉 반응할 수 있다고 설명했다. 예를 들어, 반복적인 학교폭력이나 가정 내 갈등을 겪는 청소년은 코티졸 시스템의 불균형으로 인해 충동적이거나 폐쇄적인 행동을 보일 수 있다. 이처럼 스트레스 호르몬의 조절 실패는 단순히 감정 문제에 그치지 않고, 청소년의 전반적인 행동 양식에 영향을 미친다.

이러한 신경전달물질과 호르몬의 상호작용은 청소년기 비행 행동을 이해하는 데 중요한 단서를 제공한다. 상담 현장에서는 청소년의 일탈이나 반항을 단순한 고집이나 성격 문제로 치부하기보다는, 이들의 생물학적 특성과 신경 화학적 취약성을 함께 고려한 통합적인 시각이 필요하다.

5 / 신체적·신경계 손상

1) 출산 전후 및 초기 발달기의 손상

(1) 출산 중 손상과 뇌 발달

출산 과정에서의 저산소증이나 두부 손상은 신경계 발달에 부정적인 영향을 미칠 수 있다. 특히 미세한 손상이더라도 전두엽 기능에 영향을 줄 경우, 이후 자기통제력과 판단력에 문제가 생길 수 있다. 브레넌 외(Brennan et al., 2000)는 출산 시의 산모 및 신생아의 신체 손상과 같은 산과적 합병증이 아동의 이후 외현화 문제 행동과 연결된다고 보고하였다.

(2) 유아기의 외상 경험

유아기에 머리를 다치거나 사고로 인해 외상을 입은 경우, 청소년기가 되면서 감정 조절이나 충동 억제에 어려움을 겪을 가능성이 커진다. 리우 외(Riu et al., 2009)는 외상성 뇌 손상과 반사회적 행동 사이의 연관성을 밝히며, 초기 두부 손상이 청소년기 공격적·충동적 행동의 가능성을 높인다고 설명하였다. 유년기 뇌 손상은 인지 발달과 정서 조절 능력을 저하해 청소년기 비행 행동의 위험성을 증가시킨다.

(3) 아동기 영양 결핍

아동기의 영양은 단순히 신체 성장만이 아니라 뇌 발달에도 직접적인 영향을 준다. 특히 철분, 오메가-3 지방산, 비타민 B군 등이 부족할 경우, 인지 기능 저하나 충동 조절의 어려움으로 이어질 수 있다. 리우와 레인(Liu& Raine, 2017)은 아동기 영양 결핍이 신경 발달과 행동 조절에 미치는 영향을 실증적으로 제시하였다. 아동기 영양 결핍은 뇌 발달을 저하해 인지 능력 및 자기 조절 능력을 떨어뜨리며, 이에 따라 비행 행동 가능성이 높아진다.

2) 신경계 손상과 사회적 영향

(1) 전두엽 손상과 판단력 저하

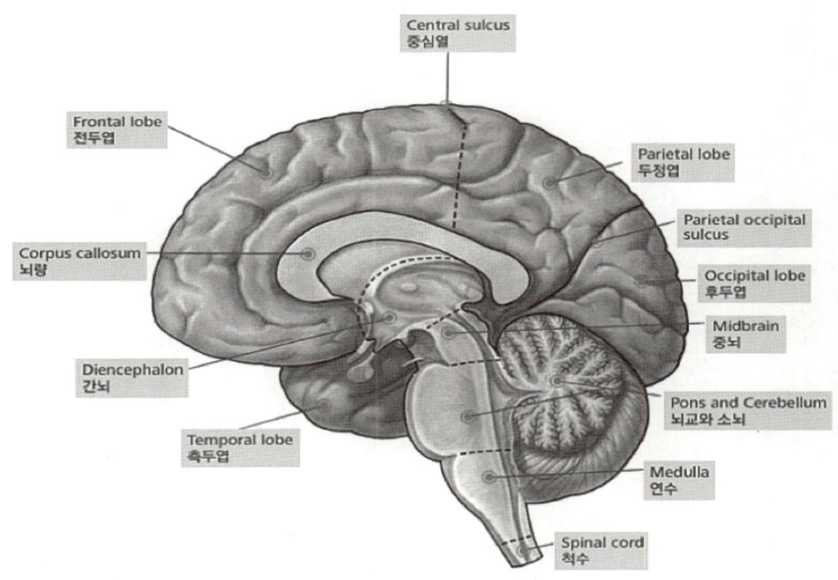

[그림] 뇌의 구조와 명칭[4]

전두엽은 인간의 판단력과 도덕성을 담당하는 뇌 부위로, 손상 시 충동 억제, 공감 능력, 윤리 판단 능력이 저하될 수 있다. 앤더슨 외(Anderson et al., 2013)는 전두엽 손상이 있는 청소년은 감정적 조절 능력이 부족하고, 타인과의 갈등을 효과적으로 해결하지 못한다고 보고하였다. 이러한 청소년에게는 사회적 기술 훈련과 자기 인식 기반의 개입이 중요하며, 단순한 훈계로는 행동 변화가 어렵다.

---

4 출처: 중앙치매센터 https://m.nid.or.kr/info/diction_list1.aspx?gubun=0101

(2) 외상성 뇌 손상과 정서 장애

청소년기에 사고나 폭력 등으로 인해 발생한 외상성 뇌 손상은 감정 조절과 스트레스 반응 체계에 영향을 준다. 맥스 외(Max et al., 1998)는 외상성 뇌 손상(TBI) 이후 청소년기 충동조절 장애, 감정 기복, 대인 갈등의 증가가 나타날 수 있다고 설명한다. 상담 및 교육 장면에서는 뇌 기능 변화에 대한 이해와 함께, 청소년이 변화된 자기 조절 능력에 적응할 수 있도록 돕는 구체적인 전략이 병행되어야 한다.

[다발성 두개골 골절환자의 X-선 사진]

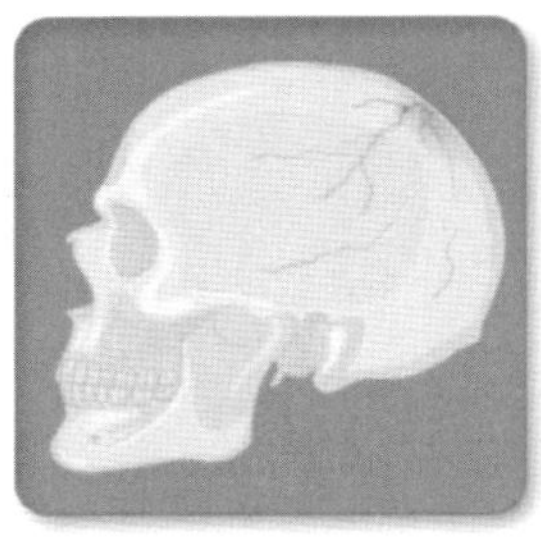
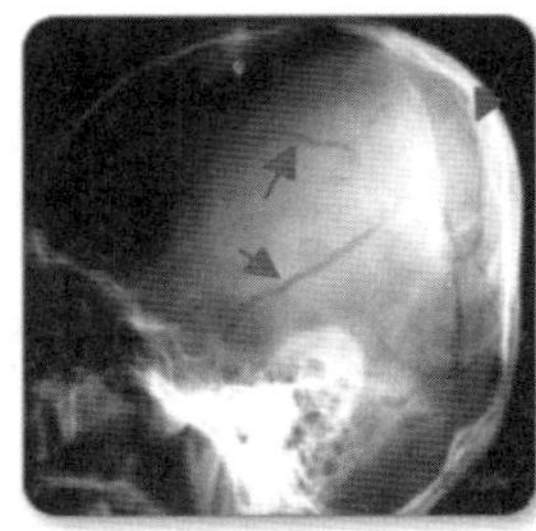

[두개골 함몰골절 환자의 CT 사진]

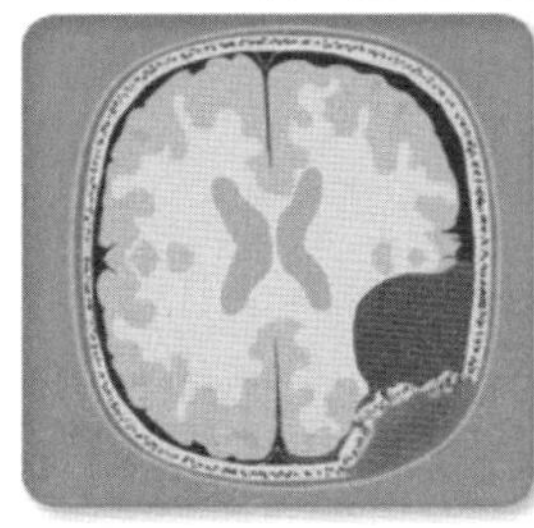
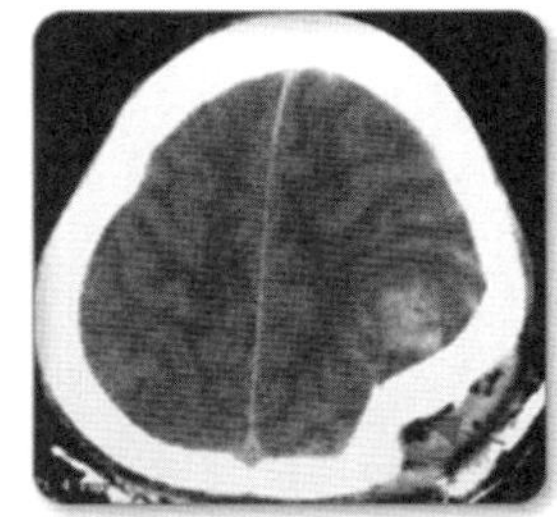

[그림] 두개골 골절[5]

(3) 사회적 낙인과 정서적 문제

신경계 손상을 가진 청소년은 종종 사회적 차별이나 낙인을 경험하게 되며, 이는 이차적인 정서 문제를 유발한다. 파머와 비어만(Farmer & Bierman, 2002)은 '문제아', '불량 학생'이라는 낙인이 오히려 자기개념을 왜곡시켜 문제행동을 강화한다고 지적하였다. 따라서 학교, 가정, 지역사회는 손상을 가진 청소년에 대한 낙인보다는 회복과 성장에 초점을 맞춘 포괄적 지원 체계를 제공해야 하며, 이는 단순한 처벌이나 관리가 아닌 회복적 접

---

5 출처: 질병관리청 국가건강정보포털

근의 출발점이 되어야 한다.

지금까지 2장에서는 청소년 비행과 생물학적 요인의 연관성을 네 가지 측면에서 다루었다. 특히 뇌 발달의 불균형 및 지능, 유전과 기질, 신경 화학적 불균형 및 호르몬, 신체적·신경계 손상이 청소년의 행동에 어떻게 영향을 미치는지 살펴봄으로써, 비행 행동을 단순한 도덕적 문제나 개인적 책임으로만 해석하기 어려운 이유를 알아보았다. 청소년 비행에 대한 생물학적 관점은 상담 및 교육 현장에서 청소년을 보다 입체적으로 이해하고, 맞춤형 개입 전략을 수립하는 데 중요한 기초가 될 수 있다.

6 / 생물학적 이론에 대한 함의와 비판

청소년 비행에 영향을 미치는 생물학적 요인들은 단독으로 작용하기보다는 다양한 환경 요인과 상호작용을 통해 영향을 미치는 경우가 많다. 유전적 취약성을 지닌 청소년이 가정 내 폭력, 빈곤, 정서적 방임 등 부정적인 환경에 지속적으로 노출될 경우, 뇌의 발달 경로나 스트레스 조절 시스템에 이상이 생길 가능성이 높아지고, 이는 곧 비행 행동으로 연결될 수 있다. 이러한 점에서 생물학적 요인은 비행 행동의 직접적인 원인이기보다는 비행의 '가능성'을 높이는 취약성(vulnerability) 요인으로 이해하는 것이 적절하다. 생물학적 요인은 단독으로 청소년의 행동을 결정한다기보다, 환경적 맥락에 따라 잠재성이 발현되거나 억제되는데 이바지하므로 청소년 비행을 이해하는 데 있어 중요한 단서를 제공한다. 그러나 이들은 단순히 "범죄 유전자"를 찾기 위한 것이 아니라, 행동 문제의 조기 발견, 이해, 예방, 개입을 위한 과학적 기초로 활용되어야 한다. 청소년의 생물학적 특성을 세심하게 이해하고 이에 기반한 개별화된 접근 전략을 수립하는 것이 상담 및 교육 현장에서 중요한 실천 과제가 된다.

생물학적 이론은 청소년 비행의 원인을 설명하는 데 유용한 틀을 제공하지만, 몇 가지 중요한 윤리적 우려와 실천적 제약을 지니고 있다. 우선, 유전자 검사나 뇌 영상 기술을 이용하여 위험군을 조기 선별하거나 분류하는 방식은 낙인 효과를 유발할 위험이 있다. 이는 해당 청소년의 자아개념 형성에 부정적 영향을 미칠 수 있고 자칫 아동의 인권을 침해하는 결과를 초래할 수 있다. 특정 유전적 특성을 가진 아동을 비행 개연성이 높은 대상으로 조기에 규정하는 것은 과도한 일반화이며, 예측의 오류 가능성도 존재한다.

또한 생물학적 접근은 인간 행동의 복합성을 설명하는데 충분하지 않다. 심리·사회적 요인이나 문화적 맥락을 간과한 채 신경학적 또는 유전적 특성만으로 청소년의 비행 행동을 판단하는 지나친 단순화된 해석으로 이어질 수 있기 때문이다. 통합적 접근의 중요성이 제기되고 있으나, 실제 정책이나 교육 현장에서는 여전히 생물학적 설명에 대한 이해 부족이나 거부감이 존재한다. 이는 실무자들이 생물학적 정보 활용의 윤리성, 신뢰성, 실효성에 대해 명확한 기준을 가지지 않은 채 접근하거나, 생물학적 요인을 운명론적으로 오해하는 데서 비롯되기도 한다. 따라서 생물학적 접근은 다른 이론들과의 통합적 관점에서 활용되어야 하며, 기술적 적용 이전에 인식의 전환과 사회적 합의가 선행되어야 한다.

청소년 비행을 더욱 효과적으로 예방하고 개입하기 위해서는 생물학적 정보를 단순한 위험 판별 도구로 활용하는 것을 넘어, 맞춤형 지원과 조기 중재의 과학적 근거로 활용해야 한다. 이는 생물학적 이론이 갖는 가능성을 실제 상담과 정책 현장에서 실효성 있게 전환하기 위한 핵심 방향이다.

• 조기 발견과 개입의 중요성: 충동성 조절의 어려움, 감정조절 능력 부족, 신경 발달의 불균형 등은 사전에 파악하고 개입할 경우, 비행 행동으로의 발전 가능성을 현저히 줄일 수 있다. 예를 들어, ADHD가 의심되는 청소년에게는 뇌 기능 분석을 기반으로 한 맞춤형 교육 프로그램, 정서 조절 훈련, 집단 상담 프로그램이 효과적인 중재 수단이 될 수 있다. 이러한 조기 개입은 단순히 문제를 억제하는 수준을 넘어서, 청소년의 발달 경로 자체를 조정하는 예방 전략으로 작용한다.

• 다학제적 협업 체계 구축: 청소년의 생물학적 문제는 단일 전문가의 개입만으로 해결하기 어렵다. 의료진, 심리학자, 교사, 사회복지사 등 다양한 전문 인력이 유기적으로 협력하는 통합적 개입 체계가 필수적이다. 특히 학교 현장에서는 학생의 신경학적 특성과 정서 상태를 종합적으로 고려하여, 행동 상담, 심리적 지원, 학습 환경 조정 등의

조치를 병행해야 한다.

　• 맞춤형 개입 전략의 필요성: 청소년의 행동 문제는 각 개인이 지닌 생물학적 특성에 따라 그 양상과 원인이 다르게 나타날 수 있다. 예컨대, 특정 신경전달물질의 불균형이나 감각 자극에 대한 민감성이 확인된 경우에는 약물치료, 행동치료, 감각통합치료 등을 결합한 복합적인 개입 전략이 필요하다. 이는 획일적인 방식보다 개인 맞춤형 접근을 통해 치료 효과를 높이는 방법이 될 수 있다.

　• 윤리적 고려와 제도적 장치 마련: 생물학적 정보를 활용할 때는 프라이버시 보호, 차별 방지, 정보 오용 방지 등의 윤리적 원칙이 반드시 수반되어야 한다. 특히 정책 수립 과정에서는 이러한 정보가 낙인이나 배제의 수단이 되지 않도록 제도적 안전장치를 마련하는 것이 중요하다. 이는 청소년의 권리를 보호함과 동시에, 정보 활용의 정당성을 확보하는 기반이 된다.

　• 실무자 교육과 인식 개선: 생물학적 접근이 현장에서 효과적으로 활용되기 위해서는 교사, 상담사, 보건·복지 전문가 등 실무자의 정확한 이해와 인식이 필수적이다. 생물학적 요인에 대한 정확한 정보 제공과 사례 기반의 교육 훈련은, 이들이 심리·사회적 접근과 생물학적 이해를 통합적으로 적용하는 데 실질적인 도움을 줄 수 있다. 이는 상담 및 교육 현장에서 보다 포괄적이고 심층적인 개입을 가능하게 한다.

"비행은 단지 행동의 일탈이 아니다. 그것은 마음의 신호이자, 삶의 조건에 대한 응답이다."

청소년 비행을 바라보는 시선은 종종 "무엇이 잘못되었는가?"에 머물기 쉽다. 그러나 심리학적 관점은 그 행동 이면에 있는 정서적 결핍, 인지적 왜곡, 대인관계의 좌절, 학습된 행동 양식을 조명하며, "왜 그런 행동을 하게 되었는가?"라는 더 근본적인 질문을 던진다.

이 장에서는 청소년 비행을 이해하기 위한 심리학적 접근을 다룬다.

1 ／ 비행 청소년의 심리적 특징

비행 행동은 내면의 심리적 결핍이 환경에 부적응하는 방식으로 드러난 결과이다. DSM-5-TR에 따르면, 청소년기의 부적응은 발달 과업의 실패, 정서 조절의 어려움, 환경 스트레스 등이 복합적으로 작용한 결과로, 자아정체감 형성의 어려움과 밀접한 관련이 있다. 아래는 비행 청소년에게서 자주 나타나는 심리적 특성이다.

1) 낮은 자존감과 자기효능감

비행 청소년은 자신에 대한 신뢰와 가치감이 낮아 타인의 인정에 집착하는 경향이 있다. 겉으로는 자신감 있고 반항적인 모습을 보이나, 내면에는 '나는 쓸모없는 존재일지 모른다.'는 부정적 자아상이 자리한다. 이들은 실패에 대한 두려움으로 관계나 과제를 회피하거나 스스로 포기하는 경향을 보이며, 자기효능감의 결여는 책임 회피, 충동적 행동, 관계 단절로 이어져 비행 행동으로 나타나기도 한다.

2) 자기조절의 어려움과 충동성

비행 청소년은 감정을 조절하는 능력이 부족해 분노를 즉각적으로 폭발시키거나 계획 없이 행동하는 경향이 있다. 이는 성격 문제라기보다는 뇌의 실행 기능과 관련된 발달 요인의 영향으로, DSM-5-TR에서도 ADHD의 주요 특성으로 설명된다. ADHD 성향이 있는 청소년은 자극에 민감하게 반응하고 억제나 조절이 어려워 문제 상황에서 갈등을 키우거나 후회할 행동을 하게 된다. 스트레스 상황에서 '생각-감정-행동'의 과정을 생략하고 곧바로 행동화(acting-out)하는 경향이 있으며, 이는 충동 통제력 부족에서 비롯된다. 이런 행동은 일시적 방어 수단일 수 있으나, 장기적으로는 관계 악화, 사회적 고립, 법적 문제로 이어질 수 있다. 결국 자기조절의 어려움은 정서적 미성숙, 뇌 발달 지연, 문제해결 전략 부족이 복합된 결과로, 심리·신경 발달적 개입이 필요한 영역이다.

3) 즉각적 쾌락 추구 성향

비행 청소년은 장기적인 보상보다 즉각적인 만족과 자극을 선호하는 경향이 있다. 이는 지연된 보상(delayed gratification)에 대한 인내심 부족으로, 단기 쾌락에 쉽게 끌리며 사회적 규범이나 장기 목표를 무시하는 행동으로 이어진다. 이로 인해 스마트폰 과몰입, 게임중독, 음주, 약물 사용 등의 자극 기반 행동중독이 나타나기도 한다.

DSM-5-TR에 따르면 이러한 성향은 충동조절장애, 물질사용장애, 행동중독 등과 관련되며, 통제력 약화와 보상 체계의 과민성과도 연결된다. 보상 시스템의 민감성은 자극적인 경험을 반복 추구하게 하여 현실 회피, 정서 무감각, 관계 왜곡을 초래한다. 즉각적 만족을 통해 불안이나 실패를 회피하지만, 문제해결 능력과 감정 조절력은 더 약화되며, 반복될 경우 책임 회피, 현실 도피, 의존 행동으로 굳어질 수 있다. 이는 단순한 기호 문제가 아니라 정서적 결핍, 낮은 인내력, 왜곡된 보상 체계가 복합된 심리 문제로, 장기 보상을 학습할 수 있는 상담적 중재가 필요하다.

4) 공격성과 폭력성

비행 청소년의 공격성과 폭력은 내면의 불안, 자존감 결핍, 무력감이 전이되거나 투사된 결과일 수 있다. 감정 인식과 조절 능력이 미숙해 심리적 고통을 직접 표현하기보다는 타인에게 전가하거나 환경에 투사하는 방식으로 대응하며, 이는 욕설, 비난, 신체적 폭력 등의 행동화로 나타난다. 특히 가정 내 폭력에 노출되었거나 공격적 행동을 학습한 환경에서 자란 경우, 폭력은 자기방어이자 문제 해결 수단으로 굳어지기 쉽다. DSM-5-TR에서도 아동기 경험이 공격성 행동에 영향을 미치는 주요 요인으로 설명된다. 예를 들어, 무시당했다고 느낀 순간 폭력적으로 반응하는 청소년은 사실상 감정조절 미숙과 관계 내 안전감 결여를 드러내고 있는 것이다. 이러한 공격성은 청소년이 관계 속에서 자신을 지키기 위해 택한 왜곡된 생존 전략으로, 억압보다는 그 이면의 감정과 경험을 이해하고 치유할 필요가 있다. 상담에서는 안전한 관계 안에서 정서 표현 훈련과 자기 통제력 향상을 통해 점진적 회복을 도울 수 있어야 한다.

5) 불안과 미래에 대한 부정적 기대

비행 청소년은 정서적 불안정 속에서 미래를 '나는 실패할 것이다.', '노력해도 바뀌지 않는다.'는 식의 부정적 사고에 사로잡혀 좌절과 무기력에 빠지기 쉽다. 또한 도전을 회피하고 책임을 회피하는 방어적 태도가 강화되며, 현실 적응력이 약화된다. 이러한 부정적 기대는 가정 해체, 학교 부적응, 반복된 실패 등 누적된 환경 스트레스와 관련이 깊다. 가정에서 지지를 받지 못하거나 학교에서 지속적으로 거절당한 경험은 자신과 미래에 대한 신뢰를 무너뜨린다. 겉으로는 냉소적이지만, 내면에서는 상처를 피하기 위한 자기방어 전략으로 미래 기대를 스스로 낮추는 경우가 많다. 부정적 기대와 무기력은 자기효능감을 약화시키고, 비행 행동의 반복과 도피적 삶을 고착시키는 악순환을 낳는다. 상담에서는 이들의 상처와 실패 경험을 이해하고, 작은 성공을 통해 미래에 대한 긍정적 재해석을 도울 필요가 있다. 이를 위해 감정조절, 문제 해결, 자기 목표 설정 등 실제적 기술 훈련이 함께 이루어져야 한다.

6) 왜곡된 대인관계 경험과 병리적 집단성

비행 청소년은 건강한 대인관계를 형성하는 데 어려움을 겪으며, 소속감과 정체성을 비행 성향을 공유하는 또래 집단에서 찾는 경향이 있다. 이들은 가정 내 애정 결핍을 보상하기 위해 '형, 누나, 동생' 같은 가짜 가족 구조를 형성하며, 집단 내 위계나 역할을 통해 생존과 유대감을 추구한다. 이러한 집단 의존성은 관계 기술 부족, 외로움, 자아정체감 혼란에서 비롯되며, 반복된 거절과 실망 속에서 '우리끼리만 이해할 수 있다.'는 인식을 강화한다. 그 결과, 비행 행동은 집단 내에서 규범처럼 작동하고, 도덕적 기준보다 집단 내 인정이 우선시되어 반사회적 행동이 오히려 정체성으로 정당화된다. 이러한 왜곡된 관계 패턴을 교정하기 위해서는 단순한 분리나 처벌보다는 신뢰 기반의 대화, 대인관계 기술 훈련, 집단 상담 등을 통해 건강한 관계 경험을 제공하고, 새로운 소속감을 형성할 수 있도록 도와야 한다.

7) 자기 통제력 및 문제해결 능력의 부족

비행 청소년은 갈등이나 위기 상황에서 감정에 압도되어 이성적인 판단이나 조절된 행동을 하기 어려워한다. 이는 단순한 성격 문제가 아니라, 상황 인식, 감정 조절, 대안 탐색 등의 문제 해결 전략을 충분히 학습하지 못한 결과로 볼 수 있다. 이들은 자극적인 상황에서 회피하거나 과도한 반응으로 이어지는 경향이 있으며, 정서적 긴장을 언어나 숙고로 조절하기보다는 즉각적인 행동으로 표출한다. 예를 들어, 갈등 시 언성을 높이거나 학교 규칙에 불만을 무단결석, 폭력 등으로 표현하는 것은 감정보다 행동을 앞세운 반응이다.

DSM-5-TR에서도 이러한 충동성과 부적응은 발달적 미성숙, 실행 기능 결함, 스트레스 대처 기술 부족과 연관된다고 설명한다. 갈등 해결 모델을 경험하지 못한 청소년은 고차원적 사고 기능이 미발달한 경우가 많아 문제 상황에 효과적으로 대응하지 못한다. 이러한 결여는 갈등 격화, 관계 악화, 자기효능감 저하 등으로 이어질 수 있으므로, 상담에서는 감정 인식, 사고 중단, 갈등 조정, 대안 탐색 등 점진적 훈련을 통해 실질적인 문제해결 능력을 기를 수 있도록 개입해야 한다.

2 / 청소년기와 성인기 정신장애의 차이

청소년기 정신장애는 성인기 정신장애와 증상의 양상, 진단 기준, 경과 및 치료 접근 방식에서 다음과 같은 차이를 보인다.

• 발현 양상의 차이: 청소년은 아직 정서 및 뇌 신경이 발달 중이기 때문에, 같은 정신장애라도 감정 기복이 심하고 충동적이며 행동화된 방식(예: 분노 폭발, 반항, 무단결석 등)으로 나타나는 경우가 많다. 반면, 성인은 우울, 불안과 같은 내면화된 증상으로 표현되는 경향이 강하다.

• 진단 시 발달적 특성의 고려: 청소년기의 감정 변화나 또래 관계 문제는 정상 발달 과정에서도 흔히 나타나는 현상이므로, 일시적인 적응 반응인지 지속적 장애인지를 구분하는 것이 중요하다.

• 환경의 영향력 차이: 청소년은 가정, 학교, 친구 등 주변 환경의 영향을 크게 받으며, 이러한 맥락이 증상에 직접적인 영향을 미치기도 한다. 따라서 치료 시 가족 및 환경에 대한 통합적 접근이 필요하다.

이 장에서는 아동기에서 시작되는 ADHD에서부터 성인기에 진단되는 반사회적 성격장애에 이르기까지, 발달단계에 따른 주요 정신 장애들의 진단 특성과 차이를 살펴보고자 한다.

1) 주의력결핍 과잉행동장애(ADHD:Attention-Deficit/Hyperactivity Disorder)

ADHD는 아동기 또는 청소년기에 주로 진단되는 신경발달장애로, 주의 집중의 어려움, 과잉행동, 충동성이 주된 특징이다. DSM-5-TR에서는 증상이 만 12세 이전에 시작되어, 두 개 이상의 환경(예: 가정, 학교, 또래 관계 등)에서 기능 손상을 유발할 때 진단할 수 있도록 하고 있다. ADHD의 주요 증상은 아래 세 가지 영역으로 구분된다.

ADHD 주요 특징

주의력 결핍
- 세부적인 것에 주의를 기울이지 못하고 실수를 자주 함
- 과제나 놀이 활동 중 주의 집중이 어려움
- 지시를 따르지 않거나 작업을 끝마치지 못함
- 정리 정돈이 어렵고, 시간 관리가 부족함

과잉행동
- 가만히 있지 못하고 안절부절못함
- 수업 중 자리에서 일어남
- 지나치게 말이 많고 조용히 활동하기 어려움

충동성
- 질문이 끝나기 전에 답을 함
- 차례를 기다리지 못함
- 타인의 대화를 방해하거나 끼어듦

청소년기 ADHD는 아동기와 다르게 과잉행동보다는 주의력 문제와 충동성, 자기 조절의 어려움이 더욱 두드러지게 나타날 수 있다. 학업 수행의 어려움, 낮은 자존감, 또래 갈등, 비행 행동과도 밀접한 관련이 있으며, 특히 비행 청소년의 심리적 특성 중 충동성, 감정 조절 실패, 문제 해결력 부족과 ADHD는 깊은 연관성을 가진다. ADHD 진단 시에는 발달적 맥락, 환경적 요인, 학교 및 가정에서의 행동 양상 등을 종합적으

로 고려해야 하며, 단순한 산만함이나 반항 행동과 혼동해서는 안 된다. 치료 및 중재에는 약물치료(예: 메틸페니데이트)와 함께, 행동치료, 자기조절 훈련, 학습전략 코칭, 부모 상담 등이 포함된다.

2) 적대적 반항 장애(Oppositional Defiant Disorder, ODD)

반항 장애(Oppositional Defiant Disorder, ODD)는 청소년이 지속적으로 권위에 도전하고, 감정적으로 쉽게 분노하며, 고의로 타인과 갈등을 유발하는 행동 특성을 보일 때 진단되는 장애이다. DSM-5-TR에 따르면, 이러한 행동이 6개월 이상 지속되고, 가족 외 다른 사람들과의 관계에서도 문제가 발생할 경우 진단이 고려된다. ODD의 주요 특징은 다음 세 가지 범주로 정리된다.

반항 장애 주요 특징

분노와 짜증
- 자주 화를 내고 짜증을 내며, 쉽게 불쾌감을 표현함
- 자주 민감하게 반응하거나 감정적으로 폭발함

논쟁적이고 반항적인 행동
- 어른이나 권위자와 자주 말다툼을 벌임
- 규칙이나 지시를 고의로 무시하거나 거부함
- 일부러 타인을 짜증 나게 하거나, 책임을 남 탓으로 돌림

앙심과 보복
- 악의적으로 보복하려는 경향이 있으며, 이 행동이 반복됨
- 자신에게 피해를 주었다고 느끼면 장기간 앙심을 품음

ODD는 품행장애(CD)보다 더 경미한 형태의 문제행동으로 간주되며, 공격성보다는 정서적 반항성과 도전성이 중심이다. 그러나 적절한 개입 없이 방치될 경우 품행장애로 발전하거나, 성인기 성격장애로 이어질 위험이 있다. ODD의 발생 원인은 유전적 기질, 부모의 양육 방식(예: 과도한 통제, 일관성 없는 훈육), 부모-자녀 간 갈등, 또래 관계에서의 좌절 등 다

양한 심리·사회적 요인이 복합적으로 작용한다. 또한 ADHD와의 공존율이 높고, 이로 인해 충동성과 집중력 문제까지 동반되는 경우가 많다.

중재 전략으로는 부모 훈련(Parent Management Training, PMT), 감정조절 훈련, 긍정적 행동 강화, 문제해결 기술 훈련, 교사-부모-청소년 간 협력 체계 구축이 효과적이다. 특히, 일관된 양육과 정서적 지지가 중요한 핵심 개입 요소로 강조된다.

3) 품행장애(Conduct Disorder)

품행장애(Conduct Disorder, CD)는 아동기 또는 청소년기에 나타나는 행동 장애로, 타인의 권리를 침해하거나 사회적 규범과 규칙을 지속적으로 위반하는 행동 양상이 특징이다. DSM-5-TR에 따르면, 이 장애는 반복적이고 지속적인 행동 패턴으로 진단되며, 다음 영역 중 최소한 한 가지 이상의 문제가 12개월 이상 나타나야 한다.

A. 다른 사람의 기본적 권리를 침해하고 연령에 적절한 사회적 규범 또는 규칙을 위반하는 지속적이고 반복적인 행동 양상으로, 지난 12개월 동안 다음의 15개 기준 중 적어도 3개 이상에 해당되고, 지난 6개월 동안 적어도 한 개 이상의 기준에 해당된다.

사람과 동물에 대한 공격성(Aggression to People and Animals)

1. 자주 다른 사람을 괴롭히거나, 위협하거나, 협박함
2. 자주 신체적인 싸움을 시작함
3. 다른 사람에게 심각한 신체적 손상을 입힐 수 있는 무기를 사용함(예, 방망이, 벽돌, 깨진 병, 칼, 총)
4. 다른 사람에게 신체적으로 잔인하게 대함
5. 동물에게 신체적으로 잔인하게 대함
6. 피해자가 보는 앞에서 도둑질을 함(예, 노상강도, 소매치기, 강탈, 무장 강도)
7. 다른 사람에게 성적 활동을 강요함

재산파괴(Destruction of Property)

8. 심각한 손상을 입히려는 의도로 고의적으로 불을 지름
9. 다른 사람의 재산을 고의적으로 파괴함(방화로 인한 것은 제외)

사기 또는 절도(Deceitfulness or Theft)

10. 다른 사람의 집, 건물 또는 자동차를 망가뜨림
11. 어떤 물건을 얻거나 환심을 사기 위해 또는 의무를 피하기 위해 거짓말을 자주 함(즉, 다른 사람을 속임)
12. 피해자와 대면하지 않은 상황에서 귀중품을 훔침(부수거나 침입하지 않고 상점에서 물건 훔치기, 문서 위조)

심각한 규칙 위반(Serious Violations of Rules)

13. 부모의 제지에도 불구하고 13세 이전부터 자주 밤늦게까지 집에 들어오지 않음
14. 친부모와 살거나 부모를 대신한 가정에서 사는 동안 밤에 적어도 2회 이상 가출, 또는 장기간 귀가하지 않은 가출이 1회 있음
15. 13세 이전에 무단결석을 자주 함

B. 행동 장애가 사회적, 학업적, 또는 직업적 기능 영역에서 임상적으로 현저한 손상을 초래한다.

C. 18세 이상일 경우, 반사회성 성격장애의 기준에 부합되지 않는다.

품행장애는 또래 친구들과의 관계에서 갈등을 유발하며, 학교 부적응, 가정 내 갈등, 법적 문제로 이어질 수 있다. 아동기 발병형과 청소년기 발병형으로 나뉘며, 아동기 발

병형의 경우 예후가 더 좋지 않다고 알려져 있다. 특히, ADHD와 함께 나타나는 경우, 충동성과 공격성이 강화되어 더 복잡한 양상을 보인다. 품행장애는 단순한 비행으로 치부해서는 안 되며, 정서적 결핍, 학대 경험, 부모의 양육 태도, 또래의 영향 등 심리·사회적 요인을 함께 고려한 다면적 평가가 필요하다. 중재 방법으로는 인지행동치료(CBT), 사회기술훈련(SST), 부모 훈련, 집단 상담, 지역사회 기반 개입 등이 있다.

4) 방화벽(Pyromania)

방화벽(Pyromania)은 반복적이고 충동적인 불 지르기 행동을 특징으로 하는 충동조절장애(Disruptive, Impulse—Control, and Conduct Disorders) 중 하나이다. 이 장애의 핵심 특징은 불을 지르는 행위 자체가 목적이며, 주목받거나 긴장을 해소하려는 내적 동기와 쾌감 중심의 행동이다.

방화벽 주요 특징

- 고의적이고 목적 있는 방화 행동을 반복함
- 불을 지르기 전 긴장감이나 정서적 흥분을 느낌
- 불, 불과 관련된 상황, 소방 활동에 대해 강한 흥미, 매혹, 호기심 또는 끌림이 있음
- 방화로 인한 만족감, 해방감, 쾌감을 느낌
- 금전적 이득, 복수, 이념적 동기, 환각 등에 의한 것이 아님
- 다른 정신질환(예: 양극성 장애, 정신병 등)으로 설명되지 않음

5) 도벽(Kleptomania)

도벽(Kleptomania)은 필요하지 않은 물건을 충동적으로 훔치는 행동을 반복하는 장애로, 마찬가지로 충동조절장애에 속한다. 이 장애의 핵심 특징은 물건의 소유가 목적이 아니라, 훔치는 행동 그 자체가 긴장 해소 및 감정 조절의 수단이라는 점에서 일반 절도와 구별된다는 점이다.

- 필요하지 않거나 금전적 가치가 없는 물건을 반복적으로 훔침
- 훔치기 직전 긴장감이 증가함
- 훔친 뒤에는 쾌감, 만족감, 안도감을 느낌
- 행동은 분노, 복수심, 환각 등의 결과가 아님
- 다른 정신질환(예: 행동장애, 양극성장애, 물질중독 등)으로 설명되지 않음

6) 반사회적 성격장애(Antisocial Personality Disorder, ASPD)

반사회적 성격장애는 지속적으로 타인의 권리를 무시하거나 침해하는 행동이 성인기 전반에 걸쳐 나타나는 성격장애의 한 유형이다. DSM-5-TR에서는 만 18세 이상일 때 진단할 수 있으며, 그 이전에 품행장애(Conduct Disorder)의 병력이 있어야 한다.

- 반복적인 법규 위반, 폭력적 행동
- 거짓말, 사기, 조작적 행동
- 충동성과 무책임성
- 타인의 감정에 대한 공감 부족
- 해를 끼치고도 죄책감을 느끼지 않음

- 15세 이후 지속된 반사회적 행동 양상
- 사회적 규범과 법을 무시하는 행동 반복
- 타인의 안전과 권리를 고려하지 않음
- 후회나 죄책감 없이 반복되는 무책임함

반사회적 성격장애는 단순한 비행이나 충동 조절의 실패를 넘어, 도덕성, 책임감, 공감 능력의 구조적인 결핍이 특징이며, 대인관계에서 타인을 이용하거나 조종하는 경향을 보인다. 이에 반사회적 성격장애를 지닌 내담자는 치료 동기가 낮고, 자기 성찰이 부

족한 경우가 많아 개입이 어려운 편이다. 인지행동치료, 사회 기술훈련, 공감 훈련 등이 사용될 수 있으며, 조기 개입(청소년기의 품행장애 단계)에서의 예방이 중요하다.

3 / 비행 청소년 심리검사

비행 청소년은 겉으로 드러나는 문제 행동(무단결석, 폭력, 가출 등) 외에도 정서적 불안정, 충동성, 자기통제의 어려움, 낮은 스트레스 대처 능력 등의 심리적 요인을 함께 지니고 있다. 이러한 내면의 특성과 인지적 특성은 종합적인 심리검사를 통해 보다 정밀하게 파악할 수 있으며, 대표적으로 웩슬러 지능검사(Wechsler Intelligence Test), MMPI-A, PAI-A가 활용된다. 다양한 감정과 행동 특성에 대해 심리검사를 통해 이해해 볼 수 있다.

1) 비행 청소년의 웩슬러 지능검사 특징

K-WISC-V(Korean-Wechsler Intelligence Scale for Children - Fifth Edition)는 만 6세 0개월부터 만 16세 11개월 사이의 아동·청소년을 대상으로, 인지적 기능과 발달 특성을 다차원적으로 평가하는 대표적인 개별 지능검사이다. 이 검사는 단순한 IQ 수치를 넘어, 아동·청소년의 사고 특성, 정보 처리 방식, 학습 능력, 주의력 및 작업 지속력 등을 보다 세분화하여 파악할 수 있도록 설계되어 있다.

K-WISC-V는 아동·청소년의 인지 능력을 5가지 지표로 평가하여 세상 이해, 문제 해결, 정보 처리 방식에 대한 통찰을 제공한다. 각 지표는 언어적 사고(VCI), 시각적 구조화 능력(VSI), 논리적 추론력(FRI), 작업 기억력(WMI), 시각적 처리 속도(PSI)를 측정한다. 이를 통해 아동의 인지적 강점과 약점을 구체적으로 파악할 수 있으며, 학습 지도, 상담, 정서 지원에 중요한 기초 자료로 활용된다. 특히 비행 청소년은 감정 조절의 어려움으로 인해 이성적 판단과 계획적 행동에 한계를 보이며, 이는 검사 결과에 영향을 미친다.

• 처리 속도 지수의 저하: 시각적 자극에 대한 반응 속도나 반복적 작업 수행 능력을 반영하는데, 비행 청소년의 경우 이 지표가 낮게 나타나는 경우가 많다. 처리 속도가 느리다는 것은 환경 자극을 신속하게 파악하고 적절히 대응하는 데 어려움을 겪는다는 의미이며, 이는 실제 생활에서 상황 판단의 지연이나 정서적 반응의 통제가 어려운 모습으로 나타난다.

• 작업 기억 지수의 약화: 작업기억은 정보를 머릿속에 유지하면서 동시에 조작하고 판단하는 능력으로, 충동을 억제하거나 계획을 세우는 데 핵심적인 역할을 한다. 이 지표가 낮은 청소년은 순간적인 자극에 바로 반응하거나, 정서적 긴장을 조절하지 못하고 행동으로 표출하는 경향이 강하다. 특히 '기다리고 생각한 뒤 행동하는' 일련의 과정이 생략되면서 상황은 더 악화되곤 한다.

• 언어이해 지수와 감정 표현 능력 간의 불균형: 일부 청소년은 언어적 추론 능력은 보통 수준이나, 감정 상태를 말로 표현하는 데 어려움을 겪는다. 특히 정서어휘가 빈약하고 자기감정을 인식하고 설명하는 능력이 제한되어 있어, 내면의 어려움을 언어로 풀어내기보다 행동화로 나타나는 경우가 많다. 예를 들어, 답답하거나 억울한 상황에서도 "몰라요.", "그냥요." 등으로 반응하며, 정서적 긴장은 점점 누적된다.

• 하위 지표 간 분산이 큰 경우: 언어이해지수(VCI), 시각공간지수(VSI), 유동적 추론지수(FRI), 작업기억지수(WMI), 처리속도지수(PSI) 간 점수 차이가 1.5 표준편차(SD) 이상으로 크게 벌어질 경우, 전체 지능지수(FSIQ)의 해석에 유의가 필요하다. 이러한 인지능력 간의 불균형은 실제 생활에서 좌절 경험을 반복하게 하거나, 학업 수행 및 대인관계에서 부적응 행동으로 이어질 가능성을 높일 수 있다. 이는 정서적 통합력 및 실행 기능의 미성숙을 반영하는 신호로 해석될 수 있다.

웩슬러 지능검사 결과는 각 영역별 강점과 약점을 파악하여 정서 및 행동 문제와 연결 지어 해석할 필요가 있다. 비행 청소년의 경우 낮은 작업기억과 처리 속도, 표현의 어려움, 인지적 불균형 등이 복합적으로 작용하며, 이는 정서 조절의 실패와 충동적 행동으로 이어진다. 따라서 이들에게는 통제보다는 감정을 이해하고 표현하는 훈련, 상황판단력과 대안적 사고능력, 실행기능 강화를 위한 프로그램이 함께 제공되어야 한다.

2) 비행 청소년의 MMPI-A 특징

MMPI-A(Minnesota Multiphasic Personality Inventory for Adolescents)는 만 14세에서 18세 사이의 청소년을 대상으로 한 객관적 성격 및 심리 진단 검사이다. 이 검사는 다양한 정서적·행동적 문제를 체계적으로 파악하고, 청소년의 성격 특성과 적응 양상을 이해하는 데 도움을 준다. 총 478문항으로 구성되어 있으며, 검사 결과는 타당도 척도와 임상 척도를 중심으로 해석된다. 타당도 척도는 응답의 일관성, 과장 또는 방어 경향 등을 확인함으로써 결과의 신뢰성을 검토하는 역할을 한다. 임상 척도는 우울, 불안, 반사회적 행동, 신체화 경향, 대인관계 어려움 등 다양한 심리적 영역에서의 특성을 수치화하여 제공한다.

MMPI-A를 통해 청소년들의 정서 상태, 자아 개념, 충동 조절, 대인관계 문제, 학교 적응 및 가족 갈등 등을 폭넓게 탐색할 수 있으며, 성격 특성과 정서적 반응 양식을 보다 구조적으로 이해할 수 있다.

- F 척도(Frequency Scale)의 상승: 현실 감각 저하, 심리적 고통의 과장 표현. 내면 불안과 보호 욕구가 반영될 수 있음.
- Pd 척도(반사회성 척도)의 상승: 규칙 위반, 충동성, 권위 저항 등 외현화 문제. 자율성과 통제 간 내적 갈등을 시사함.
- Sc 척도(사고 혼란)의 상승: 감정 혼란, 피해의식, 대인기피, 사고 왜곡. 현실 평가 능력 저하와 관계 불안정성 반영.
- K 척도(방어성)의 하강: 방어기제 약화, 감정 노출 경향. 스트레스에 취약하며, 자해·가출 등 행동화로 이어질 수 있음.
- Ma(경조증), Hs(건강염려), D(우울)의 상승: 감정 기복과 정서 불안정이 크며, 흥분과 무기력을 오가는 혼란된 상태를 보인다. 대인관계에서 예측 불가능하고 변화무쌍한 태도로 나타날 수 있음.

MMPI-A는 비행 청소년의 정서 불안정, 충동성, 자기 통제력 부족, 낮은 현실 검정력, 대인관계 어려움 등을 반영하는 다양한 척도로 구성되어 있다. 단순한 행동 표현보다 척도 간 의미를 통합적으로 해석해 심리적 구조를 이해하고, 정서 조절 훈련과 상담적 개입이 병행되어야 한다.

3) 비행 청소년의 PAI-A 특징

PAI-A(Personality Assessment Inventory: Adolescent)는 만 12~18세 청소년을 위한 자기 보고식 성격검사로, 정서적 어려움, 성격 특성, 대인관계 문제, 자살 사고, 공격성 등 심리적 위험 요인을 다차원적으로 평가한다. 타당도, 임상, 치료 관련, 대인관계 척도로 구성되며, 약물 사용, 충동성, 스트레스 반응 등 위기 영역을 민감하게 탐지할 수 있다. 문항이 명확하고 응답 부담이 적어 MMPI-A보다 직관적 해석이 용이하며, 상담 초기 평가와 치료 계획 수립에 활용된다. 특히 비행 청소년의 정서 조절 어려움, 충동성, 행동적 양식 등을 파악하는 데 유용하다.

• AGG 척도(공격성)의 상승: AGG 척도가 높은 비행 청소년은 분노를 조절하는 능력이 부족하고, 갈등 상황에서 타인을 위협하거나 공격적으로 반응하는 경향을 보인다. 이들은 자신의 감정을 조절하는 대신 외부로 분출하며, 분노를 행동화하여 자신을 보호하려는 방어적 태도를 보이기도 한다. 감정 표현의 방식이 언어적이지 않고 신체적 또는 폭력적인 형태로 나타날 가능성이 크다.

• IMC(비일관성 척도), INF(정보 불충분 척도)의 상승: 자신의 정서와 행동에 대한 일관된 자기 인식이 부족하거나, 감정 상태가 극단적으로 흔들릴 때 일관된 응답을 유지하지 못하는 모습을 반영할 수 있다. 특히 INF 척도가 높을 경우, 자신에 대한 설명이 혼란스럽고 충동적일 가능성이 있어 상담 현장에서 세심한 접근이 요구된다.

• BOR 척도(경계성 특징)의 상승: 비행 청소년에서 빈번히 나타나는 특징이다. 이들은 자기 정체감이 불안정하고, 감정 기복이 심하며, 인간관계에서 극단적인 반응을 보이곤 한다. 예를 들어, 누군가 자신을 무시하거나 실망시키는 상황이 발생하면 '완전히 버려졌다.'는 감각을 경험하고 극단적인 반응을 보이기도 한다. 이는 자해나 가출, 분노 폭발 같은 비일상적인 반응으로 이어질 수 있으며, 이런 특성은 일관된 자기조절의 어려움과

타인에 대한 신뢰 부족으로 연결된다.

• NIM 척도(부정적 인상)의 상승: NIM 척도가 상승한 청소년은 자신의 상태를 매우 부정적이고 비관적으로 인식하며, 자신에 대해 '무가치하다.', '문제투성이다.'라고 평가할 가능성이 높다. 이는 실제 내면의 고통이 클 수도 있고, 타인에게 도움을 요청하거나 관심을 끌고자 하는 표현일 수도 있다. 중요한 것은 이러한 자기 인식이 자존감 저하, 우울감, 정체감 혼란으로 이어질 수 있으며, 이러한 상태가 지속될 경우 자포자기적 태도나 무기력, 퇴행적 행동으로 발전할 위험이 있다는 점이다.

• STR(스트레스), ANX(불안) 척도의 상승: 감정적 압박에 대한 취약성과 자기통제력 저하의 단서를 제공한다. 비행 청소년은 스트레스를 회피하거나 폭발적인 감정 반응으로 해소하려는 경향을 보이며, 이러한 스트레스 반응 방식은 결과적으로 행동 문제를 악화시킨다. 실제 생활에서 이들은 사소한 문제에도 과도하게 긴장하거나 두려움을 느끼며, 스트레스 상황에서 자기를 보호하는 방식이 회피적이거나 파괴적으로 나타날 수 있다.

PAI-A는 비행 청소년의 충동성, 정서 불안정, 정체감 혼란, 자아 통제 결여 등 심리 구조를 다차원적으로 보여준다. 상담자는 척도 간의 연관성을 통합적으로 해석하여 정서 조절, 자아정체감 확립, 스트레스 대처 향상을 상담 목표로 삼아야 한다. 비행 청소년의 효과적 개입을 위해서는 인지, 정서, 성격 구조의 파악이 중요하다. 웩슬러 지능검사는 인지 및 실행 기능을, MMPI는 성격 안정성과 행동화 경향을, PAI는 충동성, 공격성, 정체감 등을 세분화해 보여준다. 이들 검사의 통합적 해석은 맞춤형 개입과 장기적 회복에 유용하다.

공격 행동은 다양한 심리학적 관점에서 설명되어 왔으며, 생물학적 본능에서부터 사회적 학습, 인지적 평가, 진화적 기능에 이르기까지 여러 이론적 기반이 존재한다. 다음은 공격성에 대한 대표적인 다섯 가지 이론이다.

1) 본능이론(Instinct Theory)

공격성 본능이론은 공격 행동이 선천적인 생물학적 본능이라는 관점을 취한다. 초기 정신분석학자들과 동물행동학자들에 의해 발전된 이 이론은, 인간의 공격성을 자연스럽고 불가피한 본능적 에너지로 간주하였다. 공격성이 본능이라는 관점을 취하는 다양한 학자들의 주장을 표에 제시하였다.

2) 좌절-공격 이론 (Frustration-Aggression Hypothesis)

■ 공격성 이론

학자	내용
프로이드	공격성은 타고난 본능이며, 생존을 위한 자연스러운 반응 프로이드는 리비도(생명 본능)와 타나토스(죽음 본능) 사이의 충돌에서 공격성이 나옴
멜라니 클라인	프로이드의 죽음 본능을 발전시켜 공격성은 선천적인 본능이며, 아이는 태어날 때부터 파괴적 충동(공격성)을 가지고 있다고 봄 분열과 투사적 동일시는 공격성과 깊은 관련 있음 클라인은 공격성을 심리적 발달 초기의 핵심 에너지로 보고, 대상 관계 형성에 깊은 영향을 미친다고 보았음
도널드 위니컷	공격성을 병리적이기보다는 발달의 자연스러운 일부로 보았음 아동이 진정한 자아를 형성하는 과정에서, '파괴성(destructiveness)'은 대상이 진짜인지 확인하려는 시도라고 해석 아기가 엄마를 물거나 때리는 행동은 '엄마가 여전히 나를 사랑해 줄 수 있는가?'를 시험하는 것 엄마가 이 공격성(파괴성)을 견딜 수 있을 때, 아이는 진정한 관계를 형성할 수 있음

페어베언	공격성은 관계 좌절에 대한 반응으로, 실망·거절·상처 등 거부당한 관계에서 비롯된다고 봄 파괴 본능 개념을 거부하고, 공격성을 관계 내에서의 경험으로 설명함 상처받은 부모와의 관계에서 '내적 나쁜 대상'이 형성, 이후 공격성이 그 대상을 향함 이 내면화된 대상과의 상호작용 속에서 공격성은 자기 자신에게도 향해, 자기 비난·자기파괴로 나타남 유아는 좋은 대상과 나쁜 대상을 분리해 내면화하며, 나쁜 대상에 고착되면 적대감과 공격성이 강화됨 고착된 나쁜 대상은 성격장애, 우울, 자기파괴 행동의 기반이 될 수 있음
로렌츠	로렌츠는 동물적 본능으로서의 공격성을 강조하며, 공격성은 내재되어 있다가 적절한 자극이 있으면 폭발한다고 주장

좌절−공격 가설(Frustration−Aggression Hypothesis)은 돌라드(Dollard), 두브(Doob), 밀러(Miller), 모우러(Mowrer), 시어스(Sears)가 1939년에 제안한 이론으로, 개인이 어떤 목표를 달성하는 과정에서 방해를 받거나 차단당할 때 느끼는 좌절이 반드시 공격 행동으로 이어진다는 내용을 담고 있다. 이들은 이러한 공격성을 좌절에 대한 본능적이고 직접적인 반응으로 보았다. 이 이론은 바커(Barker), 뎀보(Dembo), 레빈(Lewin)이 1941년에 실시한 실험을 통해 뒷받침되었다. 이들은 유아들에게 장난감이 놓인 방을 보여주고, 한 집단은 즉시 장난감을 갖고 놀게 했으며, 다른 집단은 장시간 기다리게 하여 좌절감을 유도한 뒤 장난감을 사용할 수 있게 했다. 실험 결과, 좌절 조건에 놓인 유아들이 장난감을 던지거나 부수는 등 공격적인 행동을 더 많이 보였으며, 이는 좌절이 공격성을 촉진할 수 있다는 점을 실증적으로 보여주었다.

이후 이 가설은 모든 좌절이 반드시 공격으로 이어지는 것은 아니라는 점을 비판을 받았다. 이에 버코위츠(Berkowitz)는 1989년, 좌절이 직접적으로 공격을 유발하는 것이 아니라, 먼저 분노와 같은 부정적인 정서를 유발하고, 이러한 정서가 특정 상황 요인 및 개인의 특성과 결합될 때 공격 행동의 가능성을 증가시킨다고 주장하였다. 이로써 좌절과 공격성 간의 관계는 보다 정교하고 현실적으로 재해석되었다. 좌절−공격 가설은 정서 조절이 미숙하고 충동성이 높은 청소년 비행 행동을 이해하는 데 있어 유용한 이론적 틀을 제공한다. 특히 상담 및 개입 과정에서, 좌절을 유발하는 환경 요인에 대한 개입과 함께 정서 인식 및 조절 능력 강화가 병행되어야 함을 시사한다.

3) 인지신연합 이론 (Cognitive Neoassociation Theory)

레너드 버코위츠(Leonard Berkowitz, 1989)는 모든 좌절이 반드시 공격으로 이어지는 것은 아니라는 점을 강조하였다. 그는 단순한 목표 차단 외에도 고통, 모욕, 무더위와 같은 부정적 정서 상태를 유발하는 자극(aversive stimuli)이 공격성을 촉발할 수 있다고 보았다. 즉, 사람이 불쾌한 상황에 놓이면 그로 인해 발생한 부정적 정서가 기억 및 연상 체계 내에 저장된 공격적 사고 및 행동 패턴을 활성화시키고, 이는 충동적인 공격 행동으로 이어질 수 있다는 것이다. 고온, 통증, 모욕 등의 자극이 불쾌감을 유발하고, 이 불쾌감이 "누군가가 나를 무시했다."라는 식의 공격적 인지나 욕설, 폭력 등의 행동화로 확산될 수 있다는 설명이다. 이러한 관점은 공격 행동이 단지 좌절의 결과만이 아니라, 복합적인 정서적·인지적 요인의 상호작용으로 발생할 수 있음을 시사한다.

4) 사회학습 이론 (Social Learning Theory)

반두라(Albert Bandura)는 공격 행동이 관찰과 모방을 통해 학습된다고 주장하였다. 보보 인형 실험(Bobo Doll Experiment)에서는 아이들이 성인의 공격 행동을 그대로 따라 하는 모습을 보여주었다. 특히 공격 행동이 보상받을 경우, 동일한 행동이 반복될 가능성이 높아졌다. 이는 공격성이 단순한 본능이 아니라, 사회적 맥락 속에서 강화되고 학습된 결과임을 시사한다.

Bandura는 아동이 공격적인 행동을 관찰한 후, 그 행동이 보상받거나 처벌받는 장면을 보는 것이 모방 행동에 어떤 영향을 미치는지를 알아보기 위해 아이들을 세 집단으로 나누어 성인이 보보 인형을 때리는 장면을 각각 다음과 같은 3가지 조건으로 시청하게 한 뒤, 동일한 보보 인형을 제공하고 아동의 행동을 관찰하였다.

- 보상 조건: 보보 인형을 공격한 성인이 칭찬을 받음
- 처벌 조건: 보보 인형을 공격한 성인이 야단을 맞고 처벌받음
- 무반응 조건: 보보 인형을 공격한 성인에 대해 아무런 반응도 없음

그 결과

- 보상 조건의 아이들이 가장 많은 공격 행동을 모방하고
- 처벌 조건에서는 모방 행동이 현저히 감소하였으며
- 무반응 조건에서는 중간 수준의 모방을 보였다.

또한 실험자가 "어른이 했던 것을 해 보라."고 요청하자 모든 집단에서 공격 행동이 증가하였다. 이로써 공격 행동은 관찰을 통해 학습되었으나, 표현 여부는 강화 조건에 따라 달라졌음이 밝혀졌다. 이는 사회학습이론의 핵심 개념인 관찰 → 학습 → 강화 → 표현의 과정을 실험적으로 입증한 중요한 연구로 평가된다.

5) 진화 심리학 이론 (Evolutionary Psychology Theory)

데이비드 버스(David Buss, 2006)는 진화 심리학적 관점에서 공격성이 생존과 번식에 유리한 행동 전략으로 진화해 왔다는 점에 주목한다. 공격 행동은 제한된 자원을 확보하거나 경쟁자를 제거하는 데 도움이 되었으며, 이러한 특성이 자연선택을 통해 후손에게 전해졌다고 본다. 따라서 공격성은 인간의 본능적 행동 중 하나로 해석될 수 있다. 청소년의 비행은 단지 반항이나 일탈로만 설명할 수 없다. 그들의 행동은 내면의 갈등, 정서적 상처, 그리고 사회적 환경에 대한 적응 방식이자 반응이다. 본 장에서 살펴본 다양한 심리학적 이론은 문제를 단순화하기 위함이 아니라, 이해를 정교하게 하기 위한 렌즈이다. 그리고 이해는 곧 공감으로 가는 첫걸음이다. 상담자는 이론을 통해 비행 행동의 원인을 진단하는 데 그치지 않고, 청소년이 왜 그렇게 반응할 수 밖에 없었는지를 더 깊이 들여다보아야 한다. 또한 행동 너머의 말, 말 너머의 침묵에 귀 기울이며, 그들이 반복적으로 외면당했던 마음의 메시지를 알아채는 것이야말로 상담자의 역할이다.

이 장의 끝에서 되묻는다.

그 아이는 왜 그렇게 행동했을까?

그리고 우리는 그 질문 앞에 조금 더 깊고 따뜻하게 설 수 있어야 한다.

4장 청소년 비행의 사회·환경적 이론

청소년의 비행은 개인의 특성만으로는 설명되지 않는다. 청소년이 속한 사회적 환경(가정, 학교, 또래, 지역사회)은 비행의 발생과 밀접하게 연결되어 있다. 이 장에서는 청소년을 둘러싼 사회적 맥락에 주목하는 다섯 가지 주요 이론, 즉 긴장이론, 사회학습이론, 사회통제이론, 낙인·갈등이론, 생애과정이론을 통해 비행의 원인을 입체적으로 살펴본다.

1 / 긴장이론

긴장이론은 청소년이 사회 속에서 경험하는 구조적 제약이나 심리적 좌절이 비행의 원인이 된다고 본다. 특히 목표를 달성하려는 욕구와 그것을 실현할 수 없는 현실 사이의 긴장이 축적될 경우, 청소년은 이를 해소하기 위한 수단으로 비행을 선택할 가능성이 높아진다. 긴장이론은 구조적 요인에 주목하는 아노미 이론과 개인의 감정적 반응에 주목하는 일반긴장이론으로 구분된다.

1) 아노미 이론

로버트 머튼(Robert K. Merton, 1938)은 사회구조의 불균형이 청소년 비행과 같은 일탈 행동을 유발한다고 보며, 이를 아노미 이론으로 설명하였다. 그는 사회가 모든 구성원에게 부, 지위, 성공 같은 문화적 목표를 주입하지만, 이를 달성할 제도적 수단(교육, 직업 등)은 계층에 따라 불균등하게 배분된다고 지적했다. 이 괴리(strain) 속에서 하위계층 청소년은 목표를 이루기 위해 비합법적 수단에 의존할 가능성이 높아진다고 보았다.

여기서 사용된 '아노미(anomie)'는 에밀 뒤르켐(Émile Durkheim)이 《사회분업론》(1893), 《자살론》(1897)에서 정립한 개념으로, 규범의 붕괴, 도덕적 무질서, 사회통합의 약화 상태를 의미한다. 뒤르켐은 급격한 사회 변화 속에서 사람들이 방향을 잃고 병리적 일탈 행동을 하게 되는 현상을 아노미 상태로 설명했다.

머튼은 이 개념을 구조적 틀로 확장하여, 목표와 수단 사이의 구조적 괴리가 클수록 일탈 행동이 나타나며, 이에 대한 적응 방식을 다섯 가지 유형(동조형, 혁신형 등)으로 분류하였다.

■ 사회적 적응 유형 분류표

유형	문화적 목표	제도적 수단	내용
동조형	수용(+)	수용(+)	일반적인 적응 형태로, 사회가 요구하는 목표와 수단을 모두 수용함
혁신형	수용(+)	거부(−)	목표는 수용하나 제도적 수단이 없어 비합법적 방법(비행, 범죄 등)에 의존
의례형	거부(−)	수용(+)	목표는 포기하나 수단은 충실히 따르며, 무의미한 규칙 준수에 집착
도피형	거부(−)	거부(−)	목표도 수단도 모두 거부하고 사회적 책임과 역할에서 도피
반역형	대체(±)	대체(±)	기존 목표와 수단을 모두 거부하고 새로운 목표와 수단을 제시함 (예: 사회운동가)

청소년 비행은 머튼(Merton)의 '혁신형' 적응 방식과 밀접히 관련된다. 성공 목표는 내면화되었지만 정당한 수단이 박탈된 상황에서 청소년은 절도, 사기, 폭력 등 비합법적 수단을 통해 목표를 달성하려 한다. 이는 특히 도시 빈곤층 청소년의 비행을 이해하는 데 효과적이며, 개인의 도덕성보다 사회구조의 모순에 주목해야 함을 시사한다. 따라서 상담은 청소년이 사회적 연결망을 회복하고, 새로운 자아정체감과 목표를 형성할 수 있도록 돕는 회복적 과정이어야 한다.

머튼의 이론은 이후 다양한 이론에 영향을 주었으며, 대표적으로 애그뉴(Robert Agnew, 1992)의 일반긴장이론, 클로워드와 오린(Cloward & Ohlin, 1960)의 기회구조이론 등이 이를 기반으로 발전하였다.

- 청소년의 비행을 이해할 때 개인의 도덕성보다 사회구조의 모순과 기회 불균등을 함께 고려해야 한다.
- 청소년의 비행을 이해할 때, 단순히 개인의 도덕성이나 품성의 결함으로 해석하는 것은 한계가 있다.
- 사회구조의 모순과 제도적 기회의 불균등이 비행의 발생에 깊은 영향을 미친다는 점을 함께 고려해야 한다.
- 청소년은 주어진 환경 속에서 행동할 수 있는 선택지를 제한받고 있으며, 비행은 때로 그 환경에서 '합리적' 반응일 수 있다.
- 상담자는 청소년의 행위를 판단하기 전에, 그가 처한 구조적 조건—가정, 학교, 지역사회, 사회경제적 배경—을 종합적으로 파악해야 한다.
- 상담 개입 시, 처벌이나 교정보다 중요한 것은 청소년이 대안적인 삶의 경로를 실질적으로 선택할 수 있도록 기회를 마련해주는 것이다.
- 비행 청소년은 문제가 있는 존재가 아니라, 자원이 단절된 환경에서 살아남기 위해 고군분투한 존재로 보아야 한다.

2) 일반긴장이론

일반긴장이론은 미국의 범죄학자 로버트 애그뉴(Robert Agnew)가 1992년에 제안한 이론으로, 머튼의 긴장이론의 한계를 보완하고자 하는 수정된 접근이다. 애그뉴는 머튼의 긴장이론이 주로 경제적 목표의 박탈과 같은 구조적 긴장에 초점을 맞춘 데 반해, 보다 포괄적인 심리사회적 긴장 요인을 포함하여 청소년 비행의 원인을 설명하고자 하였다. 애그뉴는 비행의 주요 원인으로 세 가지 긴장 유형을 제시하였다.

- **긍정적 자극의 제거**: 청소년에게 중요한 사람이나 사물의 상실로 인한 긴장
  (예: 부모의 사망, 친구와의 이별 등)
- **부정적 자극의 존재**: 고통스럽거나 스트레스를 유발하는 사건
  (예: 가정 내 학대, 학교폭력, 또래 괴롭힘 등)
- **목표달성 실패**: 바람직한 목표나 기대를 이루지 못할 때의 좌절감과 실망
  (예: 좋은 성적, 입시 실패, 취업 좌절 등)

일반긴장이론(General Strain Theory)은 청소년 비행을 단순한 구조적 긴장의 결과로 보지 않고, 스트레스 상황에 대한 정서적 반응과 인지적 해석 과정을 통해 설명한다. 청소년이 겪는 긴장이 모두 비행으로 이어지는 것은 아니며, 감정조절 능력, 자아통제력, 사회적 지지망과 같은 심리사회적 요인이 그 결과를 결정짓는 핵심 변수로 작용한다. 특히 충동 조절이 미숙한 청소년은 동일한 스트레스 상황에서도 비행에 노출될 가능성이 높아진다. 이 이론은 청소년 비행을 정서적 취약성과 사회적 관계의 결핍이 복합적으로 작용한 결과로 해석하며, 감정조절 훈련, 스트레스 관리 기술, 지지적 또래 활동의 강화 등이 효과적인 개입 방안임을 제시한다. 즉, 일반긴장이론은 비행의 원인을 개인 내부의 심리적 반응과 외부 환경의 상호작용 속에서 통합적으로 이해하고자 하는 실천적 이론이다.

2 사회학습이론

사회학습이론은 청소년 비행이 본능이 아니라 사회적 관계 속에서 관찰, 모방, 강화를 통해 학습된 행동이라고 본다. 청소년은 가족, 또래, 미디어 등과의 상호작용 속에서 비행 행동을 배우며, 비행이 보상되거나 비행 또래와 어울릴 경우 그 행동은 더 강화된다. 이 이론은 행동주의와 상호작용주의를 결합해 비행이 사회화 과정의 일부로 형성됨을 설명하며, 대표적인 하위이론으로는 차별접촉이론(서덜랜드), 차별기회이론(클로워드와 오린), 차별강화이론(버제스와 에이커스), 밀러의 하위문화이론, 코헨의 하위문화이론이 있다. 이 장에서는 이 다섯 가지 이론을 중심으로, 청소년 비행이 사회적 관계와 구조 속에서 어떻게 형성·강화되고 지속되는지를 살펴본다.

1) 차별접촉이론

에드윈 서덜랜드(Edwin H. Sutherland)는 1939년 차별접촉이론을 통해 청소년 비행이 도덕적 결함이 아닌 사회적 관계 속에서 학습되는 결과임을 강조하였다. 그는 범죄는 학습되며,

특히 법을 위반하는 태도에 더 많이 노출될수록 비행 가능성이 높아진다고 보았다. 비행 학습의 강도는 단순한 접촉이 아니라 빈도, 지속기간, 우선성, 강도에 따라 결정되며, 이는 청소년기의 또래 지향성과 소속 욕구와 맞물려 강한 영향을 미친다. 청소년은 단순히 행위만이 아니라 그 배후의 가치관과 정당화 논리까지 함께 학습하게 된다.

이 이론은 청소년 비행을 개인의 병리나 도덕성 결핍이 아닌, 그가 속한 관계망의 결과로 이해하며, 가정, 학교, 또래, 지역사회의 영향력과 그 질적 내용을 분석할 것을 제안한다. 또한 비행을 단순히 교정하는 것이 아니라, 긍정적 관계와 소속 경험을 새롭게 설계하는 것이 개입의 핵심이라고 본다. 차별접촉이론은 이후 에이커스(Akers)의 차별강화이론, 클로워드와 오린의 차별기회이론, 반두라의 관찰학습이론 등에 이론적 기반을 제공하였으며, 상담에서는 청소년이 어떤 관계에서 어떤 태도를 학습했는지를 파악하고, 긍정적 접촉을 통한 재구성을 실천 전략으로 제시한다.

2) 차별기회이론

클로워드(R. Cloward)와 오린(L. Ohlin)은 1960년, 머튼의 아노미 이론과 서덜랜드의 차별접촉이론을 결합하여 차별기회이론을 제시하였다. 이 이론은 비행조차도 사회적 기회의 구조 속에서 형성되며, 단순한 목표-수단의 괴리만으로는 비행을 설명하기 어렵다고 보았다.

머튼은 합법적 수단이 차단될 때 하위계층 청소년이 비행을 선택한다고 보았지만, 클로워드와 오린은 비행을 실행하기 위해서도 그에 맞는 비행 기회와 환경이 필요하다고 강조했다. 즉, 모든 청소년이 동일하게 비행을 저지를 수 있는 것이 아니라, 비행 또한 학습되고 접근 가능한 구조가 있어야 가능하다는 것이다. 예를 들어, 가출한 청소년이 절도, 흡연, 음주 등에 참여하게 되는 것은 비행 또래와의 접촉, 실행 방법에 대한 학습, 회피 기술의 공유 등 비행을 가능하게 하는 사회적 접속과 기회가 존재하기 때문이다. 또한 이들은 하위계층 청소년이 처한 비행 하위문화의 유형을 세 가지로 구분하며, 지역사회나 또래집단의 구조적 특성에 따라 비행의 내용과 방식도 달라진다고 설명하였다.

유형구분	내용
범죄형 (혁신형)	• 조직적인 범죄 집단이 존재하는 지역에서 나타나는 형태로, 청소년은 상급자의 보호와 지도 아래 절도, 사기, 밀수 등 도구적 범죄 활동에 참여하게 된다. • 범죄 행위가 체계적으로 전달되고 학습되는 특성을 가지며, 범죄를 통해 경제적 목표 달성이 가능하다는 점에서 머튼의 '혁신형'에 가까운 양상이다.
갈등형 (폭력형)	• 범죄 조직이 부재하고 사회통제가 약화된 지역에서 나타나며, 청소년은 비조직적이고 충동적인 폭력, 공격 행동 등을 통해 자신의 지위나 힘을 확보하려 한다. • 갈등형 비행은 감정의 분출이나 지역 내 권력 다툼의 수단으로 기능한다. • 자율적 조직이 부재한 상황에서는 청소년의 좌절감이 분노와 파괴적 행동으로 표출되기 쉬운 구조를 갖는다.
은둔형	• 범죄형이나 갈등형의 비행 하위문화에도 편입되지 못하고, 일반 사회의 제도적 수단에서도 소외된 청소년들이 택하는 유형이다. • 은둔형은 마약, 알코올, 도피적 환상 등에 의존하며, 현실의 좌절을 망각하려는 형태로 비사회적이고 자기파괴적인 행동을 보인다. • '이중실패자(double failure)'로, 제도적 기회도, 비행적 기회도 모두 차단된 상태에 놓여 있다.

    이러한 구분은 청소년 비행이 단일한 방식으로 설명될 수 없으며, 사회구조 속에서 어떤 형태의 비행 기회가 제공되느냐에 따라 비행의 양상과 경로가 달라진다는 점을 강조한다. 즉, 비행의 존재 여부뿐 아니라 비행의 유형과 실행 방식도 사회적 환경에 의해 결정된다는 것이 이 이론의 핵심이다. 특히 하위계층 청소년의 비행을 설명하는 것에 설득력을 가지며, 저소득층 지역에서는 조직화된 비행 문화가 하나의 대안적 진로 경로처럼 작용할 수 있다. 가족 해체, 교육 및 취업 기회의 부족은 이러한 비행 하위문화로의 유입을 촉진하며, 청소년의 좌절은 정서적 반응을 넘어 공격적, 반사회적, 자기파괴적 행동으로 표출될 수 있다. 따라서 이 이론은 단속이나 억제보다는, 청소년이 실질적으로 선택할 수 있는 대안적 기회 구조를 마련하는 것에 초점을 두어야 한다고 본다. 직업훈련, 지역사회 활동, 멘토링, 학교 적응 프로그램 등은 제도적 기회의 접근성을 높여 비행 외의 삶의 경로를 선택할 수 있도록 돕는 개입 전략으로 제시된다.

3) 차별강화이론

로널드 에이커스(Ronald L. Akers)는 에드윈 서덜랜드(Edwin H. Sutherland)의 차별접촉이론(Differential Association Theory)을 기반으로, 스키너(B. F. Skinner)의 조작적 조건형성(operant conditioning)과 반두라(Albert Bandura)의 관찰학습(observational learning) 개념을 통합하여 차별강화이론(Differential Reinforcement Theory)을 제시하였다. 서덜랜드가 비행 행동이 사회적 접촉을 통해 학습된다고 본 것에 반해, 에이커스는 그 학습이 실제로 어떤 과정으로 이루어지는가에 주목하며 이를 행동주의 심리학과 사회학습 이론의 틀 안에서 구체화하였다.

에이커스에 따르면, 청소년 비행은 병리적 충동이나 유전적 소인이 아니라, 사회적 상호작용 속에서 관찰, 모방, 그리고 강화의 과정을 통해 습득되고 유지되는 행동이다. 특히 청소년기에는 또래집단의 인정과 수용이 매우 중요한 발달 과업이며, 또래로부터의 사회적 강화(social reinforcement)가 비행 행동의 지속 여부를 결정짓는 핵심 요소로 작용한다. 에이커스는 차별강화이론에서 다음의 네 가지 핵심 요소를 중심으로 비행 행동이 학습된다고 설명하였다.

■ 비행의 학습 이론: 차별적 접촉, 정의, 차별적 강화, 모델링

용어	내용
차별적 접촉	• 청소년이 누구와 얼마나 자주(frequency), 얼마나 오래(duration), 얼마나 이른 시기에(priority), 얼마나 친밀하게(intensity) 관계를 맺는지에 따라 어떤 행동이 학습되는지가 결정된다. • 비행을 저지르는 또래와 잦고 긴밀한 접촉을 맺는 청소년은, 그렇지 않은 청소년보다 비행적 가치관을 습득할 가능성이 훨씬 크다. • 서덜랜드의 핵심 개념을 계승한 것으로, 에이커스 이론에서 사회적 접촉의 질과 양은 학습 과정의 출발점이다.
정의	• 청소년이 어떤 행동을 옳고 정당하다고 여기는 신념과 태도 체계를 의미한다. • 정의는 개인이 학습한 규범적 가치의 해석이기 때문에 비행 행동에 대해 도덕적 정당성을 부여하는 태도가 많을수록 해당 행동은 더욱 쉽게 수용된다. • "친구를 위해 싸운 건 당연한 일", "한 번쯤은 해도 괜찮아" 등의 인지적 합리화는 비행 행동을 내면화하게 만든다. • 강도(intensity)는 이 정의가 청소년의 사고 체계에서 얼마나 중심적 위치를 차지하는지를 보여주며, 이 요소가 클수록 행동 선택에 미치는 영향도 커진다.
차별적 강화	• 청소년이 어떤 행동을 한 뒤 긍정적인 결과(보상)를 경험하면 그 행동은 강화되고, 부정적 결과(처벌)를 경험하면 그 행동은 약화된다. • 보상은 직접 경험일 수도 있고, 타인의 경험을 관찰(vicarious reinforcement)하는 것일 수도 있다. • 친구가 학교를 땡땡이치고 즐거운 경험을 했다는 이야기를 들으면, 청소년은 자신이 직접 경험하지 않았더라도 해당 행동을 긍정적으로 평가하게 된다. • 강화의 빈도와 지속성이 클수록 비행 행동은 더 깊이 자리 잡는다.

<table>
<tr><td>모델링</td><td>
• 청소년은 TV, 유튜브, 게임, SNS, 또래 등 다양한 사회적 장면에서 타인의 행동을 관찰하고 모방한다.
• 관찰 학습이 비행 행동의 전파에 큰 영향을 미친다.
• 유명 유튜버가 학교를 비판하고 권위에 저항하는 영상을 올려 주목받는다면, 청소년은 이를 모델 삼아 유사한 행동을 반복할 수 있다.
• 우선성(priority)에 따라 청소년이 행동을 모방할 때 가장 먼저 접촉하거나 영향 받은 모델이 누구인가에 따라 행동의 형성 경로가 달라질 수 있다.
</td></tr>
</table>

이러한 요소들은 '비행하는 친구와 어울리면 비행한다.'는 설명을 넘어, 비행 행동이 어떻게 학습되고 반복되는지를 설명하는 심리·사회적 메커니즘을 제시한다. 많은 청소년 비행은 처음엔 우연한 행동이었더라도, 또래의 긍정적 반응과 반복된 접촉을 통해 습관화된다. 이 이론은 행동주의를 넘어서, 청소년이 어떤 규범을 내면화하고 사회적 의미를 어떻게 해석하는지까지 포괄하며, 사회학습이론의 확장된 형태로 이해된다. 상담에서는 단순 억제보다 긍정적 행동에 대한 강화 구조 설계, 역할 모델의 제공, 비행 모델과의 접촉 차단, 왜곡된 정의에 대한 인지적 개입이 효과적이다. 처벌보다는 보상, 억제보다는 강화가 핵심이다.

4) 밀러(Miller)의 하위(계층)문화이론

밀러(Walter B. Miller)는 1958년 하위계층 청소년들의 비행 행동이 단순한 규범 위반이 아니라, 그들 고유의 하위문화(subculture)에 뿌리를 두고 있다고 주장하였다. 즉, 비행은 주류 사회의 규범을 일탈한 행동이기보다는, 하위계층 내에서 정당화되고 강화되는 고유한 가치 체계와 생활양식의 반영이라는 것이다. 밀러는 하위계층 청소년이 자란 환경 자체가 주류 사회의 기대와는 다른 규범을 내면화하게 만든다고 보았다. 이들은 빈곤, 불안정한 가족 구조, 낮은 교육 기회, 폭력적 환경 등에 지속적으로 노출되어 있으며, 이러한 삶의 조건 속에서 생존과 자존을 위한 나름의 '핵심 가치(focal concerns)'를 형성하게 된다. 밀러가 제시한 하위문화의 여섯 가지 핵심 가치는 다음과 같다.

■ 비행 하위문화의 주요 가치(밀러 이론)

용어	내용
강인함 (Toughness)	육체적 힘, 용기, 감정 억제 등을 강조하며, 연약함이나 섬세함은 경시된다. 이는 거리에서 생존하기 위해 필요한 자질로 여겨진다.
민첩성 (Smartness)	단순한 지적 능력이 아닌, 교묘하게 빠져나가는 능력, 속임수, 재치를 의미하며, 사회 규칙보다 '길거리 지능'이 더 중요시된다.
자유 (Autonomy)	권위에 대한 저항, 간섭받지 않으려는 태도로, 교사나 경찰 등 공식 권위에 대한 반감이 강하다.
운 (Fate)	노력보다 운명에 의해 인생이 좌우된다고 여기며, 통제감보다 체념적 태도를 지닌다.
모험심 (Trouble)	위험을 감수하는 행동이 남성성이나 용기의 상징으로 여겨지며, '문제 일으키기'가 사회적 인정의 수단이 되기도 한다.
지속적 활동 (Autonomy/Excitement)	무료함을 피하고 자극을 추구하는 경향으로, 지루한 일상보다 자극적인 활동을 선호한다.

이러한 가치 체계는 주류 사회규범과는 충돌하지만, 하위계층 내에서는 오히려 소속감과 자존감을 높이는 수단으로 기능한다. 밀러는 비행이 단순한 규칙 위반이 아니라, 사회경제적 조건에 대한 문화적 반응이라고 보았다. 따라서 청소년의 비행을 이해할 때는 그들이 속한 사회문화적 맥락을 함께 고려해야 한다. 상담자는 비행 행동을 통제의 대상이 아닌, 심리적 욕구 충족의 수단으로 이해하고, 대체 가능한 건강한 자극과 소속감을 제공해야 한다. 예를 들어, '강인함'을 추구하는 청소년에겐 스포츠 활동이, '민첩성'을 중시하는 청소년에겐 창의적 과제가 자존감 회복에 도움이 될 수 있다. 무엇보다 상담자의 공감적 태도는 신뢰 형성의 핵심이 된다.

5) 코헨(A. K. Cohen)의 하위문화이론

코헨(Albert K. Cohen)은 1955년 『비행소년과 하위문화(Delinquent Boys: The Culture of the Gang)』에서 청소년 비행을 단순한 일탈이 아닌, 특정 집단 내에서 형성된 고유한 하위문화의 표현으로 이해하였다. 그는 특히 하류계층 청소년들이 겪는 구조적 불리함과 교육적 좌절이 그들만의 새로운 규범과 가치를 만들어내는 과정에 주목했다.

코헨은 기존의 긴장이론이 개인의 목적 달성 실패나 수단의 제한을 설명하는 것에 초점이 맞춰져 있었다면, 자신은 '지위 좌절(status frustration)'이라는 심리·사회적 개념을 통해 집단 차원의 문화적 대응 양식을 강조했다. 하류계층 청소년은 중산층 중심의 학교나 사회규범 내에서 인정받기 어려운 구조적 위치에 놓여 있으며, 이로 인해 반복적인 실패와 열등감, 배제 경험을 축적하게 된다. 그 결과, 이들은 기존 규범과 가치를 부정하고, 오히려 그 반대의 행위를 추구하는 하위문화를 형성하게 된다는 것이다.

코헨은 이러한 하위문화의 특성을 반도덕적(non-utilitarian), 집단 중심(group-oriented), 즉각적(immediate gratification)인 경향으로 요약했다. 사회규범을 정면으로 거스르는 행동(학교 성적, 규율, 예절 등 중산층의 가치를 따르기보다는, 싸움, 반항, 과시, 기물 파손 등)이 오히려 또래집단 내에서 인정받는 수단이 된다. 이러한 문화적 반전은 일종의 '집단적 해결 전략'으로 작동하며, 개인의 일탈이 아닌 집단 차원의 규범 형성으로 이해되어야 한다고 보았다.

코헨의 하위문화이론은 특히 집단 속 청소년 비행—예컨대 학교폭력, 비행서클, 폭력 서열 문화 등—을 설명하는 것에 적절하며, 비행이 단지 반사회적 충동의 결과가 아니라, 사회적으로 배제된 집단이 지위를 회복하기 위해 선택하는 '대안적 가치체계'라는 점을 부각시켰다. 이로 인해 그의 이론은 이후 클로워드와 오린의 차별기회이론에도 영향을 주었고, 집단적 정체성과 하위문화의 기능에 대한 사회학적 논의에 중요한 토대를 제공하였다.

청소년 상담에서 이 이론은, 내담자의 비행 행동을 단지 개인의 일탈이나 비도덕성으로 보기보다는, 그가 속한 또래문화와 집단 내 위계, 인정 욕구의 맥락에서 이해할 필요가 있음을 시사한다. 상담자는 비행 이면에 숨겨진 소속 욕구와 자기 정체감 형성의 흔적을 파악하고, 청소년이 건강한 방식으로 인정받고 소속될 수 있는 대안적 집단과 환경을 연결해 주는 것이 중요하다. 또한 상담 장면에서는 중산층 중심의 가치관을 일방적으로 주입하기보다는, 청소년이 처한 현실과 그 안에서 형성된 문화의 의미를 존중하며 개입해야 한다.

  사회통제이론은 인간이 본래 비행 성향을 지니고 있으며, 이를 억제하는 사회적 유대가 약화될 때 비행이 발생한다고 본다. 청소년기는 부모, 학교, 또래 등 외부 통제력이 약해지기 쉬운 시기로, 사회적 유대의 질이 비행 예방의 핵심 요인이 된다. 이 장에서는 중화이론, 사회유대이론, 비행해체이론을 통해 청소년 비행을 억제하는 통제 메커니즘을 살펴본다.

1) 중화이론(Techniques of Neutralization Theory)

  중화이론은 1957년 사익스(Gresham M. Sykes)와 마차(David Matza)에 의해 제안된 이론으로, 청소년이 비행 행위를 저지를 때 그 행동이 잘못되었음을 모르는 것이 아니라, 자신의 행동을 일시적으로 정당화하거나 죄책감을 무력화하는 심리적 전략을 사용함으로써 비행을 실행한다는 점에 주목한다. 이 이론은 기존의 사회통제이론에 심리사회적 해석을 더함으로써, 청소년이 내면적으로 죄책감을 느끼면서도 어떻게 비행 행동을 합리화하는지를 설명하는 중요한 틀을 제공한다.

  사익스와 마차는 대부분의 청소년들이 일반적인 사회규범을 수용하고 있으며, 완전히 반사회적인 성향을 가진 것은 아니라고 보았다. 그러나 비행을 저지를 때에는 그 규범과의 갈등을 완전히 외면하거나 부정하는 것이 아니라, 일시적으로 그 규범을 유예하거나 무력화시키는 심리적 정당화 전략을 사용한다는 것이다. 이러한 과정을 통해 청소년은 자신의 행위에 대한 죄책감이나 불안을 줄이고, 타인과의 갈등을 최소화하면서도 비행 행동을 가능하게 만든다.

■ 사익스와 마차(Sykes & Matza)의 5가지 중화 기법

용어	내용
책임의 부정 (Denial of Responsibility)	"내 잘못이 아니야.", "상황이 어쩔 수 없었어.", "친구가 시켜서 어쩔 수 없었어요."처럼, 책임을 외부 요인에 전가하여 죄책감을 줄이는 전략.
피해의 부정 (Denial of Injury)	"누구한테 피해 준 것도 아니잖아요."처럼, 자신의 행동이 해를 끼치지 않았다고 주장하여 비행의 심각성을 축소하는 방식
피해자 부정 (Denial of the Victim)	"쟤는 맞아도 싸요.", "당해도 마땅해요."처럼, 피해자가 피해받을 만한 이유가 있다고 주장하며 정당성을 부정하는 방식
비난자에 대한 비난 (Condemnation of the Condemners)	"어른들도 다 그러잖아요."처럼, 자신을 비난하는 사람의 도덕성을 문제 삼아 비판을 무력화하려는 전략
충성심에의 호소 (Appeal to Higher Loyalties)	"친구를 위해서", "가족을 지키려고"처럼, 더 높은 가치를 위해 어쩔 수 없었다는 논리로 비행을 정당화함

이러한 중화 기법은 단순한 자기변명이 아니라, 비행을 실행하기 전 자신과의 내적 갈등을 조정하는 심리적 조절 장치로 작동한다. 특히 청소년은 아직 도덕적 판단 능력과 자아통제력이 충분히 성숙되지 않았기 때문에, 비행을 저지르기 전에 죄책감과 불안, 긴장감 같은 감정을 회피하고자 이와 같은 전략을 무의식적으로 사용하게 된다. 이는 비행 행동의 실행뿐 아니라 반복에도 영향을 준다. 중화가 반복되면 내면의 도덕적 저항이 약화되고, 점점 더 강도 높은 비행도 저항 없이 수행할 수 있게 되는 것이다.

중화이론은 청소년이 비행을 저지른다고 해서 그 자체로 반사회적 존재로 낙인찍어서는 안 된다는 것에 있다. 그들은 여전히 사회규범을 알고 있고, 죄책감도 느끼지만, 그 순간에만 규범을 중단시키는 전략을 사용하고 있는 것일 뿐이라는 이해가 필요하다. 따라서 상담에서는 단순히 행동의 결과를 지적하거나 처벌하는 데서 그치기보다는, 청소년이 어떤 방식으로 자신의 행동을 정당화하고 있는지를 탐색하고, 그 정당화가 실제로 타당한지에 대해 비판적으로 성찰할 수 있도록 돕는 개입이 효과적이다. 이는 도덕적 책임감을 회복시키고, 청소년이 자기 행동의 의미를 재구성하도록 유도하는 상담적 접근으로 이어질 수 있다.

2) 사회유대이론과 자기통제이론

사회유대이론은 1969년 미국의 범죄학자 트래비스 허쉬(Travis Hirschi)에 의해 제시된 이론으로, 사회통제이론의 대표적 고전으로 꼽힌다. 허쉬는 인간이 본래 일탈과 비행을 저지를 수 있는 성향을 지니고 있으며, 이를 억제하는 것은 사회와의 관계 속에서 형성된 유대라고 보았다. 즉, 청소년이 비행을 하지 않는 이유는 그들이 도덕적이어서가 아니라, 사회적 유대(social bond)가 강하게 작용하고 있기 때문이라는 관점이다.

허쉬는 청소년이 사회와 맺는 유대를 네 가지 요소로 설명하였다. 애착(attachment), 전념(commitment), 참여(involvement), 신념(belief). 이 네 요소는 서로 독립적으로 작용하기도 하지만, 동시에 상호보완적으로 결합되어 청소년이 사회규범을 내면화하고 비행을 억제하는 중요한 기반이 된다.

■ 허쉬(Hirschi)의 사회유대이론(Social Bond Theory) 구성 요소

용어	내용
애착	• 부모, 교사, 또래 등 중요한 타인에게 정서적으로 연결된 정도 • 애착이 강할수록 그들의 기대를 의식하고 비행을 자제하게 되며, 특히 부모와의 안정된 애착은 자아정체감과 도덕성 형성에 긍정적 영향을 줌
전념	• 학업, 진로, 미래 목표 등에 투자하는 시간과 노력 • 전념이 높을수록 기존 성취를 잃지 않기 위해 비행을 억제하며, 기대가 없거나 무의미하다고 느낄 경우 비행 위험이 커짐
참여	• 학교, 봉사, 스포츠 등 제도적 활동에 관여하는 정도 • 활동 참여가 많을수록 비행 기회가 줄고, 자존감·책임감 향상 등 보호 요인으로 작용함
신념	• 사회규범과 법에 대한 내면적 수용 수준 • 규범을 타당하다고 믿는 청소년일수록 그것을 어기기 어렵고, 불신이나 상대주의가 강할수록 비행을 쉽게 정당화하게 됨

허쉬(Travis Hirschi)는 이후 고트프레드슨(Michael Gottfredson)과 함께 『일반범죄이론(General Theory of Crime, 1990)』을 발표하며, 사회유대이론을 확장한 자기통제이론(Self-Control Theory)을 제시하였다. 이 이론은 범죄와 비행의 주된 원인을 낮은 자기통제력으로 보며, 이는 주양육자와의 초기 애착 경험과 양육 방식에 따라 형성된다고 설명한다.

고트프레드슨과 허쉬는 자기통제력이 약한 청소년일수록 충동적이며 즉각적인 자극에 쉽게 휘둘리고, 위험을 고려하지 않는 행동에 노출되기 쉽다고 보았다. 자기통제는 아동기 초반의 일관된 훈육, 감독, 안정된 유대, 긍정적 모델링 등을 통해 길러지며, 이 기초가 약할 경우 비행 가능성이 커진다.

슈렉(Schreck)과 밀러(Miller) 등은 이 이론을 확장하여, 자기통제력 부족이 단지 개인 특성에 국한되지 않고, 또래 압력, 낙인 경험, 사회적 상호작용 등 다양한 요인과 상호작용하며 발현된다고 보았다.

결국 사회유대이론과 자기통제이론은 각각 외적 유대와 내적 통제를 강조하며, 청소년 비행을 설명하는 보완적 관점을 제공한다. 상담 및 개입에서도 사회적 관계 회복과 자기조절 역량 강화를 함께 고려한 접근이 필요하다. 특히, 사회유대이론은 애착, 전념, 참여, 신념의 네 가지 유대를 통해 비행을 억제하며, 자기통제이론은 거의 모든 비행 유형의 핵심 원인을 자기통제력의 결핍에서 찾는다. 두 이론은 청소년 비행 예방을 위한 통합적 개입 전략에 중요한 이론적 토대를 제공한다.

3) 비행해체이론

비행해체이론은 미국의 범죄학자 찰스 티틀(Charles R. Tittle)이 1995년에 발표한 이론으로, 사람은 삶 속에서 '통제받는 정도'와 '통제를 행사하는 정도'가 균형을 이루지 못할 때 비행을 저지를 가능성이 높아진다는 점에 주목한다. 기존의 사회통제이론이 통제의 결핍, 즉 사회적 유대의 약화를 중심으로 비행을 설명했다면, 비행해체이론은 보다 역동적인 통제의 상호작용과 불균형 상태에 초점을 맞춘다. 이 이론은 인간이 살아가는 모든 사회적 관계 속에서 '통제의 균형'을 유지하려는 본성을 가지고 있으며, 그 균형이 깨졌을 때 이를 회복하거나 보상하려는 시도로서 비행이 발생할 수 있다고 설명한다.

비행해체이론에서 핵심이 되는 개념은 '통제의 균형(control balance)'이다. 이는 개인이 얼마나 사회적 제약을 받고 있는지(통제받는 정도, control deficit), 그리고 얼마나 다른 사람이나 상황을 통제할 수 있는지(통제하는 정도, control surplus) 사이의 상대적 차이를 뜻한다. 즉, 사람은 자신이 지나치게 통제받고 있다고 느낄 때뿐만 아니라, 반대로 지나치게 통제를 행사할 수

있는 위치에 있다고 느낄 때도 비행을 저지를 수 있다는 것이다. 이러한 통제의 불균형
은 두 가지 방식의 비행으로 이어진다.

• **통제 결핍**(control deficit) **상태:** 이 경우 개인은 자신이 통제를 거의 행사할 수 없고, 외
부의 통제를 많이 받고 있다는 느낌을 갖는다. 주로 하위계층 청소년, 가정폭력 피해자,
학교 부적응자 등에게서 나타나는 상태로, 자신이 환경이나 타인의 결정에 끊임없이 끌
려다니고 있다고 인식할 때 경험된다. 이들은 자신의 무기력을 보상하거나 잃어버린 통
제감을 회복하기 위해 도둑질, 폭력, 약물남용, 학교 일탈 등 자극적이고 공격적인 비행
을 선택할 가능성이 높다. 특히 이때의 비행은 자신의 삶에서 느끼는 통제 상실을 일시
적으로라도 만회하려는 목적성을 가지며, 자존감과 자기효능감 회복의 왜곡된 방식으로
작동한다.

• **통제 과잉**(control surplus) **상태:** 이 경우는 다소 예외적으로 보일 수 있으나, 개인이 너
무 많은 권한이나 영향력을 갖게 되었을 때, 즉 자신이 다른 사람이나 환경을 쉽게 조종
할 수 있다고 느낄 때도 비행이 발생할 수 있다. 이러한 상태는 권력자, 조직 내 우위자,
혹은 특정 영역에서 영향력을 가진 청소년에게서 나타날 수 있으며, 이들은 규범을 무시
하거나 조작하려는 성향을 보일 수 있다. 예를 들어, 집단 내에서 영향력을 가진 학생이
또래를 조종하거나 따돌림을 주도하는 것, 자신의 위치를 악용해 규칙을 어기는 행동 등
은 통제 과잉에서 나타나는 비행의 전형이다.

티틀은 통제의 불균형이 클수록, 즉 통제 결핍이나 과잉의 정도가 심할수록 비행의
가능성과 심각성도 커진다고 보았다. 또한 이와 같은 통제 불균형은 단순히 개인의 문제
만이 아니라, 사회구조와 관계의 맥락 속에서 반복적으로 경험되는 현상이라는 점에서,
사회학적 접근이 필요함을 강조하였다.

비행해체이론은 청소년 비행을 설명함에 있어 기존 이론들과 구별되는 몇 가지 특징
을 지닌다. 첫째, 이 이론은 통제의 부족만이 아니라 통제의 과잉도 문제 상황을 유발할

수 있다는 점에서 양면적 균형 모델을 제시한다. 둘째, 청소년의 비행을 단순히 규범 위반이나 반항적 태도가 아니라, 삶에서의 통제력 상실 또는 왜곡된 통제력 사용을 복원하려는 행동으로 해석함으로써 보다 심층적인 분석을 가능하게 한다. 셋째, 비행 행동의 유형이 통제의 양상에 따라 달라질 수 있다는 설명은 상담과 개입 전략을 세분화하는 것에 도움을 준다.

상담 및 예방의 시사점은 명확하다. 청소년이 자신의 삶에서 긍정적인 방식으로 통제감을 회복할 수 있도록 돕는 것, 그리고 통제 과잉으로 인해 발생하는 권력 오남용이나 규범 경시의 태도를 인식하고 조절할 수 있도록 지원하는 것이 매우 중요하다. 특히 학교나 가정, 지역사회는 청소년에게 건전한 방식으로 영향력을 행사하고, 자율적 결정을 통해 자신을 조절하고 책임지는 경험을 제공해야 한다. 동시에 타인과의 관계 속에서 통제와 책임의 균형을 학습할 수 있도록 지도할 필요가 있다. 즉, 청소년의 삶에 '건강한 통제 경험'을 회복시키는 것이 상담의 핵심이며, 이는 단순한 규제나 지시가 아닌, 자율성과 관계 속에서의 조화를 기반으로 이루어져야 한다.

4 / 낙인·갈등이론

청소년 비행은 그 행위 자체보다, 사회가 어떻게 규정하고 반응하느냐에 따라 전혀 다른 의미를 갖게 된다. 낙인이론은 사회적 시선이 개인에게 '비행자'라는 정체성을 부여하고, 그 낙인이 오히려 비행을 강화한다고 본다. 갈등이론은 법과 규범이 권력자 중심으로 형성되어 약자에게 불리하게 작용함을 지적한다. 이 장에서는 이러한 관점에서 청소년 비행의 사회적 성격과 불평등 구조의 영향을 함께 조명하고자 한다.

1) 낙인이론

어떤 행동이 비행이 되는가? 그 행동 자체 때문일까, 아니면 누군가 그것을 '비행'이라고 부르기 때문일까? 낙인이론은 청소년 비행을 바라보는 전통적 시선에 질문을 던진다. 이 이론은 일탈이란 단순한 규칙 위반이 아니라, 사회가 특정 행위를 '문제'라고 규정하고 그 사람에게 '일탈자'라는 꼬리표를 붙이는 과정에서 발생하는 것이라고 본다. 즉, 행동 자체가 아니라 그 행동에 붙는 '이름'이 문제라는 것이다. 이 관점을 최초로 제시한 학자 중 한 사람은 베커(Howard S. Becker)다. 그는 "일탈은 어떤 행위 그 자체가 아니라, 다른 사람들이 그것을 일탈이라 정의할 때 비로소 일탈이 된다."라고 말했다. 이는 비행이나 범죄가 절대적인 것이 아니라 상대적이고 사회적으로 구성된 현상임을 의미한다.

어떤 청소년이 편의점에서 물건을 훔쳤다고 하자. 그 상황을 본 사람이 없다면, 그는 단순히 '물건을 가져간 사람'에 불과하다. 그러나 그것이 알려지고, 학교나 지역사회에서 '도둑'이라는 말이 퍼지면, 그는 더 이상 한 개인이 아니라 '도둑질한 청소년'으로 불리게 된다. 이 순간부터 그의 행동뿐 아니라 존재 자체가 문제화되며, 낙인(label)이 정체성의 일부가 되어버리는 것이다.

낙인은 강력하다. 그것은 사회적 시선의 테두리를 만들고, 그 안에서 벗어나지 못하게 만든다. 문제는 한 번 낙인찍힌 청소년이 실제로 그 기대에 부응하듯 더 강한 비행을 반복하게 된다는 점이다. 이것을 2차적 일탈(secondary deviance)이라 부르는데, 이는 낙인으로 인해 자기 인식이 변하고, 사회적 관계에서 배제되고, 결국 비행 정체성을 내면화하게 되는 악순환의 구조를 의미한다.

반면, 1차적 일탈(primary deviance)은 청소년이 비교적 경미한 규칙 위반을 한 상태이며, 아직 자신이 비행자라는 정체성을 내면화하지 않은 상태를 말한다. 이 시점에서 적절한 개입이 이루어진다면, 그는 다시 규범적 궤도로 돌아올 수 있다. 하지만 사회가 이 일탈을 부풀리고, 낙인을 부여하고, 기회를 박탈하게 되면, 오히려 사회가 비행을 강화하고 재생산하는 결과를 낳을 수 있다는 것이 낙인이론의 핵심 경고이다.

낙인이론은 청소년 상담에 중요한 통찰을 제공한다. 비행 행동에만 초점을 맞추어 제재하거나 훈계할 경우, 그 행동은 줄어들지 않고 오히려 강화될 수 있다. 이는 낙인이 청소년의 자아정체성 자체를 변화시키고, 결국 비행을 반복하게 만드는 2차적 일탈로 이어질 수 있음을 시사한다. 반대로 상담자가 청소년의 행동 이면에 있는 맥락(성장 배경, 사회적 자원 부족, 반복된 상실 경험 등)을 이해하고 공감하려는 태도를 가질 때, 청소년은 자신을 비행자로 규정짓는 사회적 시선에서 벗어나 회복 가능한 존재로서 새로운 정체성을 형성할 수 있다. 상담자는 청소년을 부를 때 낙인의 언어가 아니라 회복과 가능성의 언어로 접근해야 하며, 그렇게 재정의된 관계 안에서 비로소 변화의 가능성도 열리게 된다.

2) 갈등이론

왜 어떤 사람들의 일탈은 문제시되고, 어떤 사람들의 일탈은 눈감아지는가?

왜 법은 모두에게 평등하다고 말하면서도, 유독 소수의 청소년에게 더 가혹하게 작동하는가? 갈등이론은 바로 이런 질문들에서 출발한다. 이는 청소년 비행을 개인의 도덕적 실패나 가족 배경 탓으로 돌리는 대신, 사회구조 속 권력 관계와 자원 분배의 불균형을 통해 분석하려는 시도다. 쉽게 말해, 갈등이론은 "비행은 개인이 아니라 사회가 만든다."라고 말한다.

이 이론은 마르크스주의의 영향을 받아, 사회를 '이익이 충돌하는 집단들 간의 투쟁의 장'으로 본다. 청소년 비행도 이 맥락에서 이해된다. 예컨대, 지배 집단은 자신들의 이해를 관철하기 위해 법과 규범을 만들고, 그 기준에 부합하지 않는 행동을 '일탈'로 낙인찍는다. 다시 말해, 법은 중립적 기준이 아니라 지배 계층이 자신의 기득권을 유지하기 위해 만든 도구일 수 있다는 것이다. 갈등이론은 이 점에서, 법과 질서 그 자체를 비판의 대상으로 삼는다.

청소년들은 이 구조 속에서 가장 취약한 위치에 있다. 가난한 가정, 저소득 계층, 이주 배경, 지역 불균형 등은 단지 생활 조건의 문제가 아니라, 그들이 법과 규범의 기준에서 더 쉽게 '문제화'될 수 있는 토대를 만든다. 같은 비행을 하더라도 어떤 청소년은 훈방 조치로 끝나고, 어떤 청소년은 소년원에 보내지는 현실은 갈등이론이 지적하는 불평등의 표본이다.

또한 이 이론은 청소년 비행을 단순한 규칙 위반이 아닌, 억압받는 계층이 저항의 방식으로 택한 상징적 행위로 보기도 한다. 학교 제도에 소외된 청소년이 교칙을 위반하거나, 고용 기회가 없는 청소년이 도둑질을 하는 행위는 단순한 범죄가 아니라, 제도에 대한 항의, 사회적 무시에 대한 응답일 수 있다.

갈등이론은 상담자에게 중요한 윤리적 질문을 던진다. 우리는 상담실에서 청소년을 변화시켜야 할 '문제의 주체'로만 보는가, 아니면 그들을 둘러싼 불합리한 구조와 조건을 함께 바꾸어나가야 할 '변화의 동반자'로 보는가. 청소년이 겪는 비행은, 때로는 개인의 무력감보다는 사회의 불의에 더 가까울 수도 있다.

따라서 이 이론은 청소년 비행을 예방하려면 단지 개인 수준의 지도나 치료만으로는 부족하며, 제도적 불평등 해소, 교육 기회의 공정성 확보, 권리 기반 상담 접근 등 구조적 개입이 병행되어야 한다는 점을 강조한다. 상담자는 청소년의 목소리를 듣고, 그 목소리가 더 이상 무시되지 않도록 사회에 전달하는 역할 또한 요청받고 있다. 상담은 개인 변화에 머무르지 않고, 구조 개선의 관점을 함께 품어야 한다.

5 / 생애과정이론

청소년 비행을 한 시점의 일탈로만 볼 것인가, 아니면 한 사람의 생애 궤적 속에서 이해할 수 있을까? 생애과정이론은 '비행'을 시간의 흐름 위에 올려놓는다. 특정 시기의 행위만을 문제 삼는 것이 아니라, 개인의 전 생애를 따라 흐르는 경험과 환경, 전환과 연결을 통해 일탈의 의미를 해석하는 시각이다. 이 이론은 생물학적 연령이나 단편적 진단보다, 삶의 과정에서 사건이 어떻게 누적되고, 어떤 경로로 연결되며, 어떤 영향을 남기는가에 주목한다.

대표적인 학자 샘슨(Robert J. Sampson)과 라우브(John H. Laub)는 보스턴 지역에서 수십 년간 추적된 청소년들을 분석하면서, 비행 경력이 단순히 과거 경험의 반복이 아니라 사회적 관계 속에서 변화할 수 있는 경로적 현상임을 밝혔다. 그들은 이를 '전환(turning point)'이라는 개념으로 설명했다. 가령 안정적인 결혼생활, 군복무, 취업 등은 개인의 삶에 중요한 전환점이 되어 과거의 비행경로를 끊고 새로운 궤도로 이동할 수 있게 한다. 생애과정이론의 핵심은 비행도 성장한다는 것이다. 단순한 일탈 행동으로 시작된 경미한 비행이, 가정의 해체, 학교 중단, 범죄 경력화 등과 맞물리며 지속되고 강화되기도 하고, 반대로 의미 있는 관계나 역할을 통해 중단되거나 사라지기도 한다. 이것은 청소년 비행을 단순히 '지금 이 순간의 문제'로만 볼 수 없음을 말해준다. 과거의 경험, 현재의 환경, 미래에 대한 기대가 연결되어야 비로소 그 아이의 삶을 온전히 이해할 수 있다.

이와 같은 생애적 접근에 중요한 통찰을 더한 것이 바로 모피트(Terri E. Moffitt)의 '이항적 범죄자 유형 이론'이다. 그녀는 생애를 기준으로 범죄자를 생애지속형(Life-Course Persistent)과 청소년기 한정형(Adolescence-Limited)으로 구분하였다.

■ **모피트(Moffitt)의 청소년 범죄자 유형 구분**

용어	내용
생애 지속형 범죄자	유아기부터 시작되는 인지적·신경심리학적 결함, 가족 문제, 환경적 취약성이 복합적으로 작용하여, 어린 시절부터 문제 행동을 보이고 청소년기를 지나 성인기까지도 일탈적 경향이 지속되는 집단이다.
청소년기 한정형 범죄자	사춘기 이후 또래 압력, 정체감 혼란, 사회적 역할 갈등 등으로 인해 일시적 일탈을 보이지만, 성인기로의 전환 과정에서 대부분 정상 궤도로 회귀하는 경향을 가진다.

모피트의 청소년 범죄자 유형 구분은 비행의 지속성과 회복 가능성을 이해하는 데 유용하며, 상담자는 청소년의 일시적 행동만이 아닌 장기적인 생애 경로를 고려해야 한다. 비행은 때로 환경과 전환기의 혼란 속에서 나타나는 경로상의 일탈일 수 있으며, 적절한 개입과 지지를 통해 다시 회복될 수 있다. 따라서 상담자는 청소년을 고정된 문제 행동의 시각이 아닌, 변화 가능한 존재로 바라보며, 회복의 가능성을 함께 설계하는 자세가 필요하다.

5장 청소년 학교폭력과 사이버 폭력

1 청소년과 학교폭력

1) 폭력의 이해

(1) 폭력의 본질

프로이드(Freud)는 모든 유기체는 살고자 하는 원초적 경향성 즉, 삶의 본능(Eros)과 본래의 안정된 상태인 죽음의 상태로 돌아가고자 하는 죽음의 본능(Thanatos)을 가지고 있다고 하였다. '인간의 무의식 깊이 자리하고 있는 죽음의 본능으로부터 파괴, 공격성, 자살과 같은 행동이 나타난다.'라고 하여 폭력은 뿌리가 있어 완전히 근절할 수 없는 것으로 보았다. 이와 달리 설리번(Sullivan)과 자아심리학자들은 공격성을 양육 과정과 같은 환경적 요인에 의하여 유발된 현상으로 보기도 한다. 공격성에 대한 본성이냐 환경이냐의 논쟁은 오래되었지만 현대에는 이 두 관점을 모두 수용하는 추세이며 개인을 둘러싸고 있는 다층적 체계의 입장에서 통합적이고 맥락적으로 받아들이는 경향이 우세하다.

(2) 폭력의 조건

괴롭힘(Bullying)의 개념을 최초로 제시한 올베우스(Olweus)는 폭력이 성립하는 조건을 힘의 불균형, 반복성, 의도성의 세 가지로 제시하였다.(Olweus, 1978) 그러나 이러한 학술적 개념과 달리 현실에서는 가해 측에서는 의도성을 교묘하게 감추고 부인하는 경우가 많아 의도성 여부를 판별하는 것이 매우 힘들다. 또한 반복적이지는 않더라도 그 피해의 정도가 심각한 경우에 이를 폭력이 아니라고 받아들이기는 어렵다. 힘의 불균형 역시 정확하게 양적 평가가 곤란하여, 결국 법에는 언급되지 않았다. 따라서 학교폭력의 예방과 대책을 단순히 법에만 의존하여 대응하기에는 한계가 있다.

2) 학교폭력의 정의와 유형

(1) 학교폭력의 정의

'학교폭력예방 및 대책에 관한 법률(이하: 학교폭력예방법) 제2조 1항'에서는 '학교폭력'을 '학교 내외에서 학생을 대상으로 발생한 학생 간의 폭력'뿐 아니라 '학생을 대상으로 행사한 폭력'이라고 명시함으로써 피해자가 학생이면 가해자는 그 연령이나 신분의 제한 없이 학교폭력으로 정의하고 있다.

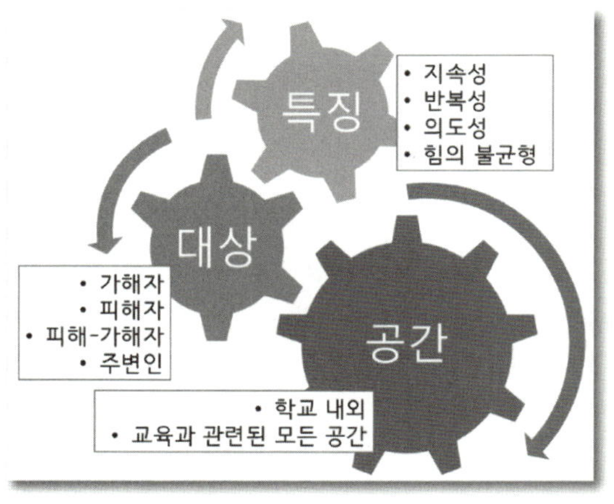

[그림 5-1] 학교폭력의 개념[6]

(2) 학교폭력의 유형

패친과 힌두자(Patchin & Hinduja, 2010)는 학교폭력을 신체적-물리적 폭력, 언어적 폭력, 관계적 폭력으로 분류하고 있으며, 교육부의 분류는 다음과 같다.(교육부, 이화여자대학교 학교폭력예방연구소, 2024)

---

6 출처: 정여주 외(2024). p17. 재구성

• 신체폭력: 피해 학생에게 직접적 공격 행동을 가하는 것을 의미하며 세부적으로는 상해, 폭행, 감금, 약취 등이 있다.

• 언어폭력: 피해 학생을 위협하거나 말로 상처를 주는 행위로 세부적으로는 협박, 명예훼손, 모욕 등을 말한다.

• 금품갈취: 재산상 피해를 주는 행위로 돈이나 물품을 빼앗거나 파손하는 행위, 빌리고 갚지 않는 행동이 모두 포함된다.

• 강요: 피해자가 하고 싶지 않은 일을 억지로 시키거나 권리행사를 방해하는 행위를 말하며 구체적으로는 빵셔틀, 와이파이셔틀 등이 포함된다.

• 따돌림: 두 명 이상이 특정인이나 특정 집단의 학생들을 반복적, 지속적으로 심리적, 신체적으로 괴롭히는 행위를 말한다. 구체적으로는 학급이나 그룹에서 여러 명의 학생이 피해 학생을 소외시키거나 공격하는 것을 말한다.

• 성폭력: 성행위나 유사 성행위를 강요하는 등 다양한 성적 폭행을 의미한다. 성폭력은 학교폭력의 유형에 포함되어 있지만 청소년이 연루된 성폭력 사건은 「성폭력 범죄의 처벌 등에 관한 특례법」이 적용될 수 있다.

• 사이버 폭력: 온라인상에서 또는 스마트폰이나 다른 전자기기를 통해 다른 사람을 반복적으로 괴롭히거나 학대하거나 놀리는 것을 말한다. (Patchin & Hinduja, 2015)

3) 학교폭력의 맥락과 역동

(1) 학교폭력의 맥락

학교폭력은 단순히 가해자와 피해 학생의 양자구도에서 발생하는 것이 아니라 양측을 둘러싸고 있는 다양한 요인들이 복합적으로 작용하는 생태 체계적 맥락에서 이해할 필요가 있다. 이승연과 오인수(2012)는 브론펜브레너(Bronfenbrenner)의 생태체계이론을 바탕으로 한국의 학교폭력 생태체계모델을 다음과 같이 설명하고 있다.

■ 학교폭력 생태체계모델(이승연, 오인수, 2012)

체계	세부 요소
개인 내적 요인	청소년 개인의 요인으로 자아존중감, 문제해결 대처 전략, 자기통제력 및 공감
미시체계	개인이 소속되어 있는 가장 직접적인 사회적·물리적 환경으로 가족, 또래, 학교와 같은 환경
중간체계	미시체계를 연결하거나 미시체계들 간의 상호작용으로서 청소년의 학교, 가정, 또래집단을 포함
외체계	개인과 직접적으로 상호작용하지는 않지만 미시체계에 영향을 주는 환경체계로서 지역사회 유해 환경, 학교폭력 예방교육, 종교시설, 부모의 직업 등
거시체계	청소년에게 영향을 미치는 사회 및 문화적 영향력을 말하며 이념, 법률, 관습, 학교규범, 문화 등으로서 폭력 매체의 영향, 지각된 사회의 폭력 허용도 등

(2) 학교폭력의 역동

학교폭력은 가해 학생과 피해 학생 양자구도에서 보는 것보다 주변 학생들의 영향을 고려하여 참여 학생의 관점에서 개입할 때 효과적이라는 연구결과들이 있다. 실제로 학교폭력이 유지되고 심화되는 것은 이를 목격한 주변 학생에 의해 좌우된다는 보고가 있는데 이들은 세부적으로 다음과 같이 분류할 수 있다.(오인수, 2025)

• **동조 학생**(assistant): 다양한 방법으로 괴롭히는 가해 학생을 돕는다. 다른 학생이 괴롭히고 있으면 함께 괴롭힌다.

• **강화 학생**(reinforcer): 괴롭힘을 보며 "본때를 보여 줘."와 같은 말로 부추긴다. 괴롭힘을 잘 보려고 가까이 가서 괴롭힘 보는 것을 즐긴다.

• **방관 학생**(outsider): 괴롭힘 상황에서 어느 편에도 들지 못하고 못 본 척한다. 자신도 괴롭힘을 당할 수 있다는 두려움 때문에 괴롭힘 상황을 회피한다.

• **방어 학생**(defender): 괴롭힘을 멈추기 위해 다양한 방법으로 노력한다. 괴롭힘 피해 학생을 위로하거나 선생님께 말하도록 격려한다.

1) 사이버 폭력의 이해

(1) 사이버 관계 대상의 특징

프로이드(Freud)가 처음 사용한 '대상(Object)'이라는 용어는 자기의 본능, 심리적 에너지가 향하는 대상이라는 의미였다.(가요한, 문은영, 2022) 그러나 대상관계이론에서는 자기의 강렬하고 깊은 감정이 투여된 의미 있는 타인을 말하며, 현실 세계에서는 대체로 엄마로 표현되는 초기 주양육자를 대상이라 할 수 있다.

사이버 세계 속에서 맺는 다양한 관계, 즉 실제 세계 속의 친구들과 사이버 세계에서 만나는 친구들을 모두 포함한 사이버 관계들은 청소년들의 자기의 발달에 적극적 영향을 미친다.(정여주, 2021) 그러므로 대상관계 이론에서 말하는 대상(Object)이라 할 수 있으며, 본 절에서는 이를 '사이버 관계 대상'이라고 명명하고 그 특징을 다음처럼 정리하였다.

익명성 vs 비익명성: 익명의 대상은 누구인지 모르기 때문에 혼란스러울 것으로 예상하고 실제 불편감을 느끼기도 한다. 그러나 모르는 대상이기에 오히려 편하게 느껴질 수도 있고, 더 깊은 속내를 털어놓을 수 있기도 하다. 그동안 사이버 세계는 이러한 익명성을 전제로 하고 논의되어 온 측면이 있다. 하지만 최근에는 사이버상에서 처음 만난 사이에서도 개인정보를 알려 익명성을 버리고 실명의 관계로 전환하기도 한다. 또한 실명의 대상과도 사이버상으로 더 많은 연락을 주고 받기도 하는 등 사이버 세계가 더 이상 익명의 공간만은 아니다.

경계의 제한 vs 무제한: 사이버 세계에서 만나는 대상은 정해져 있지 않은 공간에서 무선적으로 만날 수 있는 것으로 인식하기 쉽다. 그러나 갈수록 경계 안에서 관계를 맺는 경우가 증가하고 있다. 예를 들면 대부분의 학교 홈페이지에는 일반인이 볼 수 있는 게시판과 재학생만 접근할 수 있는 게시판이 나뉘어져 있다. 또한 오픈채팅방이라 할지라도 비밀번호 등을 통하여 특정 그룹에 속하거나 자격요건을 소지한 사람만 입장하게 하는 등 경계의 제한을 두는 경우가 많다.

일시성 vs 지속성: 익명성처럼 예전에는 사이버 세계 속 관계는 일시적이라고 전제하기도 하였다. 그러나 현재는 점차 사이버상의 대상과도 관계가 오랫동안 지속되기도 하고 현실 세계의 만남과 병행하면서 더 강화되기도 한다.

상호작용 vs 일방성: 사이버상의 관계는 일방적이거나 비실시간인 경우도 있지만 최근에는 대부분 양방향의 상호작용이 가능하다. 요즘 대중적으로 많이 사용하는 카톡은 물론 청소년들이 많이 사용하는 인스타그램 등의 앱들은 대부분 댓글, 대댓글, 태그 등의 기능을 통해 양방향의 소통할 수 있다. 만약 같은 시간대에 접속한다면 실시간으로 의사소통이 가능하고 일대일은 물론 여러 명이 동시에 상호작용하는 것 역시 가능하다.

사이버 따돌림이 현실 세계로 확장된 사례

- 피해자: 중학교 2학년 여학생 A
- 가해자: 같은 반 학생 4명(B, C, D, E)

■ 내용

A는 반 친구들과 사이가 원만하지 않았고, 점차 단체 채팅방에서 무시당하거나 "왜 존재하냐."라는 식의 조롱을 받기 시작했다. 처음에는 단순한 장난처럼 보였지만, 점점 A를 고의로 배제하거나 메시지를 삭제한 뒤 혼자만 모르게 만드는 등의 집단 따돌림이 이어졌다. 이후 실제 학교에서도 A의 책가방을 숨기거나 의자를 치워 넘어뜨리는 등 물리적인 괴롭힘이 동반되었다. A는 괴로운 나머지 화를 냈지만 가해 학생들은 시치미를 떼며 오히려 A를 없는 말을 지어내는 아이로 몰아갔다. 억울하고 분한 마음을 참지 못한 A는 결국 울음을 터뜨렸는데, 가해 학생 중 한 명이 A가 울고 있는 영상을 몰래 촬영하여 채팅방에 올렸다. 이 영상이 다른 학급 학생들에게까지 퍼지면서 상황은 더욱 악화되었다. A는 부모에게 말하지 못한 채 정신적 고통을 겪다가, 담임교사에게 익명 상담을 통해 겨우 문제를 알렸다.

■ 시사점

이 사례는 학교폭력과 사이버 폭력이 서로 긴밀히 연결되어 있다는 점에서 중요하다. 사이버 공간에서 시작된 조롱과 배제가 오프라인 폭력으로 확산되었고, 일방향에서 쌍방향으로 번지며 심리적·사회적으로 확대되고 지속된다는 점을 보여준다.

(2) 사이버 관계적 자기의 특징

사이버 세상의 대상들과 서로 영향을 주고받으며 발달시켜 나가는 자기를 사이버 관계적 자기(cyber-relational self)라고 한다.(정여주, 2021) 사이버 관계적 자기의 특징을 정리하면 다음과 같다.

• 쉽게 형성될 수 있으며 즉각적 영향을 받음: 현실 세계에서 관계를 맺는 데는 일정한 시간과 노력이 필요하다. 이에 비하여 사이버 세계에서는 보다 즉각적인 관계 형성이 가능하다. 익명성이라는 특징도 있지만 실명이라도 글이나 그림만을 보고 반응을 간단히 표현할 수 있기 때문에 낯선 사람에게도 쉽게 댓글이나 '좋아요' 등을 남기기도 한다.

• 관계 종료를 쉽게 할 수 있으므로 자기의 대상항상성 유지가 불필요한 경우도 있음: 현실에서의 관계는 단절하는 데 물리적 제약이 따르는 경우가 많다. 예를 들어 학급 내 친구와 절교를 했다고 하더라도 매일 같은 공간에서 생활해야 한다. 그러나 사이버 공간에서는 팔로우를 차단한다거나 자신의 계정을 삭제해 버리는 방법으로 비교적 쉽게 단절할 수 있기 때문에 대상항상성이 실제 세계만큼 중요하지는 않다.

• 사이버 관계적 자기는 다양할 수 있음: 사이버 공간은 매우 다양한 영역을 비교적 쉽게 접근할 수 있다. 따라서 대상에 따라 다양한 특성으로 활동하기가 용이한데 이것이 심해지면 자칫 자기가 파편화될 위험이 있고 거짓 자기를 형성할 수 있다.

• 리셋이 가능하나 실제 자기는 영향을 받음: 위의 거짓 자기와 관련하여 그 모습이 마음에 들지 않으면 리셋이 현실 세계에 비하여 수월하다. 그러나 사이버 세계에서 리셋이 되었다고 해서 실제의 자기가 리셋되는 것은 아니므로 오히려 트라우마를 남기거나 현실 자기의 파편화를 가속할 수 있다.

2) 사이버 폭력의 정의와 유형

(1) 사이버 폭력의 정의

'학교폭력예방법 제2조1항의제3호'에서 "사이버 폭력"이란 정보통신망(「정보통신망 이용촉진 및 정보보호 등에 관한 법률」 제2조제1항제1호의 정보통신망을 말한다)을 이용하여 학생을 대상으로 발생한 따돌림, 딥페이크 영상 등(인공지능 기술 등을 이용하여 학생의 얼굴·신체 또는 음성을 대상으로 성적 욕망 또는 불쾌감을 유발할 수 있는 형태로 편집·합성·가공한 촬영물·영상물 또는 음성물을 말한다)을 제작·반포하는 행위 및 그 밖에 신체·정신 또는 재산상의 피해를 수반하는 행위를 말한다.

[그림 5-2] 공격성, 학교폭력, 사이버 폭력의 개념적 관계

(2) 사이버 폭력의 유형

현대 청소년 사이에서 사이버 폭력은 점점 더 교묘하고 복합적인 양상으로 나타나고 있으며 기술의 발전과 더불어 그 유형이 다양하고 복잡해지고 있다.(박종효 외, 2022) 이처럼 날로 심각해지는 사이버 폭력을 유형별로 분류하고 각 유형별 예방책을 정리하였다.

■ 사이버 폭력의 유형과 예방

유형	개념
	예방책
사이버 언어폭력	가해자가 공격적인 언어를 사용하여 피해자를 협박하거나 위협하는 것을 말한다. 예를 들어 공격적 내용의 문자나 메일을 보내는 것, 단체 채팅방에서 욕설을 하거나 조롱하는 것 등이 해당된다.
	• 사실관계 확인 없이 글을 올리지 않기 • 피해자는 캡처 등 증거 확보 후 경찰 또는 사이버수사대 신고
사이버 감옥 및 스토킹	사이버 감옥은 온라인에서 지속적으로 감시, 추적, 감금처럼 괴롭히는 행위를 말한다. 한편 이메일로 지속적인 연락을 하거나 개인 홈페이지나 SNS 공간에 집요하게 글을 올리는 등의 행위는 사이버 스토킹에 해당된다.
	• 차단 기능 사용 및 계정 비공개 • 증거(스크린샷, 메시지 등) 수집 후 경찰 신고 • 사이버 범죄 피해자 지원기관 연계
개인정보 관련 침해	동의 없이 개인정보를 수집, 유포, 활용하는 행위를 말한다. 예를 들어 친구의 이름, 주소, 사진을 커뮤니티에 무단 공개하는 행위가 여기에 해당된다.
	• 개인정보는 신중하게 관리하고 타인의 정보 공유 금지 • 유출 시 방송통신위원회, 경찰청 등에 신고
사이버 갈취 및 강요	협박하여 금전이나 행동을 강요하는 행위를 말하며 "네 사진을 유출하겠다, 돈 보내라."는 등의 예가 있다.
	• 낯선 사람과 사적 정보나 사진 공유 금지 • 피해 시 즉시 대화 내용 저장 후 경찰 신고 • 청소년인 경우 보호기관에 상담 요청
사이버 성폭력 및 성희롱	사이버상에서 성희롱이나 성폭력을 가하는 것을 말한다. 구체적으로는 음란물을 유포한다거나 음란 채팅방에 초대되는 것들이 해당한다.
	• 성적인 언행에 대해 명확히 거부 의사 표시 • 캡처 등 증거 확보 후 경찰, 여성가족부, 디지털성범죄지원센터 등 신고
이미지 블링	타인의 이미지 또는 영상을 조작, 왜곡하여 사회적으로 이미지 실추를 유도하는 행위를 말한다. 얼굴을 포르노 이미지에 합성해 퍼뜨리는 경우 등이 해당된다.
	• 이미지·영상은 온라인에 공유 전 신중히 판단 • 피해 시 자료 보존 후 사이버경찰청 및 디지털성범죄센터 신고
플레이밍	인터넷 공간 속에서 서로 잘 알지 못하는 두 명 이상의 사람들 사이에 짧고 뜨겁게 일어나는 싸움을 의미한다. 일부 학자들은 언어폭력의 유형으로 보기도 하지만 공적인 공간에서 큰 싸움으로 번져나간다는 특성이 있다.
	• 감정적인 댓글 자제, 커뮤니티 규칙 준수 • 욕설, 모욕성 게시물은 캡처 후 신고
사이버 배제	청소년들 사이에서 가장 빈번하게 일어나는 유형이다. 예를 들어 채팅이나 그룹에서 의도적으로 배제시키는 경우가 해당된다.
	• 조용히 기록 유지 (대화 캡처, 정황 메모) • 교사나 보호자에게 상담 요청 • 교육청 학교폭력신고센터 등에 신고 가능

학교 내에서의 인간관계 갈등은 온라인 공간과 연결되면서, 폭력은 더 넓은 범위로 확산하고 장기화하는 경향을 보인다.(노연경, 2024) 다음은 그러한 사이버 폭력의 전형적인 사례 중 하나이다.

> **허위사실 유포 사례**
>
> - 피해자: 고등학교 1학년 남학생 F
> - 가해자: 같은 반 학생 G
>
> **■ 내용**
>
> F는 평소 내성적인 성격으로 친구가 많지 않았고 학업성취도 낮았다. F에 비해 G는 공부를 훨씬 잘하였으며 학교를 빛내줄 것이라는 기대를 받는 학생이었다. G는 F와 수행평가에서 같은 조가 되었다. F 때문에 조별 수행평가가 낮게 나오자 G는 화가 났다. 그래서 같은 조들이 모인 단톡에 F를 빼고 새로운 단톡방을 열었다. 'F가 담배를 피운다.', '여학생 몰캠을 찍었다.'는 등 험담을 했다. G와 같은 조에 속하면서 단톡에 있었던 H가 다른 학생에게 이 사실을 이야기 했다. 나중에 F가 이 사실을 알았을 때는 이미 헛소문이 많이 퍼진 상태였다. F는 사실이 아니라고 해명했지만 친구들은 귀담아듣지 않았고, 소문은 기정사실처럼 여겨졌다. 학급 내에서 말조차 섞지 않는 학생들이 늘어났다. 참다못한 F는 학교폭력으로 신고했지만 조별 단톡이 이미 폭파되어 증거가 남지 않았고, 가해자가 특정되지 않아 조사에 어려움을 겪었다. 더구나 피해조사 과정에서 아이들은 더욱 F에게 따가운 눈초리를 보내며 몇 명은 노골적으로 시험이 다가오는데 시간을 버리게 한다면서 불만을 표현했다. 결국, F는 전학을 선택하게 되었다.
>
> **■ 시사점**
>
> 이 사례는 익명성과 확산성이라는 사이버 폭력의 위험성을 잘 보여준다. 오프라인에서는 문제를 해결했지만, 온라인상에서는 피해가 계속 이어질 수 있다는 점에서 사이버 폭력은 지속성과 파급력이 매우 크다.

3) 사이버 폭력의 역동

사이버 폭력 역시 학교폭력에 포함되기 때문에 가해자와 피해자의 특징과 원인 등이 대체로 동일하다. 그러나 사이버상에서는 악성 댓글, 게임 내에서의 싸움 등이 빈번하므로 훨씬 많은 목격자가 발생할 수 있는데, 이때 청소년들이 어떻게 행동해야 한다는 지침이 명확하지 않은 실정이다. 따라서 많은 청소년이 사이버 폭력을 목격했을 때 어떻게 행동해야 할지 모르며 혼란스러워한다. 학교폭력의 역동에서 주변인의 역할이 중요한 것처럼 사이버 폭력에서도 이들 목격자의 역할이 중요하다. 그러나 목격자의 바람직한 대응은 다소 다르다는 징후가 있는데, 아직 관련 연구는 부족한 상황이다. 이에 정여주(2021)가 제시한 목격자 유형 [그림 5-3]을 제시하고 올바른 대응법을 독자들과 함께 고민해 보고자 한다.

목격자의 책임을 강화하고 사이버 폭력을 예방하기 위하여 [부록 5장]에 수록된『사이버 폭력 목격 척도』를 활용할 수 있다.

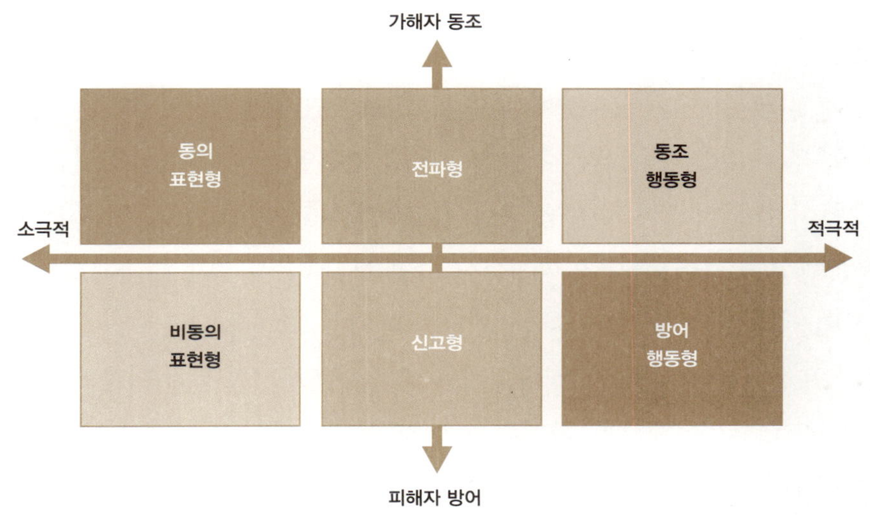

[그림 5-3] 사이버 폭력 목격자 유형

• **동조 행동형**: 사이버 폭력 가해자의 행동에 가장 적극적으로 동조하는 유형. 가해자와의 차이는 맨 처음 시작하거나 직접 사진이나 정보를 캐어 먼저 행동하지 않는다는 정도이다.

• **전파형**: 동조 행동형처럼 가해자의 행동을 부추기거나 그 자리에서 함께 행동하지 않는다는 점에서 적극성이 떨어진다, 그러나 어느 정도 무의식적인 동조를 하면서 그 상황에서 재미를 느낀다. 다만 피해자를 괴롭히는 것에 대한 죄책감 등을 이유로 피해자를 직접 괴롭히지는 않는다는 점이 '동조 행동형'과 다르다. 이들은 자신의 행동이 가해자를 부추길 수 있음을 잘 모른다.

• **동의 표현형**: 사이버 폭력 가해자의 행동을 부추기거나 전파하는 등의 움직임을 보이지는 않으나 그 장면에서 나가지 않고 지켜보면서 즐기는 유형을 말한다. 이들에게

개입할 때는 폭력 상황을 함께 관람하고 즐겼다는 점을 고려해야 하며 동의 표현형이 많아지면 가해자는 폭력의 수위를 높일 수 있음을 유념해야 한다.

•**방어 행동형**: 사이버 폭력 가해가 일어나는 상황에서 가장 적극적으로 피해자를 옹호하고 방어하는 행동을 하는 유형이다. 그러나 사이버 공간의 특성상 가해자들은 자신이 만들어 낸 아이디인 새로운 정체성 뒤에 숨어서 이렇게 방어 행동을 하는 사람들이 자신을 공격하는 상황을 즐기기도 한다. 또한 찬성과 반대가 격렬하게 대립하는 플레이밍 상황으로 번져나가기도 하면서 오히려 가해자를 부추길 수 있다는 점이 일반적인 학교폭력 상황과 다른 양상이라는 것에 유의할 필요가 있다.

•**신고형**: 주요 SNS 앱에서는 참여자들이 자정작용을 할 수 있게 신고 기능을 만들어 두었다. 방어 행동형에 비하여 적극성이 떨어진다고 볼 수도 있으나 신고가 된 이후에 가해자의 행동이 줄어들 수 있다. 현실 세계와 달리 사이버 세계에서의 학교폭력에 대한 실질적인 영향은 더 클 수 있다는 점에서 의미가 크다.

•**비동의 표현형**: 사이버 공간에서는 방관하는 듯 하지만 비동의를 표현하는 유형도 존재한다. 적극적으로 피해자를 돕거나 가해자를 저지하는 행동은 아니라는 점에서 다소 소극적이라고 평가할 수도 있다. 그러나 비동의 표현만으로도 가해자의 폭력 행동의 동력이 줄어들 수 있다는 측면에서 긍정적 대응이라 할만하다.

3 / 학교폭력·사이버 폭력 대응 방안

"아이는 어른의 말을 듣기보다 뒷모습을 듣는다."

학교폭력 관련 상담은 대부분 비자발적인 상담이다. 흔히 가해 학생만 비자발적 내담자라고 생각하지만, 학교폭력 조치로서 심리 상담을 하게 되었을 때 더 오히려 피해 학생 측에서 더 큰 거부감을 보이는 경우도 있다. 피해 학생의 경우 심리 상담 처분을 받으면, 마치 '학교폭력의 원인이 피해 학생에게 있다고 판정했다.'는 뜻으로 해석하고 억울해하거나 불쾌해하는 경우가 많다. 비슷한 이유로 주변인도 상담을 달갑게 여기지 않는다. 따라서 청소년이라는 발달상의 특징과 징계와 처벌이라는 비자발적 상황이 맞물린 학교폭력 상담은 상담자에게는 매우 부담스러울 수밖에 없으며 전통적인 상담 방법이 잘 작동하지 않는 영역이다. 최근에는 사이버 폭력으로 그 범위가 확장되면서 학교폭력 상담의 어려움이 가중되고 있다.

그러나 상담자가 청소년기의 발달 특성을 잘 이해하고 몇몇 가지 역량을 갖춘다면 상대적으로 짧은 기간에 커다란 변화를 확인할 수 있는 분야이기도 하다. 이에 이번 절에서는 학교폭력·사이버 폭력의 특징적인 상담 방법에 대하여 정리하고자 한다.

1) 학교폭력 상담자의 어려움과 대처 방안

학교폭력 상담자가 갖추어야 할 덕목에서 첫 번째는 역시 여느 상담과 같이 '공감'이라고 할 수 있다. 비록 사회적으로 잘못된 행동으로 상담 장면에 왔더라도 청소년들은 아직 10대이기에 그들의 생활은 보호자와 어른들의 영향권 안에 있다. 그렇다면 지금 청소년이 보이는 행동의 상당 부분에 어른들이 영향을 미쳤으리라는 것을 쉽게 짐작할 수 있으며 이는 경험적으로 무수히 확인되었다. 어떤 청소년도 태어나면서 '나는 10대에 학교폭력에 연루되어야겠다.' 작심하고 이 세상에 오지는 않았을 것이다. 겉으로는 너를 위해라고 포장하지만, 그 뒷면에 가려진 복잡한 어른들의 욕구가 뒤엉켜 지금 청소년의 행동으로 표출되고 있을 가능성이 농후하다.

그러나 '공감'하라는 말이 학교폭력 청소년의 행동을 정당화해도 된다는 의미는 아니다. 청소년의 인격과 존재는 온전히 수용하고 공감하되 그의 '행동에 대해서는 단호한 태도를 견지하는 것'이 학교폭력 내담자들에게 혼란을 주지 않는다. 또한 무엇보다 '솔직함, 진솔함, 일치성'이 중요하다. 학교폭력 청소년들은 말과 행동의 불일치를 감지하는 데 전문가들이다. 형식적인 공감이나 이해는 그들의 마음을 더 굳게 잠그도록 할 뿐이다. 마지막으로 '유연성'이 필수적이다. 상담자가 일반적인 상담 과정이나 기법만을 고집한다면 학교폭력 내담자들의 변화를 기대하는 것은 더욱 요원해질 것이다.

(1) 침묵하는 청소년

학교폭력 상담은 대부분 비자발적 상담이며, 어른들에 의해 할 수 없이 상담실에 온 청소년이 보이는 가장 대표적인 행동은 침묵이다. 어쩔 수 없이 오기는 했지만, 아무 말도 하고 싶지 않은 것이다. 상담에서 여러 가지 매체를 사용하기도 하지만 중심은 역시 대화치료(Talk Therapy)이기에 침묵만큼 상담자를 난감하게 하는 것도 없다.

- 말하고 싶지 않은 심정을 수용하고 공감하는 것이 우선이다. " 상담에 억지로 왔으니 아무 말 하기 싫은 것도 당연하지. 충분히 그럴 수 있어."
- 선택권을 청소년에게 주는 것이 유효하다. 인류 역사에서 자유를 쟁취하기 위하여 얼마나 비싼 대가를 기꺼이 지불해왔는가를 되짚어 본다면 사회에서 청소년들의 자유를 이토록 제한하는 것은 매우 놀라운 일이다. 특히 한국 사회에서 10대 청소년의 자율과 재미의 욕구를 얼마나 극심하게 억압하고 있는지를 객관적으로 바라볼 수 있다면 강제로 상담실에 온 청소년들이 말을 하지 않는 것은 오히려 자연스러워 보인다. "어떤 말도 하고 싶지 않은가 보구나. 나도 네가 억지로 말하는 것은 원치 않아. 언제든 네가 말하고 싶을 때 말하렴. 얘기하고 싶지 않으면 안 해도 괜찮아."
- 강제로 하는 상담이 아니라면 혹시 하고 싶은 말이 있을지 물어보고 그 주제로 시작하는 것도 한 가지 방법이다. "네가 학교폭력 처분에 동의하지 않을 수도 있는데, 그 얘길 하는 건가 싶으면 말하기가 싫을 것 같아. 만약 누가 너를 강제로 상담에 보낸 게 아니라면, 혹시 하고 싶은 말이 있을까?"
- 상담자 입장에서 반드시 말을 해야만 한다면 솔직하게 물어보는 것이 좋다. "네가 45분 동안은 여기에 있어야 하는데, 어떻게 시간을 보내면 좋을 것 같니?"라고 물어보고 보드게임이든 그게 아닌 무엇이든 사회적으로 용인할 만한 것이라면 그것으로 시작하면 말의 물꼬를 트기가 비교적 수월하다.

(2) 무례하게 행동하거나 상담자를 시험하는 청소년

학교폭력으로 내담한 청소년 중에는 습관이 되었거나 혹은 의도적으로 무례한 행동을 하기도 한다. 나아가 일부러 상담자를 자극하거나 분노를 유발하는 경우도 있다. 순간적으로 상담자도 화가 날 수 있다. 그러나 이것이야말로 그들이 원하는 반응일 것이다. 오히려 이렇게 해보는 것을 권한다.

• 우선 상담자 자신에게 공감하고 자기 감정과 욕구를 알아차린다. 스스로에게 마음속으로 이렇게 말해 본다. "그래 이렇게 무례하게 군다면 그게 내담자일지라도 화가 나는 건 당연해. 하지만 자연인이 아니라 난 좋은 상담자로 여기에 있고 싶어."

• 내담자가 무례하게 행동하는 이유를 헤아려 본다. 내담 청소년은 상담자 개인에게 무례하게 구는 것이 아니라 자신을 벌주고 괴롭히는 세상에 대하여 화내고 있다는 것을 상기하면 평정심을 찾기 쉬워진다.

• 내담자에게도 상담에 대한 책임이 있음을 알려준다. 비자발적 내담자들은 자신이 신청한 것이 아니므로 상담에 대한 책임감을 느끼지 않고 나아가 망치고 싶어 할 수도 있다. 이때 부드럽지만 명확하게 내담자의 책임을 일러줄 필요가 있다. "물론 네가 원해서 온 것은 아니라는 걸 알아. 그래도 이 더위에 여기까지 온 걸 보면 너에게도 이 상담이 필요한 이유가 있는 것 같은데?"

(3) 상담은 소용이 없으며 하기 싫다고 직접적으로 거부하는 청소년

학교폭력 내담자 중에는 상담이 처음이 아닌 경우가 상당하다. 초등학생도 그런 경우가 있지만 중학생이나 고등학생의 경우에는 이미 여러 번 상담 명령을 받았던 청소년도 있다. 이런 청소년 중에는 상담과 상담자를 폄하하거나 비아냥거리며 공격하는 경우도 있다.

• 내담자의 주장을 논박하거나 설득하려는 태도는 금물이다. 내담자의 주장을 논리적으로 반박하려 한다면 더 거센 비난과 조롱을 당할 수도 있다. 뛰어난 논박으로 청소년들의 말이 비논리적이거나 근거가 없음이 드러났다면, 내담자가 상담실을 박차고 나가거나 다음 회기에 오지 않을 수도 있다.

• 그럼에도 지금 상담실에 있는 이유를 물어본다. "이전에 상담이 별로 도움이 되지 않았다고 느꼈다고 했지? 그런데도 오늘 여기 다시 온 데에는 나름의 이유가 있을 것 같아. 어떤 마음이 너를 여기까지 이끌었을까?"

(4) 다른 사람을 탓하거나 자신에게는 문제가 없다고 하는 청소년

학교폭력 내담자를 포함하여 상담에 의뢰된 여러 청소년이 상담을 거부하는 이유 중에 큰 비중을 차지하는 것은 "내 잘못이 아니다.", "나 때문이 아닌데 왜 나한테만 뭐라하냐?"는 것이다. 전부라고는 할 수 없지만 일부는 맞는 말이기도 하다.

- **상담을 원하는 사람과 먼저 작업한다.** 내담자의 주장이 틀릴 수도 있다. 그러나 상담을 거부하는 내담자를 설득하느라 노력과 시간을 과도하게 사용하기보다 상담을 의뢰한 사람, 즉 보호자나 교사들과 먼저 작업하는 것이 효율적일 수 있다. "어머니께서 짐작하시는 원인은 무엇인가요?", "그동안 여러 가지 노력을 해오셨을 것 같은데 구체적으로 어떤 것을 하셨는지 알려주시면 00이와 상담에 큰 도움이 될 것 같아요."와 같이 말하면서 보호자나 교사와 먼저 작업동맹을 맺는다. 꽉 막힌 길 위에서 내담자와 씨름하는 것보다 이렇게 우회로로 돌아가는 것이 훨씬 빨리 목적지에 도착할 수 있다.
- **반복적으로 다른 사람만을 탓할 때는 초점을 다시 내담자와 미래로 돌린다.** "네가 불평하는 것은 충분히 일리가 있어. 그런데 남의 잘못만을 계속 이야기하는 것이 '네게 도움이 될까?' 하는 거야" 또는 "네가 무척이나 억울한 것 같아. 그러나 그 부분은 내가 도와줄 수 있는 영역이 아니어서 안타깝다. 지금껏 그래왔음에도 네가 지금 어떤 선택을 할 수 있을지, 어떤 선택을 해야 너의 앞으로 삶이 나아질지에 대해서라면 내가 꽤 도움을 줄 수 있을 것 같은데."

(5) 내담자가 상담자로 하여금 부모나 교사에게 내담자 대신 자신의 요구를 관철하여 주기 원하는 청소년

학교폭력 내담자들 중에는 상담자를 통제하고 조종하려 하거나 상담자를 이용하여 자신이 원하는 것을 얻어내려는 경우가 종종 있다. 상담자는 신뢰 관계가 깨질까 염려된 나머지 그들의 요구에 응하거나 상담의 성과에 대한 부담으로 스스로 그 일을 맡는 경우도 있다. 그러나 이는 오히려 상담의 방향을 흐트러뜨리며 장기적으로는 내담자에게 독이 될 수 있으므로 주의하여야 한다.

• 상담자 스스로 상담의 본질과 궁극적 방향을 상기하고 자신의 역전이를 성찰한다. 상담자가 유능감의 욕구 또는 구원자 콤플렉스에서 하는 행동이 아닌지 자신의 욕구를 중립적으로 성찰해 본다. 그런 것이 아니라 순수하게 내담자의 복지를 위한 것이라고 판단한다면 장기적으로 지속 가능한 것인지, 반복해도 내담자에게 도움이 되는지 생각해 본다.

• 솔직하게 말하고 상담의 한계와 경계를 상기시킨다. "내가 아버지께 너의 요청을 들어줘야 한다고 너를 대신해 설득해 주기를 바라는구나. 그런데 어쩌지? 나는 너의 상담자이지 아버지의 선생님은 아니라 그럴 권한이 없는데, 하지만 아버지가 너의 요청을 들어주실 수 있도록 어떻게 설득할 수 있을지에 관한 거라면, 네게 여러 가지 도움을 줄 수 있을 것 같아."

(6) 관련 없는 이야기를 장황하게 늘어놓거나 편히 놀다 가려고 하는 청소년

학교폭력 내담자들 중에는 상담을 가벼운 처벌로 여겨 대충 시간만 보내려고 하거나 상담실을 편한 놀이터로 생각하는 경우가 있다. 상담자 입장에서는 무력감을 느끼거나 소진으로 이어질 수도 있어 적절한 대응을 강구할 필요가 있다.

• 내담자 스스로 생각해 보도록 질문한다. 상담자가 직접적으로 설명을 하면 내담자는 오히려 방어할 수 있다. 그보다는 정말 호기심을 가지고 탐정처럼 내담자에게 그것으로 만족하는지 물어보는 것이 나을 수 있다. "벌써 몇 주째 게임 얘기와 친구들과 신나게 놀았던 얘기들만 들려주고 있어, 마치 웹툰을 보는 것처럼 흥미진진하게 듣고 있는데 한편으로 이런 얘기들은 친구들과도 충분히 나눌 수 있다는 생각이 들어서. ' 상담실에서도 일상과 같은 이야기만 계속하는 것이 너에게도 유익한 것일까?' 하는 의문이 드는데, 이에 대해서 너는 어떻게 생각하는지 궁금하구나."

(7) 판결에 유리한 정황을 남기려고 의도적인 발언만을 하는 청소년

학교폭력의 처벌이 강화될수록 그 부작용도 심화되고 있다. 일부 변호사들의 자문을 받고 소송에서 유리한 정황을 남기려고 심리적 어려움을 과장하거나 학교폭력에서 자신의 억울한 점만을 반복적으로 이야기하는 내담자도 있다.

• **내담자의 건강한 성장을 바라는 상담자의 진심을 솔직하게 전달한다.** "여러 정황상 네가 같은 이야기를 반복하는 그럴만한 이유가 있는 것 같아. 네 말대로 처분에 억울한 점이 분명해 보이기도 하고. 그런데 나는 법률 전문가가 아니라 심리 전문가라서 네 마음이 더 오랫동안, 심하게 아픈 상태로 있을까봐 걱정이 된다. 네 마음이 하루라도 빨리, 조금이라도 덜 아파질 수 있도록 하는 데 우리의 시간과 노력이 집중되었으면 하는 조바심이 자꾸 생기는구나."

2) 학교폭력 상담자가 유의할 점

학교폭력 내담자인 청소년을 대할 때 앞 절에서 언급한 바와 같이 솔직성, 진실성, 일치성은 매우 중요하다.(Janet, 2006) 그런데 상담자의 솔직성은 검과도 같아서 잘 사용하면 내담자의 닫힌 마음을 여는 열쇠가 되지만 함부로 사용하면 심각한 상처를 내기도 한다. 따라서 상담자가 솔직하게 반응할 때 공감 반응도 훨씬 더 신중하고 사려 깊게 사용할 필요가 있으며 특히 다음과 같은 점을 주의하여야 한다.

• **상담자가 화를 표출하거나 교묘한 복수를 솔직함으로 포장한 것은 아닌지 성찰하여야 한다.** 무례하거나 직접적으로 상담자를 공격하는 경우 내담자에게 상담자도 충분히 화가 날 수 있고 되돌려 주고 싶은 마음이 일어날 수 있다. 상담자는 매 순간 깨어 있어 자신의 이러한 심정을 잘 알아차리고 조절해야 한다.

• **비도덕적 행동에 대한 비난을 솔직함이라고 믿고 싶은 것은 아닌지 성찰하여야 한다.** 학교폭력 관련 내담자들은 대체로 도덕과 윤리, 규칙과 법에 반하는 행동을 하여 상담 장면에 오게 된다. 그들의 잘못된 행동에는 단호해야 한다는 것을 오해석하여 잘못을 지적하거나 비난하는 경우가 있다. 이때는 평소보다 더 철저히 주의를 기울여 "나 전달법"이나 "비폭력 대화법" 등을 적용하여 자신의 생각과 감정을 표현하는 것이 도움이 된다.

• 상담자가 상담자의 방향을 잃고 아무 말이나 하는 것은 아닌지 객관적으로 바라볼 필요가 있다. 학교폭력 내담자들은 상담에 동기가 없고 심지어 상담을 망치려 하기도 하여 상담자를 당황하게 한다. 이때 상담자들이 솔직함을 내세워 순간을 모면하기 위한 즉흥적인 말과 행동을 할 위험이 있다. 학교폭력 상담자라면 사전에 이러한 상황에 대한 시뮬레이션을 충분히 하고 사례개념화를 정밀하게 함으로써 초점과 방향을 잃지 않도록 하여야 한다.

참 고

- 『학교폭력예방 및 대책에 관한 법률』은 14장에 수록되어 있다. 지면 관계상 5장에서는 생략하였으나 전문을 찬찬히 읽어볼 필요가 있다.
- 학교폭력 상담자의 역량과 자질, 윤리적 고려 사항은 이 책 "6장의 비행 청소년 상담자의 자질, 윤리적 고려사항"과 유사하므로 이장에서는 별도로 언급하지 않았다.
- 학교폭력 가해 학생, 피해 학생, 주변인 등 관련 유형에 따른 심리적 이해와 상담 방법은 『위기 상담 유형별 치료적 개입』의 "8장. 학교폭력 상담"에 상술되어 있는데 이 책에서는 지면의 한계로 생략하였다.

1 / 비행 상담의 목적

청소년 비행 상담은 단순한 문제행동의 교정을 넘어서, 비행 행동 이면에 내재한 심리적·사회적 요인을 이해하고, 청소년이 건강하게 성장할 수 있도록 전인적 지원을 제공하는 과정이다. 비행 상담의 목적은 다음과 같이 네 가지 영역으로 구분된다.

1) 심리·정서적 치유와 정서 조절 능력 향상

비행 청소년이 경험하는 분노, 불안, 낮은 자존감, 상실감, 외로움과 같은 심리적 고통은 부적응 행동의 원인이자 결과이다. 정서조절능력을 향상해 부정적 감정의 대처 방식을 재구조화시키는 상담을 통해 청소년의 내면세계를 공감적으로 이해하고, 그들이 억눌러 온 감정을 안전한 환경에서 표현하며 다룰 수 있도록 지원한다.

2) 행동 변화 촉진 및 자기조절 능력 함양

비행 행동이 자신과 타인에게 미치는 영향을 통찰하게 함으로써 비행의 결과와 책임을 인식하도록 돕는다. 이를 바탕으로, 갈등 상황에서 더 적응적인 반응을 선택할 수 있는 자기통제력과 충동 조절 능력을 기르게 되고, 일상생활에서의 기능적 행동을 촉진한다. 그 결과 청소년의 사회적 기술 향상과 긍정적 행동 패턴 정착에 이바지한다.

3) 비행의 재발 방지 및 사회적 재적응

청소년 비행 상담의 핵심 목표 중 하나는 재범을 예방하고, 사회에서 건강한 구성원으로 자리매김할 수 있도록 지원하는 것이다. 상담은 자아정체감 형성, 진로 탐색, 의미 있는 목표 설정 등을 통해 청소년의 삶에 대한 방향성과 동기를 제공하는 것이다. 또한 회복적 접근을 활용하여 피해자와의 관계 회복, 공동체 속에서의 책임 있는 역할 수행을 돕는다. 더불어, 학교 복귀 및 지역사회 연계 활동을 통해 재사회화 과정을 촉진한다.

4) 가족 및 또래 관계의 회복과 지지체계 강화

청소년 비행은 종종 가정 내 기능 장애나 또래관계에서의 문제와 깊은 연관을 갖는다. 이에 따라, 상담은 청소년 개인에 대한 개입뿐만 아니라 가족 상담, 부모 교육, 또래 관계 중재 등을 병행하여 심리 사회적 지지망을 회복하는 데 집중한다. 가족 내 의사소통 개선, 감정적 유대 회복, 양육태도 조정 등을 통해 가정이 안정적 지지 기반이 되도록 하며, 왜곡된 또래관계 속에서 학습된 부적응 행동을 수정하고, 건강한 관계 형성 기술을 훈련한다.

이와 같은 상담 목적은 청소년이 자기 내면의 문제를 이해하고, 바람직한 사회적 기능을 회복하도록 돕는 데 중심을 둔다. 나아가 상담자는 청소년의 성장 가능성을 믿고, 비행 너머의 '회복할 수 있는 존재'로서의 그들을 지지함으로써 궁극적인 변화와 회복을 촉진한다.

청소년 비행은 단순히 규범을 위반하는 외현적 행동으로 그치지 않고, 다양한 심리 사회적 요인이 복합적으로 얽힌 결과이다. 따라서 비행 청소년 내담자를 이해하기 위해서는 이들의 내면세계, 대인관계 양상, 환경적 배경 등 다면적인 관점에서 접근이 필요하다. 상담 장면에서 관찰되는 주요 특성은 다음과 같다.

1) 자기통제력 부족과 충동조절의 어려움

비행 청소년은 충동성을 조절하는 데 어려움을 겪으며, 감정적 흥분 상태에서 행동을 조절하지 못하고 순간적인 자극에 반응하는 경향이 있다. 특히 분노와 좌절에 민감하게 반응하며, 인내심이 낮고 즉각적인 만족을 추구하는 특성이 강하다. 이들은 계획 없이 행동하거나, 반복적으로 후회하는 행동을 하면서도 이를 조절하지 못하는 무력감을 경험한다. 이러한 자기조절 기능의 미성숙은 문제행동의 지속성과 관련이 깊다.

2) 낮은 자존감과 부적응적 자아정체감

겉으로는 강하고 당당한 척하거나 공격적인 모습을 보이지만, 실제로는 깊은 자기비하, 열등감, 사회적 소외감 등을 내면에 지니고 있다. 이들은 자신의 존재 가치를 확인받기 위해 비행을 수단으로 삼기도 하며, 또래 집단 내에서의 인정 욕구를 충족하려는 경향이 뚜렷하다. 왜곡된 방식으로 자아정체감을 형성하거나, 부정적 정체성을 수용하는 때도 많아 정체감 혼란이 심화한다.

3) 신뢰 결여 및 방어적 대인 태도

비행 청소년은 대체로 상담자나 성인 권위자에 대한 강한 불신과 경계심을 지닌다.

이는 과거의 부정적 관계 경험에서 비롯된 경우가 많으며, 타인으로부터 상처받지 않기 위한 방어기제로 작용한다. 이에 따라 초기 상담 장면에서는 말을 아끼거나 반항적, 냉소적인 태도를 보이기도 한다. 권위적 개입이나 통제에 대한 저항이 강하며, 이러한 태도는 상담관계 형성을 어렵게 만들 수 있다.

4) 가족 기능의 결함과 애착의 결핍

비행 청소년의 다수는 양육자의 부재, 가정 내 갈등, 학대와 방임 등의 가족 문제를 경험한 바 있다. 이들은 부모로부터 충분한 정서적 지지와 보호를 받지 못한 채 성장하여 안정적 애착 관계 형성에 어려움을 겪는다. 또한 부모의 중독, 이혼, 폭력 등은 아동기부터 생존 중심의 대처 양식을 학습하게 만들며, 이는 청소년기 비행 행동으로 이어질 가능성을 높인다. 상담은 이러한 가족 배경을 자세히 이해하고 접근해야 한다.

5) 왜곡된 또래관계 및 사회화 경험

청소년기는 또래관계가 삶의 중심이 되는 시기로, 비행 청소년은 종종 부정적 또래문화에 깊이 노출된다. 이들은 비행 집단 속에서 소속감과 인정 욕구를 충족하며, 비행을 '정상화'하거나 '정당화'하는 집단 규범을 내면화한다. 동시에, 이러한 또래관계 속에서 괴롭힘, 배척, 위계적 폭력의 피해자가 되기도 하며, 관계의 상처와 갈등이 반복된다. 또래 집단의 영향력은 개인의 가치관과 행동 양식에 큰 영향을 미치므로 상담자는 이를 심층적으로 다루어야 한다.

6) 학교 부적응 및 학업 단절 경험

학교는 비행 청소년에게 스트레스와 좌절의 공간으로 인식되기도 한다. 성적 저하, 교사와의 갈등, 잦은 결석과 지각, 학교폭력 경험 등으로 인해 학교에 대한 부정적 감정을 지니고 있으며, 학업의 의미를 상실한 채 이탈하는 경향이 있다. 학업 실패는 자존감 저하로 이어지고, 이는 다시 비행으로 도피하는 악순환을 만든다. 따라서 상담자는 학습 동기 회복, 교육 환경에 대한 재구조화 등의 접근을 고려할 필요가 있다.

7) 미래에 대한 비관과 무방향성

비행 청소년은 자신의 미래에 대해 비관적인 태도를 지니는 경우가 많으며, 삶에 대한 희망이나 장기적 목표가 부재한 경우가 흔하다. "어차피 나는 안 될 거야"와 같은 패배주의적 사고는 자기효능감 저하와 관련되며, 이는 단기적 자극과 쾌락 추구로 행동이 전락하는 원인이 된다. 상담은 청소년이 현실적인 자기이해를 바탕으로 삶의 방향성과 목표를 설정하도록 돕는 데 초점을 맞추어야 한다.

이와 같이 비행 청소년 내담자는 정서적 취약성과 행동상의 문제, 사회적 관계의 어려움, 환경적 제약이 복합적으로 얽힌 존재이다. 상담자는 이들의 행동 이면에 자리한 심리적 고통과 욕구를 민감하게 이해하고, 전인적인 개입을 통해 회복 가능성을 확장해야 한다.

3 / 비행 상담의 과정

청소년 비행 상담은 문제행동의 교정뿐 아니라, 청소년의 심리·정서적 회복과 사회적 재적응을 목표로 하는 다단계 과정이다. 상담자는 내담자의 발달적 특성과 비행의 맥락을 고려하여, 체계적이고 단계적인 상담 흐름을 계획하고 실행해야 한다. 다음은 일반적으로 적용되는 청소년 비행 상담의 여섯 단계이다.

1) 초기 면접 및 관계 형성 단계 (Rapport Building)

상담 초기에는 청소년 내담자와의 신뢰 관계 형성이 가장 우선시되어야 한다. 비행 청소년은 타인에 대한 불신과 방어가 강하기 때문에, 상담자는 비심판적이고 수용적인 태도로 접근해야 한다. 이 단계에서는 상담의 목적, 범위, 비밀보장 원칙 등을 명확히 설명하고, 상담 참여에 대한 동기와 자발적 동의를 확보한다.

상담자는 이 시기 내담자가 보이는 저항, 침묵, 비협조적 태도를 비행의 연장이 아닌, 관계 형성에 대한 탐색의 방식으로 이해하고, 이를 비판하거나 해석하기보다는 비심판적이며 안정적인 정서적 분위기를 제공해야 한다. 언어적 접근에서도 직접적이고 분석적인 질문(Do'nt)보다는, 감정 탐색 중심의 개방형 질문(Do)을 사용하여 내담자가 자신의 감정을 스스로 느끼고 표현할 수 있는 공간을 마련해 주는 것이 중요하다.

Do	Do'nt
"요즘은 어떤 하루를 보내고 있나요?" "편할 때 이야기해도 좋아요" "이 자리가 불편하지 않나요?" "이야기하고 싶지 않으면 말 안 해도 괜찮아요." "혹시 오늘 여기 오기까지 마음이 어땠나요?"	"왜 이런 행동을 했을까?" "무엇이 문제라고 생각하니?" "또 그런 행동을 반복한 이유가 뭔데?" "너 그렇게 하면 안 되는 거 몰라?" "이게 다 네 탓이라는 거 알고 있니?"

또한, 상담자는 초기 면접 과정에서 상담의 목적, 구조, 진행 방식, 비밀보장의 원칙과 그 예외 사항을 구체적으로 안내해야 하며, 특히 상담 참여가 강제된 환경(예: 학교 징계, 보호관찰, 보호자 동반 등)에서 이루어지는 경우, 상담이 처벌이나 심문이 아닌, 내담자 자신의 이야기를 안전하게 할 수 있는 '자기 공간'임을 반복적으로 상기시켜 줄 필요가 있다. 이러한 설명은 일방적인 정보 전달이 아니라, 내담자가 상담에 대해 느끼는 불안과 기대를 함께 다루는 쌍방향 상호작용의 과정으로 구성되어야 하며, 이를 통해 내담자의 자발성에 기반한 동기 유발이 점차 가능해진다.

실제 현장에서 비행 청소년의 정서적 결핍이나 인정 욕구는 때로 공격성, 무관심, 과장된 자기표현 등으로 드러나기도 한다. 상담자는 이러한 표현 뒤에 숨겨진 심리적 메시지를 민감하게 포착하며, 정서적 지지를 반복적으로 제공함으로써 내담자가 점차 '관계 안에 머물 수 있는 경험'을 하도록 돕는다. 이처럼 초기 면접과 라포 형성은 단순한 서론적 단계가 아니라, 상담 전체의 흐름을 결정짓는 심리적 기반을 다지는 핵심적 실천 과정이다.

2) 사정 및 진단 단계 (Assessment)

이 단계에서는 청소년의 비행 행동의 특성과 원인, 정서 상태, 가정 및 사회적 배경을 여러모로 파악한다. 면담, 행동 관찰, 심리검사(성격, 정서, 충동성 등), 체크리스트 등의 도구를 활용하여 정보를 수집하며, 비행 유형에 따른 위험 수준을 구분(일반군 vs 고위험군)하고 개입의 우선순위를 설정한다. 특히 개인, 가족, 또래, 학교, 지역사회 등 다양한 환경적 요소를 생태학적 관점에서 통합적으로 분석함으로써, 비행의 구조적 원인을 포착할 수 있다. 위기 수준(예: 자해, 폭력, 가출 등)에 따라 즉각적인 개입이 필요한 경우도 이 단계에서 판단된다.

3) 목표 설정 및 상담 계획 수립 단계 (Goal Setting & Planning)

상담의 방향성과 구체적 목표를 설정하는 단계로, 단기·중기·장기 목표를 내담자와 함께 협의하여 정한다. 목표는 추상적이거나 처벌 중심이기보다, 실현할 수 있고 긍정적이어야 한다. 예를 들어 "비행을 없애자."보다는 "자기감정을 조절하고 후회 없는 선택을 할 수 있도록 돕자"는 식의 구성적 목표가 바람직하다. 상담 계획에는 상담 회기의 수, 빈도, 방식(대면/비대면), 주요 개입방법(개인 상담, 집단 상담, 가족 상담, 지역 자원 연계 등)을 포함하며, 내담자의 특성과 상담자의 전문성에 따라 유연하게 조정될 수 있다.

4) 개입 및 변화 촉진 단계 (Intervention)

이 단계에서는 내담자가 실제로 변화된 행동을 선택하고 정서적으로 회복할 수 있도록 다양한 상담 기법을 적용한다. 비행 행동을 억제하는 데 그치지 않고, 내담자가 대안적 사고와 행동을 체득해 갈 수 있도록 돕는 것이 핵심이다. 이를 위해 인지행동치료, 해결중심 상담, 감정조절훈련, 행동치료 등 여러 접근이 통합적으로 활용된다. 이 장에서는 각각의 상담 기법이 실제 현장에서 어떻게 적용되었는지를 구체적인 사례와 함께 살펴본다.

(1) 인지행동치료(Cognitive Behavioral Therapy, CBT)

비행 청소년은 자신과 타인, 세상에 대해 왜곡된 인식을 갖는 경우가 많다. 예컨대, "어차피 난 문제아야.", "아무도 날 이해하지 않아.", "때리지 않으면 내가 무시당해." 등의 자동적 사고는 공격적 행동, 충동적 반응, 반복적 규칙 위반으로 이어진다. 인지행동치료는 이러한 비합리적 사고를 탐색하고 수정하는 치료 접근법으로, 청소년의 자기조절력과 현실검증 능력을 향상하는데 효과적이다.

사　례
중학교 2학년 A 군은 수차례의 무단결석과 교내 폭력 문제로 상담실에 의뢰되었다. 첫 회기에서 A 군은 "선생님도 날 포기했잖아요. 다 필요 없어요."라며 강한 회피와 방어적 태도를 보였다.

상담 기법 및 사용 단계	
관계형성 단계	신뢰 관계 형성에 주력하며, A 군의 자동적 사고를 존중하며 경청하는 태도로 접근하였다.
사정 단계	CBT 기법의 하나인 '생각–감정–행동 연결 다이어그램'을 활용하여, 사건 전후의 생각과 감정을 시각화하고, 부정적 반응이 형성되는 구조를 A 군이 직접 확인하도록 유도하였다. 친구가 지나가며 웃은 상황에서 A 군은 '날 비웃는 거야.'라고 자동으로 해석했고, 곧바로 욕설과 밀침으로 대응했다.
목표설정 단계	A 군이 자신의 자동적 사고를 인식하고, 감정에 휘둘리지 않고 대안 행동을 선택할 수 있도록 돕는 것을 목표로 설정하였다. 감정 조절력 향상과 인지적 유연성 확장을 주요 과제로 삼았다.
개입 단계	이에 대해 상담자는 "그때 다른 해석이 가능했다면 어땠을까?", "그 생각을 믿은 결과는 무엇이었지?"와 같은 소크라테스식 문답법을 통해 인지적 유연성을 확장시켰다. 또한, 매 회기 인지 재구조화 연습지를 통해 비합리적 사고를 논리적으로 검토하고, 보다 균형 잡힌 대안 사고를 생성하도록 훈련하였다. • 자동적 사고: "모두 날 싫어해." • 근거 탐색: "몇몇 친구는 나와 잘 지냈는데?" • 대안 사고: "모두는 아니고, 몇몇은 나를 좋아할 수도 있어." 호흡 조절, 감정 일기 쓰기, 미리 연습하는 대안 행동(예: 말로 표현하기, 자리를 피하기 등) 등을 통합하여 자기 조절력 향상을 도왔다. 8회기 이후 A 군은 "예전엔 화가 나면 바로 행동했는데, 지금은 먼저 내가 왜 그런지 생각해요."라며 자기인식의 변화를 표현하였다.
종결 및 평가 단계	A 군은 이후 감정이 올라올 때 자동으로 반응하기보다, 자신의 감정을 인식하고 조절하는 데 집중하려는 노력을 보였다. 상담자는 A 군의 변화를 긍정적으로 피드백하며 종결 회기를 마무리하였다.

CBT는 비행 청소년의 내면화된 자기개념을 긍정적으로 재구성하고, 감정·행동의 자기통제 능력을 향상해 지속적인 행동 변화의 가능성을 높이는 치료적 접근이다.

(2) 해결중심 상담(Solution-Focused Brief Therapy, SFBT)

해결중심 접근은 비행 청소년에게 모자란 성취 경험과 자기 존중감을 회복하는 데 효과적인 상담 기법이다. 이 접근은 문제의 원인을 분석하기보다, 내담자의 강점과 가능성, 예외적 순간에 주목하며, 작은 변화의 가능성을 현실화하는 데 초점을 둔다.

해결중심 접근은 청소년 내담자의 강점을 재발견하고, 작은 변화에서 의미를 찾으며, 스스로 해낼 수 있다는 믿음을 회복하게 하는 데 탁월한 효과를 보인다. 비행 청소년의 자발성, 실천 동기, 자기 존중감 향상을 촉진하는 실천적 접근으로 활용될 수 있다.

사 례
고등학교 1학년 B 양은 교내에서 친구들과 자주 충돌하고, 수업에 무단으로 빠지는 일이 반복되어 상담에 의뢰되었다. 상담 초기 B 양은 "내가 잘하는 건 없어. 해봤자 다 소용없어."라며 낮은 자기효능감과 무기력감을 드러냈다.

상담 기법 및 사용 단계	
관계형성 단계	내담자의 감정과 경험을 판단하지 않고 공감적으로 수용하며, "지금까지 잘 버텨온 것도 대단한 힘이에요."와 같은 지지의 언어를 사용하여 신뢰 형성에 주력하였다.
사정 단계	예외 질문을 통해 과거에 문제가 덜했던 시기를 탐색하고, 그 당시의 긍정적 경험을 회상하도록 유도하였다. "그때는 무엇이 달랐을까?", "그 시절엔 어떤 모습이었나요?"와 같은 질문을 활용해 희망의 단서를 발견하도록 도왔다.
목표설정 단계	내담자가 긍정적으로 경험했던 미술 활동을 상담 목표와 연결지어, 자존감 회복과 감정 표현 향상을 위한 작은 실천 목표(예: 그림으로 감정 표현하기)를 함께 설정하였다. 목표는 구체적이고 실현할 수 있는 수준에서 출발하였다.
개입 단계	"하루만이라도 미술 수업에 집중해 보기", "감정이 올라올 때 그림으로 표현해 보기" 등 구체적인 과제를 통해 성공 경험을 축적하도록 돕고, 매 회기 강화 피드백(예: "그건 네가 노력했기 때문에 가능했던 거야")을 제공하였다. 또한 기적 질문을 활용하여 미래에 대한 구체적 이미지와 실천 의지를 스스로 발견하도록 유도하였다.
종결 및 평가 단계	B양은 "그림 그리고 나면 기분이 좀 풀리는 것 같아요."라고 말하며, 감정 표현과 자기조절 능력에 긍정적 변화를 보였다. 이후 수업 참여도와 또래 관계에서도 점차 개선이 관찰되었으며, 상담자는 이러한 변화를 구체적으로 피드백하며 B양의 자발성과 강점에 주목하였다. 마지막 회기에서는 "앞으로도 이런 식으로 해나갈 수 있겠어요?"와 같은 질문을 통해 실천 지속 의지를 확인하며 상담을 마무리하였다.

(3) 감정 표현 및 조절 훈련

비행 청소년은 자신의 감정을 인식하거나 적절히 표현하는 능력이 부족한 경우가 많으며, 이는 종종 분노, 좌절, 불안 등의 감정을 공격적 행동이나 회피로 표현하는 방식으로 나타난다. 상담자는 이들의 정서적 민감성과 충동성을 고려하여 감정 인식과 조절 능력을 통합적으로 훈련할 필요가 있다.

사 례
중학교 3학년 C 군은 사소한 자극에도 쉽게 분노를 폭발시키며, 친구를 밀치거나 욕설을 내뱉는 행동을 반복하였다. 초기 면담에서 "그냥 욱해서요. 화나면 말이 안 통해요."라고 말하며 자신의 감정을 인식하거나 설명하는 데 어려움을 보였다.

상담 기법 및 사용 단계	
1단계: 감정명명 훈련	감정카드를 활용해 다양한 감정을 시각적으로 제시하고, "이 중 지금 가장 가까운 감정은 무엇일까?", "그 감정은 몸 어디에서 느껴져?"와 같은 질문을 통해 감정 어휘를 확장한다. 초기에는 '짜증', '화남'만 반복했지만, 점차 '무시당함', '억울함', '당황' 등의 정교한 감정 언어를 사용하게 되었다.
2단계: 감정일기 작성	하루 중 가장 강하게 느낀 감정, 그 상황, 당시 반응을 간단히 기록하도록 하여 자신이 느낀 감정과 행동 사이의 연결 고리를 자각하게 한다. C 군은 "그땐 왜 그랬는지 조금씩 알 것 같아요."라고 말하기 시작한다.
3단계: 신체기반 조절 훈련	복식호흡, 손 쥐었다가 펴기, 근육 이완 훈련 등을 통해 생리적 각성 상태를 낮추는 연습을 반복한다. 특히 C군은 "숨을 길게 내쉬면 좀 가라앉는 느낌이 있어요."라고 말하며 실제 생활 속에서도 조절 기법을 적용하기 시작한다.
4단계: 역할극을 통한 대처전략 훈련	친구가 놀리는 상황 등 갈등 장면을 재현하고, ① 무반응, ② 말로 감정 표현하기, ③ 자리 피하기 등의 다양한 대응을 실습한다. 시연 후 피드백을 제공하며 감정 표현의 방식에 대해 함께 성찰한다. C 군은 "그냥 욕하는 것보다 말로 푸는 게 덜 피곤하네요."라며 긍정적으로 평가한다
종결 및 변화 확인	C 군은 자신의 감정을 언어로 표현하는 데 익숙해지고, 행동으로 반응하기 전 잠시 멈추는 연습을 실생활에 적용한다. "이젠 화났을 때 한 번 참고 생각해 보려고 해요."라고 말하며 자기조절 능력의 향상과 인식의 전환이 관찰되었다. 상담자는 이러한 변화의 과정 자체를 강화하며 상담을 마무리한다.

감정 표현 및 조절 훈련은 감정을 언어화하고, 생리적 반응을 조절하며, 적절한 행동으로 전환하는 능력을 종합적으로 개발하는 과정이다. 특히 비행 청소년에게는 감정이 행동이 되기 전의 '느낌'을 인식하고 조절하는 힘을 길러주는 것이 중요하며, 이는 결국 공감 능력과 사회적 문제 해결력 향상으로 이어진다.

(4) 행동치료 기법

비행 청소년의 경우, 상담자는 구체적이고 관찰할 수 있는 행동 변화를 유도하기 위해 행동주의 기반의 실천 전략을 활용할 수 있다. 이러한 기법은 행동 자체에 초점을 맞추며, 반복할 수 있는 행동의 변화를 통해 자아 개념과 사회적 기능을 동시에 개선하는 데 효과적이다.

<table>
<tr><td colspan="2" align="center">사　례</td></tr>
<tr><td colspan="2">중학교 2학년 D 군은 수업 중 산만한 행동과 친구 괴롭힘 문제로 상담에 의뢰되었다. D 군은 "그냥 재미없으니까 장난치는 거예요."라고 말하며 자신의 문제 행동에 대한 인식이 낮은 상태이다.</td></tr>
<tr><td colspan="2" align="center">상담 기법 및 사용 단계</td></tr>
<tr><td>1단계</td><td>모델링(modeling) 기법을 활용하여, 상담자가 직접 적절한 감정 표현, 갈등 해결 대화법 등을 시연한다. 친구가 놀렸을 때 "그 말에 기분이 상했어. 그런 말은 안 했으면 좋겠어."라고 말하는 장면을 보여주고, D군이 이를 따라 해보게 한다. 이를 통해 사회적 기술 학습의 기초를 마련한다.</td></tr>
<tr><td>2단계</td><td>역할극(role play)을 통해 학교에서 실제로 겪었던 갈등 상황을 재현하고, 그에 대한 다양한 대처 방안을 실습하게 한다. 상담자는 역할극 후 피드백을 제공하고, 효과적인 반응을 강화하며 D군의 자신감을 높인다.</td></tr>
<tr><td>3단계</td><td>행동계약서(behavior contract)를 도입한다.
• 목표: 수업 중 친구 방해 행동을 하루 3회 이하로 줄이기
• 방법: 매 교시 체크리스트 작성
• 보상: 1주일 동안 목표 달성 시 좋아하는 활동(농구시간 10분 연장) 제공
D군은 자신의 행동 변화에 대한 책임감을 느끼기 시작하고, "내가 할 수 있을지도 모르겠어요."라는 태도로 목표 설정에 참여적 자세를 보인다.</td></tr>
<tr><td>4단계</td><td>자기관리훈련(self-monitoring)을 통해 D 군이 스스로 자신의 행동을 체크하고 기록하도록 한다. 매 수업 후 간단한 자가 평가지를 작성하게 하고, 이는 주간 상담 시간에 함께 검토하며 변화 추이를 공유한다. 이 과정은 행동에 대한 자각과 조절력을 강화하는 데 효과적이다.</td></tr>
<tr><td>5단계</td><td>토큰경제(token economy) 시스템을 도입해 긍정적 행동(예: 인사하기, 수업 집중, 감정 말로 표현하기 등)을 수행할 때마다 스티커를 지급하고, 이를 모으면 선호 활동이나 간식 교환이 가능하도록 구성한다. D군은 "이거 게임 같아요. 더 많이 모아보고 싶어요."라며 강화 체계를 긍정적으로 수용한다.</td></tr>
</table>

행동치료 기법은 비행 청소년의 구체적 행동을 명확히 정의하고, 긍정적 변화에 대한 즉각적 보상을 통해 동기를 유지하게 하는 데 효과적이다. 특히 모델링, 역할극, 행동계약, 자기관리, 토큰경제 등의 전략은 내담자가 스스로 변화를 자각하고 지속하도록 돕는 구조화된 접근으로서, 상담 현장에서 실질적인 행동 변화를 끌어내는 데 유용하다.

(5) 가족 및 학교와의 개입 병행

비행 청소년의 변화는 단순히 개인 내적 역량을 강화하는 것만으로는 한계가 있다. 지속 가능한 변화를 위해서는 가족 및 학교와 같은 환경 차원의 개입이 반드시 병행되어야 하며, 이 과정은 청소년의 정서적 안정과 행동 유지의 기반이 된다.

<table>
<tr><td colspan="2" align="center">사 례</td></tr>
<tr><td colspan="2">중학교 1학년 E 군은 무단결석, 또래 간 잦은 싸움, 가정 내 반항적 태도 등으로 상담에 의뢰되었으며, 초기 면담에서 가족에 대한 분노와 소외감을 표현하였다.</td></tr>
<tr><td colspan="2" align="center">상담 기법 및 사용 단계</td></tr>
<tr><td>1단계:
가족 상담 병행</td><td>아버지의 부재와 어머니의 권위적 훈육으로 인한 갈등을 완화하기 위해 가족 상담을 병행한다. 감정코칭과 '나 전달법'을 통해 상호작용 방식을 재조정하고, E 군은 "화를 내지 않아도 말이 통할 수 있다."라는 새로운 경험을 한다.</td></tr>
<tr><td>2단계:
부모교육 실시</td><td>보호자에게 일관된 양육 태도, 감정 조절, 자녀와의 건강한 경계 설정에 대해 교육하고, 어머니는 자신의 명령조 말투를 인식하며 설명 중심의 대화 방식으로 점차 변화하기 시작한다.</td></tr>
<tr><td>3단계:
학교 협력체계 구축</td><td>담임교사 및 생활지도부와 협의하여, E 군의 긍정적 행동에 대한 즉각적인 피드백 체계를 마련한다. "수업 집중도가 높아졌어요."라는 교사의 피드백을 상담 장면에서 반영하며 자기효능감과 소속감을 높인다.</td></tr>
<tr><td>4단계:
학교-가정연계 모니터링</td><td>학교-가정 간 주간 체크리스트를 통해 행동 변화와 정서 상태를 일관되게 감시하며, E군의 변화 유지와 환경적 지지를 동시에 강화하는 역할을 한다.</td></tr>
</table>

가족 상담, 부모교육, 교사 협력, 환경 피드백 시스템은 청소년의 행동 변화가 상담실을 넘어 일상적 환경에서도 유지되고 강화되도록 돕는 핵심 개입이다. 특히, 가족 내 정서적 유대와 구조적 안정성 회복, 학교 내 인정 경험 확대는 청소년의 자기조절력, 소속감, 긍정적 정체감 형성에 큰 영향을 미친다.

5) 재발 방지 및 자립 강화 단계 (Relapse Prevention)

상담 후반부에는 청소년이 비행 행동으로부터 멀어지고 자립적인 행동 선택 능력을 유지하도록 돕는다. 구체적으로는 스트레스 상황에서의 대응 전략, 위기 시 대처 행동 시나리오, 충동 조절을 위한 사전 인식 훈련 등이 포함된다. 회기마다 "내가 오늘 배운 것"을 점검하고 정리함으로써 상담 내용을 내면화하도록 유도하며, 비행 행동을 대체할 수 있는 건강한 활동(예: 진로 탐색, 자원봉사, 취미 활동 등)으로의 연결이 중요하다. 필요한 경우 지역 청소년 상담복지센터, 멘토링 프로그램 등 지역 자원을 연계하여 지속 가능한 자립 환경을 마련해야 한다.

6) 종결 및 추수지도 단계 (Termination & Follow-up)

상담의 종결은 단순한 종료가 아니라, 상담을 통해 형성된 긍정적 변화를 내담자가 자신의 삶에 적용하고 유지할 수 있도록 돕는 마무리 단계이다. 이 과정에서는 상담 전후의 변화를 점검하고, 내담자가 자신의 성장을 인식하며 이를 긍정적으로 해석하도록 피드백을 제공한다. 종결 시에는 "앞으로 어려움이 올 때 나는 어떻게 대처할 수 있을까?"라는 질문을 중심으로 자기관리 계획을 수립한다. 이후 필요시 전화, 온라인, 방문 등의 방식으로 추후 지원을 제공하거나, 보다 지속적인 개입이 필요한 경우 외부 기관(정신건강센터, 복지기관 등)으로 연계할 수 있다.

청소년 비행 상담은 라포형성에서부터 종결 및 추수 지도에 이르기까지, 단계적으로 설계된 상담 과정을 통해 청소년이 자기 이해와 행동 변화를 경험하고, 사회적 복귀 및 자립을 도모하도록 돕는다. 각 단계는 상호 연결되어 있으며, 상담자는 내담자의 변화 속도와 욕구에 따라 상담 계획을 유연하게 조정할 수 있어야 한다. 이를 통해 청소년은 단순히 '비행을 멈추는 것'을 넘어, '자기 삶의 주체로서 기능하는 것'을 목표로 성장해 나갈 수 있다.

청소년 비행 상담은 단순한 문제행동의 교정이 아닌, 내담자의 전인적 회복과 성장 가능성을 회복시키는 과정이다. 특히 비행 청소년은 반복된 관계의 실패와 심리적 상처를 경험한 경우가 많으므로, 상담자는 전문적 기술 못지않게 태도적 민감성과 윤리적 자기성찰을 요구받는다. 다음은 청소년 비행 상담을 진행할 때 유념해야 할 핵심적인 주의사항들이다.

1) 낙인과 편견 없이 청소년을 바라보는 태도

비행 청소년은 종종 '문제아', '비행소년', '망가진 아이' 등 부정적 사회적 낙인(social stigma)의 대상이 되며, 이는 그들의 자아개념을 고착화하고 변화 가능성을 저해한다. 상담자는 이러한 사회적 낙인에 가담하지 않도록 특히 유의해야 하며, 청소년을 단지 비행의 주체로서가 아니라, 상처받았지만, 회복할 수 있는 존재로 존중하는 태도를 견지해야 한다. 이는 상담 초기부터 형성되는 관계의 질과 신뢰 수준에 결정적 영향을 미친다.

2) 신뢰 관계 형성에 필요한 시간과 인내

비행 청소년은 성인, 제도, 권위자에 대한 불신이 강하고, 상담자에 대해서도 경계심과 '시험 행동(testing behavior)'을 보일 수 있다. 따라서 상담자는 일관된 태도, 예측할 수 있는 반응, 무조건적 존중(unconditional respect)을 통해 신뢰 형성에 집중해야 한다. 상담 관계는 곧 치료적 공간의 기초가 되므로, 단기간에 성과를 기대하기보다 장기적인 관점에서 관계를 공들여 구축해야 한다. 특히, 관계 형성을 위한 초기 회기에서는 목표 지향적 개입보다는 정서적 안정감 제공이 우선되어야 한다.

3) 행동 이면의 감정과 욕구에 주목하기

청소년의 비행 행동은 단지 규범 위반의 결과가 아니라, 심리적 고통과 욕구의 표현일 수 있다. 반항, 침묵, 냉소와 같은 외현적 태도 이면에는 두려움, 분노, 상실감, 외로움, 정서적 결핍 등이 자리하고 있는 경우가 많다. 상담자는 이러한 행동을 억제하거나 제지하려는 반응보다, "이 행동이 무엇을 말하고자 하는가?"를 이해하려는 태도로 접근해야 한다. 이는 문제 중심이 아닌 의미 중심 상담의 출발점이 되며, 내담자의 자기 이해와 정서적 통합을 촉진한다.

4) 지시와 훈계보다 공감과 수용의 태도

상담자가 훈육하는 태도로 접근하거나 충고와 훈계를 중심으로 개입할 경우, 내담자는 방어적 반응을 보이며 상담관계 형성에 어려움을 겪을 수 있다. 청소년은 훈계를 통한 위계적 관계보다는 진정한 이해와 수용을 통해 변화에 대한 동기를 갖게 된다. 따라서 상담자는 문제행동을 '수정해야 할 대상'으로 보기보다, 그 자체를 공감의 실마리로 삼아 내담자와 함께 문제의 의미를 탐색하고 감정을 안전하게 표현할 수 있도록 도와야 한다.

5) 가족 및 환경적 요인을 함께 고려한 개입

비행 행동은 개인 내적 요인뿐 아니라 가족, 학교, 또래, 지역사회 등 다양한 환경 요인의 영향을 반영한 결과이다. 따라서 상담자는 내담자 개인만을 변화의 대상으로 삼는 것이 아니라, 그를 둘러싼 환경 체계를 함께 조망해야 한다. 특히 부모의 양육 태도, 가족 간 소통 양식, 또래문화, 지역사회의 사회적 자본 등은 상담 개입의 중요한 변수로 작용한다. 필요 시 가족 상담, 학교 교사 협의, 지역사회 자원 연계 등을 통한 통합 개입이 병행되어야 한다.

이처럼 청소년 비행 상담은 단지 기술적 개입에 머무르지 않고, 내담자를 있는 그대로 존중하고 그 변화 가능성을 신뢰하는 태도적 접근이 필요하다. 상담자는 감정 이면의 메시지를 민감하게 수용하고, 상담관계를 회복적 공간으로 전환함으로써, 청소년이 자신을 이해하고 미래에 대한 주체성을 회복해 나갈 수 있도록 조력해야 한다. 이는 궁극적으로 청소년의 심리적 회복력과 사회적 기능 회복에 실질적인 기여를 가능케 한다.

5 / 비행 청소년 상담 시 상담자의 역할

청소년 비행 상담에서 상담자의 역할은 단순한 정보 제공자나 문제 해결자를 넘어, 내담자의 심리적 회복과 사회적 적응을 돕는 '전인적 성장의 동반자'로 확장된다. 특히 비행 청소년은 관계에 대한 불신과 자기 가치의 손상을 경험한 경우가 많으므로, 상담자는 치료적 관계 형성을 통해 치유의 기반을 마련하고, 변화의 촉진자로 기능해야 한다. 다음은 청소년 비행 상담 장면에서 상담자가 수행해야 할 주요 역할이다.

1) 신뢰 관계 형성자(Rapport Builder)

상담자는 내담자에게 정서적 안정감과 예측 가능성을 제공하는 '심리적 안전기지'로 기능해야 한다. 비행 청소년은 권위자와 제도에 대한 불신이 강하고 관계 경험에서 상처를 받아왔기 때문에, 상담 초기부터 일관된 태도와 무조건적인 존중을 통해 신뢰를 쌓는 것이 필수적이다. 상담자의 따뜻하고 진실한 관계적 태도는 내담자가 방어를 내려놓고 상담 과정에 자발적으로 참여할 수 있게 만드는 기반이 된다.

2) 정서적 지지자(Emotional Supporter)

청소년은 종종 분노, 슬픔, 외로움, 수치심 등 복합적인 감정을 억누르고 왜곡하여 표현하는 경향이 있다. 상담자는 이러한 감정을 판단하거나 제지하지 않고 공감적으로 수용하며, 감정이 안전하게 표현되고 해소될 수 있도록 정서적 지지 환경을 제공해야 한다. 이는 내담자의 자기감정에 대한 인식과 수용을 촉진하고, 정서 조절력 향상의 출발점이 된다.

3) 행동·감정 해석자(Meaning Interpreter)

비행 청소년의 말과 행동은 종종 그 이면의 심리적 메시지를 숨기고 있으며, 상담자는 이를 민감하게 포착하고 해석할 수 있어야 한다. 예컨대 침묵은 분노나 불안을 감춘 방어일 수 있고, 공격성은 인정 욕구의 왜곡된 표현일 수 있다. 상담자는 행동 이면의 감정과 욕구를 파악하여 언어화하고, 내담자가 자신의 경험을 새로운 시각에서 해석할 수 있도록 도와야 한다.

4) 자기통찰 촉진자(Self-Awareness Facilitator)

상담 과정은 청소년이 자신의 비행이 단순한 사건이 아니라, 자아정체성과 삶의 방향에 어떤 영향을 미치는지를 성찰할 수 있도록 돕는 과정이어야 한다. 상담자는 청소년이 자신의 행동을 객관적으로 바라보고, 그로 인해 초래되는 결과 및 감정 반응을 이해하도록 유도함으로써 자기통찰의 계기를 마련한다. 이는 비행 행동의 자동적 반복을 멈추고, 자율적 선택을 가능케 하는 심리적 전환점이 된다.

5) 변화 촉진자(Change Facilitator)

청소년이 자신의 가치를 재정립하고 삶의 목표를 설정할 수 있도록 돕는 것은 상담자의 핵심 역할 중 하나이다. 상담자는 청소년이 '선택의 주체'로서 자기 행동을 인식하고, 긍정적인 변화 가능성을 믿도록 지지한다. 이를 위해 작은 성공 경험을 강화하고, 실천할 수 있는 행동 목표를 설정하며, 점진적 변화를 축적하도록 돕는 전략을 사용한다. 변화는 청소년 자신의 선택과 행동을 통해 이루어져야 하며, 상담자는 이를 촉진하는 촉매자 역할을 수행한다.

6) 조정자 및 옹호자(Bridge & Advocate)

청소년을 둘러싼 환경은 그들의 행동에 중대한 영향을 미친다. 따라서 상담자는 가족, 학교, 지역사회 등 다양한 환경체계와의 연결고리 역할을 수행해야 한다. 부모와의 관계 회복, 학교와의 소통, 지역 청소년센터와의 연계 등을 통해 내담자가 더 안전하고 지지적인 환경에서 성장할 수 있도록 조정자 역할을 한다. 또한, 청소년의 권리와 필요가 무시되지 않도록 옹호자(advocate)의 역할도 함께 수행해야 한다.

7) 모델링 역할(Model of Healthy Relationship)

비행 청소년은 대개 건강한 정서 표현이나 갈등 해결 방식을 충분히 학습하지 못한 상태이다. 상담자는 상담 장면 자체가 하나의 '관계 훈련의 장'이 될 수 있도록, 신뢰 관계 형성, 정서 표현, 갈등 조율, 경계 설정 등에서 긍정적인 모델이 되어야 한다. 청소년은 상담자를 통해 타인과의 관계에서 어떤 방식이 효과적이며 안전한지를 체험적으로 학습하게 된다.

이처럼 청소년 비행 상담에서 상담자의 역할은 다차원적이며 역동적이다. 상담자는 내담자에게 '문제 해결자'가 아니라 '변화의 동반자'로 기능하며, 관계적 신뢰, 정서적 지지, 인지적 통찰, 행동 변화, 사회적 연결을 촉진하는 다양한 기능을 통합적으로 수행해야 한다. 궁극적으로 상담자의 이러한 역할 수행은 청소년이 자율성과 책임감을 회복하고, 자신의 삶을 주도적으로 살아갈 수 있도록 돕는 데 핵심적 이바지를 하게 된다.

6 / 비행 청소년 상담 시 윤리적 고려 사항

청소년 비행 상담은 발달적으로 민감한 시기의 내담자를 대상으로 하며, 동시에 법적, 제도적 맥락과도 밀접하게 연결된 전문적 개입 과정이다. 이에 따라 상담자는 단순히 기술적 개입자가 아니라, 내담자의 권리와 존엄을 옹호하고 보호하는 윤리적 주체의 책임을 지닌다. 특히 비행 청소년은 강제 상담, 낙인, 법적 절차 등의 다양한 위험에 노출되어 있으므로, 상담자는 상담 전 과정에서 다음과 같은 윤리적 원칙을 엄격히 준수해야 한다.

1) 비밀보장 원칙과 그 예외 사항에 대한 명확한 고지

비밀보장은 청소년 상담에서 신뢰 형성의 핵심 윤리 원칙이다. 청소년은 정서적 불안정성과 불신으로 정보 개방에 어려움을 겪기에, 상담 초기부터 비밀보장의 범위와 예외를 명확히 설명해야 한다. 상담자는 자기·타해 위험, 아동학대 등 법적 의무 상황에서는 예외적으로 정보를 외부에 공유할 수 있음을 분명히 알려야 하며, 내담자의 자기 결정권과 보호자의 알 권리 사이에서 균형 있게 접근해야 한다. 비밀보장을 소홀히 하면 상담 관계가 단절되거나 왜곡될 수 있으므로, 상담자는 이를 윤리적·실천적으로 정확히 인식하고 적용해야 한다.

- **자해 위험**: "그냥 다 끝났으면 좋겠어요.", "손목을 긋고 나면 마음이 가라 앉아요." 등은 자해·자살의 신호일 수 있으며, 애매한 표현일지라도 정서 맥락을 고려한 신속한 위험 사정이 필요함. 이 경우, 비밀보장의 예외임을 설명하고, 보호자 통보 및 전문기관 연계 절차를 내담자에게 공감적으로 안내하며 진행해야 함
- **타해 위험**: "저 친구 죽여버리고 싶어요. 학교에 칼을 들고 갈지 생각 중이에요."라고 말할 때, 실제 위해 가능성이 있다면, 학교나 보호자, 경찰 등 관계 기관과 협력해 위험을 예방해야 함

• **아동학대:** "집에서 아빠가 술 마시면 나를 때려요. 멍도 자주 들어요."라고 말할 때, 〈아동복지법〉에 따라 아동학대가 의심되면 신고 의무가 있으며, 학대 사실을 보호자에게 알리는 것보다 먼저 아동보호전문기관이나 112에 신고해야 함

2) 내담자의 인권과 존엄성에 대한 절대적 존중

비행 청소년이라 하더라도, 상담 장면에서는 인간으로서의 존엄과 권리를 온전히 보장받아야 한다. 상담자는 내담자를 '문제행동의 주체'가 아닌 '회복과 성장 가능성을 지닌 존재'로 인식해야 하며, 언어적 비하, 지시적 태도, 비위협적 언어 사용에 특히 유의해야 한다. 또한, 상담자의 도덕적 기준이나 생활 방식, 정서적 반응을 근거로 내담자를 판단하거나 삶의 방향을 강요하는 행위는 철저히 배제되어야 한다.

3) 상담 동의(Informed Consent)와 자발성의 확보

비행 청소년의 상당수는 소년보호기관, 학교, 법원 등 외부 기관의 의뢰나 처분에 의해 상담에 참여하게 된다. 이처럼 비자발적 상담 상황에서는 상담 시작 전 내담자에게 상담의 목적, 과정, 시간, 활용될 자료의 범위 등에 대해 충분히 설명하고 동의를 받아야 한다. 특히 미성년자면 법적 보호자의 동의도 병행하여 확보해야 한다. 그러나 상담자는 형식적 동의에 만족하지 않고, 내담자의 실질적 참여 동기와 자발성을 존중하고 지속적으로 점검해야 하며, 강제적 상담은 효과가 낮고 윤리적으로도 위험함을 인식해야 한다.

4) 상담자의 가치중립성과 자기점검의 의무

상담자는 종교, 정치, 성 정체성, 가족관계 등 사적인 가치관을 내담자에게 투영하지 않도록 유의해야 하며, 자신의 사고방식이나 삶의 철학을 내담자에게 '정답'처럼 제시하는 행위는 윤리적 침해에 해당한다. 또한 상담자는 내담자와의 상호작용에서 유발될 수 있는 역전이 가능성을 인식하고, 필요시 슈퍼비전이나 전문가 협의를 통해 자기 점검을

지속해야 한다. 자기 점검은 상담자의 전문성 유지와 윤리적 태도 정립에 필수적이다.

5) 법적 절차와의 조율 및 내담자 권리 보호

비행 청소년은 종종 보호처분, 경찰 조사, 재판 등 다양한 법적 절차와 병행되는 상황에 놓여 있다. 상담자는 사법 기관과 협력해야 하는 동시에, 내담자의 권리와 상담 관계의 신뢰를 훼손하지 않도록 균형 있게 조율해야 한다. 법적 진술 요청 시에는 사전에 내담자에게 관련 내용을 고지하고, 상담 기록은 최대한 객관적이고 중립적으로 작성되어야 한다. 내담자가 상담자의 발언으로 인해 불이익을 받지 않도록 각별한 주의가 요구된다.

6) 강제 상담 상황에서의 윤리적 배려

소년원, 보호관찰, 학교 징계 등에서 상담이 의무화된 맥락에서는, 청소년의 저항, 냉소, 침묵 등의 반응이 나타날 수 있다. 상담자는 이 같은 반응을 문제시하거나 해석하기보다는, 내담자의 선택권과 자율성을 최대한 보장하려는 노력을 기울여야 한다. 상담의 목적과 목표 설정 과정에서도 청소년의 의견을 반영하고 조율함으로써, 강제 상담 상황에서도 심리적 주체성을 회복할 수 있도록 돕는 것이 윤리적으로 타당한 접근이다.

7) 전문성 유지와 자기훈련의 지속

상담자는 자신의 역량 한계를 명확히 인식하고, 자신이 다룰 수 없는 문제나 특수 영역(예: 정신질환, 약물중독, 성폭력 등)에 대해서는 적절한 시점에 전문 기관으로의 의뢰를 실행해야 한다. 아울러, 상담자는 윤리적 실천을 위해 정기적인 교육 참여, 자격 갱신, 최신 이론 및 기법 학습, 동료 슈퍼비전 등을 통해 전문성을 지속적으로 유지하고 강화해야 한다. 이는 단지 개인 역량의 문제가 아니라, 청소년의 삶에 영향을 미치는 상담자의 윤리적 책임이다.

이처럼 청소년 비행 상담에서 윤리적 고려는 단순한 준칙을 넘어, 내담자의 회복과 성장을 진정으로 가능케 하는 상담자의 기본 태도이자 실천 원리이다. 상담자는 자신이 행사하는 권력과 영향력을 인식하고, 모든 상담 과정에서 내담자의 권리, 자율성, 인간적 존엄을 최우선 가치로 삼아야 한다. 윤리적 상담은 단지 '문제를 덜어주는 일'이 아니라, 내담자가 다시 '존중받을 수 있는 존재'임을 확인받는 경험이어야 한다.

성 상담

7장 청소년 성 발달의 이해

1 / 청소년기 성 발달

1) 청소년기 성 발달의 특성

청소년기는 아동기에서 성인기로 이행하는 중요한 시기로, 신체적 변화뿐만 아니라 정서적·사회적·인지적 측면에서도 급격한 성장이 나타난다. 이 시기의 성 발달은 생물학적인 변화에 그치지 않고, 성 정체성의 형성, 타인과의 친밀감 경험, 성에 대한 가치관 형성 등 전인적인 발달과 깊은 관련이 있다. 따라서 청소년의 성 발달 특성을 올바르게 이해하는 것은 건강한 성 인식과 행동을 돕는 데 중요한 밑바탕이 된다.

- 신체적 성숙의 시작과 급격한 변화: 청소년기는 성호르몬의 분비 증가로 인한 급격한 신체 변화로 이차 성징이 나타나면서 생물학적으로 생식 기능이 성숙해지며, 성적인 관심이나 자극에 대한 반응이 점차 증가함
- 성 정체성과 감정의 혼란: '나는 누구인가'에 대한 고민을 본격적으로 시작. 성 정체성과 성적 지향에 대한 자각과 탐색이 활발히 이루어지는 시기. 이 과정에서 청소년은 종종 혼란, 수치심, 불안, 혹은 죄책감 같은 복합적인 감정 경험함
- 또래 관계와 사회적 성역할의 영향: 청소년기는 친구나 또래 집단과의 관계가 중요한 시기로, 또래와의 상호작용은 성에 대한 태도와 행동에 많은 영향을 줌. 또한 사회와 미디어를 통해 남성성과 여성성에 대한 고정된 성역할을 내면화하게 되면서, 이런 사

회적 기대는 개인의 자아정체성과 갈등을 일으키기도 함

　• 도덕성과 책임 있는 성 가치관 형성: 성에 대한 가치관과 윤리의식을 형성하는 시기로 성에 대한 올바른 이해와 책임 있는 태도를 갖추기 위해서는 동의의 중요성, 피임과 성병 예방, 원치 않는 임신에 대한 책임감 등을 배우는 것이 요구됨. 미디어나 주변 소문 등의 왜곡된 성 정보를 비판적으로 수용하고 자기 판단 능력을 키우는 것이 중요함

　• 성에 대한 건강한 정보 욕구와 교육의 필요: 자기 신체 변화나 성적 감정에 대해 궁금증이 커지는 시기인 만큼, 청소년은 정확하고 신뢰할 수 있는 성 지식이 있어야 함. 인터넷이나 친구를 통해 정보를 얻는 경우가 많고, 이는 잘못된 정보에 노출될 위험도가 높으므로 청소년의 발달 단계에 맞는 성교육이 필요함

2) 청소년의 성 관련 생물학적 이해

청소년기는 성호르몬의 전구물질인 DHEA(dehydroepiandrosterone)로 알려진 안드로겐이 분비되는 사춘기 시작으로 성호르몬 분비의 급증과 함께 생식 기능이 본격적으로 성숙하는 시기이다.(하혜숙, 정환욱, 2025) 이 과정에서 이차 성징이 나타나고, 신체가 급속히 성장하며 생리적 변화가 두드러진다. 동시에 성에 대한 관심이 커지고 성 정체성을 탐색하는 등 정서적·심리적 변화도 활발히 일어난다. 이러한 생물학적 변화는 청소년의 자아 형성과 성적 행동에 깊은 영향을 미친다.

(1) 성호르몬의 변화

신경학적 관점으로 청소년기의 성 발달은 시상하부–뇌하수체–생식샘 축(H-P-G axis)의 활성화로 시작된다. 시상하부는 생식샘자극호르몬 방출호르몬(GnRH)을 분비하고, 이는 뇌하수체를 자극하여 황체형성호르몬(LH)과 난포자극호르몬(FSH)을 분비하게 한다. 이 호르몬들은 다시 고환(남성)과 난소(여성)를 자극하여 각각 테스토스테론(testosterone)과 에스트로겐(estrogen)을 분비하게 만든다. 이 성호르몬이 신체의 성적 특징과 생식기 발달을 유도하여 이차 성징이 나타난다.

(2) 신체적 성장

성호르몬의 분비 증가는 다양한 신체 변화와 생리적 성숙이 이루어져 생식 기능이 가능해지는 것이 핵심 특징이다. 이차 성징을 나타내는 신체적 변화로 여성은 가슴 발달, 초경 시작, 자궁과 질의 성장, 난소 기능 활성화, 배란 주기의 시작이다. 남성은 고환과 음경 성장, 정액 배출 가능, 변성(목소리 변화), 근육 증가이다. 공통으로 키가 급속히 자라고(성장 스퍼트), 체모(음모·액모) 및 여드름 등이 생긴다.

(3) 정서적·심리적 변화

자아정체감과 성 정체성에 대한 고민이 심화되며, 자신의 정체성을 탐색하고 성에 대해 민감하게 반응하는 경향이 강해진다. 성호르몬의 영향으로 감정의 기복이 심해지고, 이성에 대한 관심과 성적 감정이 복합적으로 나타난다. 또한, 독립성과 자율성에 대한 욕구가 커지면서 성적 판단과 행동에서도 스스로 결정하고자 하는 심리가 강화된다. 이러한 변화는 성에 대한 탐색과 더불어 혼란, 불안, 호기심 등의 다양한 정서적 반응을 동반한다.

2 / 청소년 성 의식과 성행동 특성

청소년기는 성에 대한 관심과 탐색이 활발해지는 시기로, 성 지식과 태도가 형성되고 성적 행동으로 이어지기도 한다. 그러나 인지·정서적 미성숙으로 인해 혼란이나 위험에 노출될 수 있어, 청소년의 성 의식과 성행동 특성을 올바르게 이해하는 것은 건강한 성 발달과 성교육의 기초가 된다.

1) 청소년의 성 의식

청소년들은 자신의 몸에 대한 자각이 높아지고, 타인과의 관계 속에서 성의 의미를 새롭게 인식하게 된다. 단순한 생리적 호기심을 넘어 성을 하나의 인간관계, 정체성, 책임과 연결된 개념으로 이해하기 시작한다. 청소년의 성 의식은 크게 성에 대한 태도, 성역할에 대한 인식, 성적 행동의 책임감 등으로 구성된다.

- 성에 대한 태도: 개방적이거나 보수적인 성향 등으로 나뉘며, 이는 가족, 학교, 종교, 사회·문화적 배경에 따라 다양함. 현대 사회에서는 성에 대한 개방적인 정보와 표현이 증가하면서, 청소년들도 성을 자연스럽고 긍정적인 것으로 받아들이는 경향이다. 반면 동시에 잘못된 정보 노출과 성을 오락적 소비로만 인식하는 왜곡된 성 의식도 나타날 수 있다.

- 성역할 인식: 청소년들은 사회와 미디어를 통해 '남성다움'과 '여성스러움'에 대한 기준을 학습하며, 이에 부합하려 하거나 반대로 저항하기도 한다. 사회 전반에서는 전통적인 성역할 고정관념에서 벗어나고자 하는 움직임이 있으며, 여성은 '탈코르셋 운동', 남성은 '탈맨박스 운동'을 통해 이를 실천하고 있다. (천성문 외, 2019)

- 성적 자율성과 성적 책임감 발달: 성적 행동은 감정적 유대와 쾌락뿐 아니라, 피임, 성병 예방, 동의(consent), 관계의 존중과 같은 윤리적 요소를 포함한다. 동의 없는 성적 접촉, 성폭력, 디지털 성범죄 등의 문제는 청소년의 미성숙한 성 의식과도 깊은 관련이 있어, 이를 예방하기 위한 교육을 통해 자율성과 책임감의 발달이 요구된다.

청소년의 성 의식은 개인적 경험뿐 아니라 또래 친구, 학교 성교육, 대중문화, SNS 등 다양한 사회 환경과 상호작용을 하며 형성된다. 따라서 정확한 정보 제공, 안전한 소통 공간, 개방적이되 책임감 있는 대화로 건강한 성 의식을 갖도록 돕는다. 따라서 청소년기의 성역할 교육은 특정 성의 특성만을 강조하기보다, 양성 성역할을 지향하는 방향으로 이루어지도록 하여 건강한 성역할 정체성이 발달되도록 돕는 것이 요구된다. (채규만, 2012)

2) 청소년의 성행동 특성

청소년의 성행동은 생리적 변화뿐 아니라 정서적·사회적 요인과도 밀접하게 관련된다. 사춘기를 거치며 성적 충동이 증가하고, 또래 관계나 호기심, 사회적 영향에 따라 자위, 신체 접촉, 성관계 등 다양한 행동이 나타난다. 이는 성에 대한 가치관, 가정환경, 또래문화, 성교육 경험 등에 영향을 받는다.

- 호기심 중심의 탐색적 행동: 자위나 포르노 시청은 성에 대한 자연스러운 호기심에서 비롯되지만, 올바른 정보 없이 이루어질 경우 왜곡된 성 인식이나 성중독, 불안 등의 문제를 초래할 수 있다.
- 또래 압력과 집단의 영향: 또래의 영향으로 성적 행동을 성숙함이나 인기의 기준으로 여겨, 원치 않는 상황에서도 성행동에 참여할 수 있다. 이는 자율성을 잃은 행동으로 이어지고, 후회나 죄책감을 유발할 수 있다.
- 감정적 유대와 혼재된 욕구: 사랑과 연결되고 싶다는 감정적 욕구로 성행동을 시도하기도 하며, 이를 애정과 동일시할 경우 관계가 끝난 후 실망, 상처, 우울감이나 자기비하, 성 정체성 혼란을 겪을 수 있다.
- 책임감 부족 및 충동적 결정: 신체는 성인에 가까워졌지만 판단과 자기통제를 담당하는 뇌의 전두엽이 아직 미성숙해 충동적 행동을 하기 쉽다. 이는 피임의 정보 부족, 성병 및 원치 않는 임신, 디지털 성범죄에 노출될 수 있다.
- 사회문화적 요인과 정보의 왜곡: 미디어와 SNS, 포르노에서 접하는 성적 이미지는 청소년에게 왜곡된 성 인식을 심어주고, 성을 단순한 자유나 자기표현으로만 여겨 윤리와 책임을 간과할 위험이 있다. 또한 가정과 학교에서 성에 대한 충분하고 안전한 대화의 부족은 성에 대한 건강한 판단을 어렵게 할 수 있다.

청소년의 성 발달을 이해하기 위해서는 다양한 이론가들의 관점을 살펴볼 필요가 있다. 성은 단순한 생물학적 현상을 넘어 심리적, 사회적, 인지적 요인이 복합적으로 작용하는 영역으로, 각 이론은 성 정체성과 행동을 해석하는 데 중요한 틀을 제공한다.

1) 프로이드(Sigmund Freud)의 심리성적 발달 이론

사춘기가 시작되면 청소년은 이성에게 관심을 보이기 시작하고, 이성 친구와 교류하거나 데이트하며 성적 정체성과 성적 지향을 더욱 명확하게 인식하게 된다. 이 시기는 성적 호기심과 감정이 구체적인 행동으로 표현되는 중요한 전환기이다. 프로이드에 따르면, 이러한 성적 관심과 행동은 인간의 본능적 에너지인 리비도(libido)의 흐름과 관련이 있다. 리비도는 생명력과 쾌락을 추동하는 성적 에너지로, 인간의 성장 과정에서 특정 신체 부위에 집중되며 단계적으로 발달한다. 사춘기는 성 발달 중 생식기 단계(genital stage)로 이 단계의 리비도는 이성에 대한 관심과 사랑, 성적 관계에 대한 욕구로 표현된다. 이전 단계에서 형성된 성격과 경험은 이 시기의 성적 행동에 영향을 미친다. 이 시기의 성적 에너지는 성인과 마찬가지로 힘으로 솟아올라 이미 확립된 방어벽을 깨뜨리려고 위협하지만 현실 속에서 그 감정들을 수행할 만큼 성숙함을 보인다.(William Crain, 2012)

2) 에릭슨(Erik H. Erikson)의 심리·사회적 발달 이론

에릭슨(Erik H. Erikson)은 프로이드의 심리성적 발달 이론을 확장하여, 전 생애에 걸친 성격 발달을 설명하는 '심리·사회적 발달 이론(Psychosocial Development Theory)'을 제시하고, 인간의 발달을 단지 성적 욕구에만 국한하지 않고, 사회적 관계와 문화적 맥락 속에서 자아가 형성되어 가는 과정으로 보았다. 청소년기는 에릭슨 이론에서 '정체감 vs 역할 혼란'의 시기로, 자아정체감을 형성하는 중요한 시기이다. 이때 개인은 "나는 누구인가?"를 고민하며, 성 정체성(성별, 성적 지향 등)도 함께 탐색한다. 신체적 변화와 성적 관심의 급격한 증가는 자신이 어떤 성적 존재인지에 대한 질문을 자연스럽게 하지만, 청소년들은 자신이 누구인가에 대한 확신이 없기에 '소속집단'에 동일시 한다.(William Crain, 2012) 이 과정에서 혼란을 겪는 것은 정상이며, 건강한 성 정체성 형성을 위해서는 사회적 지지와 수용적인 환경이 바탕이 된 성에 대한 이해와 수용은 성인기의 친밀한 관계 형성과 자아 안정감에도 긍정적인 영향을 준다.

3) 인지발달 이론과 성인식

(1) 피아제의 인지발달 이론

청소년기는 피아제의 인지발달 이론에서 말하는 형식적 조작기(formal operational stage)에 해당하며, 이 시기에는 추상적 사고, 논리적 추론, 자기중심적 사고 능력이 발달한다. 이러한 인지능력의 성장은 모든 가능성에 대해 체계적으로 다룬다. 어린 시절에는 성을 단순한 '행동'으로 여겼다면, 청소년은 이제 성적 관계가 인간관계, 감정, 윤리, 사회적 규범과 어떻게 연결되는지를 여러 가능성을 미리 생각하면서 체계적으로 검증한다.(William Crain, 2012) 또한 성별 정체성이나 성적 지향에 대한 자기 성찰이 가능해지고, 타인의 입장에서 성에 대해 생각하거나 사회적 기준과 자기 가치관을 비교하며 판단하게 된다. 이처럼 인지발달은 성 인식의 수준을 높이며, 청소년이 더 복합적이고 책임 있는 성적 태도와 행동을 형성하는 데 중요한 역할을 한다.

(2) 엘킨드(David Elkind)의 청소년 자아중심성 이론

엘킨드는 피아제와 달리 각 발달 단계마다 특유의 '자아중심성(Adolescent Egocentrism)'을 갖는다고 보았다. 11세경 형식적 조작사고 발달과 더불어 가설 설정 능력이 획득되면 독특한 청년기 자아 중심성이 나타나는데 이를 상상적 청중과 개인적 우화의 두 가지 개념으로 설명하였다.(송명자, 2006)

• 상상적 청중(Imaginary Audience): 청소년이 항상 누군가가 자신을 주목하고 있다고 느끼

는 현상으로, 사소한 외모 변화나 실수도 크게 걱정하며 또래의 시선을 지나치게 의식하는 특징이 있다.

　• 개인적 우화(Personal Fable): 자신이 특별하고 독특하며 다른 사람과는 다른 경험을 하고 있다고 믿는 심리로, "나는 다칠 리 없어."와 같은 비현실적인 낙관주의나 과장된 자기 확신이 나타날 수 있다.

　자아중심성은 청소년이 자신의 정체성을 탐색하고 자율성을 형성해 가는 과도기적 심리 특성으로, 인지능력의 확장과 함께 점차 줄어든다. 청소년기의 과도한 자아의식이 성 인식과 행동에도 영향을 줄 수 있어, 감정 조절, 공감 교육, 관계 중심의 성교육이 함께 병행될 필요가 있다.

4) 비비안 캐스(Vivienne Cass)의 성 정체성 발달 6단계 이론(Cass Identity Model)

　비비안 캐스(Vivienne Cass, 1979)는 동성애 성 정체성은 단번에 형성되는 것이 아니라, 여섯 단계를 거쳐 점진적으로 발달한다고 보았다. 그녀는 개인이 자신의 성적 지향을 자각하고, 사회 속에서 이를 수용하고 통합해 가는 과정을 정체성 혼란 →정체성 비교 → 정체성 관념화 → 정체성 수용 → 정체성 자부심 → 정체성 통합의 여섯 단계로 설명했다. 이 이론은 성 정체성이 선천적 특성만이 아니라, 자기 인식과 사회적 상호작용 속에서 형성되는 과정임을 강조하며, 성소수자에 대한 이해와 상담, 성교육에 중요한 틀을 제공한다.

■ **동성애 성 정체성 발달 6단계**

단계	명칭	핵심 내용
1단계	정체성 혼란	'내가 동성애자일 수도 있나?' 하는 첫 자각. 혼란, 부정, 회피가 함께 나타날 수 있음
2단계	정체성 비교	이성애자와는 다른 자신을 비교하면서 '나는 다를 수도 있다'는 인식이 생김. 외로움이나 소외감이 동반될 수 있음
3단계	정체성 관념화	자신이 동성애자임을 어느 정도 수용하면서, 동성애 커뮤니티에 관심을 두게 됨. 하지만 주변의 수용 여부에 따라 불안함도 존재함

4단계	정체성 수용	자신을 동성애자로 명확히 인식하며, 동성애 정체성을 긍정적으로 받아들이기 시작함. 커뮤니티와 관계도 적극적으로 됨
5단계	정체성 자부심	사회의 편견이나 차별에 대해 분노하거나, 정체성에 대한 강한 자부심을 가지며 '커밍아웃' 등의 행동이 활발해질 수 있음
6단계	정체성 통합	자기 성적 정체성이 삶 전체의 일부분으로 자연스럽게 통합됨. 동성애자로서뿐 아니라 다면적 자아로 살아가는 단계

5) 하블록 앨리스(Havelock Ellis)

하블록 엘리스(Havelock Ellis, 1927)는 성을 과학적으로 연구한 영국의 초기 성 과학자로, 성욕과 성행동을 자연스러운 인간 본능으로 바라보며, 성에 대한 사회적 금기를 학문적으로 도전한 인물이다. 그는 성에 대해 도덕적 관점이 아닌 과학적이고 심리학적인 시각에서 접근하려고 했으며, 성욕은 부끄러운 것이 아니라 인간의 본능적이고 자연스러운 현상이라고 주장하였다.

특히 그는 동성애, 자위행위, 여성의 성욕 등 당시 사회에서 금기시되던 주제를 공개적으로 다루었으며, 성행동의 다양성과 개인차를 인정하는 태도를 보였다. 엘리스는 또한 여성의 성적 욕망을 긍정하고, 여성의 성적 권리에 대해 열린 입장을 보였다는 점에서도 진보적이었다.

6) 윌리엄 마스터스(William Masters) & 버지니아 존슨(Virginia Johnson)의 성 반응 주기 이론

윌리엄 마스터스와 버지니아 존슨(William Masters & 버지니아 존슨Virginia Johnson, 1966)은 1950~60년대에 걸쳐 수천 명의 남녀를 대상으로 한 실험적 연구를 통해, 인간의 성 반응이 일련의 생리적 단계를 거치는 과정이라는 사실을 밝혀냈다. 이들은 성적 흥분과 오르가슴을 단순한 감정적 반응이 아닌, 관찰할 수 있는 생리적 변화로 보았고, 이를 바탕으로 성 반응 주기 이론(Sexual Response Cycle Theory)을 정립했다.

■ 마스터스와 존슨의 성 반응 주기 4단계

단계	특징
흥분기 (Excitement)	성적 자극에 반응해 신체에 변화가 시작되는 단계로 혈류 증가, 성기 발기, 유방 팽창 등이 나타남
고조기 (Plateau)	흥분이 지속되며 성적 긴장이 최고조에 가까워지는 단계. 심박수, 호흡수, 근육 긴장도 증가함
오르가슴기 (Orgasm)	성적 자극이 절정에 이르러 강렬한 쾌감과 함께 근육 수축, 사정(남성), 자궁 수축(여성) 등이 나타남
해소기 (Resolution)	긴장이 풀리고 신체가 안정 상태로 돌아가는 단계. 남성은 이 시기 후 불응기에 들어가 다시 오르가슴을 경험하기 어려움. 여성은 불응기가 짧거나 없을 수도 있어 다중 오르가슴이 가능함

이 이론은 성 반응을 생리적이고 객관적으로 설명한 최초의 체계로, 이후의 성교육, 성 상담, 성 치료 분야에 큰 영향을 끼쳤다. 다만 인간의 감정, 심리, 관계의 영향을 충분히 반영하지 못했다는 한계도 지적된다.

7) 존 머니(John Money)

존 머니(John Money, 1994)는 '성별 정체성(Gender Identity)' 개념을 학문적으로 처음 제시한 심리학자로, 성은 생물학뿐 아니라 사회적·심리적 요소에 의해 형성된다고 보았다. 그는 '성은 태어나는 것이 아니라, 길러지는 것이다.'라고 주장하며, 성 정체성은 후천적 학습과 양육에 의해 발달한다고 설명했다. 그러나 데이비드 라이머 사례에서 성전환 실험이 실패하면서, 성 정체성은 생물학, 심리, 사회문화, 개인 경험이 복합적으로 작용함을 보여주었다.

> **사례**
>
> 데이비드 라이머(David Peter Reimer)는 캐나다 출신으로, 쌍둥이로 태어났다. 8개월 무렵 포경 수술 시 의사의 실수로 전기소작기에 의해 음경이 거의 소실된 큰 손상을 입은 후 부모의 결정에 의해 여자아이로 성전환수술 했다. 이때 존 머니의 이론이 부모의 결정에 큰 영향을 미쳤다. 라이머는 여자로 살다 성 정체성 혼란을 겪은 후, 다시 남자로 성전환 수술을 했으나 고통스럽고 불행한 삶을 살다 38세에 사망하였다.[7]

---

7 출처: 다음 백과사전

8) 시몬 드 보부아르(Simone de Beauvoir)

시몬 드 보부아르(Simone de Beauvoir, 1953)는 프랑스의 철학자, 여성주의 이론가로, 현대 페미니즘의 선구자로 평가받는 인물이다. 그녀는 대표 저서 『제2의 성(The Second Sex, 1953)』에서, 여성은 생물학적으로 태어나는 것이 아니라, 사회적·문화적으로 '여성'이 되도록 만들어진다고 주장하며, '여자는 태어나는 것이 아니라, 그렇게 만들어진다.'라는 유명한 말을 남겼다.

보부아르는 여성 억압의 원인을 단순한 생물학적 차이에서 찾지 않았다. 그녀는 여성이 가부장제 사회 속에서 '타자'로 규정되어 왔고, 성과 신체, 노동, 모성 등이 남성 중심적 시선에 의해 정의되어 왔음을 비판했다. 그녀의 철학은 성역할에 대한 재정의와 여성의 주체성 회복에 큰 영향을 주었으며, 여성도 스스로 삶을 선택하고 책임질 수 있는 존재임을 강조했다.

9) 미셸 푸코(Michel Foucault)

미셸 푸코(Michel Foucault, 1978)는 프랑스의 철학자이자 사회 사상가로, 지식, 권력, 인간 주체성에 대한 비판적 탐구를 통해 현대 사회과학에 큰 영향을 끼쳤다. 그는 대표 저서 『성의 역사(Histoire de la Sexualité)』에서 성(sexuality)을 단순한 본능이나 자연적 현상이 아니라, 권력과 지식이 작동하는 사회적 구성물로 설명하였다. 그는 권력을 단순히 억압하고 강제하는 힘으로 보지 않고, 지식과 담론을 통해 개인을 형성하고 규율하는 힘으로 보았다. 그는 특히 성(sexuality)에 대한 권력이 개인의 몸과 행동을 통제할 뿐 아니라, 사람들이 스스로를 어떻게 이해하고 표현하는지까지 결정한다고 보았다. 이를 규율 권력(disciplinary power), 생명 권력(bio power), 담론 권력(discursive power) 등의 개념으로 설명하였다.

• **규율 권력**(disciplinary power): 개인을 감시하고 훈련함으로써 훈육과 규율을 내면화하게 하여, 외부의 강제 없이도 스스로를 통제하게 만드는 권력 형태이다.

• **생명 권력**(bio power): 개인과 집단의 '생명'을 성, 출산, 질병, 인구 등의 차원에서 조

직적이고 과학적으로 관리하려는 국가 중심의 현대적 권력 방식이다.

• **담론 권력**(discursive power): 어떤 시대의 지식과 언어가 '진실'로 받아들여지도록 만드는 힘의 형태이다.

푸코는 권력이 개인을 규율하는 힘이라 보며, 전통적 성교육도 성을 통제해야 할 대상으로 여기고 '정상'과 '비정상'을 구분하도록 만든다고 본다. 이런 맥락에서 성교육은 규율 권력이 작동하는 대표적 예시다. 푸코의 관점에서 성교육은 단순한 지식 전달이 아니라, 권력, 젠더, 정체성, 다양성에 대한 비판적 성찰의 기회가 되어야 하며, 성에 대해 말하는 방식이 곧 권력을 생산하고 정체성을 구성한다는 점을 인식할 필요가 있다.

10) 셰어 하이트(Shere Hite)

셰어 하이트(Shere Hite, 1976)는 미국의 성 연구자이자 페미니스트로, 여성의 성과 성적 만족에 대한 편견을 깨뜨린 인물이다. 그녀는 『하이트 보고서(The Hite Report)』를 통해 여성의 성 경험, 오르가슴, 성적 욕망에 대해 여성 당사자들의 목소리를 담은 대규모 조사 결과를 발표하여 큰 반향을 일으켰다. 셰어 하이트(Shere Hite)는 당시 성 연구가 주로 남성 중심적 관점임을 비판하면서, 여성의 성적 경험이 더 다양하고 심리적 요소에 민감하다고 주장했다. 특히, 많은 여성이 질 삽입 중심의 성관계에서 오르가슴을 경험하지 못한다는 결과는 성에 대한 기존의 남성 중심적 신화를 뒤흔들었다. 그녀는 성을 단순히 생물학적 반응이 아닌 감정, 관계, 사회문화적 요소가 결합 된 경험으로 보았으며, 여성들이 자신의 성적 욕망과 표현을 당당하게 인식하고 말할 권리가 있다고 '여성의 자기 결정권'을 강조했다.

11) 주디스 버틀러(Judith Butler)

주디스 버틀러(Judith Butler, 1990)는 미국의 철학자이자 젠더 이론가로, 현대 퀴어 이론과 페미니즘에 지대한 영향을 끼친 사상가이다. 그녀는 대표 저서 『젠더 트러블(Gender Trouble,

1990)』을 통해 젠더 수행성 이론을 제시했으며, 젠더는 생물학적으로 타고나는 것이 아니라, 사회적으로 구성되고 반복되는 행위(performance)라고 주장했다. 그녀는 또한 전통적인 남성/여성, 이성애/동성애 구분이 배제와 억압을 만들어내며, 모든 성 정체성과 성적 지향은 고정된 것이 아니라 유동적이고 변화 가능하다고 강조했다.

• **젠더 수행성**(Gender Performativity): 우리는 태어날 때부터 '남자다움'이나 '여자다움'을 자연스럽게 갖고 태어나는 것이 아니라, 사회와 문화 속에서 끊임없이 행동, 언어, 옷차림 등을 통해 젠더를 수행(performance)하게 된다.

4 / 성과 사랑에 관한 이론

성(Sexuality)과 사랑(Love)은 인간 삶의 핵심적인 정서이자 행동으로, 개인의 정체성 형성과 인간관계에 깊은 영향을 미친다. 성은 단순한 생물학적 기능을 넘어 사회적·심리적 의미를 지니며, 사랑은 친밀감과 헌신을 바탕으로 관계를 형성하고 유지하는 감정이다. 이러한 성과 사랑의 본질과 구조를 이해하기 위해 에로스(Plato), 삼각형 이론(Robert Sternberg), 애착 이론(Mary Ainsworth & John Bowlby), 여섯 가지 사랑의 유형(John A. Lee), 투자 모형(Caryl Rusbult) 등 다양한 이론적 관점이 활용된다.

1) 플라톤(Plato)의 에로스(Eros)

플라톤(Plato)은 저서 『향연(The Symposium)』에서 여러 인물의 대화를 통해 사랑의 본질과 인간이 사랑을 통해 더 높은 가치로 나아가는 과정을 탐구하며, '에로스(Eros)' 개념을 정의했다. 그는 에로스를 단순한 성적 끌림이 아닌, 아름다움에 대한 동경과 진리를 향한 열망으로 보았다. 『향연(The Symposium)』 속 여러 인물 중 한 명인 소크라테스(Socrates)는 사랑이 점차 고귀한 형태로 발전하는 과정이라고 보고, 이를 '에로스의 사다리(Ladder of Love)'라는 개념으로 설명하였다.

- [1단계] 한 사람의 육체적 아름다움에 대한 사랑: 특정 개인의 외모에 매력을 느끼며 사랑이 시작됨
- [2단계] 모든 육체의 아름다움에 대한 사랑: 특정 개인을 넘어, 사람들 일반의 신체적 아름다움에 대한 관심으로 확장됨
- [3단계] 정신과 영혼의 아름다움에 대한 사랑: 외적인 아름다움보다 지혜, 인격, 성품 등 내면의 아름다움에 관심을 두게 됨
- [4단계] 지식과 지혜의 아름다움에 대한 사랑: 철학적 사고와 진리를 탐구하는 지적 추구로 사랑이 전환됨
- [5단계] 아름다움 그 자체(이데아)에 대한 사랑: 감각적 대상이 아닌, 변화하지 않는 '아름다움의 본질'에 대한 사랑을 추구하게 됨
- [6단계] 진정한 지혜와 선을 향한 삶: 이데아를 인식하고 이를 통해 선한 삶을 실천하고자 하는 경지에 이름

에로스의 사다리 이론은 인간이 어떻게 사랑을 통해 진리와 선으로 나아갈 수 있는가를 설명하며, 궁극적으로 '지혜를 사랑하는 것이 진정한 사랑이다'라는 '플라토닉 러브(Platonic Love)'의 기원이 되었다.

2) 스턴버그(Robert Sternberg)의 사랑의 삼각형 이론

스턴버그(Robert Sternberg, 1986)는 사랑이 단일한 감정이 아니라, 세 가지 기본 요소의 조합으로 이루어져 있다고 보았다. 그는 이를 '사랑의 삼각형 이론(Triangular Theory of Love)'으로 제시하였다. 사랑을 구성하는 세 요소는 친밀감(Intimacy), 열정(Passion), 헌신(Commitment)이다.

- 친밀감(Intimacy): 상대방과의 정서적 유대, 신뢰, 이해, 가까움을 의미하며, 깊은 애정과 유대감에서 비롯된다. 친구나 가족 관계에서도 나타날 수 있다.

• **열정**(Passion): 강렬한 끌림, 성적 욕망, 신체적 흥분을 포함하는 요소로, 연인 관계에서의 로맨틱한 감정을 대표한다.

• **헌신**(Commitment): 관계를 유지하려는 의지와 장기적 책임감을 의미하며, 감정보다는 인지적 요소에 가까워 관계의 안정성과 지속성과 관련된다.

이 세 가지 요소는 사랑의 형태와 깊이를 결정하며, 조합에 따라 서로 다른 8가지 사랑의 유형이 나타난다. 스턴버그는 사랑이 감정만이 아니라, 시간이 흐르면서 변화하고 조절될 수 있는 복합적인 심리적 구조로 보고, 건강하고 지속적인 사랑을 위해서는 친밀감, 열정, 헌신을 균형 있게 유지하고 성장시켜 나가는 노력이 필요하다고 강조하였다.

■ 스턴버그의 8가지 사랑의 유형

단계	친밀감	열정	헌신	설명
좋아함 (Liking)	√	×	×	주로 우정에서 나타나는 유형으로 정서적 유대는 있지만 열정과 헌신은 없음
황홀한 사랑 (Infatuation)	×	√	×	외모나 매력에 끌리는 짝사랑으로 감정은 강하지만 깊은 유대나 약속은 없음
공허한 사랑 (Empty Love)	×	×	√	열정이나 친밀감 없이 관계를 유지하는 상태로 오래된 결혼이나 의무적 관계에서 나타남
낭만적 사랑 (Romantic Love)	√	√	×	정서적 친밀감과 성적 열정은 있으나, 장기적 헌신은 없는 사랑으로 연애 초기에서 흔함
우애적 사랑 (Companionate Love)	√	×	√	열정은 사라졌지만, 친밀감과 헌신이 유지되는 관계로 오래된 부부나 깊은 우정 관계
어리석은 사랑 (Fatuous Love)	×	√	√	깊은 친밀감 없이 급속하게 열정과 헌신만으로 관계를 맺는 사랑으로 충동적 결혼에서 나타날 수 있음
완전한 사랑 (Consummate Love)	√	√	√	친밀감, 열정, 헌신이 모두 조화를 이루는 이상적인 사랑으로 유지하려면 노력이 필요함
사랑 없음 (Nonlove)	×	×	×	세 요소 모두 없는 상태. 단순한 만남이나 스쳐 지나가는 관계

3) 에인스워스(Mary Ainsworth)와 볼비(John Bowlby)의 애착 이론

존 볼비(John Bowlby)는 애착의 핵심이 유아가 양육자와 물리적 근접성을 유지하려는 본능적 욕구에 있으며, 이는 정서적 안정뿐 아니라 생존을 위한 필수적인 행동이라고 보았다. 그는 이를 바탕으로 애착 행동 체계(attachment behavioral system)를 고안하였다.(Wallin, 2012)

메리 에인스워스(Mary Ainsworth)는 볼비의 이론을 실증적으로 확립하면서, 아동기 애착 행동의 질적 차이는 주 양육자의 반응 방식에 따라 결정되며, 이러한 애착 경험은 성인기의 인간관계와 성격 형성에까지 영향을 미친다고 보았다. 그녀는 '낯선 상황 실험(Strange Situation)'을 통해 1세 전후의 유아가 양육자와의 분리와 재결합 상황에서 보이는 반응을 관찰하여, 세 가지 주요 애착 유형을 제시하였다.

- **안정 애착**(Secure Attachment): 아기는 양육자와 떨어질 때 불안을 느끼지만, 재회 시 기꺼이 다가가 위로받으며 안정된다. 부모를 안전 기지(safe base)로 인식하고, 외부 환경을 탐색할 때 부모의 존재를 신뢰한다. 이러한 유아는 이후 정서적으로 안정된 대인관계를 형성할 가능성이 높다.
- **회피 애착**(Avoidant Attachment): 아기는 양육자가 떠나도 큰 반응을 보이지 않으며, 돌아와도 무관심하거나 회피적인 태도를 보인다. 이는 일관성 없거나 정서적으로 무반응한 양육에 대한 적응으로, 애착 행동을 포기한 결과일 수 있다. 이후 성인기에는 감정 표현을 회피하거나 깊은 관계를 맺는 데 어려움을 겪을 수 있다.
- **불안-양가 애착**(Ambivalent / Anxious Attachment): 아기는 양육자와의 분리에 심한 불안을 느끼며, 재회 시 반가워하면서도 화를 내거나 매달리는 등 모순된 반응(양가적 반응)을 보인다. 이는 양육자의 일관되지 않은 돌봄으로 인해 형성되며, 아이는 지속적으로 애정을 확인받으려는 불안감을 가지게 된다.

메인과 솔로몬(Mary Main & Judith Solomon, 1990)은 기존의 애착 유형으로 설명되지 않는 유아들의 행동을 정밀하게 분석한 결과, 이들 중 약 90%가 양육자 앞에서 이해할 수 없고 모순된, 혼란스러운 반응을 보인다는 사실을 발견하고 이를 혼란 애착(Disorganized/Disoriented

 유형으로 명명하였다.

· **혼란 애착**: 유아는 양육자와 재회할 때 등을 돌리거나, 얼어붙고, 바닥에 쓰러지거나 멍한 상태로 반응하는 등 일관되지 않고 혼란된 행동을 보인다. 이는 "의지해야 할 사람이 동시에 공포의 대상이 될 때" 발생하며, 원인으로는 신체적·정서적·성적 학대, 심각한 방임, 정신질환, 중독, 외상 후 스트레스 등으로 인한 양육자의 예측 불가능한 행동이 지목된다.

또한, 메리 메인(Mary Main)은 성인 애착 면접(Adult Attachment Interview: AAI)을 개발하여, 성인의 내면적 애착 모델과 유아기 애착 유형 간의 상관을 다음과 같이 밝혔다.(Wallin, 2012)

안정 애착 유형 → 안정적/자율적(Autonomous) 성인 애착
회피 애착 유형 → 무시형(Dismissing) 성인 애착
불안-양가 애착 유형 → 집착형(Preoccupied) 성인 애착
혼란 애착 유형 → 미해결형/혼란형(Unresolved/Disorganized) 성인 애착

4) 리(Lee)의 여섯 가지 사랑의 유형

캐나다의 사회학자 존 앨런 리(John A. Lee, 1977)는 사랑을 단순한 감정이 아닌, 성격과 성향에 따라 구분되는 여러 유형의 심리적 스타일로 보았다. 그는 사랑을 색에 비유하여 각기 다른 사랑의 성향을 사랑의 기본 3원색으로 표현된 기본 유형(primary love styles)과 이를 혼합한 혼합유형(secondary love styles)으로 구분하고, 총 6가지 사랑의 유형을 제시하였다. 이 이론은 사람마다 사랑을 느끼고 표현하는 방식이 다름을 강조하며, 특히 연인 관계에서 갈등이나 친밀감의 차이를 이해하는 데 중요한 틀을 제공한다.

Lee의 사랑 이론은 각 개인이 어떤 방식으로 사랑을 느끼고 표현하는지를 이해하게 해 준다. 예를 들어, 한 사람은 루두스(Ludus) 스타일로 가볍고 자유로운 관계를 선호하는 반면, 다른 사람은 아가페(Agape)처럼 헌신적인 관계를 원할 수 있다. 이런 차이를

인식하는 것은 연인 간 갈등 조정, 사랑의 만족도 향상, 그리고 건강한 관계 유지에 도움을 준다.

■ 리(Lee)의 사랑의 6가지 유형

유형			특징
기본 유형	에로스(Eros)	빨간색	열정적인 사랑 첫눈에 반하고, 강렬한 열정과 낭만적 감정이 중심, 이상적 사랑을 추구
	루두스(Ludus)	노란색	놀이처럼 즐기는 사랑, 여러 상대를 만날 수 있음 사랑을 게임처럼 가볍고 유희적으로 여김, 감정에 얽매이지 않고 구속을 꺼림
	스토르게(Storge)	파란색	우정에서 발전한 사랑 친구처럼 편안하고 신뢰를 바탕으로 형성된 사랑 안정적이고 오래감, 성격과 가치관의 조화 중시
혼합 유형	마니아(Mania)	주황색	– 집착적 사랑 (에로스 + 루두스) 소유적이고 집착적인 사랑, 감정 기복이 큼, "당신 없이는 못 살아."와 같은 의존적 경향
	프라그마(Pragma)	보라색	실용적 사랑 (스토르게 + 루두스) 조건과 현실을 중시하는 계산된 사랑, 경제력, 학력, 가치관 등 객관적 조건을 고려. 이성이 우선하며, 실용적인 판단을 중시함
	아가페(Agape)	초록색	헌신적 사랑 (에로스 + 스토르게) 이타적이고 무조건적인 사랑 종교적·윤리적 사랑과 관련, 매우 이상적임

5) 러스벌트(Caryl Rusbult)의 투자 모형

심리학자 러스벌트(Caryl Rusbult, 1980)는 인간의 친밀한 관계, 특히 연인 간의 관계에서 사람들이 왜 그 관계를 유지하거나 종료하는지를 설명하기 위해 투자 이론(Investment Model)을 제안하였다. 이는 사랑의 감정 자체보다도 관계를 유지하려는 헌신(Commitment)에 영향을 주는 요소들을 구조적으로 분석하여, 관계의 지속 여부와 헌신 정도를 결정짓는 주요 요인을 세 가지(관계 만족도, 투자 수준, 대안의 질)로 설명한다. 이 세 요소의 상호작용에 따라 헌신(commitment) 수준이 결정되며, 헌신이 강할수록 관계 유지를 위한 행동(loyalty, sacrifice 등)

이 강화된다.

- **관계 만족도**(Satisfaction): 관계 만족도는 개인이 현재 관계에서 얼마나 많은 즐거움, 정서적 보상, 지지, 애정 등을 얻고 있는지를 의미한다. 기대보다 더 큰 만족을 얻고 있다면 헌신 수준이 높아지고, 관계를 유지하려는 동기도 강해진다. 반대로, 갈등이 많거나 보상이 적을 경우 만족도는 낮아진다.
- **투자 수준**(Investment); '투자'는 단순히 시간이나 돈뿐 아니라, 감정, 노력, 추억, 공유된 경험, 친구나 가족과의 연결 등 관계에 투입된 모든 자원을 포함한다. 이러한 투자가 많을수록, 다시 회복하거나 회수하기 어렵기 때문에 만족도가 낮더라도 관계를 쉽게 포기하지 못하는 경향이 있다.
- **대안의 질**(Quality of Alternatives): 대안의 질은 현재 관계를 끝냈을 때 선택 가능한 다른 가능성을 의미한다. 예를 들어, 더 나은 연인을 만날 수 있다고 느끼거나 혼자 사는 삶이 더 행복할 것 같다고 생각되면, 현재 관계에 대한 헌신은 약해질 수 있다. 반면, 대안이 불확실하거나 매력적이지 않다고 판단되면 관계에 더 머물 가능성이 높아진다.

6) 레이스(R. J. Reiss)의 사랑의 수레바퀴 이론(Wheel Theory of Love)

레이스(Reiss, 1960)는 사랑이 단번에 완성되는 감정이 아니라, 점진적이고 순환적인 과정을 통해 발전하는 관계라고 보았다. 그는 사랑의 발달 과정을 '수레바퀴 이론(Wheel Theory of Love)'으로 제시하며, 사랑이 친근감, 자기 개방, 상호 의존, 친밀감 욕구 충족이라는 네 가지 단계로 구성되어, 마치 수레바퀴처럼 순환하며 발전한다고 설명하였다.

- **첫 번째 단계**(친근감): 상대방과의 공통점, 유사한 가치관, 배경 등을 통해 자연스럽게 호감을 느끼는 초기 단계로, 심리적 장벽이 낮아지며 사랑이 시작되는 시기이다.
- **두 번째 단계**(자기 개방): 점차 자신의 감정과 경험을 솔직하게 공유하면서 친밀감이 깊어지고, 신뢰 기반의 정서적 유대가 형성된다. 이 과정이 충분하지 않으면 다음 단계로의 발전이 어려울 수 있다.

• **세 번째 단계**(상호 의존): 정서적·행동적으로 서로에게 의지하며, 상대방의 존재와 반응이 자신의 삶에 직접적인 영향을 미치는 단계이다. 공통된 의사소통 방식과 반응 패턴이 형성된다.

• **네 번째 단계**(친밀감 욕구 충족): 상대방을 통해 정서적 안정, 소속감, 보호받는 느낌 등의 욕구가 충족되며, 관계는 더욱 깊고 안정된 상태로 발전한다. 이 단계에서는 높은 수준의 자기 개방과 함께, 관계가 사회적으로도 인정받는 '공개된 사랑 관계'로 자리 잡는다.

레이스는 이 네 단계가 일직선의 고정된 순서로만 진행되는 것이 아니라, 상황에 따라 반복되거나 일시적으로 중단될 수 있는 순환적 구조라고 보았다. 따라서 지속적으로 자신과 상대에 대한 이해와 노력이 동반될 때, 관계는 점차 더 성숙한 사랑으로 나아갈 수 있다고 강조하였다.

5 / 성 정체성과 성적 지향

'성 정체성'은 자신이 남성, 여성 또는 그 외의 정체성을 어떻게 인식하는지를 의미하며, '성적 지향'은 어떤 성별의 사람에게 끌리는지를 나타낸다. 청소년기는 이러한 성 정체성과 성적 지향에 대한 자각과 탐색이 활발히 이루어지는 시기로, 이에 대한 구체적인 고찰은 청소년기의 성 발달을 이해하는 데 중요한 기반이 된다.

1) 성 정체성(Gender Identity)

성 정체성이란, 개인이 자신을 남성, 여성, 그 외의 성별로 인식하고 경험하는 심리적·내면적 성별 정체성을 의미한다. 이는 생물학적 성(남성/여성)과 반드시 일치하지 않을 수 있으며, 사회적 역할이나 표현 방식과도 복잡하게 얽혀 있다. 성 정체성은 자아정체성의 핵심 요소로 이를 긍정적으로 형성하고 표현할 수 있는 환경은 정신 건강, 자존감, 사회 적응에 큰 영향을 미치므로, 가정, 학교, 사회 모두가 성 정체성의 다양성을 존중하고 안전하게 표현할 수 있는 분위기를 조성하는 것이 중요하다. 성 정체성의 유형은 다음과 같다.

- **시스젠더**(Cisgender): 생물학적 성과 성 정체성이 일치함(예: 생물학적 여성이 자신을 여성으로 인식)
- **트랜스젠더**(Transgender): 생물학적 성과 성 정체성이 일치하지 않음(예: 생물학적 여성이 자신을 남성으로 인식)
- **논 바이너리**(Non-binary): 자신을 남성 또는 여성 중 하나로 국한하지 않음. 젠더퀴어(Genderqueer)는 성별 범주를 유동적으로 인식하거나 성별 자체를 거부하는 사람이며, 젠더 플루이드(Genderfluid)는 성적 지향과 성별 정체성이 고정되어 있지 않고, 시간, 상황, 관계, 감정에 따라 성 정체성이 변하는 사람
- **애젠더**(Agender): 자신에게 성별이 없다고 느끼거나 특정 성별로 정체화하지 않는 경우, 자신을 성별 범주 밖에 있다고 인식하며, "무성별"이라고 표현하기도 함

2) 성적 지향과 동성애

청소년기는 누군가를 좋아하고 끌리는 감정을 처음으로 또렷하게 느끼기 시작하는 시기이다. 이때 어떤 친구에게는 이성보다 동성에게 더 마음이 가거나 특별한 감정을 느끼는 경우도 있어, 이런 경험이 낯설고 혼란스러울 수 있으며, 이는 청소년기에 자연스럽게 겪을 수 있는 일임을 이해가 필요하다.

(1) 성적 지향

성적 지향은 개인이 정서적이거나, 로맨틱하게 성적으로 끌리는 대상의 성별을 의미하며, 누구에게 감정적 또는 성적 끌림을 느끼는지를 나타내는 심리적 성향이다. 이는 '내가 누구인가'를 말하는 성 정체성과는 구별되며, 사람마다 다양한 스펙트럼으로 존재한다.

이성애, 동성애, 양성애, 범성애, 무성애 등 다양한 형태가 있으며, 특히 청소년기에

는 탐색과 변화가 자연스럽게 나타날 수 있기 때문에, 상담자는 비판단적이고 수용적인 태도로 내담자가 자신의 감정과 지향을 안전하게 표현할 수 있도록 돕는 것이 중요하다.

- **이성애**(Heterosexual) : 자신과 다른 성별에게 정서적 또는 성적으로 끌리는 경우. 가장 흔한 성적 지향 유형 중 하나
- **동성애**(Homosexual):   자신과 같은 성별에게 끌리는 경우. 남성 동성애자는 게이(Gay), 여성 동성애자는 레즈비언(Lesbian)이라고도 함
- **양성애**(Bisexual): 두 성별 모두에게 정서적·성적으로 끌리는 경우로 끌림의 정도나 방식은 사람마다 다양할 수 있음
- **범성애**(Pansexual): 성별과 관계없이 사람 자체에 끌림(남성·여성·논바이너리, 트랜스젠더 등 다양한 성별 정체성을 포함하여 끌림을 느낌)
- **무성애**(Asexual): 성적 끌림을 거의 또는 전혀 느끼지 않는 성적 지향 (단, 정서적 유대나 사랑은 존재할 수 있음)
- **퀘스쳐닝**(Questioning): 자기 성적 지향을 탐색 중으로 확정하지 않음
- **데미섹슈얼**(Demisexual): 감정적 유대가 형성된 후에만 성적 끌림을 느끼는 성향. 즉, 친밀감 없이는 성적 끌림이 거의 생기지 않음

(2) 동성애

동성애는 이성이 아닌 동성에게 정서적 또는 성적으로 끌리는 성적 지향이다. 일반적으로 남성 동성애자는 '게이(Gay)', 여성 동성애자는 '레즈비언(Lesbian)'이라고 불린다. 동성애의 형성 배경에는 유전적 요인, 호르몬, 뇌 구조, 성장 환경 등 다양한 요소가 복합적으로 작용하는 것으로 알려져 있으며, 선천성과 후천성으로 단순하게 나누기는 어렵다.

현재 일부 국가에서는 동성 커플에게 결혼, 입양 등의 법적 권리를 인정하고 있지만, 여전히 성소수자(LGBTQ+)에 대한 사회적 편견과 차별로 인해 심리적·사회적 어려움을 겪는 경우도 많다. 'LGBTQ+'는 레즈비언(L), 게이(G), 양성애자(B), 트랜스젠더(T), 퀴어/질문하는 사람들(Q)을 포함하며, 다양한 성적 지향과 성 정체성을 포괄하는 표현이다. 한편, 청

소년기는 신체적·정서적 변화가 급격하게 일어나는 시기로, 자신과 타인에 대한 감정이 예민하게 작용한다. 이 시기에 동성에게 일시적으로 끌리는 경험이 나타날 수 있지만, 이는 반드시 성적 지향 또는 정체성으로 고정되는 것은 아니다.

- **정체성 탐색**: '내가 정말 게이일까?', '그냥 친구를 좋아한 걸까?' 등 자기 의문이 많아짐
- **감정적 유대**: 성적 끌림보다 감정적 애착으로 시작되는 경우가 많음
- **친밀한 관계**: 동성과 깊은 우정이 로맨틱 감정으로 발전하는 경우
- **혼란과 불안**: 사회적 편견, 가족 반응에 대한 걱정으로 자기부정이나 숨김 발생
- **사회적 고립감**: 주변에 자신과 같은 고민을 나눌 사람이나 정보가 부족함

청소년기의 동성애 경험은 반드시 고정된 동성애 성향을 의미하지는 않으며, 개인에 따라 유동적이며 자연스러운 성장 과정 중에 있을 수 있는 현상이다. 그러나 사회적 편견이나 차별, 또래의 조롱 등은 심리적 스트레스와 고립감을 유발할 수 있어, 수용적이고 지지적인 환경이 매우 중요하다. 청소년의 동성애 경험은 판단이나 교정의 대상이 아니라 이해와 공감, 지지를 통해 건강한 자아정체성으로 발전할 수 있도록 도움이 요구된다.

8장 청소년 성범죄

1 / 성범죄의 정의와 특징

1) 성범죄

성범죄(Sexual Crime)는 개인의 성적자기결정권을 침해하거나, 성적 수치심, 혐오감, 불쾌감 등을 유발하는 행위를 의미한다. 이는 개인의 자유의사에 반하여 이루어지는 모든 성적 행위를 포함하며, 디지털 매체를 이용한 비접촉 범죄까지도 포함하는 등 그 범위가 점차 광범위해지고 있다.

2) 성범죄 관련 법령 체계

성범죄에 대한 법적 규율은 다음과 같은 세 가지 주요 법률에 기반하여 구성된다.

(1) 형법

강간, 강제추행 등 전통적인 성범죄 중심으로 다루고 있으며 최근 개정을 통해 피해자 보호 요소가 일부 강화되었으나, 여전히 디지털 성범죄나 구조적 권력 관계에 기반한 범죄를 포괄하는 데에는 한계가 있다.

(2) 「성폭력범죄의 처벌 등에 관한 특례법」(약칭: 성폭력처벌법)

기존 형법의 한계를 보완하고 새롭고 다양한 성범죄 유형을 포괄적으로 다루기 위해 제정된 특별법이다. 위계·위력에 의한 간음 및 추행, 성적 목적의 공공장소 침입, 카메라 등을 이용한 불법 촬영, 통신매체를 이용한 음란행위, 합성·편집된 촬영물의 유포 등 신종 및 디지털 성범죄에 대한 처벌 규정을 포함하고 있다.

(3) 「아동·청소년의 성보호에 관한 법률」(약칭: 아청법)

아청법은 성범죄에 취약한 아동·청소년을 성범죄로부터 체계적으로 보호하기 위해 제정된 특별법이다. 아동·청소년을 대상으로 한 성범죄 및 성적 착취 목적의 유인·권유(그루밍) 및 아동·청소년 성착취물의 제작·배포·소지·시청, 성매매 및 알선 행위 등이 처벌 대상이다. 특히, 디지털 성범죄의 확산에 대응하기 위한 세분된 법적 기준과 강화된 처벌 규정이 이 법의 중요한 특징이다.

이 외에도 「성매매알선 등 행위의 처벌에 관한 법률」, 「아동복지법」, 「전자장치 부착 등에 관한 법률」, 「소년법」, 「정보통신망 이용촉진 및 정보보호 등에 관한 법률」 등이 있다. 이 같은 성범죄 관련 법령은 엄격한 처벌뿐만 아니라 피해자의 회복, 가해자의 재범 방지를 위한 내용을 포괄적으로 담고 있는 것이 주목할 만한 부분이다.

3) 성범죄의 특성과 청소년 성범죄의 특수성

성범죄는 폭력성과 지배성이 강하게 나타나는 범죄 유형으로, 피해자에게는 심각한 심리적·정서적 손상을 남긴다. 성범죄는 대개 은밀하게 이루어지고, 외부에 드러나기 어려운 특성을 보이며, 반복성과 중독성이 높아 재범률 또한 상당히 높은 편이다. 특히 범죄 발생 이후에도 2차 가·피해[8](피해자에 대한 사회적 낙인, 비난, 신상 노출 등)가 자주 발생하며, 피해자의 회복을 어렵게 만든다.

---

8 '2차 피해'라는 표현은 피해자에게 발생한 추가적 피해 결과에만 초점을 두고 있어 피해를 유발한 사람이나 사회의 책임을 표현하지 못함. '2차 가해'는 누군가에 의해 가해된 행위라는 부분을 강조하는 표현이므로 사회의 책임성을 강조하기 위해 '2차 가해'와 '2차 피해'를 함께 사용하는 것을 지향하고 있다.

최근에는 디지털 기술의 발달로 성범죄의 수법이 더 지능적이고 다양화되고 있으며, 특히 아동·청소년을 대상으로 한 디지털 성범죄의 증가가 심각한 사회 문제로 부상하고 있다. 촬영·유포·가공 등 디지털 수단을 이용한 성 착취 형태가 현실과 사이버 공간을 넘나들며 피해를 확산시키기 때문이다.

청소년 성범죄는 성인 성범죄와는 다른 발달적 심리 사회적 특성이 있으며 대표적인 특징은 다음과 같다.

• **발달적 미성숙**: 청소년은 신체적 성숙에 비해 인지적·정서적 성숙이 충분하지 않아 성적 충동에 대한 자기조절 능력이 미흡함

• **충동성과 즉흥성**: 계획적 범행보다는 즉흥적 동기나 단기적 만족을 추구하는 성향이 강함

• **왜곡된 성 가치관**: 왜곡된 성 문화에 대한 비판적 인식 부족으로 인해 성적 행위를 가볍게 여기거나 유희적으로 받아들이는 경향이 있음

• **또래 집단의 영향**: 또래로부터의 사회적 압력이나 모방, 인정 욕구 등도 중요한 범죄 유발요인이 될 수 있음

• **디지털 기반의 호기심**: 스마트폰 및 온라인 플랫폼을 통한 호기심 기반의 범행이 많으며, 가해와 피해의 경계가 명확하지 않은 경우도 있음

청소년 범죄자는 성인 범죄자에 비해 재범률이 전반적으로 낮은 편이나, 초기 개입이 미흡할 경우 성인기 범죄로 이행될 가능성이 높다는 점에서 초기 개입의 중요성이 강조된다. 따라서 초범에 대한 적극적인 개입, '성인지감수성'[9] 교육, 회복적 관점의 접근 등이 필수적이며, 이는 장기적으로 청소년의 건강한 성 정체성과 사회화를 도모하는 데 중요한 역할을 한다.

---

9 성별에 따른 차별과 불평등의 문제를 인식하고, 성평등 관점에서 이를 해석하고 반응할 수 있는 능력으로 정의함.

청소년의 성 문제는 크게 문제 성행동과 성범죄로 나눌 수 있다. 이 두 개념은 겉보기에 비슷해 보여서 구분이 모호할 수 있지만, 법적 판단 기준과 사회적 해석에서의 차이로 구분해서 살펴보고자 한다.

1) 청소년 문제 성행동

청소년의 문제 성행동은 단순한 성적 호기심이나 일반적인 성적 발달을 넘어서는 성적 행동을 말한다. 문제의 기준은 다양하지만, 공격적이고 강압적이거나, 청소년 자신과 타인에게 해를 끼치는 행동을 포함하고, 나이·발달 수준·사회적 맥락을 고려할 때 부적절한 성 행동을 말한다. 이러한 청소년의 문제 성행동은 단순한 성적 일탈을 넘어서 성비행이나 성범죄로 발전할 수 있는 위험 행동이라고 할 수 있다. 이런 특성으로 사회에서는 이를 범죄로 인식하거나, 처벌 중심의 대응을 하는 경우가 많다. 그러나 청소년 문제 성행동은 성범죄와는 행동 동기와 발달적 특성이 다르므로, 보호에 중심을 둔 비범죄화된 접근이 필요하다, 즉 치료와 교육 중심의 개입을 통해 청소년의 건강한 성 발달을 돕고 범죄를 예방하는 것에 목표를 두어야 한다.

(1) 또래 간 조기 성 경험, 원치 않는 임신, 성매개 감염병(클라미디아, 임질, 매독, HIV/AIDS 등)

청소년기의 성은 단순한 생리적 변화 과정뿐만 아니라, 심리적·사회적·문화적 요인이 복합적으로 작용하는 민감한 발달 과제이다. 이 시기의 성적 경험은 청소년의 성장에 많은 영향을 미치며, 그 과정에서 왜곡된 성적 호기심, 성 가치관 혼란 등은 다양한 문제 성행동으로 나타날 수 있다. 특히 또래 간의 조기 성 경험, 원치 않는 임신, 성병 감염 등은 청소년 개인의 신체적·정신적 건강 및 삶 전반에 걸쳐 다양한 위험 요소로 작용할 수 있다.

• **또래 간 조기 성 경험**: 법적으로 조기 성 경험에 대한 명확한 기준은 없지만, 일반적으로 만 16세 미만의 성관계 경험을 조기 성 경험으로 간주하는 것이 보편적이다. 이러한 경험은 형사적 처벌 대상은 아니지만, 심리적·신체적·사회적 측면에서 주의 깊은 접근이 요구되는 문제 성행동으로 여겨진다.

조기 성 경험은 단순한 일탈 행위라기보다, 성에 대한 호기심, 청소년기의 충동성, 미디어 및 또래 문화의 영향 등 다양한 환경적·심리적 요인에서 비롯된다. 특히, 연인 관계 내에서 경계 설정이 부족하거나, 성적 자기결정능력(타인의 강요나 압력 없이 자신의 성적 행동을 주체적으로 선택할 수 있는 능력)이 미성숙한 경우에도 이러한 행동이 나타날 수 있다.

또한, 관심과 애정을 성적 행위로 대체하려는 심리적 욕구도 조기 성 경험의 한 원인이 되며, 이는 종종 청소년의 정서적 결핍과 연결된다. 이러한 복합적인 특성으로 인해 조기 성 경험을 도덕적 일탈이나 비행 행위로 단순화하여 낙인찍는 접근은 실효성과 타당성 면에서 한계가 있다.

따라서 청소년 개인에 대한 비난이나 낙인을 지양하고, 성에 대한 올바른 이해를 돕는 성교육의 강화, 정서적 지지체계의 구축, 신뢰를 기반으로 한 상담 및 개입 전략을 통해 예방적이고 보호적인 접근이 병행되어야 한다.

• **원치 않는 임신**: 조기 성 경험이 초래할 수 있는 또 다른 중대한 위험은 원치 않는 임신 가능성이다. 청소년의 경우 피임 실천율이 낮거나, 잘못된 피임 사용 등으로 인해 계획되지 않은 임신이 발생할 위험이 크다. 청소년 임신은 신체적·생리적으로 아직 성숙하지 않은 상태에서 이루어지는 경우가 많아, 조산, 저체중아 출산 등 산모와 태아 모두에게 다양한 건강 문제가 생길 수 있다. 나아가 청소년 임신은 사회적 낙인과 편견, 부정적 인식에 직면하게 되며, 이로 인해 학업 중단, 진로 포기, 가족 간의 갈등, 사회적 고립 등의 어려움이 뒤따를 수 있다.

출산 이후에도 경제적 부담, 정서적 불안정성, 부모 역할에 대한 준비 부족으로 인해 양육 과정에서 심각한 어려움이 발생할 수 있다. 이처럼 청소년 임신은 단순히 개인의 실수나 일탈이 아닌, 성 관련 지식의 부족, 피임 도구 접근성의 제약, 사회적·제도적 지원체계의 미비 등 구조적 요인과 연결해서 바라볼 필요가 있다.

따라서 청소년 임신 문제에 효과적으로 대응하기 위해서는 책임감 있는 성행동을 위한 교육, 실효성 있는 피임 교육 및 피임 도구 접근성 향상, 청소년 임신에 대한 심리 사회적 지원 시스템 구축 등 다차원적이고 통합적인 접근이 필요하다.

• **성매개 감염**: 조기 성 경험은 준비되지 않은 환경에서 이루어지는 경우가 많아, 성병(성매개 감염병)에 걸릴 위험이 크다. 대표적인 감염 질환으로는 클라미디아, 임질, 매독, HIV/AIDS 등이 있으며, 갈수록 청소년 성병 환자가 증가하고 있다. 문제는 자신이 성병에 걸린 줄 모르고 방치하거나, 알게 되더라도 부모에게 알리지 못해 쉬쉬하며 치료를 미루다 심각한 부작용이 생기는 것이다.

이로 인해 사전 예방 교육이 매우 중요한데 현실은 성병 예방을 위한 구체적이고 효과적인 도움을 제공하지 못하고 있다. 성병 감염 예방을 위한 교육이 청소년에게 성관계에 대한 허용적 분위기를 조장한다는 우려가 배경이다. 과거처럼 무조건 '하면 안 된다.'라는 식의 금기로 해결하려는 비현실적 대응을 벗어나, 청소년과의 개방적이고 비판단적 대화를 통해 성병에 대한 실질적인 예방법과 적절한 정보를 제공하여야 한다. 이는 청소년의 건강한 성장과 인권을 보살피는 사회의 책임 있는 태도가 될 것이다.

(2) 성매매

성매매란 금품 또는 재산상의 이익을 대가로 성을 매매하는 행위를 말하며 「성매매알선 등 행위의 처벌에 관한 법률」과 「아동·청소년의 성보호에 관한 법률」에서 각각 성인 대상과 청소년 대상 성매매에 대해 별도로 규정하고 있다. 특히 「아청법」에서는 청소년 성매매에 대해 청소년의 자발성 여부와 무관하게 청소년을 피해자로 보호하는 것을 원칙으로 삼고 있으며, 청소년에게 형사처분보다는 상담이나 치료 등 회복을 위한 개입을 우선시하고 있다. 법적으로 피해자이면서도 보호처분 대상이 될 수 있는 이중적 위치에 있게 된다는 점에서 성범죄로 분류하기보다 문제 성행동으로 분류했다.

대부분의 청소년 성매매는 자발적이라기보다 유인, 협박, 생존형 거래에 가깝고 자신이 착취당하고 있다는 사실조차 인지하지 못하는 경우가 많다. 그러나 여전히 일부에서는 청소년이 자발적으로 성매매에 참여했다는 오해를 하거나 비난의 시선으로 낙인찍는 사회 분위기가 존재한다. 청소년이 성매매에 유입되는 요인은 경제적 어려움, 가정 내 갈등, SNS를 통한 유혹, 왜곡된 성 문화 등 복합적인 사회적 요인이 작용해서 만들어진다. 문제는 인터넷 기술과 기기의 발달에 따라 점점 갈수록 성매매 환경에 쉽게 노출되고 있으며, 피해 청소년의 나이가 어려지고 있다는 것이다.

따라서 청소년 성매매는 단순한 일탈이나 자발적 선택으로만 보기보다 도움이 필요한 개입 신호로 인식해야 할 것이다. 청소년 성매매는 '처벌'이 아니라 '보호'를 통해 해결해야 할 사회문제이며, 청소년이 건강하게 성장할 수 있도록 더 많은 관심과 제도적 지원을 함께 고민해야 하는 문제로 접근해야 할 것이다.

청소년을 대상으로 한 성매매는 성 착취이며 권력의 문제로 보고 성 매수자에 대한 강력한 처벌로 수요를 차단해야 한다. 더불어 성매매에 대한 인식 개선을 통해 성매매 피해 청소년이 보호받고 가정이나 학교로 돌아갈 수 있는 시스템을 만들어야 한다. 이것이 우리 사회가 지향해야 할 건강하고 안전한 사회의 모습일 것이다.

헤스터(M. Hester)와 웨스트말랜드(N. Westmarland)는 『거리 성매매 대응: 총체적 접근을 위하여, 2004』 보고서를 통해 청소년 성매매는 단순한 금전적 거래가 아니라, '성적자기결정권'의 침해, 성 착취, 사회경제적 불평등의 결과로 보아야 할 복합적 현상이라고 강조했다. 특히 아동·청소년의 경우, 강제적·심리적 조작 또는 생존 전략의 목적으로 성매매에 노출되는 경우가 많다고 보았으며, 이러한 배경에서 청소년 성매매 문제에 대해 단순 처벌이 아닌 복지적·지지적 개입전략을 제시하며 중요한 전환점을 마련하였다. 헤스터와 웨스트말랜드는 2004년 영국 내 성매매 여성과 청소년 대상 연구를 통해 영국 정부의 '성매매 청소년은 피해자'라는 정책 흐름에 영향을 미쳤다. 이를 통해 기존의 법정 제재 중심 접근이 아닌 복합적 요인에 대한 개입 필요성이 강조되었다.

■ 헤스터와 웨스트말랜드의 다차원적 개입모델

헤스터(M. Hester)와 웨스트말랜드(N. Westmarland)는 성매매 청소년을 위한 다차원적 개입 모델을 제시하였는데 그 전략은 다음의 핵심 영역을 포함한다.

핵심 영역	내용 요약
관계 기반 접근	• 신뢰를 기반으로 한 관계 형성을 통해 청소년과의 지속적인 접촉을 유도 • 이해와 공감의 태도가 개입의 출발점이며 "그들이 어떤 삶을 살아왔는가."에 초점을 두고 접근
피해자 중심 관점	• 성매매 청소년을 '비행 청소년'이 아닌, 성적·사회적 약자로 보고 법적 처벌이 아닌, 지원 보호 중심의 대응 체계 필요 • '자발성'이라는 허상을 걷어내고 구조적 착취 맥락에서 해석
다학제적 팀 접근	• 경찰, 사회복지사, 심리 상담사, 교육기관 등 다양한 기관의 협력체계를 구축 • 각 기관의 역할에 대한 통합적인 조정을 통해 정보 공유 및 공동 개입 추진, 청소년의 복합적 욕구(주거, 의료, 교육)를 함께 해결
위험관리와 회복지원 동시 수행	• 단기적으로 위험 요소 차단 (피해자 보호, 접근 제한 등) 장기적으로 회복과 자립 지원 (치료, 교육, 직업훈련 등) • 트라우마 중심 상담과 정신건강 회복 프로그램 병행
청소년의 '목소리' 반영	• 개입은 일방적인 구출이나 통제가 아니라, 청소년의 욕구와 의사 존중을 기반으로 해야 함. • 실질적 의사결정 권한을 주는 방식으로 자율성과 회복력을 유도

■ 헤스터와 웨스트말랜드의 단계별 개입모델

5단계 모델은 다중 기관 협력과 피해자 중심 회복지원을 핵심으로 하여, 청소년과 취약 계층을 포함한 성매매 상황에 놓인 사람이 단계적으로 구조와 지원을 통해 벗어날 수 있는 과정을 아래와 같이 제시하였다.

단계	단계 명칭	내용
1단계	취약 단계 (Vulnerability)	• 착취의 위험에 노출되어 있지만, 아직 피해를 인식하지 못하는 상태 • 예방 중심의 초기 개입이 중요
2단계	인식 단계 (Recognition)	• 자신이 피해자임을 자각하게 되었지만, 여전히 가해자에 대한 의존이 있거나 자책감이나 수치심으로 인해 외부에 알리기 꺼림 • 비판단적 접근 중요, 안전한 공간 제공 필요
3단계	접촉 및 신뢰 형성 단계 (Engagement)	• 도움을 받을 준비가 되어 있거나, 지원기관이나 상담자와의 신뢰 관계가 형성되는 시기이며 실질적 지원 시작 • 지속적인 개입이 가능한 구조를 마련하는 것이 중요
4단계	변화 준비 단계 (Readiness for Change)	• 자신의 현실을 바꾸고자 하는 내적 동기가 자라나기 시작하지만, 행동으로 옮기기에는 불안감과 망설임이 있음 • 변화에 대한 실패를 비난하지 않고 피해자의 속도에 맞춰서 반복 지원을 가능하게 할 필요 있음

| 5단계 | 탈성머매 및 회복 단계
(Exit and Recovery) | • 성매매 상황에서 벗어나 새로운 삶을 계획하고 회복하지만, 외상후 스트레스, 관계 불신, 일상생활 적응 기반 부족 등으로 인한 재발 우려 존재
• 지속적인 심리치료, 주거 지원, 교육, 직업훈련 등 사회적 관계 회복 프로그램 제공 필수 |

※ 이 개입모델은 '거리 성매매'에 초점을 두었지만, 청소년 성 착취, 디지털 성매매, 생존형 성매매 등 현대 성매매 문제에도 적용 가능하다는 평가를 받는다.

(3) 심리장애

DSM-5(정신질환 진단 및 통계 편람 제5판)에서는 성과 관련된 정신건강 문제를 성적 기능장애(Sexual Dysfunctions), 성별 불쾌감(Gender Dysphoria), 성도착장애(Paraphilic Disorders)의 세 가지 주요 범주로 분류하고 있다.

• **성적 기능장애**(Sexual Dysfunctions): 성적 반응 주기의 특정 단계에서 일어나는 지속적이거나 반복적인 문제로 인해 개인에게 임상적으로 유의미한 고통이나 대인관계의 어려움을 유발하는 상태를 의미한다. 청소년은 발달의 특수성으로 인해 공식적으로 적용하는 것은 매우 신중해야 하며, 성장 과정에서의 일시적 어려움으로 보고 상담 및 성교육 중심의 접근이 우선되어야 한다.

• **성별 불쾌감**(Gender Dysphoria): 과거에는 성 정체성 장애(gender identity disorder)라고 불렸으나 장애라는 단어가 불러일으키는 낙인 효과의 우려로 2013년 DSM-5에서 '성별 불쾌감'이라는 진단명으로 변경되었다. 일반적으로 자신의 지정 성별(생물학적 성)과 성 정체성(자신이 인식하는 성) 사이의 지속적이고 강한 불일치로 인해 심리적 고통이나 기능 손상이 발생하는 상태를 말한다. 여기서 중요한 것은 '성별 불일치' 자체가 병리적인 것이 아니며, '성별 불일치'로 인해 겪게 되는 심리적 고통이나 기능 손상이 '성별 불쾌감'이라는 것이다.

'성별 불쾌감'은 '동성애'와는 구분되어야 하는데, 두 가지가 서로 연관될 수는 있지만 모두 그런 것은 아니다. 즉, 성별 불쾌감을 가진 모든 사람이 동성애자는 아니며, 모든 동성애자가 '성별 불쾌감'을 가진 것은 아니다. '성별 불쾌감'의 유병률은 생물학적으로 남성으로 지정된 사람에게서 더 흔하게 나타나는데, 사회적 인식의 변화로 커밍아웃에 대한 압박감이 줄어들면서 청소년 시기에 성별 정체성을 인식하고 표현하는 경우가 늘어나고 있다. '성별 불쾌감'에 대한 치료 방법은 다양하며, 상담이나 사회적 전환, 호르몬 치료, 성전환 수술 등이 있다.

청소년의 '성별 불쾌감'을 단순한 성적 호기심이나 유행으로 보는 시각도 있지만 '성별 불쾌감'을 경험하는 청소년은 자신의 성 정체성에 대한 깊은 혼란과 심리적 고통을 느끼는 힘든 과정을 겪는 경우가 대부분이다. 청소년의 '성별 불쾌감'은 '틀린 성'이 아니라, '자신의 성 정체성과 환경 사이의 충돌'을 이해하고 청소년의 성 정체성 탐색을 지지하는 방향으로 접근해야 한다. '성별 불쾌감'을 '비정상적' 혹은 '고쳐야 할 문제'로 바라보기보다 '존중과 수용의 문제'로 접근할 때 '성별 불쾌감'을 겪는 청소년이 진정한 자기로 살아갈 수 있는 용기를 얻게 될 것이다.

• **성도착 장애** (Paraphilic Disorders) : 비정상적인 방식으로 성적 만족을 얻는 증상을 의미하며 개인에게 고통을 주거나 사회생활에 지장을 초래할 때 진단되는 장애다. 성도착 장애는 다양한 형태로 나타날 수 있으며, 소아성애 장애, 관음증, 노출증 등이 대표적이다. DSM-5에서는 성도착적 경향이 단순한 성적 호기심이나 사춘기 탐색 수준일 경우 장애로 간주하지는 않지만, 청소년 시기에 충동 조절 미숙, 미디어(음란물, 왜곡된 성적 이미지 등)의 영향, 성적 경계 존중 부족으로 일시적인 성도착적 행동을 보일 수 있다. 청소년기에 이런 행동이 나타난다고 해서 반드시 성도착 장애로 진단하는 것은 위험하며 행동의 맥락, 빈도, 통제력, 피해 여부 등을 자세히 평가하고 조기 교육과 상담으로 개입하는 것이 우선되어야 할 것이다.

2) 청소년 성범죄

"그냥 장난이었어요." 혹은 "단순한 호기심 때문이었어요."라는 말은 청소년 성범죄 가해자가 가장 많이 하는 말이다. 하지만, 최근 청소년 성범죄는 단순한 일탈이나 호기심의 결과로만 보기 어려운 수준이며 점차 다양하고 심각한 양상으로 나타나고 있다. 이런 현상 때문에 우리 사회는 청소년 성범죄자에 대해 강력한 처벌을 원하는 분위기가 만들어지고 있다. 그렇다면 청소년 가해자를 강하게 처벌하는 방식만이 최선책일까?

청소년 성범죄는 왜곡된 성 인식, 과다한 성적 노출의 미디어 환경, 성교육 부족, 충동 조절 능력이 미성숙한 발달적 요인 등이 복합적으로 작용한 결과물일 것이다. 따라서 청소년 성범죄에 대한 대응은 단순한 처벌 중심의 접근만으로는 충분하지 않다. 청소년 가해자가 왜 그런 행동을 했는지, 어떤 배경과 원인이 있는지를 이해하려는 노력과 다각도의 개입이 필요하며 회복적 접근이 중요하다. 청소년 성범죄는 민감하고 어려운 주제이지만, 최근 발생 빈도가 높고, 피해의 심각성이 큰 주요 유형들을 살펴보면서 청소년 성범죄에 대한 이해를 높이고 대응책과 해결 방법을 고민하는 것이 필요하다.

(1) 또래 대상 성폭력

또래 대상 성폭력이란, 또래 관계에서 힘의 불균형을 이용하여 발생하는 성과 관련된 폭력을 의미한다. 주로 강제적인 신체 접촉, 성적 농담이나 언어적 희롱, 불법 촬영과 유포, 몸 사진 요구, 성적 메시지 전송 등 다양한 형태로 나타난다. "친한 친구 사이 혹은 친한 선후배 사이인데 뭐 어때!"라고 말하며 학교, 학원, 등 일상적인 사회적 관계 속에서 발생하므로 주변에서는 그 행위를 대수롭지 않게 여기거나 단순한 장난, 갈등, 또는 연애 문제로 오해하기 쉽다.

하지만 또래 간 성폭력이 행해지는 이유는 단순히 충동적 행동이나 호기심 때문만은 아니다. 왜곡된 성 인식과 미디어를 통해 반복적으로 소비되는 성적 콘텐츠, 또래 집단 내의 위계와 분위기, '동의' 개념에 대한 교육 부족이 복합적으로 작용한다. 가해자는 "장난이니까"라며 대수롭지 않게 여기고 피해자는 자신이 피해자인지 인식하지 못하거나 보복 내지는 관계가 깨질까 두려워 적절한 대응을 하지 못하고 오랫동안 지속되거나, 반복될 가능성이 크다.

또래 성폭력을 다루는 데 있어 중요한 것은 단순히 옳고 그름을 판단하는 데 그치지 않는 것이다. 청소년기는 인격이 형성되는 과정에 있는 시기로, 때로는 자신의 행동이 왜 잘못되었는지를 인식하지 못할 수도 있다. 따라서 무엇보다 피해자 보호를 최우선으로 하되, 가해 청소년에게도 자신의 행동이 피해자에게 어떤 영향을 주었는지 돌아보고 반성할 기회를 제공해야 한다. 이 과정에서 단순한 처벌과 비난보다는, '동의'란 무엇인지, 타인과의 성적 경계를 어떻게 설정하고 존중해야 하는지, 건강한 관계를 만들어가는 방법을 배우고 실천할 수 있는 환경을 마련하는 것이 중요하다.

(2) 교제폭력(데이트폭력)

교제폭력(데이트폭력)[10]은 교제 관계나 애정을 기반으로 한 관계에서 발생하는 성적, 신체적, 정서적, 경제적, 언어적 폭력 등을 의미한다. 청소년 사이에서도 연애가 흔해진 만큼, 그 과정에서 일어나는 청소년 교제폭력 역시 점점 더 빈번하게 나타나고 있다. 특히 성과 관련된 교제폭력 유형은 동의 없는 성적 접촉(키스, 껴안기, 만지기 등), 성관계 강요 및 압박, 성적수치심을 유발하는 말과 행동, 몸 사진 요구 또는 유포에 대한 협박 등이 있다.

청소년 교제폭력은 청소년이라는 발달적 특성상, 아직 서로를 존중하는 관계의 기준과 경계를 잘 알지 못한 채, 폭력을 사랑으로 착각하거나 행동을 정당화하는 경우가 많다. 감정적으로 불안정한 시기에 이뤄지는 청소년 연애는 신체적 폭력이나 성적 강요로 이어지기도 한다. "우리가 연인인데 이 정도는 괜찮은 거 아니야?", "네가 날 사랑하면 해줄 수 있잖아."라는 말은 상대의 마음을 조종하려는 심리적 압박이라고 볼 수 있다. 이런 특성으로 피해자는 관계가 깨질까 두려워 거절하지 못하거나 스스로 원한 행동이라고 착각하게 되는 경우도 많다. 최근에는 디지털 매체의 발전으로 SNS나 메신저를 통한 사진 요구, 위치 추적, 비동의 촬영, 유포, 이별 후 보복성 성폭력 이른바 리벤지포르노[11]의 유형으로 많이 이뤄지고 있으며, 특히 디지털을 이용한 성폭력은 일회성으로 그치는 경우가 드물어서 심각한 문제로 대두되고 있다.

교제폭력의 또 다른 무서운 점은, '사랑'이라는 이름으로 포장되기 쉽다는 점에 있다. 많은 청소년이 통제와 폭력을 애정표현으로 착각하고, "내가 좀 더 노력하면 상대가 변하겠지" 하는 마음으로 참는다. 하지만, 교제폭력은 단순한 연애 문제나 관계로 인한 갈등이 아니다. 반복되면 자존감 저하, 우울감, 자기 비하, 대인관계 회피 같은 심각한 심리적 후유증을 남길 수 있다.

따라서 상담자와 지도자는 청소년들이 연애와 사랑의 의미를 건강하게 정립할 수 있도록 도와야 하며, 폭력을 사랑과 구별할 수 있는 기준과 '성인지감수성'을 향상시키는

---

10 본 저서에서는 교제폭력과 데이트폭력을 같은 개념으로 사용하지만, '데이트'라는 단어의 낭만적인 느낌이 폭력의 심각성을 낮추고 있다는 인식과 다양한 관계를 보다 포괄적으로 담기 위한 일환으로 '여성가족부', '대검찰청' 등에서 교제폭력이라는 용어를 사용하고 있다.
11 리벤지포르노라는 표현은 피해의 심각성과 범죄성을 희석시킨다는 인식으로 용어 사용을 지양하고 있으나 일부에서는 여전히 사용하는 경우도 있어 독자의 이해를 돕기 위해 사용함.

교육을 제공해야 한다. 대부분의 피해자가 단호하게 피해를 막아내지 못한 자신을 탓하는 경우가 많으므로, "그건 네 잘못이 아니야!"라는 메시지를 피해자에게 꾸준히 전달하는 과정을 통해 피해자의 잘못이 아님을 인식시키는 일이 무엇보다 중요하다. 사랑은 통제가 아니라 존중이며, 가까운 사이일수록 책임감과 존중이 필요하다는 사실을 청소년들이 배울 수 있도록 해야 한다.

(3) 성매매 관련 범죄

청소년 성매매 관련 범죄란, 단순히 돈을 주고받고 성적인 행위를 하는 것만을 의미하지 않는다. 청소년을 대상으로 성매매하는 것은 물론, 이를 요구하거나 유인하고, 협박하거나 착취하는 모든 행위가 포함된다. 즉, 직접적인 '성매매'뿐 아니라 '성매매'와 관련해 청소년을 피해자로 만드는 모든 행위를 청소년에 대한 성 착취로 보고 「아동·청소년의 성보호에 관한 법률」을 통해 엄격히 처벌하고 있다.

청소년 성매매는 다양한 형태로 나타나고 있다. 청소년을 대상으로 한 성 매수, 또래나 후배를 유인이나 협박을 통해 성매매로 끌어들여 돈을 버는 '알선형 성매매'도 있다. 최근에는 '폭력'이나 '그루밍'을 통해 획득한 청소년의 사진이나 영상을 미끼로 성매매를 강요하는 '성 착취형 성매매'까지 등장했다. 특히 염려스러운 점은 이 모든 범죄가 디지털 공간을 이용해서 이루어지면서 디지털 공간을 '놀이 공간'처럼 사용하는 청소년이 피해자이자 가해자가 되는 현상이 빠르게 증가하고 있다는 것이다.

안타까운 점은 청소년 가해자가 과거에는 자신도 피해자였던 경우가 많고, 가출 청소년이나 위기 청소년인 경우가 많다는 것이다. 사회적 보호망이 약한 청소년들이 이 범죄에 노출되는 현상을 이해하고 처벌뿐만 아니라, 적극적인 복지나 상담 개입을 포함한 복합적 대응이 필요한 문제로 접근할 필요가 있다.

(4) 디지털 성범죄

디지털 성범죄는 인터넷, 스마트폰, SNS, 채팅앱 같은 디지털 기술 및 플랫폼을 통해 발생하는 성폭력을 의미한다. 흔한 디지털 성범죄 유형에는 불법 촬영, 유포 및 유포 협박, 성적 이미지 합성(딥페이크), 온라인 그루밍 등이 있다. 무서운 점은 스마트폰 하나로

이 모든 범죄가 가능해지면서 디지털 관련 성범죄가 점점 더 다양하고 교묘한 수법으로 증가하고 있다는 점이 다.

디지털 성범죄의 큰 특징과 위험은 한번 유포된 피해자 정보는 쉽고 빠르게 퍼지며, 영구 삭제가 어렵다는 점이다. 또한, 피해자는 자신이 피해를 당한 사실조차 인지하지 못하거나, 인지했더라도 언제 어디서 다시 피해를 보게 될지 몰라 '피해 불안'이라는 '2차 피해'를 경험하면서 불안과 공포 속에서 살아가게 된다. 현재 우리 사회는 이런 심각성을 인식하고 높은 사회적 요구를 반영해 강력하게 처벌하고 있으며 법적 처벌 기준은 14장에서 다시 다뤄질 것이다.

디지털 성범죄는 기술의 발전과 함께 빠르게 증가하고 있으며, 피해의 범위와 심각성 또한 커지고 있다. 이러한 현실에서 예방과 대응을 단순히 개인의 '부주의'로만 돌리는 것은 바람직하지 않으며 사회 전반의 구조적 노력과 맞춤형 대응 전략이 요구된다. 디지털 성범죄 피해자가 겪는 가장 큰 어려움은 '피해 촬영물' 그 자체보다, 이후 겪게 되는 '2차 피해'와 '사회적 낙인'이다. 따라서 피해자의 신원을 철저히 보호하고, 영상 삭제 지원, 심리 상담, 학업·사회 복귀 프로그램 등 실질적인 회복 시스템을 갖춰야 한다. 피해자는 부끄러워해야 할 존재가 아니라, 보호받아야 할 권리의 주체라는 점을 분명하게 보여주는 것이, 피해자에 대한 이 사회의 책임 있는 태도일 것이다.

디지털 성범죄는 지금, 이 순간에도 누구나 피해자가 될 수 있는 문제이며, 이는 성별, 나이, 성 정체성과 무관하게 기술을 이용한 새로운 권력 범죄의 형태다. 따라서 우리 사회는 "네가 조심했어야지."가 아니라, "그건 네 잘못이 아니야, 우리가 함께 해결해야 해."라는 언어를 선택할 수 있어야 한다.

(5) 그루밍(성 착취 목적의 유인·권유 등)

'그루밍(Grooming)'이란, 성범죄자가 피해자의 신뢰를 얻기 위해 시간과 노력을 들여 심리적·정서적 유대감을 조작적으로 형성한 후, 성적 착취로 이끄는 행위를 말한다. '털을 빗겨주는 행위'에서 유래된 단어로, 처음에는 돌봄·관심·보호처럼 보이지만 실상은 조작과 통제의 기술이다. 실제 성행위가 없었더라도, 아동·청소년을 성 착취 목적으로 '그루밍'한 행위는 범죄로 규정되며, 처벌 대상이 된다. 최근에는 디지털을 이용한 '그루밍'(SNS,

게임, 채팅앱 등을 통해 접근)이 빠르게 증가하고 있으며 그루밍 수법이 나날이 다양해지고 정교해지고 있다.

대부분 성인이 아동·청소년을 대상으로 하는 '그루밍'만 범죄가 된다고 생각하지만, 청소년 간에도 자신보다 어린 아동·청소년을 성적 목적으로 접근해서 '그루밍'을 하면 「아동·청소년의 성보호에 관한 법률」 제17조 (성 착취 목적의 유인·권유 등)에 의해 범죄가 될 수 있다. 최근에는 성인이 아닌 청소년 간 '그루밍'도 빠르게 증가하는 추세이며, 특히 디지털 환경에서 장난처럼 시작된 경우가 많은 것으로 조사되고 있다.

'그루밍'으로 인한 성범죄는 실제 성범죄로 연결되는 경우도 많아 특히 주의가 필요한 범죄라고 할 수 있다. '그루밍'은 피해자가 자신이 피해자라고 인식하지 못하고, "내가 원해서 한 일"이라고 오해하거나 자책해서 피해 신고를 하지 않는 경우가 대부분이며 이런 특성으로 인해 지속적인 피해를 당하는 경우가 많다. 겉보기에는 강제성 없는 합의 관계로 보일 수 있어 수사와 처벌이 어려운 특수성을 고려해 '그루밍'을 범죄로 규정하게 되었다.

최근 디지털 플랫폼 확산과 함께 '그루밍' 수범은 점점 더 진화하고 수법도 다양화되고 있지만, 대부분의 '그루밍 성범죄'의 진행 단계는 공통적인 특성이 있다. 최근 '온라인 그루밍'의 피해가 심각하므로 '온라인 그루밍' 내용을 중심으로 단계별 특성을 살펴보면서 '그루밍' 수법을 인지하는 것은 중요한 예방법이 될 것이다.

■ 그루밍(Grooming)의 단계별 수법 특성

아동·청소년을 대상으로 한 성범죄의 상당수가 '그루밍'을 활용한다는 점에서 그들의 그루밍 수법을 잘 이해하는 것이 중요하다고 할 수 있다.

단계	특성
접근 및 관심 유도	SNS, 오픈 채팅, 게임, 커뮤니티 등에서 친구처럼 다가가서 친절함, 선물, 칭찬으로 호기심과 호감을 끌어냄.
신뢰 구축	공감과 비밀 공유를 통해 심리적 유대를 형성하고, 피해자가 자신을 유일하게 이해하는 안전한 자원으로 인식하게 함
심리적 고립 (비밀유지) 유도	"부모는 널 이해 못 해.", "이건 우리 사이의 특별한 비밀이야." 등의 말들로 주변(가족, 교사, 친구)과의 단절을 유도하고 피해자를 심리적으로 고립시켜 가해자를 더 의존하게 만듦

경계 무너뜨리기 (성적 주제 접근)	성적인 대화나 성적 호기심을 유도하는 가벼운 질문이나 농담을 이용한 성적 대화를 시작으로 성기 명칭, 노출 요청, 음란 사진이나 영상 요구 등 점진적으로 수위가 높아짐
성적 착취 실행	실제 성적 행위를 강요하거나, 성 착취물 제작, 영상 통화, 오프라인 만남을 유도함. 기존에 획득한 사진이나 영상, 성적 대화를 미끼로 협박하거나 감정적 조작(교제나 사랑으로 오인)을 통해 성 착취를 이어나감.
통제 및 침묵 강요	"신고하면 네가 다친다.", "우리 사이를 모두가 알게 되면 둘 다 망가져.", "난 너밖에 없는데 나를 버릴 거야?" 등의 협박이나 죄책감, 고립, 보상 등을 이용해 피해자가 외부에 알리지 못하게 함.

‘그루밍’ 단계에서 살펴볼 수 있는 것처럼 대부분의 ‘그루밍’ 피해자는 ‘그루밍’의 전 과정을 사랑이나 호의로 착각하는 경우가 많으므로 ‘그루밍’ 수법을 인지하고 자기방어 능력을 키우는 교육이 필요하다.

그러나 교육만으로는 충분하지 않다. 더 본질적인 과제는 사회 전체의 인식 변화다. 현재도 ‘그루밍’ 피해를 여전히 ‘피해자의 부주의’나 ‘가해자 유혹에 넘어간 탓’으로 여기는 왜곡된 시선이 존재한다. 이러한 2차 가해적 인식은 피해자에게 또 다른 상처를 주며, 피해 사실을 숨기게 만드는 요인이 된다. 우리 사회는 피해자의 행동을 문제 삼기보다, 가해자의 조작적이고 계획적인 접근 자체가 본질적인 문제임을 인식해야 한다. 그래야만 피해자들이 적극적으로 신고를 하고 범죄를 줄일 수 있으며, 피해에 대한 회복이 보다 더 잘 이루어질 수 있다.

1) 사회학습 이론(Social Learning Theory)

사회학습이론은 청소년이 가정, 또래, 미디어, 성인문화 등 주변 환경을 통해 성적 행동과 폭력성을 학습한다고 본다. 예를 들어, 어떤 청소년이 친구들과의 단체 채팅방에서 야한 영상이나 사진을 공유했을 때, 주변 친구들이 "와 대박, 이런 걸 어디서 구했어?"라며 좋아하거나 관심을 보인다면, 그 청소년은 '친구들에게 관심받으려면 이런 행동을 해야겠구나.'라고 생각하게 되는 것이다. 이처럼 자신의 행동에 대한 또래의 반응이 긍정적일수록, 그 행동은 강화되고 반복될 가능성이 높아진다. 이런 과정을 통해 왜곡된 성 문화에 대해 무비판적이고 성범죄를 정당화하는 식의 '다른 애들도 다 하는데 뭐.'라는 인식이 만들어진다.

즉, 성범죄는 성적 욕구에 의해 자연스럽게 일어나는 일이 아니라, 이 사회와 환경이 왜곡된 성 문화를 지속적으로 허용하고 강화해 온 결과물이라고 볼 수 있는 것이다. 청소년들에게 "그런 행동은 하지 마라."는 식의 금지만 하는 성교육은 적절하지 않으며, 건강한 성 행동을 모델링하고 학습할 기회를 어떻게 만들어주어야 할지를 고민해야 할 것이다.

2) 인지왜곡 이론(Cognitive Distortion Theory)

중학교 남학생인 A는 쉬는 시간마다 반 친구인 여학생들의 신체를 일부러 만지는 행동을 하고 상대방이 화를 내면 "야, 너 반응 웃긴다. 뭐 그렇게까지 정색하냐?"라며 가볍게 넘기려 했다. 이렇게 가해자가 자신의 성범죄 행동을 합리화하거나 왜곡함으로써 자신의 성범죄 행동을 합리화하고 책임을 회피하는 과정을 통해 성범죄 행동을 지속하거나 반복하는 것을 '인지 왜곡'이라고 할 수 있다. 이런 왜곡된 인지는 "네가 먼저 관심 보였잖아.”라며 피해자에게 책임을 전가하거나 “그냥 장난이었어요.” 등의 행동에 대한 축소, “그냥 보기만 하고 유포는 하지 않았어요.” 등의 결과 무시, 범죄 이후 자신이 가해자가 되어 받게 된 불이익에 집중하는 자기 피해 사고 등으로 나타난다.

청소년의 성범죄는 단순한 충동이나 성적 욕망의 결과가 아니라, 잘못된 성문화와 사회 환경이 만들어낸 인지적 왜곡이 결합한 결과일 수 있다고 보고 청소년들의 왜곡된 인지를 건강하고 합리적으로 변화시켜야 할 것이다.

3) 사회문화 이론(Sociocultural Theory)

청소년의 성범죄를 단순한 '개인의 일탈'로만 보면 중요한 것을 놓치게 된다. 실제로 청소년의 성 관련 문제는 청소년을 둘러싼 사회문화적 환경에서 비롯되는 경우가 많기 때문이다. 예를 들어, 어떤 학생이 딥페이크 기술을 이용해 같은 학교 여학생의 음란물 영상을 만들고 공유했을 때, 친구들이 “우와! 대박이다”, “진짜 같은데?” 하며 웃고 넘기는 경우가 많다. 이런 분위기 속에서 그 학생은 자신의 행동을 범죄라고 생각하기보다는 '재미있는 놀이'나 '인기를 얻는 수단'으로 생각하게 되는 것이다.

이처럼 청소년 성범죄는 단지 개인의 문제가 아니라, 그가 속한 사회와 문화가 만들어낸 불평등한 성적 권력 구조와 왜곡된 성문화의 결과물로 이해되어야 한다. 청소년은 그 사회의 문화를 그대로 흡수하는 발달적 특성이 있기에, 성범죄를 예방하기 위해서는 청소년들이 접하고 배우는 성문화와 불평등한 성별 환경을 바꾸려는 노력이 선행되어야 할 것이다.

4) 자기통제 이론(Self-Control Theory)

성범죄의 경우, 특히 청소년에게 이 이론은 매우 설득력이 있는 이론이라고 할 수 있다. 청소년은 발달 특성상 전두엽이 아직 미성숙한 시기이며, 이 시기에 성적 만족이나 집단의 압력, 왜곡된 성 문화 등에 노출되면 성적 행동에 대한 자기통제 능력이 흔들릴 수도 있기 때문이다.

예를 들어, 지나가던 여성의 엉덩이나 다리를 몰래 찍고 싶은 충동이 들었을 때 "사진만 찍는 건데 뭐 어때." 하면서 여러 차례 반복하다가 경찰에 붙잡히게 되거나, 호기심에 학교 화장실 창가에 스마트폰을 두고 불법 촬영을 하려다가 발각되기도 하는 등 자신의 행동에 대해 결과를 고려하지 않는 충동성과 단기적 쾌락을 추구하기 위해 하는 행동들은 모두 자기통제 능력의 부족이라고 보는 것이다.

'자기통제이론'을 성범죄에 적용할 때 중요하게 생각해야 할 부분은 성범죄자 개인의 행동 기제를 설명하는 것에는 효과적인 부분이 있지만, 청소년 성범죄의 사회적 원인과 구조적 문제점을 충분히 설명하지 못할 수 있다는 점이다. 청소년 성범죄에서 중요한 것은 "청소년 가해자의 성범죄 충동은 어디서 만들어졌고, 왜 그렇게 행동해도 괜찮다고 생각하게 됐을까?"라는 질문을 함께 던지는 일이다.

5) 페미니스트 이론(Feminist Theory)

수잔 브라운밀러(Susan Brownmiller, 1975)[12], 캐서린 매키논(Catharine MacKinnon, 1979)[13] 등으로 대표되는 페미니스트 이론에서는 성범죄를 단순한 '성적 욕구'나 '개인의 도덕성 결여' 때문이 아니라, 성별 권력의 불균형에서 비롯된 지배와 통제의 수단으로 본다.

어떤 남학생이 여학생에게 메시지를 통해 성적인 대화를 시도하다가 거절당한 후, 친구들에게 "걔는 몸매도 별로인데 옷은 야하게 입고 다니면서 순진한 척 내숭을 떨더라."고 말하며 자신의 행동을 피해 여학생의 옷차림 탓으로 돌리려 한 사례는, 단순한 개인의 왜곡된 판단이 아니라 성차별적 사회 구조가 내면화된 결과라고 볼 수 있다. 이는 자신을 거부한 여학생에게 성별 우월감을 과시하고자 하는 권력적 반응으로 해석된다.

또한, 청소년 시기의 성 가치관과 태도는 대중매체, 부모의 성역할, 또래 집단 내 문화 등 일상적 환경으로부터 큰 영향을 받는다. 남성은 적극적이고 지배적인 '성 주체'로, 여성은 수동적이고 성적 대상으로 묘사되는 대중매체의 콘텐츠나 부모로부터 전해지는

---

12 미국의 급진적 페미니스트, 작가, 언론인으로, 대표 저서인 「강간에 관하여(AgainstOur Will: Men, Women, and Rape, 1975)」는 성범죄 담론의 판도를 바꾼 고전이다.
13 미국의 페미니스트 법학자, 인권활동가, 정치이론가로, 「Sexual Harassment of Working Women (1979)」은 성희롱 개념의 제도화에 결정적인 역할을 했다.

성역할 고정관념은 청소년이 성에 대한 왜곡된 인식을 내면화하게 만든다.

페미니스트 이론의 관점에서 특히 문제시하는 부분은 청소년 사이에서도 성폭력이 발생했을 때 피해자에게 책임을 전가하는 문화이다. "피해자가 유혹했다"거나, 피해자의 의상이나 성에 대한 개방적 태도를 문제 삼아 피해 책임을 돌리는 반면, 가해자는 "유혹 당했다.", "상대도 원했다."는 식으로 정당화하며 책임을 회피한다. 이는 우리 사회 전반에 깊게 뿌리내린 피해자 유발론과 성차별적 프레임이 청소년에게 그대로 전달되고 있음을 보여준다.

페미니스트 이론은 말한다.

"가해 청소년을 단순히 처벌하는 것만으로는 부족하다."

중요한 것은 불평등한 성별 권력과 사회 구조 속에서 어떤 방식으로 성범죄가 발생하는지 이해시켜야 한다. 서로를 혐오하는 사회가 아닌 여성과 남성을 동등한 인간에 대한 존중의 개념으로 이해하도록 도와야 한다. 가해자의 성 인식을 건강하게 재구성하고, 피해자에 대한 공감과 존중의 태도를 배울 수 있도록 도와야 한다.

1. 청소년 성 상담의 이론과 기법

1) 청소년기의 성과 상담

청소년기 성에 대해 말할 때, 개인에 따라 '성' 대한 관심과 속도의 차이는 존재하지만, 보통 연령을 기준으로 12~20세에 나타나는 특성을 말한다. 청소년기는 아동기에서 성인으로 이행하는 과정에 해당하는 시기로 급격한 신체 발달이 이루어지며 변화를 보인다. 남성의 경우 테스토스테론이라는 성호르몬의 분비로 인해 이차 성징 발달을 자극함으로써 고환이 커지고 음경이 길어지며 성기 주변에 털이 나기 시작하며 몽정한다. 수염이나 겨드랑이에도 털이 나기 시작하며, 어깨가 넓어지고 근육량이 증가하며 변성기가 나타난다. 여성의 경우 에스트로겐 호르몬을 방출하며, 유두 주변이 부풀며 유방이 발달하고 자궁과 질 내부 발달을 촉진한다. 난소에서 배란이 시작되고 보통 만 11~13세경에는 초경을 경험하며, 임신을 위해 준비를 한다. 음부, 겨드랑이에 털이 나며 골반이 넓어진다.

청소년기 성에 대한 호기심, 급격한 신체적·생리적 발달은 성호르몬의 분비에 따라 나타나는 자연스러운 현상이다. 그런데도 성 발달에 따라 나타나는 변화에 자신과 친구를 비교하며 불안감과 수치심을 경험하거나, 몽정으로 인한 놀람, 수치감, 죄책감을 보이기도 하며, 외모로 자기 가치를 평가하기도 한다. 때로는 성적 호기심과 무분별한 미디어 노출로 인해 또래문화와 이성 관계에서 왜곡된 성 정보에 노출되기도 한다. 이는 에릭슨(Erikson)의 심리·사회적 발달에 따라 자아정체감을 확립해야 하는 청소년기 과업 확립에 혼란을 준다. 청소년기의 자아정체감 확립과 성 발달은 중요한 발달 과업이며, 이 시기의 혼란감은 일시적일 수 있으나 건강한 성 발달을 위해서는 적절한 성교육과 상담이 필요하다. 따라서 부모, 교사, 상담자는 청소년이 자신에 대한 긍정적 인식을 형성하고, 건강한 성 정체성을 갖도록 돕는 역할을 해야 한다.

2) 청소년기 성 상담 목표[14]

(1) 건강한 성적 자기 정체감 형성

청소년기 호르몬에 의해 나타나는 자기 신체·생리적 변화와 성적 욕구, 감정이 정상적이고 자연스러운 과정이라는 것을 수용할 수 있도록 도와야 한다. 청소년들은 자신의 성적 관심이 정상적인 것인지에 관해 관심을 두는 경우가 많다. 이에 따라 청소년 성 상담 전문가들은 청소년의 성 정체성, 성역할, 성적 지향에 대한 자기 이해를 도모할 수 있도록 돕는 것이 필요하다.

(2) 성에 대한 정보 제공

청소년들은 성에 대해 많이 안다고 생각하지만, 실제로는 또래나 음란물 등 부정확한 경로를 통해 잘못된 정보를 접하는 경우가 많다. 학교 성교육은 형식적 수준에 머물러 청소년의 궁금증을 충분히 해소하지 못하고 있다. 따라서 부모, 교사, 전문가들은 청소년이 가진 잘못된 성 지식을 바로잡고, 현실에서 적용 가능한 정확하고 실질적인 정보를 제공해야 한다.

(3) 성적 위험으로부터 예방 가능한 방법 제공

성폭력, 성희롱, 성병, 미혼 부모, 성매매, 디지털 성범죄 등은 청소년에게 개인적·사회적 문제를 유발할 수 있다. 성 상담에서는 청소년이 성적 위험을 인식하고 예방할 수 있도록 정보 제공과 자기 조절 능력 함양이 병행되어야 하며, 피해 예방뿐 아니라 가해

---

14 출처: 이명화(2003). 『상담자를 위한 청소년 성 상담 지침』, 아하 서울시립청소년성문화센터.

예방을 위한 윤리적 접근도 필요하다. 이미 위험에 노출된 경우에는 신속한 개입과 함께 도움을 받을 수 있는 구체적인 절차 안내가 포함되어야 한다.

(4) 성적 의사결정권과 책임감 함양

청소년의 성적 자기 결정권이란 자신의 몸과 감정에 대해 스스로 선택하고, 원치 않는 성적 행동을 거부할 수 있는 권리이다. 이는 성적 압력이나 왜곡된 정보로부터 자신을 보호하고, 타인의 요구에 휘둘리지 않고 책임 있는 선택을 할 수 있는 힘을 기르는 것을 의미한다. 청소년기는 사랑과 성에 대한 혼란이 커지는 시기로, 사랑이 반드시 성관계를 포함하지 않음을 인식하고, 자신의 감정과 경계를 존중하는 태도가 중요하다. 책임 있는 성은 단순한 피임을 넘어, 상대에 대한 배려와 존중 속에서 이뤄지는 성숙한 선택임을 이해할 수 있도록 돕는 것이 필요하다.

(5) 성에 대한 부정적 감정 및 상처 치료

과거 또는 현재에 성에 대한 부정적 경험이나 상처를 가지고 있는 경우 사춘기 성발달 과정에서 왜곡된 성인식 또는 과한 성행동, 대인관계 어려움 등의 문제로 야기되기도 한다. 특히 성폭력 피해자의 경우 성에 대한 왜곡된 인식과 심리적 어려움을 경험하는 경우가 있다. 따라서 청소년 성 전문가의 경우 부정적 경험에 대한 재인지화를 도울 수 있도록 부정 감정의 인식과 명명, 안전한 공간에서 감정 표현, 긍정적 자기인식을 도모할 수 있도록 도울 필요가 있다.

3) 청소년 성 상담 과정

청소년기 성(性) 상담은 과거 또는 현재에 겪은 부정적인 성경험이나 왜곡된 성 인식에서 벗어나, 상담과 교육을 통해 건강한 성 개념을 확립하고 성적 자기 결정권을 키우며 위험한 성 행동을 예방하도록 돕는 과정이다. 청소년기는 신체적 변화와 함께 성에 대한 호기심, 이성 관계, 성 정체감 등 다양한 성 이슈가 증가하는 시기이므로, 상담자는 청소년 개개인의 발달 단계와 사회문화적 맥락을 고려한 통합적 개입이 필요하다.

다음은 대학생 초기 연령대의 청소년인 서현의 사례를 중심으로, 청소년 성 상담을 인지행동이론, 인간중심이론, 발달적 접근, 다문화/성인지 관점 등 다양한 이론적 틀에 따라 어떻게 접근할 수 있는지를 정리한 내용이다.

서현(고3)은 처음으로 사귄 남자친구와 교제 중이다. 남자친구는 처음에는 다정했지만, 점점 사소한 일에도 서현에게 "넌 너무 이기적이야.", "날 사랑한다면 내 말에 따르겠지?"라는 태도로 변하며 점차 강하게 자신의 요구를 했다. 서현은 남자친구가 기분이 나빠질까 봐 항상 그의 눈치를 보게 되었고, 원하지 않는 스킨십이나 요구도 거절하지 못한 채 받아들였다. 그녀는 '내가 남자친구 말을 들어주지 않으면 버림받을 것 같다.'는 두려움과 함께, 자신이 '사랑받기 위해선 참아야 한다.'고 믿고 있다. 서현의 아버지는 엄마에게 늘 강압적으로 대했지만, 엄마는 이혼당하지 않기 위해 그런 아버지의 말에 별다른 반응 없이 묵묵히 따르며 참고 살아왔다.

(1) 인지행동이론(Cognitive Behavioral Theory, CBT)

서현은 "내가 남자친구 말을 들어주지 않으면 그는 나를 떠날 거예요.", "나는 그 사람에게 사랑받지 못할 거예요."라고 반복해서 말했다. 이처럼 '거절은 곧 버림받는 것'이라는 신념은 서현이의 내면에 깊이 자리한 스키마로, 사랑을 받기 위해선 반드시 상대의 요구를 따라야 한다는 왜곡된 사고에서 비롯된 것이다. 상담자는 먼저 서현이 안전하게 감정을 털어놓을 수 있도록 무비판적인 분위기를 조성하며, 그녀가 자신의 감정에 주목하도록 돕는다. 이후 인지행동이론의 ABC 모델에 따라, 서현이 경험한 사건(남자친구의 강요), 그에 대한 신념(거절하면 버림받는다), 결과(불안, 무기력, 자기 비난)로 이어지는 구조를 함께 탐색한다. 상담자는 "모든 사랑은 복종 위에 세워져야 할까?", "내가 나를 지킬 때, 진짜 나를 아껴줄 사람도 함께 지킬 수 있지 않을까?"와 같은 도전적 질문을 통해 기존의 비합리적 사고를 재구조화해 나간다. 이어서, 남자친구의 부당한 요구를 거절해 보는 역할극이나 감정조절 훈련 등을 통해 서현이 성적 자기 결정권과 감정적 경계를 실천할 수 있도록 돕는다. 마지막으로, "거절은 나를 지키는 행동이다."라는 자기 보호 문장을 스스로 만들고, 불편한 상황에서의 대응 전략과 지지체계를 설정함으로써 재발을 예방하고, 건강한 자율성과 정체감을 회복하도록 개입을 마무리한다.

(2) 인간중심 상담(Person-Centered Counseling)

서현은 어린 시절부터 아버지가 어머니를 억압하고 통제하는 모습을 반복적으로 보아왔다. 그런 가정환경 속에서 서현은 "여자는 남자에게 맞춰야 한다."는 자기개념을 자연스럽게 내면화했고, 그 믿음은 현재 남자친구와의 관계에서도 그대로 재현되고 있었다. 상담자는 판단 없이 서현의 감정을 온전히 수용하며, 그녀가 자신의 내면에 있는 두려움과 억눌린 감정을 마주할 수 있도록 따뜻한 공감으로 지지한다. "그땐 어쩔 수 없는 줄 알았어요."라는 서현의 말에 상담자는 일치된 태도로 고개를 끄덕이며, 그녀 스스로 과거의 경험을 이해하고 자기감정을 회복해 나갈 수 있도록 곁에 머물렀다. 상담 과정에서 서현은 비로소 '내 목소리를 내도 사랑받을 수 있는 나'라는 새로운 자기개념을 조금씩 만들어 가기 시작했다.

(3) 발달적 접근 이론

청소년기와 초기 성인기는 자아정체감을 형성하고 친밀한 관계를 형성해 나가는 중요한 시기로, 이 시기의 청소년들은 타인과의 관계를 통해 자신의 가치를 확인받고자 하는 경향이 강하다. 특히 처음으로 경험하는 연애는 관계 유지 자체가 중요한 목표가 되며, 이로 인해 관계 내 불균형이나 부당한 요구를 인식하거나 저항하는 데 어려움을 겪을 수 있다. 서현은 가정 내에서 남성이 지배하고 여성이 수용하는 성역할 모델을 학습해 왔다. 이러한 가족 내 경험은 서현의 애착 형성 및 자기개념 발달에도 영향을 주었을 가능성이 있다. 조건적인 사랑과 불안정한 애착은 '버림받을 것'이라는 불안을 자극하며, 이는 자존감과 자기효능감을 저하시키고 결과적으로 관계에서 자신의 경계를 설정하거나 권리를 주장하기 어렵게 만든다. 더불어 성적 자기 결정권이나 감정 표현 능력, 경계 설정 등의 기술이 충분히 발달하지 않은 상태에서는 자신이 느끼는 불편함조차 명확히 인식하거나 표현하는 데 어려움을 겪게 된다. 따라서 상담자는 서현이 경험하고 있는 관계를 그녀의 발달적 배경과 가족 내 관계 모델, 자기개념의 형성 과정을 종합적으로 이해할 필요가 있다.

(4) 다문화/성인지 관점이론

서현이 "남자친구가 원하는 걸 거절하면 나는 사랑받지 못할 거예요."라고 말할 때, 이는 단순히 개인의 문제라기보다 사회 전반에 뿌리내린 성역할 고정관념과 젠더 불균형 구조 속에서 형성된 인식일 수 있다. 서현은 여자는 남자에게 맞춰야 한다는 문화적 기대와 성인지 감수성이 부족한 환경 속에서 자라며, 관계 안에서 자기 결정권보다 순응을 우선시하는 태도를 익혔다. 다문화/성인지 관점에서 상담자는 이러한 내면화된 젠더 권력 구조를 함께 성찰하고, 서현이 자신의 감정과 경계를 존중하는 법을 배울 수 있도록 돕는다. 이는 단지 개인의 회복이 아니라, 성 평등적 시선에서 사회적 인식을 재구성해 가는 과정이기도 하다.

2 / 청소년 성교육

1) 청소년 성교육의 중요 요소

성교육은 성에 대한 지식이나 정보 전달만을 목적으로 하는 것이 아닌 인간의 성에 대한 신체, 정서, 사회적 상호작용의 책임을 갖도록 하는 것이다. 청소년의 성교육은 나를 사랑하고, 타인을 존중, 공감하는 필수적인 과정으로 청소년의 발달단계에 따라 맞춤형 교육이 필요하다.(김요완, 2013) 청소년 성교육 방식에 대해서는 강의식 보다 체험형일 때 만족도가 높다. 주제와 특성에 맞는 실질적인 매체를 활용하는 것이 집중력이나 이해도를 높일 수 있고, 시청각 매체를 활용하는 것이 효과적이다. 청소년 성교육 내용에 주요하게 구성되어야 하는 내용은 아래와 같다.

- **나와 나의 몸에 대한 긍정적 인식**: 나(Self)와 나의 몸에 변화를 긍정적으로 인식하고, 나를 사랑하여 건강한 자기개념을 형성한다.
- **성 기관과 성감대 인식**: 청소년기는 이차 성징이 나타나는 시기로, 책이나 다양한

자료를 활용하여 내·외부 성 기관과 그 기능에 대해 미리 알려주는 것이 필요하다. 이때 비유하거나 일부를 축소하기보다는 전문 용어를 사용해 정확하게 설명한다. 성감대 자극에 따라 성욕이 생기는 것은 자연스러운 현상이며, 성욕을 조절하는 데 느끼는 어려움과 그에 대한 대처 방법은 상담자와의 대화를 통해 함께 나눌 수 있다.

• **성행위와 성병 인식**: 단순한 성관계뿐만 아니라 손잡기, 포옹, 뽀뽀, 키스, 가슴이나 성기 자극 등도 모두 성적 행위에 포함된다는 인식을 가질 수 있도록 돕는다. 성적 욕구가 생기기 전까지의 단계를 이해하고, 그 이후에는 자율적인 조절이 어려울 수 있음을 인식하도록 하며, 스스로 조절할 수 있는 방법에 대해 안내한다. 아울러 성병의 종류와 증상, 예방법 등에 대해 알고, 이를 통해 자신을 보호할 방법을 숙지하도록 한다.

• **임신, 출산, 피임방법 인식**: 임신과 출산 과정에 대해 정확히 이해할 수 있도록 하고, 책임 있는 성관계를 위해 성교를 지연하는 선택에 대해 교육한다. 또한 피임 도구나 모형을 활용한 실질적인 피임 교육을 실시하며, 계획된 임신의 필요성에 대해서도 함께 다룬다. (김요완, 2013)

• **자위**: 성적 욕구는 누구나 경험할 수 있는 자연스러운 쾌락 본능이라는 점을 이해할 수 있도록 한다. 다만, 성적 욕구로 인해 과도한 죄책감을 느끼거나 신체적·심리적 불편을 겪거나, 일상생활에 지장을 줄 정도로 조절이 어려운 경우에는 보호자나 전문가 등 신뢰할 수 있는 어른에게 도움을 요청할 수 있어야 한다.

• **성적 자기 결정권**: 성과 관련된 의사 표현과 행동은 안전한 환경에서 자신과 타인을 보호하며 스스로 책임 있게 결정할 수 있는 개인의 권리에 해당한다. 이러한 결정은 타인의 요구에 따르는 것이 아니라 개인이 선택하는 책임 있는 행동이어야 한다.

2) 교육부에서 제시하는 학교급별 성교육 표준안

초·중·고등학생에게 성교육을 실시할 때 어떤 내용을 포함해야 할지 고민된다면, 교육부에서 제시한 『학교 성교육 표준안』(2015)을 참고할 수 있다. 이 표준안은 연령과 발달 단계에 맞춘 교육 내용을 담고 있어 교사나 상담자가 성교육 주제를 구성할 때 유용하게 활용할 수 있다. 2023년부터는 이 표준안이 법적 지침이 아닌 참고용 자료로 안내되고 있으며, 학교 현장에서는 자율적으로 성교육 내용을 선택하고 적용할 수 있게 되어 있다. 따라서 성교육의 실제 운영은 학교나 지역, 담당 교사의 역량에 따라 차이가 날 수 있지만, 표준안은 여전히 기본 방향과 내용을 제시하는 자료로서 중요한 역할을 한다. 학교급별 성교육 표준안은 [부록 9장-1]에 수록하였다.

3) 청소년 성교육 프로그램 예시 자료

청소년을 대상으로 한 성교육의 프로그램(이유진, 조은숙, 2024)은 초기 청소년과 부모가 함께 참여하여 성에 대한 기초 지식, 신체 변화, 생리와 임신, 피임, 성병 등 실질적 주제를 이해하고, 동의와 자기 결정권, 인권과 성 평등, 성폭력 예방, 성 관련 의사소통 능력 향상을 목표로 총 9회기로 구성되었으며, 유네스코 포괄적 성교육 핵심 요소를 바탕으로 참여형 활동과 부모-자녀 간 상호작용을 통해 성 지식, 성 태도, 성적 의사소통의 긍정적 변화를 이끌어낸 실천 중심 프로그램이다. [부록 9장-2]에 회기별 목표와 활동이 간략히 제시되어 있으니 상담 및 성교육 계획 시 참고할 수 있다.

4) 청소년 성교육 기관 안내

청소년 성교육 관련 기관 및 상담 자원에 대한 정보는 [부록 9장-3]에 수록하였다. 실제 상담 및 성교육 현장에서 활용할 수 있는 기관 목록이 정리되어 있으니 참고 자료로 활용할 수 있다.

1) 성폭력 피해자의 특성

성폭력을 경험한 청소년은 불안, 우울, 수치심, 자기 비난 등 다양한 정서적 반응을 보이며, 이러한 감정은 왜곡된 자기 인식과 정체감 혼란으로 이어질 수 있다. 피해 후에는 불면, 악몽, 식욕 변화, 성 반응의 변화, 유아적 퇴행 등 행동 변화와 함께 두통, 복통 등의 신체 증상이 나타나기도 한다. 또래나 이성과의 관계에 어려움을 겪으며, 피해 사실을 숨기거나 외면하려는 경향도 커진다. 이에 따라 학교생활이 불안정해지거나 반복 피해의 위험에 놓일 수 있으며, 피해의 영향은 정서·신체·관계·정체감 전반에 걸쳐 깊게 나타난다.

2) 베스(E. Bass)와 데이비스(L. Davis)의 성폭력 피해 상담 치유 단계

성폭력 피해자 상담은 피해자의 정서적 회복, 신체적 안정감 회복, 그리고 왜곡된 자기 인식의 재구성과 정체성 회복을 도와야 하는 깊은 치유의 과정이다. 특히 베스(Ellen Bass)와 데이비스(Laura Davis)는 『The Courage to Heal』(1988)을 통해 성폭력 피해 생존자들이 회복 과정에서 겪는 내면의 흐름과 상담적 개입의 방향성을 구조화하여 제시하였고, 이후 수많은 성폭력 트라우마 회복 프로그램에서 이들의 6단계 모델이 이론적 기반으로 활용되고 있다. 이 모델은 실제 피해 생존자들의 경험을 바탕으로 구성되었으며, 단계마다 상담자가 어떻게 개입해야 하는지를 구체적으로 안내한다는 점에서 큰 의의가 있다.

■ 베스(E. Bass)와 데이비스(L. Davis)의 성폭력 피해 상담 치유단계(2023)에 따른 상담자 역할

단계	주요 내용	상담자 역할 예시
1단계: 치유의 시작 – 치유 결심하기 –위기 개입하기	– 피해 사실을 인정하고 도움을 요청하는 단계로 즉각적 개입이 필요함.	– 안전한 상담 관계 형성 – 구조화, 안전계획 수립
2단계: 기억과 마주하기 – 기억하기 – 성폭력이 일어났음을 믿기 –침묵 깨기	– 성폭행 경험을 떠올리는 단계로 억압했던 기억/감정을 점차 현실로 마주함.	– 사건 기억/감정이 올라오는 것은 자연스러운 과정이라는 것을 타당화 함 – 사건 일기쓰 기
3단계: 자기 비난 벗어나기 – 자신의 탓이 아님을 이해 – 나의 내면아이와 만나기	– 문제 원인이 자신에게 있지 않으며 과거 사건을 재구성하여 회복 도움.	– 자기 비난에 대한 개입 – 빈 의자 기법(내면아이) – 지지 및 안정감 도모
4단계: 감정해 소& 자기회복 – 슬퍼하고 애도하기 – 분노 느끼고 표현하기 – 자신을 신뢰하기	– 억압된 분노, 상실, 슬픔 등을 인식하고 표현하며 자율성과 자기감각 회복.	– 분노는 치유 과정의 하나로 매체를 활용한 표현촉진 – 감정일기 쓰기
5단계: 외부 관계 재정립 – 드러내기와 직면하기	– 직면은 선택적이며, 성폭력 경험을 대면하여 외부와의 관계를 재정립.	– 직면 대화문 만들기 – (발송하지 않는) 가해자에게 보내는 편지 작성하기
6단계: 통합과 전진 – 용서, 통합과 전진하기	– 상처 경험을 재해석하고, 현재와 미래를 향해 자신의 삶의 의미를 재구성함.	– 회복선언문 작성하기 – 힘든 과정을 이겨낸 내담자 존재에 대한 격려, 응원

3) 청소년 성 착취·성폭력 피해 지원 기관 안내

청소년 성 착취 및 성폭력 피해 시 실제로 도움을 받을 수 있는 기관 정보를 [부록 9장–4]에 수록하였다. 상담, 의료, 법률, 보호 등 다양한 지원을 받을 수 있는 전국 기관 안내이니 위기 개입 시 참고할 수 있다.

4 / 성폭력 가해자 상담

1) 성폭력 가해자의 특성

(1) 인지적 왜곡

성폭력 가해자의 주요한 특징 중 하나는 인지적 왜곡이다. 성폭력 가해자의 대부분은 자신의 행위를 부인하거나 축소하는 경향이 있으며, 때에 따라서는 자기 행동을 정당화하기 위해서 피해자가 먼저 유혹했다고 하기도 한다. 이러한 인지적 왜곡은 성폭력 가해자의 재범 가능성을 높이는 주요한 요인이다. 이는 CBT 이론의 인지재구성 기법을 활용하여 일탈적 행동에 변화를 도모하는 것이 효과적이다. 가해자가 자신의 범행을 구체적으로 설명하면서 드러나는 왜곡된 지각 또는 신념을 탐색하고 개입하는 방법이다.

(2) 공감능력

성폭력 가해자에 경우 다른 사람의 정서를 이해하는 공감능력이 심각하게 결여되어 있는 경우가 많다.(Hudson et al., 1993) 자신의 가해 행동이 피해자에게 미치는 부정적 정향을 정확하게 인지하지 못한다는 것이다. 이에 자신의 가해 행동을 구체적으로 시연하고, 역할 바꾸기를 통해 피해자의 역할을 맡아 욕구와 감정을 표현하도록 하는 역할극이 효과적일 수 있다. 또한 피해자 입장에서 작성된 글을 읽어보고 피해자에게 편지를 써보는 방법 등을 활용할 수 있다.

(3) 자존감

낮은 자존감은 대부분 성폭력 가해자의 공통 요인 중 하나이다. 보통 자존감이 낮은 사람은 친밀감을 경험하기 어려우며, 더 많이 외로움을 느끼는 등 사회적 관계를 맺는 것에 어려움이 있다. 자신의 실패 또는 낮은 자존감이 드러나는 것에 대한 두려움을 가지며, 공격은 자신보다 약한 대상을 선택하게 된다. 애착 이론에 따르면, 성폭력 가해자의 경우 주양육자와의 불안정한 애착 형성으로 타인에게 의존적이거나 거절에 민감한 특성을 보인다고 본다. 따라서 치료에서 핵심은 치료자와의 안정적 관계 형성이며 단호하면서도 지지적인 태도를 일관적으로 유지하는 것이 중요하다.

(4) 사회성

성폭력 가해자는 친밀감과 성행위를 동일시하고, 성행위가 자신의 미충족된 욕구를 해소하는 방법이라고 생각한다.(Marshall, 1989) 콜토니(Cortoni, 2001)는 성적인 가해자들에게 어린 시절 성적 학대 경험은 흔한 양상으로 성행위에서 일시적인 친밀감을 경험하기에 만성적 외로움 느끼게 되어 반복적인 가해 행동으로 이어진다. 이에 정서 조절 훈련을 통해 자신의 감정을 인식하고, 건설적인 방법으로 표현하도록 하는 것이 필요하다. 더 나아가서는 그들이 겪은 어린 시절 트라우마를 극복하고 건강한 대인관계를 형성하도록 돕는 기술을 습득하는 것이 중요하다.

2) 한국형 집단 치료 프로그램

(1) 여성 성폭력 재발 방지 프로그램[15]

성폭력 가해자 상담은 재범 예방과 왜곡된 성 인식 교정을 위한 치료적 개입이어야 한다. 여성가족부(2005)는 이를 위해 성 인식 개선, 자기 책임감 회복, 피해자 공감 능력 향상을 목표로 한 집단 프로그램을 개발하였다. 이 프로그램은 아담스(Adams, 1988), 로젠바움과 마이우로(Rosenbaum & Maiuro, 1989), 이은주(2000)의 연구를 토대로 구성되었으며, 가해자의 성폭력 발생 원인과 위법성 인식, 피해자 감수성 함양과 책임 있는 성적 태도 형성을 중심으로, 가해자의 재범을 예방하고 건강한 성 인식을 돕는 것을 목표로 한다. 이 프로그램은 한국 사회의 문화적 맥락을 반영한 실천 중심의 집단 상담 모델로서, 성폭력 가해자 상담에 있어 중요한 의의를 지닌다.

---

15 출처: 여성가족부(2005). 성폭력 피해자 치유・가해자 교정 프로그램 매뉴얼

■ 성폭력 재발 방지 프로그램

단계	목표	전략
인식 변화	① 성폭력 상황 탐색 ② 성폭력의 발생원인 이해 ③ 성폭력에 대한 통념 수정 ④ 성에 대한 인지왜곡 수정	① 성폭력 행위의 책임 인정 ② 발생 원인에 있어 자신의 문제 인식 ③ 성폭력에 대한 잘못된 성인식 수정 ④ 성에 대한 통념 수정
성폭력 책임 인정하기	① 성폭력 행위의 과정 이해하기 ② 피해자 상처 인식하기 ③ 성폭력 사건에 대한 책임 인식	① 성폭력 행위로 인한 귀인 ② 사건의 자발적 당사자임을 인식 ③ 성폭력 피해의 영향 인지하기
행동변화	① 피해자 상황 표현 글쓰기 ② 피해자에게 사죄 편지쓰기 ③ 타인감정 공감 훈련 ④ 자존감 향상훈련	① 피해자 상황 공감능력 향상 ② 위법성 인식과 감정 표현 ③ 자존감 향상
최종목표	① 가해자의 성행동 의식 향상 ② 가해자의 성인식 교정 ③ 성폭력 행위의 진정한 책임의식 고취	

(2) 반디교실 성 가해자 프로그램(신당 종합사회복지관)

청소년 성 가해자에 대한 개입은 성 정체감 확립, 자기 이해, 대인관계 기술 향상 등 전인적 성장을 돕는 회복 중심의 접근이 필요하다. 특히 발달 특성상 성에 대한 지식과 감정조절 능력을 통합적으로 다루는 개입이 요구된다. 이에 '반디교실 프로그램'은 성 행동 교육, 의사소통 훈련, 부모-자녀 관계 회복 등을 포함한 실제적이고 예방 중심의 집단 상담 모델로 운영되었으며, 본 자료에서는 이를 청소년 성 가해자 상담의 사례로 재구성하여 제시하고자 한다.(한국형사·법무정책연구원, 2001)

■ 청소년 성가해자 프로그램 구성 예시

주요 목표	하위 목표
바람직한 성행동 자기성찰을 통한 재범 방지	성 충동 및 충동 조절 기술 습득 성에 대한 구체적 지식 제공
긍정적 성 정체감 확립 및 자기 이해 제고	자기소개, 자서전 작성, 자기 특성 발표 사진을 활용한 재구성
대인관계 기술 향상 및 의사소통 능력 향상 문제해결능력 향상	자기주장 훈련, 사회적 행동 연습
부모-자녀 관계 증진	부모 편지 쓰기, 회복적 글쓰기

3) 성폭력 상담 자격과 활동 영역

탁틴내일, 한국여성복지 상담협회, 대구여성의전화, 천안통합 상담지원센터 등은 여성가족부 인증 100시간 성폭력 전문 상담원 교육과정을 운영한다. 성폭력 이론, 피해자 심리, 가해자 특성, 상담 윤리, 실습 등으로 구성되며, 90% 이상 출석과 실습 이수 시 자격 취득이 가능하다. 해당 자격은 성폭력 상담소, 해바라기센터, 여성쉼터, 학교, 청소년기관, 교정시설 등에서 상담 활동을 하기 위한 필수 또는 우대 조건이 된다. 교육 수료 후에는 기관의 요청이나 프로그램 일정에 따라 학교폭력 예방 교육, 위기 개입 상담, 집단 상담, 법원 연계 프로그램 등에 시간제 상담원 또는 외부강사, 위촉 상담사 형태로 파견될 수 있다. 특히 성폭력 피해자 긴급 상담, 가해자 교정교육, 보호관찰 연계 상담 등의 현장 활동에 참여할 수 있으며, 자원 활동으로 시작해 계약직 또는 정규직으로 연계되기도 한다. 또한 한국양성평등교육진흥원(KIGEPE)의 성희롱·성폭력 고충 상담원 과정(전문과정 14시간 + 심화과정 사전 7시간 + 심화 7시간)을 이수하면, 공공기관·기업 내 고충 상담창구 운영 또는 양성평등교육 강사로 활동할 수 있으며, 기관 요청 시 정기 교육, 성희롱 사건 대응 자문, 실태조사 인터뷰 등의 업무에 파견될 수 있다.

5 / 성 정체성과 성적 지향성 상담

1) LGBTQ+ 청소년의 특성

LGBTQ+ 청소년은 성 정체성, 성 표현, 성적 지향과 관련하여 다른 사람과 다를 수 있다는 이유로 이들만의 심리·사회적 어려움을 겪고 있다. LGBTQ+ 청소년의 특성은 아래와 같다.

• **정체성 탐색:** 정체감을 습득해야 하는 청소년들이 이성애 중심 사회에서 자신이

또래와 다르다는 점을 인지하면서 성 정체성에 대한 혼란을 겪게 되며 일반 청소년보다 더 갈등을 겪게 됨

• **사회적 환경**: 한국 사회에서 성적 지향이 드러날 경우 고립감을 경험하기에 자신의 정체성을 숨기거나 부인해야 하는 상황이 쉽게 발생하여 주변에 시선에 예민하게 반응하게 됨

• **가족관계**: 가족들에게 자신의 성소수자 정체성이 드러날 경우 이해받지 못하는 것뿐 아니라 부정, 거부당하며, 치료를 통해 성 정체성을 바꿀 것을 강요받기도 함

• **학교생활**: 하루 중 많은 시간을 보내는 학교는 성소수자 청소년들에게 우호적이지 않은 공간으로 성소수자라는 것이 드러날 경우 편견과 따돌림, 성희롱 등을 경험하는 경우가 많음.

• **정서적 특성**: 정체성, 사회문화적 환경으로 인한 갈등이 해결되지 않을 경우 우울, 불안, 자해, 자살 충동 등이 일반 청소년보다 높음

• **자원 접근**: 지역사회 의료기관이나 상담센터, 정신건강 관련 기관 등의 전문가에게 관련 도움을 받기 위해 방문한 경우, 성소수자에 대한 이해가 부족하여 존중받지 못하거나 오히려 상처받기도 함

2) 청소년 LGBTQ+ 상담 시 유의점

일부 상담자는 LGBTQ+ 청소년이 성적 지향에 대해 탐색할 경우, 그러한 탐색이 오히려 성 정체성을 강화할 수 있다는 두려움 때문에 이를 적극적으로 다루기를 꺼리는 경우가 있다. 그러나 상담은 LGBTQ+ 청소년의 성적 지향을 변화시키기 위한 과정이 아니다.(Morrow, 1993) 상담자는 이들이 직면한 어려움을 인식하고, 자기 비난 없이 자신을 수용하며, 긍정적인 성 정체성을 가질 수 있도록 돕는 역할을 해야 한다.

(1) 호소문제 집중 및 성적 지향 탐색

성적 지향을 탐색하기 전에, 상담자는 먼저 내담자가 LGBTQ+ 정체성으로 인해 겪고 있는 어려움에 집중해야 한다.(김경호, 2009) 때에 따라, 청소년이 LGBTQ+와는 무관한

개인적인 문제로 상담실을 찾았음에도 불구하고, 상담자가 LGBTQ+ 정체성에 과도하게 초점을 맞추어 원래의 호소 문제와는 다른 방식으로 개입하는 경우도 있다. 상담자는 청소년의 심리적 고통이 LGBTQ+ 성적 지향으로부터 비롯된 것이라고 성급히 가정하고 개입하지 않도록 주의해야 한다. 만약, 청소년 내담자가 LGBTQ+ 관련 고민을 털어놓은 경우, 성적 지향에 대한 정확한 탐색이 필요하다. 이때, 청소년이 자신의 성적 지향을 어떻게 인식하고 있는지 질문하고, 청소년 스스로가 자신을 LGBTQ+라고 명명하고 수용하기 전까지는 상담자가 성급히 LGBTQ+라는 정체성을 부여하지 않아야 한다. 다음은 상담자가 사용할 수 있는 질문이다.

- **열린 태도로 질문하기**: "최근 자신에 대해 어떤 고민을 하고 있는지 이야기해 줄 수 있을까요?", "당신이 느끼는 감정이나 혼란이 어떤 것인지 조금 더 말해줄 수 있을까요?"
- **내담자의 언어를 그대로 사용하기**: "자신이 게이일지도 모른다고 말했을 때 어떤 기분이 들었나요?"
- **정체성 탐색이 아니라 고통의 맥락에 집중하기**: "이런 고민이 시작된 계기나 당시 상황에 관해 이야기해 볼까요?". "이 문제와 관련해 주위의 반응이나 지지는 어땠나요?"
- **정체성 확정 이전에 정서적 지지 제공하기**: "당신이 이런 고민을 이야기해 줘서 정말 용기 있다고 생각해요.", "아직은 혼란스러울 수 있어요. 그 감정은 아주 자연스러운 것이에요."
- **시간을 두고 함께 탐색하는 접근 제안**: "지금 꼭 정체성을 확정하지 않아도 괜찮아요. 필요하다면 같이 천천히 탐색해 볼 수 있어요."

(2) 커밍아웃과 관련한 개입

청소년이 자신의 성적 지향을 LGBTQ+라고, 수용한 경우 상담자는 커밍아웃 여부와 그 방식을 탐색하는 데 있어 개입할 필요가 있다. (김경호, 2009) 청소년이 커밍아웃을 결정했다면, 그 과정에서 겪을 수 있는 다양한 어려움을 극복하기 위해 상담자뿐만 아니라 가족, 친구, 지역사회 등 주변의 지지 자원이 함께 역할을 해야 한다. LGBTQ+ 청소년이 스트레스에 효과적으로 대처하는 방법 중 하나는 자신만의 지지망을 활용하는 것이다. 커밍아웃 이후 내담자가 자신의 성적 지향을 받아들이고 정서적으로 적응하는 과정은 매우 중요하며(Wright & Perry, 2006), 이후에는 LGBTQ+ 커뮤니티뿐만 아니라 이성애자들과의 사회적 네트워크를 통해 지지 기반을 확장해 나가는 것도 중요하다. 커밍아웃 과정에서는 인지행동치료 기반의 개입(인지재구성이나 점진적 노출 기법)은 정서적 부담을 줄이고 현실적인 대처 전략을 형성하는 데 도움이 될 수 있다.

- 인지 오류: "내가 커밍아웃하면 친구들이 다 나를 멀리할 거야. 아무도 나를 이해하지 못할 거야."
- 상담자 반응: "모든 친구가 그렇게 반응할 거라고 확신하나요? 혹시 그동안 당신을 지지해 준 친구도 있었나요?", "누군가는 놀라거나 불편해할 수도 있지만, 동시에 당신을 있는 그대로 받아들이고 응원해 줄 가능성도 있지 않을까요?", "혹시라도 예상과 다른 반응이 있더라도, 그건 당신의 잘못이 아니라 그 사람의 이해 부족 때문이라는 점을 기억하세요."
- 대안적 사고: "모든 사람이 나를 이해하지는 못할 수도 있지만, 나를 지지해 줄 사람도 있을 거야. 내가 누구인지 말하는 건 내 권리고, 나를 있는 그대로 받아들이는 사람과 관계를 맺는 게 더 건강해."

(3) 상담자의 지속적 자기 점검 및 LGBTQ+ 교육 참여

청소년 내담자가 LGBTQ+에 대해 처음이자 유일하게 이야기를 나눌 수 있는 통로가 상담자일 수 있다. 상담자는 LGBTQ+ 청소년의 정체성과 고민을 이해하기 위해 관련 워크숍이나 훈련에 적극적으로 참여해야 한다. 싸이칼러지 코리아(Psychology Korea)에서는 상담자를 위한 성적소수자 이해 및 성 감수성 훈련 과정을 운영하고 있으며, '성소수자와 함께하는 상담사 모임', '다다름'에서는 트랜스젠더 상담을 포함한 다양한 온라인 워크숍과 사례 나눔을 정기적으로 진행하고 있다. 이와 같은 전문 교육은 상담자가 LGBTQ+ 내담자에게 안전하고 신뢰할 수 있는 상담 환경을 제공하는 데 중요한 기반이 된다.

(4) LGBTQ+청소년의 개인차에 대한 존중

우리는 누구나 개인의 다양한 특성, 문화, 경험이 존재한다. 이처럼 성소수자 정체성은 그중 하나일 뿐으로 각 개인의 문화, 종교, 지역 등 특성에 따라 LGBTQ+ 경험의 차이는 매우 다르다. 이에 따라 LGBTQ+에 청소년을 한 집단으로 일반화할 수 없으며 청소년의 개인차에 대한 인정과 존중을 기반으로 이를 고려한 상담적 개입이 필요하다.

2) 상담 접근과 기법

LGBTQ+ 청소년은 정체성의 혼란, 사회적 고립, 가족과의 갈등 등 다양한 심리·사회적 어려움을 경험한다. 이들의 고유한 삶의 맥락을 이해하고 정체성 탐색을 지지하기 위해서는, 수용적이고 관계 중심적인 상담 접근이 필요하다. 아래에서는 실제 사례를 바탕으로 내러티브 기법과 관계 맥락 상담의 적용 방안을 살펴본다.

사례

민호(17세)는 최근 불안, 무기력감, 수면 문제로 상담실을 찾았다. 학업 성적은 양호하지만 집중이 어렵고 또래 관계에서도 거리감을 느낀다. 몇 차례 만남 후, "남자에게 끌리는 것 같다. 이게 잘못된 건가요?"라고 털어놓았다. 그는 자신의 감정에 혼란을 느끼며, 중학교 시절 친구들의 놀림 이후 정체성을 숨겨왔다. 보수적인 부모에 대한 두려움과 또래와의 거리감으로 점점 고립감을 느끼고 있지만, 상담자에게는 처음으로 마음을 열고자 한다.

(1) 내러티브 기법 (Narrative Therapy)

내러티브 상담은 문제를 개인 내부의 결함이 아닌 사회문화적 맥락 속 이야기로 보고, 내담자가 자신의 이야기를 새롭게 구성하도록 돕는다. 민호의 경우, '남자에게 끌리는 감정'이 잘못되었다고 여긴 것은 이성애 중심 사회와 보수적인 가족 문화에 내면화된 이야기 때문이다. 상담자는 '혼란'이라는 문제를 외부화하고, 민호가 상담실에서 솔직하게 말한 용기를 재조명하며 긍정적인 자기 서사를 회복하도록 돕는다. '나는 이상하다'는 이야기 대신, '나는 나를 이해해 가는 중'이라는 새 이야기를 만들어가며, 민호가 자신을 수용하고 존중할 수 있도록 질문 중심의 개입을 이어간다.

(2) 관계 맥락 상담 (Relational Approach)

관계 맥락 상담은 내담자의 정체성과 감정을, 가족·또래·교사 등과의 관계 속에서 이해하도록 돕는다. 민호는 또래의 놀림, 부모의 거부 가능성 등으로 고립감과 자기혐오를 느끼고 있다. 상담자는 이러한 감정을 개인 문제가 아닌 관계적 상호작용의 결과로 보고, 민호가 어떤 관계에서 상처받고 자신을 숨겨야 했는지를 탐색한다. 또한, 친구나 부모와의 관계에서 느낀 감정과 표현 방식을 살피며, 민호가 감정적으로 안전한 관계를 회복하고 신뢰할 수 있는 연결을 다시 경험하도록 돕는다. 상담자는 상담 관계 자체가 회복적 경험이 되도록 하며, 민호가 '관계 속의 자신'을 새롭게 이해하고 자기다운 관계 맺기를 상상하고 실천할 수 있도록 지지한다.

3) LGBTQ+ 청소년 상담프로그램

LGBTQ+ 청소년을 위한 구체적인 상담 개입에 대한 이해를 돕기 위해 김경호(2009)의 연구에 소개된 동성애 정체성 발달단계에 따른 상담개입을 재구성하여 [부록 9장-5]에 수록하였다. 이 논문에 포함된 캐스(Cass, 1979)의 모델은 성소수자가 자기 정체성을 수용해 가는 6단계의 심리적 과정을 설명하며, 내담자의 현재 위치를 파악하고 그에 맞는 상담 개입을 설정하는 데 유용하다. 또한 가족의 정서 반응 모델은 성소수자 자녀를 둔 부모나 보호자가 겪는 충격, 부정, 수용의 과정을 이해하는 데 도움을 주며, 가족과의 관계 회복 및 지지 체계 구축을 위한 상담 전략을 제시한다.

이후 매카린과 페싱거(McCarn, Fassinger, 1996)는 병렬적·순환적 맥락 모델을 제안하며 Cass 모델을 보완했다. McCarn & Fassinger(1996)의 병렬적·순환적 정체성 발달 모델은 Cass(1979)의 선형적 6단계 모델과 달리, 개인의 성 정체성과 성소수자 집단 소속 정체성을 서로 독립적이고 병렬적인 축으로 보며, 비선형적이고 유동적인 발달 과정을 강조한다. Cass 모델이 개인의 내적 정체성 수용 과정에 초점을 맞춘 일방향적 흐름이라면, McCarn & Fassinger 모델은 개인이 어떤 상황에서든 정체성 발달의 어느 단계로든 진행하거나 회귀할 수 있으며, 정체성 형성이 사회적 맥락과 공동체 소속감에 따라 다양하게 전개될 수 있음을 인정한다는 점에서 보다 복합적이고 현실적인 설명을 제공한다. 이

두 이론은 성소수자 청소년의 정체성 탐색과 가족관계 갈등을 이해하고 개입하는 데 실질적인 도구로 활용될 수 있으므로, 현장에서의 상담 실제에 참고할 수 있을 것이다.

다음은 정율(2007)의 가족 상담 단계 이론과 최근 가족 반응 연구(Family Acceptance Project, ABFT 모델 등)를 통합적으로 정리한 것으로, 성소수자 가족의 정서적 반응을 이해하고 상담 개입을 하는 데 유용한 프레임이다.

■ 성소수자 가족의 정서적 반응과 상담 개입

단계	정서적 반응	상담 개입 방법
충격	가족이 성소수자라는 사실을 전혀 몰랐거나, 알고 있었더라도 실제 커밍아웃 시 충격 경험을 하며 현실 부정, 침묵, 갑작스러운 감정 폭발 등 반응을 보임	가족의 이야기를 충분히 경청하고 복잡한 감정에 대해 공감적 반응 제공함. "당신의 놀라움은 당연한 감정입니다"라고 말하는 등 정서적 지지를 표현함
부정	"성 정체성이 혹시 바뀔 수는 없을까?" 변화 가능성에 대한 희망 또는 환상을 가지며 상담자에게 치료 요청(전환요법 기대)을 함	성적 지향은 치료 대상이 아님을 명확히 전달하고 전환치료의 해로움과 비윤리성을 설명함. 성소수자 가족을 수용까지 시간이 필요함을 인정
죄책감	'내가 잘못 키워서 그런가요?'라고 생각하며 자녀의 성적 지향을 자신의 양육 탓으로 돌림	성소수자의 원인은 명확히 규명되지 않았음을 설명하고 비난보다 지지가 중요함을 인식시킴. 보호자 자신의 회복도 중요함을 안내함
분노	자녀가 겪게 될 사회적 차별이나 가족의 위신 추락에 대한 분노 또는 자녀 또는 자기 자신에 대한 원망, 불안을 표현	안전한 공간에서 감정 토로를 돕고, 성급한 해답보다 감정을 충분히 풀 기회를 제공함. 필요한 경우 단기 개별 상담 병행

4) LGBTQ+ 청소년 상담 가능 기관 안내

청소년의 성 정체감과 성 지향성에 대한 고민은 민감하고 복합적인 주제를 포함하고 있다. 관련 상담이 가능한 기관 안내를 [부록 9장-6]에 정리하였으니, 성소수자 청소년의 위기 개입이나 지지적 상담이 필요할 경우 참고할 수 있다.

6 / 성 상담자의 윤리적 태도

1) 비밀보장

상담자는 내담자의 신상정보와 상담 내용을 보호할 법적·윤리적 의무가 있으며, 이는 상담의 핵심 원칙이다.(한국 상담학회, 2024) 「성폭력방지법」, 「아동복지법」 등은 상담 내용의 유출을 금지하고 위반 시 법적제재를 명시하고 있다. 다만, 생명이나 신체에 위협이 있거나 성폭력·아동학대의 경우에는 신고 의무가 있으며, 이때는 내담자에게 충분한 설명과 동의를 구한 뒤 신중히 판단해야 한다.

2) 비판 없는 수용

성에 대한 가치관은 각 개인에 따라 차이가 있으므로 청소년 내담자의 성적 정체성이나 경험 등을 존중하고 수용하는 태도가 중요하다. 타인의 권리를 침해하는 것은 무책임한 행동이므로, 우선 도덕적으로 옳고 그름을 따지지 전에 비판이나 편견 없는 태도를 가져야 한다. 내담자의 자기 결정권을 존중하고, 다만 그 행동이 청소년 자신과 타인에게 미칠 수 있는 영향을 생각해 보도록 개입할 수 있다.

3) 자기성찰

성 상담자는 자신의 성적 가치관, 신체 인식, 성적 경험에 대한 감정 등을 지속적으로 점검해야 한다. 성에 대한 개인적 태도와 신념은 상담 장면에 무의식적으로 영향을 줄 수 있기 때문에, 상담자는 자신의 반응을 인식하고 조절하는 능력을 갖추어야 한다. 특히 성 관련 주제에서 느끼는 불편감이나 회피 욕구를 자각하고, 그 영향에 대해 성찰하는 자세가 필요하다. 이를 위해 슈퍼비전, 동료 피드백, 개인 상담 등을 통해 자신을 객관화하는 과정이 전문성과 윤리성을 지키는 데 도움이 된다.

4) 전문성 유지

상담자는 성 상담에 필요한 전문성과 기술을 갖추기 위해 지속적인 학습과 훈련을 게을리하지 않아야 한다. 성 관련 이슈는 사회문화적 변화에 민감하므로, 최신 연구 동향과 상담 기법에 대한 꾸준한 이해가 필요하다. 또한 정기적인 슈퍼비전과 사례 회의를 통해 자신의 개입 방식과 태도를 점검하고 상담의 질을 향상해야 한다. 내담자의 문제가 자신의 전문성을 벗어날 경우 이를 인정하고 적절한 전문가에게 연계하는 태도 역시 상담자의 윤리적 책무이며, 전문성 유지와 한계 인식은 안전하고 효과적인 성 상담을 위한 기본 조건이다.(한국 상담학회, 2024)

5) 문화적·성별 다양성 존중

상담자는 내담자의 성별, 인종, 국적, 종교, 성 정체성, 성적 지향성 등 다양한 문화적 배경을 가진 청소년 내담자를 차별 없이 이해하고 존중하는 태도를 지녀야 한다. 성에 대한 가치관과 표현 방식은 문화와 개인의 정체성에 따라 다양하게 나타나므로, 상담자는 자신의 편견이나 고정관념을 인식하고 이를 배제하려는 노력이 필요하다. 특히 성소수자나 이주 배경 청소년과 같은 소수자 내담자의 경험을 민감하게 수용하며, 그들의 정체성을 있는 그대로 존중하고 지지하는 상담 환경을 조성해야 한다. 문화적·성별 다양성에 대한 존중은 상담의 안전성과 신뢰를 높이는 데 중요한 기초가 된다.

6) 내담자의 자율성 존중

성 상담에서는 청소년 내담자의 판단과 선택을 존중하는 태도가 중요하다. 상담자는 정답을 제시하거나 특정 방향으로 이끌기보다, 내담자가 스스로 고민하고 선택할 수 있도록 지지해야 한다. 성과 관련된 주제는 개인의 가치관과 정체성과 밀접하게 연결되므로, 상담자가 자신의 기준이나 도덕적 관점을 강요해서는 안 된다. 청소년의 발달 수준과 이해력을 고려해, 감정과 생각을 자유롭게 표현하고 탐색하도록 돕는 것이 필요하다. 자율성을 존중하는 상담은 내담자의 자기결정권과 자기 신뢰 회복에 중요한 기반이 된다.

3부

약물 및 중독 상담

10장 　 **청소년 유해 약물**

---

1 / 청소년 유해 약물의 이해

1) 청소년의 유해 약물의 개념

청소년 유해 약물은 정신적 · 신체적 · 심리 사회적 발달에 심각한 해를 끼칠 가능성이 있는 물질, 즉, 의약품과 중독성 약물 모두를 포괄하는 광범위한 개념으로 이해되어야 한다. 「청소년 보호법」 제2조 제4호 가목에서는 유해 약물을 다음과 같이 정의한다.

"그 밖에 중추신경에 작용하여 습관성, 중독성, 내성 등을 유발하여 인체에 유해작용을 미칠 수 있는 약물 등으로서, 다음의 기준에 따라 관계 기관의 의견을 들어 청소년보호위원회가 결정하고 여성가족부 장관이 이를 고시한 것."

청소년 보호법에 따라 유해 약물로 판단되기 위해서는 다음의 조건 중 하나 이상을 충족해야 한다.

(1) 정신기능 장애 유발

해당 약물은 청소년의 뇌에 작용하여 판단력 저하, 감정 조절의 어려움, 지각 왜곡, 기억력 손상 등을 초래하며, 일시적인 인지 장애를 넘어 약물 유발성 정신증이나 불안장애와 같은 영구적인 정신질환으로 발전할 가능성이 있다.

(2) 신체기능 및 발육 장애 유발

약물사용은 청소년의 호르몬 체계, 신경계, 면역 체계에 영향을 미쳐 내분비계 혼란, 성호르몬 분비 이상, 수면 주기 장애 등을 유발하며, 이로 인해 신체적 성장과 정상적인 발달을 저해할 수 있다.

(3) 습관성·중독성·내성·금단증상 유발

약물사용은 초기에는 쾌락적이고 자극적인 경험으로 시작되지만, 점차 내성이 생기면서 복용량이 증가하고, 금단증상을 피하기 위한 반복적 사용으로 이어진다. 이는 청소년의 자기조절 능력을 악화시키고, 심리적·사회적 기능에 심각한 손상을 초래할 수 있다.

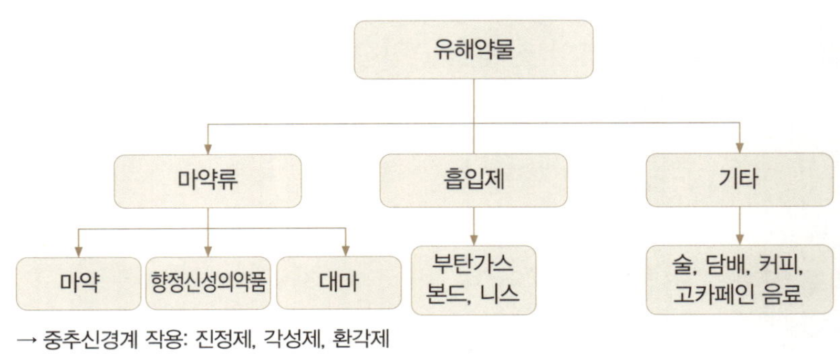

2) 청소년 유해 약물 사용의 단계별 진행

청소년의 유해 약물 사용은 단순한 호기심이나 일시적 일탈로 치부되기 쉬우나, 이는 신체적·정서적·사회적으로 심각한 영향을 초래할 수 있는 고위험 행동이다. 유해 약물 사용은 의학적 필요나 치료목적을 벗어난 방식으로 약물을 섭취하는 모든 행위를 포함한다. 특히, 청소년의 유해 약물 사용은 다음의 세 가지 단계를 통해 점진적으로 심화된다. 청소년기에 나타나는 유해 약물 사용은 개인의 발달과정, 사회적 환경, 정신건강 상태 등이 복합적으로 작용한 결과로 나타난다.

청소년의 유해 약물 사용은 보통 다음의 세 가지 단계로 나뉜다.
- **사용**(use) : 우연한 시도 또는 비정기적으로 사용함
- **남용**(abuse) : 반복적 사용으로 일상 기능에 지장을 초래함
- **의존**(dependence) : 약물에 대한 강박적 집착 및 금단증상을 동반함

이러한 경향은 초기 개입의 중요성을 강조하며, 상담자는 청소년의 약물사용 양상을 조기에 식별하고 적절한 개입전략을 구사할 수 있어야 한다.

3) 청소년 유해 약물의 분류와 주요 특성

청소년 유해 약물은 청소년의 신체적·정신적 건강과 발달에 해를 끼칠 수 있는 약물로 분류되며, 그 작용 기전을 기준으로 크게 억제제(진정제), 흥분제(각성제), 환각제, 향정신성 의약품의 네 가지 유형으로 구분된다. 이러한 분류는 모두 약물이 중추신경계에 미치는 영향을 기준으로 나뉘며, 각각의 약물은 신체기능과 인지, 감정, 행동 조절 능력에 다양한 방식으로 영향을 미친다.

(1) 억제제 – 뇌의 브레이크를 밟는 약물

억제제는 중추신경계를 억제하여 신체 활동을 느리게 만드는 약물로 이완, 졸음, 통증 완화, 불안 감소, 진정효과를 유도하는 약물이다. 과도한 복용 시 호흡 저하, 의식 저하, 심하면 혼수상태나 사망에 이를 수 있다. 한국 내 주요 억제제 약물은 다음과 같다.

- **알코올**: 가장 흔한 중추신경 억제제로, 청소년에게는 불법이지만 접근이 비교적 용이하다.
- **아편계 약물**: 모르핀, 헤로인 등 아편계 합성 약물은 진통 효과가 있으나 강한 신체적 의존성과 금단증상을 초래한다. 펜타닐과 메사돈은 원래 수술 후 통증 완화를 위해 개발되었으나 청소년들 사이에서 환각이나 호흡 억제를 유발하는 오남용 사례가 발생하기도 한다.

　• **수면제, 진정제**(졸피뎀, 바르비탈 계열): 불면증 해소를 목적으로 복용되지만, 반복 사용 시 내성과 의존성이 생길 수 있다.

　• **항불안제**(디아제팜, 벤조디아제핀 계열): 불안 증상을 완화하기 위해 사용되나, 금단 시 오히려 불안과 불면이 심화될 수 있다.

　• **코데인**(기침약), 본드, 부탄가스 등 일부 흡입제: 억제 효과를 나타내며, 중추신경계 기능을 둔화시킬 수 있다.

(2) 흥분제(각성제) – 뇌의 불을 지피는 약물

　흥분제는 중추신경계를 자극하여 뇌의 활동을 일시적으로 활발하게 만드는 약물군으로 각성, 에너지 증가, 집중력 향상, 기분 고양 등의 효과를 유발한다. 단기적으로는 활력과 자신감을 상승시키는 것처럼 느껴지나 반복적으로 사용될 경우 심각한 심리적·신체적 부작용과 의존성을 유발한다.

　• **카페인, 에너지 음료**: 청소년이 흔히 접하는 음료로, 과도한 섭취 시 불면증이나 심장 문제를 유발할 수 있다.

　• **메스암페타민**(필로폰): 도파민의 과다 분비를 유도하여 강력한 흥분 효과와 심각한 심리적·신체적 부작용을 초래한다.

　• **암페타민류**(메틸페니데이트 포함): 원래는 ADHD 치료제이지만, '공부 약'으로 오·남용될 경우 내성, 의존, 환각 증상이 나타날 수 있다.

　• **YABA**(야바): 메스암페타민이 함유된 흥분제로 카페인과 혼합되어 각성효과가 증폭되어 나타나며 동남아 지역에서 '광기를 부르는 약'이라는 의미로 불리고 있다.

　• **코카인**: 강한 쾌감을 주며 지속시간이 매우 짧고 장기 사용 시 코카인 유발 정신병이 나타날 수 있다.

　• **MDMA**(엑스터시): 감각기능을 자극하여 고양감과 감정적 해방감을 유도한다.

　흥분제(각성제)는 도파민과 노르에피네프린이라는 신경전달물질의 분비를 촉진하거나 재흡수를 억제하여 시냅스 내 농도를 비정상적으로 증가시킴으로써 뇌의 보상 시스템을 활성화하고 각성 상태를 유도하는데, 이로 인해 사용자는 강한 쾌감, 에너지 충만감, 기분 고양을 경험하며, 동시에 노르에피네프린의 작용 증가로 인해 주의력 향상, 심박수 증가, 혈압 상승 등 생리적 각성 반응이 나타난다.

(3) 환각제 – 뇌의 감각 필터를 고장내는 약물/뇌를 비트는 약물

환각제는 인간의 지각, 사고, 감정, 시간·공간 감각, 현실 인식 등에 강한 왜곡을 일으키는 약물로, 환청, 환시, 망상, 감각의 왜곡 등 비정상적 지각 경험을 유도한다. 일반적으로 '사실이 아닌 것을 실제처럼 느끼게 만드는' 약물군으로 분류되며, 중추신경계에 작용해 정신병적 증상을 일시적으로 유발한다.

- **대마**(마리화나): 집중력을 저하하고 판단력에 영향을 미치며, 정서적 불안을 유발한다.
- **LSD**: 강력한 환각제로 세로토닌 수용체에 작용하여 시각과 청각을 포함한 감각을 왜곡시키고, 환각 및 자기 인식의 붕괴를 초래한다.
- **실로사이빈**(버섯 환각제): 시각적 환각과 감정의 고양을 유발하며, 정신병과 유사한 증상을 나타낼 수 있다.
- **펜사이클리딘**(PCP): 현실감 상실과 해리 현상을 유도하여 인지 기능에 심각한 혼란을 초래한다.
- **흡입제**(부탄가스, 본드 등): 중추신경 억제와 환각작용을 동시에 일으켜 신경계 기능을 교란한다.
- **신종 약물**(NPS): 새로운 화학구조를 가진 합성 약물로, THC 성분(대마초에서 추출되는 향정신성물질)이 포함된 액상 전자담배 형태 등으로 위장되어 다양한 정신작용과 중독 위험을 유발한다.

■ 약물의 분류와 특성

분류	설명	대표약물
억제제 (진정제)	중추신경 억제 → 졸림, 이완, 호흡저하	알코올, 아편, 모르핀, 헤로인, 벤조디아제핀(항불안제), 바비튜레이트(항불안제), 졸피뎀(수면제), 페노바르비탈, 아모바르비탈 등
흥분제 (각성제)	중추신경 자극 → 각성, 기분 고양, 흥분	니코틴, 카페인, 코카인, 암페타민, 필로폰(메스암페타민), MDMA(엑스터시), 펜터민
환각제	지각왜곡, 현실감, 상실	대마초, 칸나비스, LSD, 메스칼린, 실로사이빈, 펜사이클리딘

(4) 향정신성 의약품

향정신성 의약품은 중추신경계에 작용하여 인간의 정신기능(감정, 행동, 사고, 인지 등)에 영향을 미치는 모든 약물을 말한다. 본래 의학적 목적(불안 완화, 수면 유도, 우울증 치료 등)을 위해 개발되었으나, 비의료적 목적의 약물 오·남용 문제가 한국 사회 전반에 문제가 되고 있다.

「마약류 관리에 관한 법률」에 따라 향정신성 의약품을 다음과 같이 분류하고 있으며, 각 분류는 의존성 및 오남용 위험 정도에 따라 구분하고 있다.(한국마약퇴치운동본부, 2023)

■ **향정신성 의약품 분류**

분류	설명	대표약물
가목 (환각제계열)	의존성이 매우 강한 환각제 계열로 사용 자체가 위험	LSD, 메스칼린, 합성 대마
나목 (흥분제 계열)	의존성과 남용 위험이 높지만 치료적 사용 가능	필로폰(메트암페타민), MDMA(엑스터시), 펜터민(식욕억제제)
다목 (억제제 계열)	수면 유도, 진정작용 있는 바르비탈류 약물	페노바르비탈, 아모바르비탈 등
라목	벤조디아제핀 계열로 항불안제, 수면제	디아제팜, 졸피뎀, 로라제팜, 알프라졸람

최근 몇 년 사이, 청소년들 사이에서 향정신성 의약품의 비의료적 사용과 오·남용이 급속히 증가하고 있다. 향정신성 의약품 오남용의 93.6% 이상이 '나목'과 '가목' 계열 약물로, 특히 메틸페니데이트(ADHD 치료제)와 펜터민(식욕억제제)의 오용이 급증하고 있다.(마약류 범죄백서, 2023) 이 약물들은 '공부 잘하는 약', '다이어트약'으로 포장되어 또래 사이에서 공유되거나 SNS, 다크웹을 통해 확산하고 있다. SNS상에서는 은어로 약물을 소개하고 불법 구매 경로를 알선하는 사례도 나타난다. 또래의 권유, 유행, 잘못된 정보 노출 등이 오·남용을 부추기며, 이는 청소년의 충동성 및 자기조절 능력 미숙과 맞물려 중독 위험을 높인다.(이무송, 2022) 상담자는 약물사용 배경에 있는 사회문화적 영향과 또래 압력을 함께 이해해야 한다. 약물에 대한 부가적인 설명은 [부록 10장]에 제시하였다.

4) 청소년 약물사용의 원인

(1) 개인적 요인

약물사용에 취약한 청소년은 낮은 자존감, 높은 공격성, 충동성, 불안·우울 등 심리적 · 성격적 문제를 지니는 경우가 많으며, 약물의 부정적 결과에 대한 인식 부족이나 "자연스러운 시도"라는 긍정적인 태도를 갖고 있는 등 인지적 · 태도적 요인 또한 영향을 미친다. 여기에 사회적 모델링의 영향과 함께, 도파민 과다 분비를 유도하는 보상회로의 작용으로 인해 약물에 대한 의존, 내성, 금단증상이 발생하고, 심리적 고통을 완화하기 위한 자기 투여로 이어지는 생물학적 · 약리적 요인까지 복합적으로 작용한다.

(2) 가족 요인

부모의 양육 태도와 가족 환경은 청소년의 약물사용에 큰 영향을 미치며, 방임적이거나 과도하게 허용적인 부모는 자녀에게 명확한 경계와 지도를 제공하지 못해 약물사용의 가능성을 높인다. 또한, 부모나 형제의 흡연, 음주, 약물사용은 청소년에게 모방 학습의 기회를 제공함으로써 약물사용 행동을 학습하고 모방하게 만들 수 있다.

(3) 또래 요인

또래의 영향은 청소년 약물사용의 강력한 예측 요인 중 하나로, 약물을 사용하는 또래가 많을수록 권유나 접촉 기회가 증가하며, 특히 동년배와의 관계는 행동에 직접적인 영향을 미친다. 청소년들은 소속에 대한 욕구와 집단 내 유대감을 중시하기 때문에 "호기심"이나 "친구들과 어울리기 위해서" 약물을 처음 사용하게 되었다는 응답이 많은 것도 이러한 집단행동의 영향을 반영한다.

(4) 학교 · 지역사회 요인

학교 부적응은 청소년의 약물사용과 밀접한 관련이 있으며, 낮은 학업 성취, 학교생활에 대한 불만족, 무단결석 등의 문제가 약물사용으로 이어질 수 있다. 또한, 매체나 SNS을 통해서 약물사용을 긍정적으로 묘사하거나, 약물에 쉽게 접근할 수 있는 사회 · 문화적 환경 역시 청소년의 약물사용을 부추기는 요인으로 작용한다.

1) 중독의 개념

    중독(addiction)은 단순히 어떤 물질을 사용하는 것을 넘어, 통제력을 상실한 채 반복적으로 사용하게 되는 상태를 의미한다. 중독은 개인의 의지력 부족이 아니라, 뇌의 보상 시스템과 자기조절 기능에 변화가 생긴 만성적 질환으로 이해된다. 중독 상태에서는 사용자가 약물사용의 부정적인 결과(건강 악화, 관계 손상, 학업중단 등)를 알고 있음에도 불구하고, 사용 욕구를 멈출 수 없게 되며, 사용을 중단하면 금단증상(불안, 불면, 신체적 고통 등)이 나타나게 된다. 또한, 시간이 지날수록 같은 효과를 위해 더 많은 양의 약물을 필요로 하는 내성(tolerance)도 증가하게 된다.

    특히 청소년기는 뇌의 전두엽 기능이 아직 완전히 발달하지 않아 충동 억제력과 위험 인식 능력이 미숙하기 때문에, 중독에 더욱 쉽게 노출될 수 있다. 이로 인해 약물사용이 빠르게 의존으로 이어지고, 이후 정신건강 문제, 자해 위험, 사회적 고립 등의 이차적 문제가 발생할 수 있다.

2) 중독 관련 용어

    청소년 상담현장에서 약물중독 청소년을 이해하고 상담하기 위해서는 다음과 같은 중독 관련 용어에 대한 명확한 이해가 필요하다.

■ 중독 관련 용어 정리

분류		정의와 특징
의존	정의	특정 물질 없이는 일상 기능이 어려워지는 상태
	특징	• 심리적 의존: 감정 조절, 스트레스 해소 등 정서적 대체 수단으로 사용 • 신체적 의존: 약물이 체내 항상성에 영향을 주며 금단증상 유발
내성	정의	같은 효과를 얻기 위해 점차 더 많은 양을 필요로 하는 상태
	특징	내성이 증가하면 남용과 의존의 위험이 높아짐

금단	정의	약물사용 중단 시 나타나는 신체적, 정서적 고통
	특징	불안, 손 떨림, 구역질, 불면, 환청, 발작 등
갈망	정의	특정 약물을 강력히 원하게 되는 심리적 욕구
	특징	DSM-5-TR에서 물질 사용 장애의 중요한 진단 기준 중 하나
남용	정의	반복적 사용으로 인해 학업, 사회적 기능, 법적 문제 등을 일으키는 패턴
	특징	초기 남용은 학업결손, 비행행동, 가족 갈등의 신호일 수 있음

3) DSM-5-TR의 물질관련장애의 이해

DSM-5-TR은 약물로 인해 발생하는 정신건강 문제를 '물질관련 및 중독장애'로 통합하여 설명하고 있다. 이 장애는 약물사용이 단순한 나쁜 습관이 아니라, 심리적·신체적·사회적 기능에 부정적인 영향을 미치는 정신질환이라는 점에서 중요하다. DSM-5-TR은 물질관련장애를 크게 두 가지 유형으로 구분한다.

(1) 물질 사용 장애

특정 약물을 반복적으로 사용하면서 일상생활에 지장이 생기는 상태를 말한다. 단순한 한두 번의 사용이 아니라, 지속적인 사용으로 인해 학업, 가족, 대인관계, 건강 등의 기능이 저하되는 경우를 말한다.

사례

고등학생 A는 친구로부터 집중력이 좋아진다며 권유받은 ADHD 치료약을 복용하기 시작했다. 처음에는 시험 기간만 약을 사용했지만, 시간이 지나면서 복용 빈도가 점점 늘어났다. 이제는 약을 먹지 않으면 공부에 집중할 수 없다는 불안감에 시달리고 있으며, 스스로 약을 끊으려 해도 손이 떨리고 불안해지는 증상을 겪고 있다. 결국, 이러한 불안감과 신체적 증상 때문에 다시 약을 찾게 되는 상황이 반복되고 있다. A의 경우 점차 약에 대한 조절력을 잃고, 금단증상을 경험하며, 학업 수행을 위해 약물에 의존하고 있어 물질사용장애로 발전할 가능성이 있다.

(2) 물질 유도성 장애

특정 약물을 사용한 직후 혹은 사용 중에 발생하는 심리적·신체적 증상을 중심으로 한다. 사용자가 원래 정신질환이 없었더라도, 약물의 생리적 작용으로 인해 우울, 불안,

망상, 공황, 환청 등이 일시적으로 나타나는 경우를 말한다.

청소년 B는 친구와 함께 대마초를 피운 뒤 갑자기 숨이 막히는 듯한 느낌을 경험했고, 누군가 자신을 지켜보고 있다는 생각에 사로잡혀 극심한 공포감 속에서 혼자 울고 몸을 떨었다. 그날 이후에도 비슷한 증상이 며칠 동안 반복되었으며, 불안감과 현실감 상실 같은 경험이 지속되었다. 이처럼 대마 사용 직후 나타난 불안발작과 망상적 사고는 물질 유도성 불안장애의 가능성을 시사한다.

청소년이 보이는 심리적 문제나 행동 이상이 물질 사용 장애인지, 물질 유도성 장애인지 구분하는 것은 상담과 치료 방향을 결정하는 데 매우 중요하다. 약물사용을 중단했을 때 증상이 사라진다면 물질 유도성 장애로 보고 단기적 안정 지원이 가능하지만, 증상이 지속적으로 유지될 경우 기저 정신질환을 함께 평가하고 다루는 개입이 필요하다.

3 / 약물중독 관련 장애의 종류

1) 약물유발 장애

약물유발 장애는 약물사용 직후 또는 사용 중에 나타나는 정신적·신체적 증상이 중심이 되는 상태로, 이는 약물의 직접적인 생리적 작용에 의해 발생한다. 이 장애는 약물 사용 시점과 증상 발현 사이에 밀접한 시간적 연관성이 있으며, 대부분 일시적인 특성을 보여 약물을 중단하면 증상이 자연스럽게 사라지는 경우가 많다. 주요 증상으로는 우울, 불안, 환각, 망상, 조현병 유사 증상 등이 나타날 수 있으며, 이는 본래의 정신질환이 아니라 약물에 의해 일시적으로 유발된 상태일 수 있으므로, 기저 정신질환과의 감별진단이 매우 중요하다.

2) DSM-5-TR 약물중독 관련 장애

DSM-5-TR에서는 물질-관련 장애를 10가지[알코올, 타바코, 카페인, 대마계의 칸나비스, 환각제, 흡입제, 아편류, 진정제-수면제-항불안제, 흥분제, 기타 물질(스테로이드, 코르티솔, 카바)] 장애로 들고 있다. DSM-5-TR은 총 10가지 물질별로 '물질 사용 장애', '물질 유도성 장애'가 발생할 수 있다고 설명하며, 각 물질마다 사용 특징, 중독 가능성, 금단 증상은 차이가 있다.

3) 감별진단의 중요성

청소년의 약물사용 이후 나타나는 심리적 증상은 겉보기에는 비슷할 수 있으나, 그 원인이 약물의 직접적인 효과인지(물질 유도성 장애), 아니면 약물사용과 무관한 기저 정신질환인지(예: 우울증, 조현병 등)에 따라 상담과 치료의 접근이 달라진다. 이처럼 정확한 구분을 하는 것을 감별진단이라고 하며, 이는 상담자가 반드시 숙지해야 할 중요한 과정이다.

이러한 감별 없이 단순히 '약물 문제'로만 다루게 되면, 청소년의 정신건강 문제를 놓치거나 적절한 개입 시기를 놓칠 수 있으며, 반대로 경미한 증상에 과도한 치료가 이루어질 수도 있다. 따라서 상담자는 약물사용의 시점, 증상의 발현 시기와 경과, 기능 손상 여부 등을 자세히 평가하여, 정확한 감별을 통해 맞춤형 개입을 설계해야 한다.

4) 청소년의 약물중독이 뇌에 미치는 영향

청소년기의 약물중독은 아직 충분히 발달하지 않은 뇌의 구조와 기능에 직접적인 손상을 초래할 수 있으며, 그 영향은 단기적인 수준을 넘어 장기적인 삶의 질에까지 깊은 흔적을 남긴다. 자기조절을 담당하는 전두엽, 감정 조절을 관장하는 변연계, 쾌락과 동기를 조절하는 도파민 보상회로 등은 약물에 특히 민감하게 반응하며, 이들이 교란되면 충동조절 실패, 정서 불안, 무기력감, 대인관계의 어려움, 학업 포기 등의 문제가 연쇄적으로 나타날 수 있다.(정선화 외, 2022) 특히 너무 이른 시기에 약물에 노출될 경우, 뇌는 쾌락을 인위적으로 얻는 방식에 익숙해지며, 이후 성인이 되어서도 스트레스를 건강하게 해소하기보다는 약물에 의존하려는 경향이 지속될 가능성이 높다. 이처럼 조기에 시작된 중독은 단순한 일탈이 아닌 중단이 어려운 만성적 문제로 이어질 수 있으며, 반복적인 재발과 강한 갈망 속에서 평생에 걸쳐 싸워야 하는 심각한 결과를 낳을 수 있다.

(1) 전두엽 기능 저하 (자기조절과 판단력 손상)

전두엽은 충동 조절, 계획, 판단, 의사결정 등을 담당하는 뇌의 핵심 영역으로, 청소년기 후반까지 계속해서 발달한다. 그러나 약물은 전두엽의 정상적인 발달을 방해하거나 그 기능을 억제함으로써 충동적 행동의 증가, 책임감 저하, 위험 감수 행동의 확대 등 부정적인 행동 변화를 초래할 수 있다.

(2) 보상회로(도파민 시스템)의 교란

약물은 도파민 분비를 비정상적으로 증가시켜 쾌감을 인위적으로 자극한다. 반복 사용 시, 자연스러운 보상체계가 무력화되어 일상적인 활동에서는 즐거움을 느끼지 못하고 약물만을 갈망하게 된다. 이는 무기력감, 흥미 상실, 우울 증상 등으로 이어질 수 있다.

(3) 기억력과 학습능력 저하

약물은 해마(기억 형성 뇌 부위)의 기능을 손상하여 학습 집중력과 기억 유지에 어려움을 초래한다. 이로 인해 학업 성취도가 낮아지고, 자신감 저하및 학업중단의 위험이 증가한다.

(4) 감정 조절 능력의 불균형

약물은 감정을 조절하는 변연계(편도체 등)의 기능을 교란하여, 불안정한 감정 반응, 분노 폭발, 불안발작 등이 쉽게 나타날 수 있다. 이는 또래 관계나 가족관계의 갈등을 심화시키는 요인이 된다.

4 / 청소년 약물중독 이론

청소년이 약물에 손을 대는 이유는 단지 충동이나 호기심 때문만은 아니다. 겉으로 드러나는 행동 너머에는 관계의 갈증, 감정 조절의 어려움, 환경의 영향처럼 보이지 않는 복합적인 요인들이 얽혀 있다. 약물사용이라는 결과만을 놓고 판단하기보다는, 그 배경에 깔린 심리적·사회적 맥락을 이해하는 것이 먼저다. 이 장에서는 애착 이론, 사회적 무능력 모델, 근거기반 치료, 공중보건 모델을 통해 청소년 약물중독을 다양한 관점에서 살펴보고, 보다 현실적이고 효과적인 개입의 실마리를 찾아보고자 한다.

1) 애착 이론

애착 이론은 존 볼비(John Bowlby)와 메리 에인스워스(Mary Ainsworth)의 연구를 기반으로 하며, 인간은 태어나면서부터 주요 보호자(보통 부모)와 정서적 유대(애착)를 형성하며, 이 애착의 질이 개인의 전 생애에 걸친 정서적 안정감, 대인관계 능력, 자기조절 기능에 영향을 준다고 본다. 애착이 안정적으로 형성되지 못한 청소년은 정서적 외로움, 불안, 자존감 저하를 경험하며, 이러한 결핍을 해소하기 위해 외부 자극에 의존하거나 위험 행동에 노출될 가능성이 높다. 특히 회피형, 불안형 애착 유형을 가진 청소년은 감정을 적절히 표현하거나 다루는 능력이 부족해 스트레스를 약물이나 알코올을 통해 통제하려는 경향을 보인다. 약물은 단기적으로 편안함이나 통제감을 주는 것처럼 느껴지지만, 장기적으로는 의존성 심화와 정서적 고립, 심리적 문제를 악화시키게 된다. 청소년의 약물사용 동기 중 정서적 안정감 결핍, 관계 불신, 자기조절 실패의 가능성을 탐색해야 하며, 안정된 상담 관계 형성을 통해 보완적 애착 경험 제공이 중요하며, 감정 중심 접근(EFT), 자기표현 훈련, 부모–자녀 관계 개선 프로그램 등 활용이 가능하다.

2) 사회적 무능력 모델

　사회적 무능력 모델은 청소년이 약물사용에 빠지는 주요 이유 중 하나로 사회적 기술 부족, 즉 또래와의 건강한 관계 형성, 자기주장, 스트레스 대처 등 사회적 역량의 결핍을 강조한다. 청소년은 대인관계에서의 자신감 부족이나 소외감을 느낄 때, 또래 집단의 비행적 분위기나 약물사용 문화에 쉽게 동조하게 된다. 사회적 기술이 부족한 청소년은 거절 능력이나 자기 표현력이 낮아 또래의 약물 권유에 효과적으로 대응하지 못하며, 사회적 소속감을 느끼기 위해 비행집단에 들어가 약물사용에 가담할 수 있다. 이는 점차 비행 행동, 중독, 사회적 고립으로 이어지는 악순환을 형성한다. 청소년의 사회적 기술 수준(예: 의사소통, 자기주장, 분노 조절 등)을 사정하고 사회기술훈련(SST), 또래 관계 향상 프로그램을 병행해야 한다. 또한, 또래 집단의 영향력에 대한 통찰을 키우고, 건강한 관계 맺기의 경험을 지원하는 것이 중요하다.

3) 근거기반 치료

　근거기반 치료는 심리 상담 및 중독 개입에서 과학적 연구를 통해 효과가 검증된 치료법을 실제 현장에 적용하는 접근으로, 청소년 약물중독 치료에 있어 실질적인 변화를 이끌어내는 핵심적인 방법이다. 대표적인 근거기반 치료로는, 약물사용을 유발하는 왜곡된 사고를 인식하고 건강한 대처 전략을 훈련하는 인지행동치료(CBT), 청소년 스스로 변화의 필요성을 깨닫고 내적 동기를 키우도록 돕는 동기 강화 상담(MI), 그리고 가족 간 갈등과 기능 저하를 개선하여 회복을 위한 지지 환경을 조성하는 가족기반 치료[16](MDFT; Multidimensional Family Therapy, FFT; Functional Family Therapy)가 있다. 청소년은 감정이나 스트레스를 인식하고 표현하는 능력이 미숙해 부정적인 감정을 회피하거나 해소하기 위해 약물을 사용하는 경향이 있으며, 근거기반 치료는 이러한 과정에서 자기 이해와 감정 표현, 문제해결 능력을 높여 재발을 방지하고 장기적인 회복을 지원하는 데 효과적이다. 따라서 이론

---

16 MDFT(약물남용, 비행 청소년을 위한 다차원적 가족치료), FFT(청소년 비행, 가정 내 갈등을 가족 내 기능적 패턴 개선을 통해 해결하는 기능적 가족치료)

중심보다 실제 효과가 입증된 개입전략과 기법을 적용하는 것이 중요하며, 특히 동기가 부족한 청소년에게는 비판보다는 공감 중심의 동기 강화가 우선되어야 한다. 더불어 부모 교육, 집단 프로그램, 지역사회 자원과의 연계 등 통합적인 지원도 함께 고려되어야 한다.

4) 공중보건 모델

공중보건 모델은 개인의 질병이나 문제를 전체 사회의 건강 관점에서 이해하고 다루는 접근 방식이다. 개인의 약물중독 문제가 나약함이나 도덕적 실패로 보지 않고, 사회적, 환경적, 생물학적 요인들이 복합적으로 작용한 결과로 인식한다. 이 모델은 예방-치료-재활-재통합의 전 생애적 관점에서의 개입을 강조하며, 건강한 사회를 만들기 위해 정책적, 교육적, 보건적 전략들을 함께 통합하여 적용한다. 이러한 관점에서 공중보건 모델은 예방 중심의 접근을 강조한다. 문제가 발생한 후에 치료하는 데 집중하기보다는, 중독으로 이어질 수 있는 위험요인을 사전에 차단하고, 건강한 행동을 촉진하는 환경을 조성함으로써 약물사용 자체를 예방하려는 노력을 우선시한다.(예,학교에서 약물 예방 교육, 지역사회 캠페인, 약물 접근성 통제 등) 또한, 공중 보건 모델은 집단적 책임과 공동체의 역할을 강조한다. 약물 문제는 특정 개인이나 가정의 문제로 국한하지 않고, 한 개인이 경험하는 문제는 사회 전체의 건강과 안전에 직간접적으로 영향을 미친다고 본다. 따라서 국가, 지역사회, 교육기관, 보건의료 시스템 등이 공동으로 예방과 개입의 책임을 지는 구조를 만들어 정책과 제도를 지원하는 모델이다. 즉, 공중보건 모델은 약물중독을 복합적이고 사회적인 현상으로 이해하고, 다차원적 예방 전략과 공동체적 개입을 통해 건강한 사회를 지향하는 통합적 접근 방식이며 특히 청소년, 고위험군, 재활 대상자 등 다양한 계층에 맞는 맞춤형 개입을 지원한다.

청소년의 약물 및 알코올 사용 여부를 정확히 파악하는 것은 효과적인 상담 개입의 출발점이다. 청소년은 사용 경험을 숨기거나 축소하는 경향이 있어, 객관적이고 구조화된 사정 도구의 활용이 필수적이다. 이러한 도구는 사용 정도, 기간, 위험성, 심리적 문제 등을 체계적으로 평가해 현재 상태를 진단하고, 개입 방향 설정과 가족·학교와의 협력 기반 마련에 도움이 된다. 또한, 초기 선별뿐 아니라 중재 후 변화 평가에도 활용되어 상담의 효과성을 높인다.

1) CAGE(Cut, Annoyed, Guilty, Eye-opener): 음주 문제 선별용 검사

CAGE는 음주 문제를 간단하게 선별하기 위한 4문항의 자기 보고식 설문지로 성인뿐 아니라 청소년에게도 적용 가능하다. 짧고 간단하게 음주 문제의 위험 신호를 조기에 파악할 수 있다는 장점이 있다.

CAGE 문항 예시

- Cut down : "술을 줄여야겠다고 느낀 적이 있습니까?"
- Annoyed : "다른 사람들이 당신의 음주에 대해 비난하거나 충고할 때 짜증이 난 적이 있습니까?"
- Guilty : "술을 마신 것에 대해 죄책감을 느낀 적이 있습니까?"
- Eye-opener: "아침에 일어나자마자 진정되기 위해 술을 마신 적이 있습니까?"

해석 및 활용

- 각 문항에 '예'라고 응답한 문항 수를 점수화한다.
- 2개 이상 '예'일 경우, 문제 음주 가능성이 높다고 평가되어 추가 평가나 상담 개입을 권장한다.
- 빠른 스크리닝이 가능하므로 상담 초기 면담, 학교 정신건강 선별 검사 등에 효과적으로 활용할 수 있다.

2) DAST (Drug Abuse Screening Test)

DAST는 약물사용으로 인한 문제를 선별하기 위해 고안된 자기보고형 검사이다. 1982년 Skinner에 의해 개발되었으며, 마약, 향정신성 약물, 불법 약물사용 등 알코올을 제외한 약물 남용 여부를 평가하는 데 사용된다. 청소년과 성인 모두에게 적용 가능하며, 일반적으로 10문항(DAST-10) 형식이 가장 많이 사용된다.

DAST-10 문항 예시

① 약물을 규정된 용도 외로 사용한 적이 있습니까?
② 약물사용으로 인해 직장, 학교, 가정에서 문제가 생긴 적이 있습니까?
③ 가족이나 친구가 당신의 약물사용에 대해 걱정하거나 비난한 적이 있습니까?
④ 약물사용에 대해 죄책감을 느낀 적이 있습니까?
⑤ 약물을 끊거나 줄이려고 했지만 실패한 적이 있습니까?
⑥ 약물사용으로 인해 법적 문제를 겪은 적이 있습니까?
⑦ 약물사용이 건강에 해롭다는 것을 알면서도 계속 사용한 적이 있습니까?
⑧ 혼자 있을 때 약물을 사용하는 경우가 있습니까?
⑨ 약물을 사용하지 않으면 불안하거나 초조한 상태가 되곤 합니까?
⑩ 약물사용으로 인해 사회적 활동이나 취미생활을 줄이게 된 적이 있습니까?

해석 및 활용

– 각 '예' 응답을 1점으로 계산하여 총점을 0~10점으로 산정한다.

총점	해석 내용
0점	약물 관련 문제 없음
1–2점	경미한 수준의 문제 가능성, 예방 교육 권장
3–5점	중간 정도 문제, 상담 및 평가 필요
6점 이상	심각한 약물 문제 가능성, 전문기관 의뢰 및 집중 개입 필요

– 점수 해석 기준 예시
DAST는 약물사용의 정도뿐 아니라, 그로 인한 삶의 전반적 영향(정서, 관계, 건강, 법적 문제 등)을 포괄적으로 평가할 수 있어, 학교, 청소년 상담센터, 보호관찰소 등 다양한 현장에서 선별 및 개입의 기준 자료로 활용된다.

3) AUDIT (Alcohol Use Disorders Identification Test)

AUDIT는 WHO(세계보건기구)에서 개발한 음주 문제 선별도구로, 알코올 사용의 빈도, 양, 의존성 및 관련 문제를 포괄적으로 평가할 수 있도록 제작되었다. 총 10문항으로 구성되어 있으며, 청소년과 성인에게 모두 사용된다. AUDIT의 가장 큰 장점은 단순히 음주의 빈도나 양만을 측정하는 데 그치지 않고, 알코올에 대한 의존성, 통제력 상실, 그리고 음주로 인해 개인의 일상생활과 대인관계에 미치는 부정적 영향을 폭넓게 평가할 수 있다는 데 있다. 이러한 특성 덕분에 AUDIT는 학교 정신건강 검진, 청소년의 음주 습관 지도, 초기 상담 면접 등에서 음주 문제를 조기에 선별하고 개입의 필요성을 판단하는 스크리닝 도구로 널리 활용된다. 다만 청소년의 경우 성인과 달리 신체적·정서적 발달이 완전하지 않기 때문에 점수 해석에 유의해야 한다.

AUDIT 문항 예시(각 문항은 0~4점 척도로 응답)

A. 음주 행태

- 얼마나 자주 술을 마십니까?
- 한 번에 몇 잔 정도 마십니까?
- 한 번에 6잔 이상 마시는 일이 얼마나 자주 있습니까?

B. 알코올 의존성 관련 항목 (4~6번)

- 지난 1년 동안 음주를 줄이려 했지만 실패한 적이 있습니까?
- 술을 마신 다음 날 일을 하지 못한 적이 있습니까?
- 음주 후에도 계속 마시고 싶은 충동을 느낀 적이 있습니까?

C. 음주로 인한 문제 (7~10번)

- 음주로 인해 죄책감이나 후회를 느낀 적이 있습니까?
- 음주로 인해 사고를 당하거나 상처를 입은 적이 있습니까?
- 가족이나 친구, 의사가 음주 문제를 지적한 적이 있습니까?
- 술을 끊기 위해 도움을 받아본 적이 있습니까?

해석 및 활용

- 각 문항은 0~4점으로 채점하며 총점은 최대 40점이다.
- 점수 해석 기준 예시

총점	해석 내용
0–7점	저위험 음주, 정상 범주
8–15점	중간 위험 음주, 주의 요망 및 간단한 교육, 상담 권장
16–19점	고위험 음주, 전문적 평가 및 개입 필요
20점 이상	의존 가능성, 정신건강 전문가 의뢰 치료 필요

4) SASSI (Substance Abuse Subtle Screening Inventory)

SASSI는 약물 및 알코올 사용 문제를 미묘하고 간접적인 방식으로 평가하기 위해 개발된 심리검사 도구이다. 기존의 자기보고형 문항이 가진 방어적 응답이나 부정 경향성을 보완하기 위해, 개발되었으며 청소년용(SASSI-A)과 성인용으로 구성되어 있다.

5) CRAFFT

CRAFFT는 청소년 전용 약물 및 알코올 사용 선별 검사로, 12~21세 청소년의 음주 및 약물사용 위험성을 간단하고 효과적으로 평가할 수 있는 도구이다. 미국 아동청소년 정신의학회와 소아과학회에서 권장하는 도구로, 6개의 문항으로 구성되어 있다. 청소년의 실제 생활 속 경험을 중심으로 문항이 구성되어 있어 현실 반영도가 높고, 짧은 시간 안에 실시할 수 있어 선별 검사로 매우 효율적이다. 특히 청소년이 스스로 인식하지 못하는 위험 행동이나 문제 상황도 포착할 수 있도록 설계되어 있으며, 부모나 교사의 관찰에 의존하는 방식보다 더 정확하고 직접적인 정보를 얻을 수 있다.

- C (Car) – 친구 또는 가족과 함께 차량을 운전하거나 탑승한 상태에서 술이나 약물을 사용한 적이 있습니까?
- R (Relax) – 긴장하거나 스트레스를 풀기 위해 술이나 약물을 사용한 적이 있습니까?
- A (Alone) – 혼자 있을 때 술이나 약물을 사용한 적이 있습니까?
- F (Forget) – 술이나 약물사용 후 무슨 일이 있었는지 기억이 나지 않았던 적이 있습니까?
- F (Friends/Family) – 가족이나 친구가 당신의 음주 또는 약물 사용에 대해 걱정하거나 충고한 적이 있습니까?
- T (Trouble) – 술이나 약물 때문에 문제(학교, 가족, 경찰 등)를 겪은 적이 있습니까?

해석 및 활용

- 1문항 이상 '예'일 경우: 주의 요망, 상담자 면담 및 예방 교육 필요
- 2문항 이상 '예'일 경우: 고위험군으로 간주, 전문 상담 또는 진단 평가 권장

6) 담배사용문제 선별 척도(FTND)

담배(니코틴) 의존 수준을 평가하기 위한 자기 보고식 검사 도구로 담배 사용자의 니코틴중독 정도를 객관적으로 측정할 수 있다. 원래 성인용으로 개발되었지만, 청소년의 흡연 평가에도 응용되어 활용되고 있다. FTND 척도 점수가 고득점일수록 신체적 니코틴 의존성이 강하고 금연이 어려운 상태임을 나타내므로, 전문적 상담, 니코틴 대체요법(NRT)[17], 금연 프로그램 등의 적극적인 개입이 필요하다. 간단한 6문항으로 구성되어 짧은 시간 안에 니코틴 의존 수준을 객관적으로 파악할 수 있으며, 청소년의 흡연 문제를 초기 상담 면담 과정에서 자연스럽게 탐색할 수 있는 유용한 도구이다. 또한, 개입 수준을 결정하고, 금연 동기 강화 면담(MI) 등 심리 사회적 접근의 기초 자료로도 효과적으로 활용될 수 있다.

---

17 NRT(Nicotine Replacement Therapy): 금연을 돕기 위해 담배 대신 소량의 니코틴을 안전한 형태로 공급하는 치료법

해석 및 활용

– 점수 해석

총점	해석 내용
0–2점	매우 낮은 니코틴 의존 수준
3–4점	낮은 니코틴 의존 수준
5점	중간 니코틴 의존 수준
6–7점	높은 니코틴 의존 수준
8–10점	매우 높은 니코틴 의존 수준으로 심각한 의존 상태

7) ADAD (Adolescent Drug Abuse Diagnosis)

ADAD(Adolescent Drug Abuse Diagnosis)는 미국 템플대학교(Temple University)의 프리드먼(Friedman) 등이 개발한 구조화 면접 도구로, 청소년의 약물 남용 여부뿐 아니라 정신건강, 가족관계, 학교생활, 또래 관계, 법적 문제 등 다양한 생활 영역을 통합적으로 평가할 수 있다. 약물 문제를 단순한 행동이 아닌 다차원적 맥락 속에서 이해할 수 있도록 설계되어, 진단과 상담 계획 수립에 유용한 임상적 도구이다. 구조화된 면접 방식이므로 청소년과의 신뢰 형성이 중요하며, 상담자의 전문성과 맥락적 민감성이 해석 과정에 필수적으로 요구된다.

영역	주요 내용
1. 약물 사용	종류, 빈도, 기간, 사용 시기 등
2. 의료 상태	질병, 치료력, 약물과 상호작용 등
3. 학교 상태	출결, 성적, 교우-교사 관계, 학교 적응 등
4. 직업 상태	아르바이트 경험, 근로형태, 직장 내 문제 등
5. 사회적 관계	친구, 또래 영향, 사회적 기술 등
6. 가족 배경	가족구성, 갈등, 사회적 지지 등
7. 정신건강	불안, 우울, 충동 조절, 자해-자살 경험 등
8. 여가 활동	여가활용방식, 활동의 건전성 여부 등
9. 법적 문제	경찰조사, 보호관찰, 소년법 관련 경험 등

해석 및 활용

 – 각 영역에 대해 문제의 심각도 수준을 점수화하거나, 진술 형태로 분석
 – 종합적으로 판단하여 약물사용의 위험도와 기능 손상 수준을 평가
 – 결과를 바탕으로 상담 목표 설정, 개입 우선순위 도출, 보호자 개입 방안수립 등에 활용

8) 정신건강 공존 장애(Co-occurring Disorders, COD) 평가

공존 장애는 청소년이 약물 남용 또는 의존 문제와 함께 우울증, 불안장애, ADHD, 외상 후 스트레스장애 등 하나 이상의 정신건강 문제를 동시에 가지고 있는 상태를 의미한다. 청소년기는 발달 특성과 환경적 요인이 복합적으로 작용하는 시기이므로, 약물사용과 정신질환이 상호 영향을 주며 증상을 악화시킬 수 있다. 이러한 공존 장애를 지닌 청소년은 단순한 약물치료나 훈계 중심의 개입만으로는 충분한 효과를 기대하기 어려우며, 정신건강 문제와 약물 문제를 동시에 다루는 통합적 접근이 필수적이다.

초기 면담 단계부터 정신건강 평가를 병행함으로써, 약물사용이 정서적 고통을 해소하려는 자가치료(Self-medication) 방식일 가능성을 고려해야 하며, 정신질환이 명확할 경우 정신과나 상담센터 등 전문기관과의 연계도 필요하다. 정신건강 공존 장애 평가는 청소년 약물 문제의 심층적 원인과 기능 손상을 파악하는 데 중요한 기반이 되며, 자가치료 경향이 강한 청소년기의 효과적인 상담 개입 방향을 설정하는 데 큰 도움이 된다. 단, 이러한 평가와 개입에는 임상적 전문성이 요구되며, 보호자와의 협력 또한 반드시 병행되

어야 한다. 주요 평가 영역은 다음과 같다.

평가 영역	주요 내용
약물 사용 이력	사용 물질 종류, 빈도, 시작 시기, 최근 사용 여부
정서 상태	우울, 불안, 충동성, 분노 조절, 자살 사고 등
인지 및 주의력	주의 집중 관련 부분, ADHD, 산만–주의집중 여부
외상 경험	학대, 방임, 폭력, 외상 사건 노출
일상 기능	수면, 식욕 등 일상생활 및 가정, 사회생활 적응 등

9) 초기 면접과 약물사용 내력 탐색

청소년의 약물 문제를 이해하고 적절한 상담 개입을 설계하기 위해서는 초기 면접 과정이 매우 중요하다. 이 단계에서는 청소년과의 신뢰를 바탕으로 약물사용 여부뿐 아니라 사용 시기, 빈도, 동기 등 구체적인 사용 경험을 탐색하고, 그 이면에 있는 정서적 배경과 또래·가족과의 관계까지 함께 살펴야 한다. 또한, 약물사용이 일상생활, 학업, 대인관계에 어떤 영향을 미쳤는지, 청소년 스스로 문제를 어떻게 인식하고 있으며 변화에 대한 의지는 어느 정도인지 평가하는 것도 중요하다. 다음에서는 이러한 내용을 보다 체계적으로 이해하기 위해, 초기 면접에서 활용할 수 있는 다섯 가지 탐색 단계를 살펴보고자 한다.

• [1단계] 신뢰 형성 및 일반 생활 탐색: 청소년의 일상과 정서 상태를 파악하기 위해 요즘 학교생활은 어떤지, 친구들과의 관계는 어떠한지, 평소에 무엇을 하며 시간을 보내는지 등을 물어본다. 재미있는 활동이나 관심 있는 분야를 통해 자연스럽게 대화를 이어가고, 가족과의 관계나 집안 분위기에 대해서도 조심스럽게 확인하며 정서적 지지 기반을 탐색한다.

• [2단계] 약물사용 여부 및 사용 내력 탐색: 이 단계에서는 주변 친구들이 술이나 담배, 약물 같은 것을 사용하는지, 그런 이야기를 들은 적이 있는지부터 시작해, 본인이

처음 약물(또는 술, 담배 등)을 사용한 시기와 상황, 그때 어떤 기분이었는지 등을 탐색한다. 인스타그램, 틱톡, 텔레그램 같은 SNS나 메신저에서 본 약물 광고나 관련 콘텐츠 경험, 어떤 종류의 물질(술, 담배, 본드, 대마 등)을 사용해 본 적이 있는지, 사용 빈도와 최근 사용 여부, 혼자서 사용했는지 또는 또래와 함께 사용했는지에 대한 정보도 중요하다. 특히 '다크웹'이나 비밀 채팅방 등에서 약물을 구매하거나 전달받은 적이 있는지도 확인한다.

· [3단계] 사용 동기 및 정서 탐색: 약물을 사용할 때 청소년이 느꼈던 감정, 사용하게 된 상황, 그리고 사용하지 않을 때 경험하는 불안이나 초조함 등을 살펴보아야 한다. 스트레스를 받을 때나 우울할 때 사용하는 경향은 없는지, 약물이 감정 조절의 도구로 쓰이고 있는지 판단이 이 단계의 핵심이다.

· [4단계] 영향 및 기능 손상 확인: 약물사용 이후 청소년의 학업 성적, 성격, 친구 관계 등에 변화가 있었는지 살펴보며, 금전 문제, 건강 문제, 경찰이나 선도기관과 관련된 일이 있었는지도 확인한다. 이러한 정보는 약물이 실제 삶의 기능에 어떤 영향을 미쳤는지를 객관적으로 판단하는 데 필요하다.

· [5단계] 동기 수준 및 변화 가능성 확인: 청소년이 스스로 현재 상황이 괜찮다고 생각하는지, 아니면 문제로 인식하고 있는지, 앞으로 약물사용을 줄이거나 멈춰볼 생각이 있는지를 확인한다. 또한, 누군가 도와준다면 지금보다 더 나아질 수 있을 것 같다고 느끼는지도 함께 묻는다. 이 단계에서는 청소년의 변화 의지를 파악하고, 이후 상담 목표와 개입 방향을 설정하는 데 중요한 기초를 마련할 수 있다.

1　행위중독

1) 행위중독의 정의

　　행위중독(behavioral addiction)은 '물질사용 없이 특정 행동 자체에 집착하게 되는 중독 현상'을 의미한다. 이는 약물이나 알코올처럼 뇌의 보상체계를 반복적으로 자극하면서 쾌감, 긴장 완화, 스트레스 해소 등의 경험을 제공하며, 시간이 지날수록 통제력 상실, 내성 증가, 금단증상 등을 동반하게 된다. 행위중독은 물질중독과 마찬가지로 도파민이라는 쾌감 호르몬 시스템을 자극한다. 특정 행동이 쾌감을 가져오고 반복이 되면 내성이 생기는데, 내성이 생기면 더욱 자극적인 행동을 요구하는 과정을 거치게 되며 이는 결과적으로 삶을 점차 마비시키는 중독으로 빠져들게 한다.

2) 행위중독의 진단기준(ICD-11 및 DSM-5-TR)

　　세계보건기구(WHO)의 국제질병 분류체계인 ICD 제11판(ICD-11)의 기준에서는 행위중독으로 게임장애와 도박장애를 인정, 정식 분류를 하고 있으며, 미국 정신의학회 출간, 정신질환 진단 및 통계편람인 DSM-5-TR에서는 유일하게 정식으로 등록된 행위중독으로 도박중독(gambling disorder)이 있다.

(1) ICD-11 기준
　　게임장애(gaming disorder) : 다음 세 가지 기준을 모두 충족해야 하며, 일반적으로 12개월 이상 지속되어야 한다. 이 기준은 온라인 · 오프라인 게임 모두 포함되며, 청소년과 청년을 중심으로 보고 된다.

> 1. 게임을 조절할 수 없다.(빈도, 강도, 지속 시간 등)
> 2. 다른 일보다 게임이 우선시 된다.
> 3. 게임으로 인해 학업, 직업, 사회적 기능이 현저하게 손상된다.

도박장애(gambling disorder) : DSM-5와 유사한 기준이 적용되며, 행동 조절의 실패, 반복적 참여, 일상 기능의 저하를 중심으로 진단한다.

(2) DSM-5-TR의 진단기준

12개월 동안 아래 항목 중 4가지(이상)의 기준이 충족되면 진단이 가능하다.

DSM-5-TR진단기준

A. 지속적이고 반복적인 문제적 도박 행동이 임상적으로 현저한 손상이나 고통을 초래하고, 지난 12개월 동안 다음 항목 중 4가지(또는 그 이상)가 나타난다.
  1. 원하는 흥분을 얻기 위해 액수를 늘리면서 도박하려는 욕구
  2. 도박을 줄이거나 중지시키려고 시도할 때 안절부절못하거나 과민해짐
  3. 도박을 조절하거나 줄이거나 중지시키려는 노력이 반복적으로 실패함
  4. 종종 도박에 집착함(예, 과거의 도박 경험을 되새기고, 다음 도박의 승산을 예견해 보거나 계획하고, 도박으로 돈을 벌 수 있는 방법을 생각)
  5. 괴로움(예, 무기력감, 죄책감, 불안감, 우울감)을 느낄 때 도박함
  6. 도박으로 돈을 잃은 후, 흔히 만회하기 위해 거짓말을 함
  7. 도박에 관여된 정도를 숨기기 위해 거짓말을 함
  8. 도박으로 인해 중요한 관계, 일자리, 교육적 또는 직업적 기회를 상실하거나 위험에 빠뜨림
  9. 도박으로 야기된 절망적인 경제 상태에서 벗어나기 위한 돈 조달을 남에게 의존함
B. 도박 행동이 조증 삽화로 더 잘 설명되지 않는다.
 다음의 경우 명시할 것;
  삽화성: 진단기준을 만족하는 것이 1회 이상이며, 도박장애 사이에 적어도 수개월 동안 증상이 줄어든 시기가 있는 경우
  지속성: 진단기준을 수년간 만족시키는 증상이 지속되는 경우
 다음의 경우 명시할 것;
  조기 관해 상태: 이전에 도박장애의 모든 진단 기준을 만족했고, 최소 3개월 이상 12개월 이내의 기간 동안 진단 기준에 맞는 항목이 전혀없는 경우
  지속적 관해 상태: 이전에 도박장애의 모든 진단기준을 만족했고, 12개월 이상의 기간 동안 진단기준에 맞는 항목이 전혀 없는 경우
 현재의 심각도를 명시할 것:
  경도: 4~5개의 진단기준을 만족한다.
  중증도: 6~7개의 진단기준을 만족한다.
  고도: 8~9개의 진단기준을 만족한다.

2 / 행위중독의 원인

　행위중독은 크게 생물학적 요인, 심리적 요인, 사회 환경적 요인의 3대 원인 구조로 살펴볼 수 있다. 생물학적 요인으로는 유전적 소인으로 가족력이 있을 때 행위중독의 위험이 증가할 수 있으며, 특히 청소년기의 충동 조절의 어려움, 뇌의 도파민 시스템인 보상회로 활성화로 인한 즉각적인 쾌감의 유발 등에서의 개인적 성향이 나타날 수 있다. 심리적 요인으로는 감정조절의 어려움, 자존감 결핍, 습관화와 통제 상실, 심리적 보상과 강박 등을 들 수 있다. 사회 환경적 요인으로는 가족 기능의 문제, 사회적 고립감, 미디어와 기술환경으로 인한 디지털 환경에의 과도한 노출 등으로 볼 수 있다. 여기서는 청소년의 특성에 맞춰 개인적 요인, 심리적 요인, 생활·가족 환경 요인, 디지털 환경 요인, 사회문화적 요인의 5가지로 나누어 살펴보고자 한다.

1) 개인적 요인

　개인의 성향은 생물학적 요인과 더불어 중독에 취약한 기반을 형성할 수 있다. 생물학적 요인에는 유전적 민감성이 포함되는데, 특히 도파민 수용체와 관련된 유전자가 민감할수록 쾌락을 추구하는 경향이 커지고, 이로 인해 즉각적인 만족을 선호하게 된다. 이러한 특성은 충동적인 행동을 반복하게 되는 패턴으로 이어질 수 있다. 이와 같은 성향을 가진 사람들은 자존감이 낮고 자기효능감이 부족하여 외부 자극에 쉽게 영향을 받고, 부정적인 정서를 자주 경험하게 된다. 불안하거나 우울한 기질이 있는 경우에는 내적인 욕구 좌절과 정서적 불안정을 해소하기 위해 특정 행동에 의존하려는 경향이 나타날 수 있다. 또한 외로움이나 공허함에 대한 민감도가 높을 경우, 혼자 있는 시간을 견디기 어려워하며 끊임없이 자극을 추구하게 되고 행위중독에 더욱 취약해질 수 있다.

2) 심리적 요인

　행위중독은 감정조절 실패와 삶의 공허함에 대한 심리적 방어 반응으로 이해해야 한다. 그 중심에는 스트레스 회피, 부정적 감정 조절의 실패, 애착 손상 문제, 자기 비난과 무기력감 등이 자리 잡고 있다.

　• **감정조절의 어려움과 회피행동**: 청소년은 스트레스를 느끼면 직접 문제를 해결하기보다는 감정을 피하거나 외부에 의존하려는 경향이 있다. 슬픔, 분노, 불안 같은 감정을 인식하거나 표현하는데 서툴며, 이때 게임 및 SNS, 도박, 쇼핑 같은 자극적인 활동은 부정적인 감정을 잊게 해주는 손쉬운 도피처가 된다. 이러한 행동은 일시적인 위안을 주긴 하지만, 결국 자기조절 능력을 약화시키고 중독 패턴을 고착시킬 수 있다.

　• **애착 결핍과 자기 비난**: 안정적인 정서적 유대가 부족한 청소년은 부모나 또래 대신 디지털 행위에 집착하며 안정감을 찾으려 한다. 자신을 있는 그대로 받아들이기 보다는 "나는 부족해.", "나는 아무도 좋아하지 않아." 같은 부정적 자아상에 사로잡히기 쉽다. 이런 자기 비난은 무력감으로 이어지고, "그냥 게임이나 하자.", "아무 의미가 없어." 같은 체념적인 태도로 중독행위를 강화시킨다.

　• **현실 회피와 통제에 대한 착각** : 청소년은 현실에서는 자존감이 낮고 무력감을 느끼면서도, 게임 속에서는 자신을 '유능한 존재'로 느낄 수 있기 때문에 보상작용으로 더 깊이 몰입할 수 있다. 하지만 보상책은 현실의 문제를 해결하지 못하고 오히려 현실을 회피하게 만들며, 더 깊은 중독으로 갈 수 있다. 그렇게 되면 빠져나오기 어려운 악순환의 사이클에 갇히게 될 수 있다.

　행위중독은 고통에서 벗어나기 위한 심리적 방어기제의 성격을 지니며, 그 근원에는 감정조절 능력, 애착 결핍, 낮은 자존감, 자기 신뢰의 결핍이 깊게 뿌리내리고 있는 것이다.

3) 생활·가족 환경 요인

청소년의 행위중독은 개인의 심리적 취약성뿐 아니라 그들이 자라나는 환경의 구조와 관계의 질에도 깊은 영향을 받는다. 가정과 일상생활은 정서적 안정과 자기조절 능력의 터전이 되지만, 그 기반이 약하거나 왜곡될 경우 중독행위의 토양이 될 수 있다.

• **방임 혹은 과잉통제**: 부모의 무관심이나 방임, 혹은 이와 반대로 과도한 간섭이나 통제적인 양육방식은 청소년의 자율성 상실과 정서적 허기를 불러온다. 이로 인해 가정에서 정서적으로 만족을 얻지 못하고, 게임 및 SNS나 쇼핑, 도박 같은 대리 자극에 더 쉽게 끌리게 된다. 특히 감정적 소통이 단절된 가정에서는 청소년이 중독행위를 통해 통제감이나 위안을 얻으려는 경향이 뚜렷하다.

• **트라우마와 정서적 학대**: 부모의 정서적 학대, 부모 간 갈등, 폭력 경험 등은 청소년이 현실을 도피할 만한 내부 동기를 갖게 한다. 이러한 경험은 신뢰의 붕괴와 함께, 현실을 피하고 감정을 마비시키는 중독으로 가는 행동, 예를 들면, 밤샘 게임이나 도박 및 소비 행동을 강화시킬 수 있다.

• **일상의 구조 결핍**: 정해진 일과가 없고, 무질서하거나 방임된 생활환경은 청소년의 자기조절 능력의 발달을 방해한다. 할 일이 없고, 기다림을 배우지 못한 상태에서 자극적이고 즉각적인 보상이 주어지는 행위에 쉽게 빠지게 된다. 이는 충동성, 지루함에 대한 내성 부족, 무기력감을 불러와 결국 중독행위가 일상의 대체 루틴으로 자리잡게 한다.

• **사회·경제적 스트레스**: 가정이 정서적 경제적으로 불안정하거나 위기 상황에 처해 있을 경우, 청소년은 이를 조절 불가능한 현실로 받아들이고, 현실 도피적인 행동으로 중독에 빠질 위험이 높다. 불안정한 환경에서 정서적 대화나 돌봄이 결여되면, 청소년은 자신의 감정을 다룰 도구 없이 감각적 자극을 통해 존재를 확인하려 들 수 있다.

4) 디지털 환경 요인

오늘날 청소년의 행위중독은 개인의 심리나 가족 문제뿐 아니라 디지털 환경 자체가 중독을 부추기고 이를 유지시키는 구조로 작동하고 있다. 디지털 기술은 단순히 도구를 넘어 중독적 행위를 설계하고 강화하는 정교한 시스템이 되어가고 있다.

• **즉각적 보상시스템**: SNS의 '좋아요', 게임보상, 알림음 등은 모두 즉각적 피드백을 유도하여 뇌의 도파민 회로를 자극한다. 청소년은 아직 충동 조절이 미숙하기 때문에 이러한 빠른 보상에 바로 반응하며 즉각적인 자극, 반복사용, 습관화의 고리에 들어가기 쉽다. 이는 인내와 지연된 만족을 학습하는 기회 자체를 약화시킨다.

• **끊을 수 없게 설계된 사용자 경험**: 무한 스크롤, 자동 재생, 순환형 게임 구조 등은 사용자가 멈추기 어려운 환경을 의도적으로 만든다. 이러한 기술은 주의력을 붙잡고 몰입을 유도함으로써 청소년의 자기조절 능력을 무력화시키고, "이만큼 했으면 그만하자."는 자발적인 경계 설정을 어렵게 만든다.

• **24시간 접속 가능성**: 스마트 폰은 손 안의 세계이자, 언제 어디서든 접속 가능한 중독의 문이 될 수 있다. 특히 청소년은 부모님의 부재 시간이나 야간 시간대에 몰래, 오랜 시간 사용할 수 있는 여건에 노출되어 있다. 이로 인해 인터넷 가상세계에 과몰입하다 보면 현실과 온라인의 경계가 모호해지고 일상 기능이 손상되기 쉽다.

• **알고리즘 기반 콘텐츠**: 틱톡, 유튜브, 쇼핑 앱 등은 사용자의 관심사를 실시간 분석하여 점점 더 강하고 빠른 자극을 제공한다. 이는 청소년이 자극의 내성을 갖게 만들고, 점점 더 강도 높은 콘텐츠를 소비하게 되는 중독적 탐색 행동을 유도한다. 결과적으로, 현실은 더 지루하게 느껴질 뿐 아니라 가상세계와 현실의 경계 혼란이 올 수 있다.

• **비교와 불안**: SNS는 또래의 외모, 소비 및 멋진 일상 등을 실시간으로 접하게 되어 그들은 멋지고 자신은 별 볼 일 없다고 느끼게 된다. 이는 열등감과 소외감을 증폭시킨다. 특히 자존감이 불안정한 청소년은 '나만 뒤처진 것 같다'는 열등감에 시달리면서도 계속해서 타인의 삶을 훔쳐보며 고통받는 습관을 반복한다. 이러한 SNS는 청소년에게 관계의 장이 될 수도 혹은 도피의 은신처가 될 수도 있다.

현대 사회는 성과와 속도를 중시하는 까닭에 각자 자기만의 속도에 맞춰가는 게 어렵고, 외부의 기준에 맞춰야 된다는 강박이 생겨 불안을 더욱 가중시킨다. 이런 환경에서 자란 청소년들은 자극과 몰입에 익숙해지고, 게임이나 SNS 같은 행위를 문화처럼 받아들이게 된다. 하지만 겉보기와 달리 관계는 얕고, 연결 속엔 외로움과 소통의 단절이 숨어 있다. 마음이 고립될수록 청소년들은 디지털 자극에 더 의존하게 된다. 따라서 행동만을 문제 삼기보다, 그 속에 담긴 불안과 소속 욕구를 이해하는 시선이 필요하다. 청소년에게는 통제보다 연결, 질책보다 정서적 지지가 우선이다. 언제든 손을 내밀 수 있고, 그 손을 잡아줄 사람이 있는 사회라면, 그들은 덜 외롭고 덜 위험한 삶을 살아갈 수 있다.

3 / 도박중독

1) 도박중독의 특성

청소년 도박은 더 이상 특별하거나 예외적인 일이 아니다. 유튜브, SNS, 모바일 게임 같은 일상적인 디지털 환경 속에 사행성 요소가 자연스럽게 녹아들면서, 아이들은 도박의 구조 안으로 경계 없이 스며든다. '친구끼리 재미로 베팅했다.'라는 말로 가볍게 시작된 행동은 점차 돈과 감정이 얽힌 반복적 행위로 굳어지고, 어느 순간 도박이라는 중독의 고리에 걸려들게 된다.

실제 '2022년 청소년 도박문제 실태조사'에 따르면, 재학생의 4.8%, 학교 밖 청소년의 12.6%가 도박 문제에 노출된 경험이 있다고 응답했으며, 최근 3개월 내 실제 돈이 오간 도박성 게임에 참여한 비율은 각각 25.8%, 29.6%에 이르렀다. 단순한 숫자처럼 보일지 모르지만, 이 수치는 도박이 청소년의 삶에 얼마나 가깝고 현실적인 문제인지 여실히 보여준다. (한국도박문제관리센터, 2022)

청소년 도박의 심리적·행동적 특성은 다음과 같다[18].

· **강박적 반복성과 내성**: 처음에는 소액으로 시작하지만, 점점 더 큰 금액과 강한 자극을 추구하게 된다. 청소년은 성인보다 중독 속도가 빠르고, 통제력이 약한 상태에서 반복에 쉽게 노출된다.

· **금단증상과 정서 회피**: 도박을 중단하면 불안, 우울, 초조 같은 감정이 몰려오며, 이를 견디지 못해 다시 도박을 반복하는 악순환에 빠진다.

· **인지왜곡과 부인**: '이번엔 이길 거야.', '운만 좋으면 만회할 수 있어.' 등의 착각 속에서 현실을 외면하고 문제를 숨기려는 경향이 나타난다.

· **은폐된 사행성 문화**: 유튜브, 게임, SNS 속에 녹아든 사행성 요소들은 도박을 놀이처럼 위장시켜 중독을 자각하지 못하게 한다.

· **행동으로 드러나는 징후**: 용돈을 초과한 소비, 반복적 거짓말, 가족이나 친구에게 돈을 빌리는 행동, 부모 명의의 계좌나 휴대폰 도용, 불안정한 감정 상태, 사기나 학교폭력 등의 문제 행동이 나타날 수 있다.

2) 도박중독의 원인

최근 온라인 불법 도박의 확산으로 인해 청소년의 도박문제가 심각한 수준에 이르렀다. 한국 도박문제예방치유원에 따르면 2023년도 청소년 도박 문제 상담 이용자는 2093명으로 전년도보다 43% 늘었다. 특히 초등학생과 중학생의 증가비율이 11.1%로 도박문제의 저연령화 현상이 두드러지고 있다.(한국도박문제예방치유원, 2024) 일상 깊이 파고드는 청소년 도박문제는 이러한 환경적 요인으로 인해 사회·심리·생물학적으로 취약한 청소년에게 큰 영향을 끼치고 있다. 일반적으로 중독은 신경생물학적 메커니즘, 심리적 취약성, 그리고 사회문화적인 요인이 복합적으로 작용하는데, 최근에는 사회문화적인 요인으로 인해 신경생물학적, 심리적 요인들을 견인하며 청소년들을 도박중독으로 내몰고 있는 것이다. 이러한 사회문화적인 이해가 청소년 도박중독의 예방 및 개입을 보다 효율적으로 할 수 있도록 도울 것이다.

---

18 출처: 한국도박문제예방치유원, 웹진 WITH

• **노출, 결핍, 유혹**: 청소년이 도박에 빠지는 경로는 대부분 친구나 선후배를 통해 시작된다. 또래가 하는 모습을 보고 호기심에 따라 하거나, 공유된 사이트를 통해 쉽게 접하게 되는 경우가 많다. 또래 문화가 중요한 청소년들은 친구들과 어울리기 위해 도박에 동참하기도 한다. 공짜 영화나 웹툰을 보기 위해 불법 스트리밍 사이트에 들어갔다가 화려한 도박 광고에 노출되거나, 도박사이트 운영자에게 게임머니를 받고 도박을 퍼뜨리는 역할을 하게 되는 일도 있다. 이처럼 청소년은 불법 게임머니, 도박 광고, SNS 기반 커뮤니티 등 일상 속 곳곳에 침투한 도박 유혹에 노출되어 있다.

• **뇌의 보상시스템과 통제력 저하**: 도박을 할 때 도파민이 분비되어 강한 쾌감을 유도한다. 이는 뇌의 보상회로인 측좌핵을 과도하게 활성화시켜 도박 행동을 반복하게 만든다. 동시에 전전두엽의 기능이 저하되어 판단력과 자기통제력이 약화되고, 청소년은 중독적인 선택을 반복하게 된다.

• **충동성, 회피, 인지 왜곡**: 청소년기는 충동성이 강하고 감정조절이 미숙한 시기이다. 여기에 불안, 우울, 낮은 자존감 등이 결합되면 현실의 어려움에서 도피하기 위해 도박에 빠질 가능성이 높다. 반복된 실패에도 불구하고 '이번엔 이길 수 있어.'라는 비합리적인 희망적 사고(인지 왜곡)는 도박행위를 더욱 고착시킨다.

3) 청소년 도박문제 선별도구

청소년 도박문제 선별도구는 자기 보고식 척도와 가족·교사 보고 척도로 나뉜다. 자기보고는 청소년 스스로 "최근 도박한 적이 있나요?", "돈을 잃고 불안했던 적이 있나요?" 같은 문항에 답하며 자신의 행동과 감정을 평가하는 방식이다. 가족·교사 보고는 부모나 교사가 "아이가 용돈을 갑자기 다 쓰거나 거짓말을 하기 시작했나요?"처럼 관찰된 변화를 기록한다. 두 방식은 상호 보완적으로 활용되며, 도박의 빈도·시간·손실·심리 변화 등을 종합적으로 평가해 일상 기능에 미치는 영향을 파악할 수 있다. 다음에 제시된 청소년 대상 도박문제 선별도구를 참고하기 바란다.

- DSM-IV-MR-J(Diagnostic and Statistical Manual-IV-Multiple Response-Juvenile): DSM-IV의 기준을 청소년용으로 변형하여 만든 도구이다. 총 12개 문항으로 이루어져 있으며, 문제적인 도박 행동을 탐지할 수 있다. 예를 들면, "부모 몰래 도박을 해본 적이 있나요?" 등의 문항이 포함되어 있다.
- SOGS-RA(South Oaks Gambling Screen-Revised for Adolescents): 성인용 SOGS를 청소년용으로 개정한 버전이다. 청소년의 도박 빈도, 감정 반응, 부정적 결과 등을 측정한다. 총 16문항으로 구성되어 있으며 위험군 분류 및 조기 개입에 유용하다.
- GASS(Gambling Activities Screening Survey): 청소년의 도박 경험과 행동유형(게임, 베팅, 경품 등)을 간단히 선별할 수 있다. 짧은 설문 형태로, 학교나 기관에서 1차 스크리닝 도구로 적합하다.
- YGAS-A(Young Gambling Addiction Screening - Adolescent): 국내에서 개발된 청소년 도박 선별도구이다. 도박 유발 요인, 행동 빈도, 중독성 판단을 정서적 행동적 측면까지 평가할 수 있다.
- CAGI(Canadian Adolescent Gambling Inventory): 캐나다에서 개발된 대표적인 진단 도구이다. 자기개념, 사회적 기능, 감정상태를 포함한 다차원적 평가가 가능하여 임상 및 상담 현장에서 광범위하게 사용되고 있다.

4) 도박중독 개입 방안

청소년기는 도박중독에서 충분히 회복이 가능한 시기이다. 뇌가 아직 발달 중에 있기 때문에, 적절한 시점에 올바른 개입과 지지가 이루어진다면 중독에서 벗어날 가능성이 높다. 다만 무엇보다 중요한 것은 문제를 조기에 발견하고 신속하게 개입하는 것이다. 전문적인 심리 상담을 통해 청소년의 심리 상태와 도박에 빠지게 된 배경을 파악하고, 종합적인 평가를 바탕으로 개인 맞춤형 상담 계획을 수립하여 개입하는 것이 효과적이다. 이 과정에서 가족의 역할은 매우 중요하다. 가족은 청소년에게 안정감 있는 환경을 제공하고, 비난보다 이해와 지지로 반응함으로써 회복의 기반을 마련할 수 있다.

특히 가족은 청소년이 건강한 생활 습관과 자기조절 능력을 기를 수 있도록 도와주고, 유해한 자극 대신 선택할 수 있는 대안을 함께 모색하는 동반자가 되어야 한다. 도박중독은 뇌의 보상체계와 정서조절 기능에 깊이 작용하는 중독 질환이다. 청소년기는 충동성과 감정 민감도가 높은 시기이므로, 예방-치료-제도가 함께 작동하는 다층적인 개입이 필요하다. 특히 도박중독은 재발 가능성이 높은 특성이 있으므로, 단기 개입에 그치지 않고 꾸준한 관리와 재발 방지를 위한 교육, 대처 전략 훈련이 병행되어야 한다.

(1) 예방 교육

도박 예방 교육은 유해성 인식, 자기조절 능력, 건강한 판단력을 기르는 것을 목표로
한다. 예방 교육은 학교, 또래, 가정을 중심으로 이루어질 수 있다. 학교 교육에서는 도
박의 위험성과 뇌과학적 작동 원리를 알려주고, 게임 내 사행성 요소와 확률형 아이템에
대한 비판적 인식을 기른다. 모의 베팅 분석, 상황극 체험학습 등도 효과적이다. 또래 중
심 교육은 친구의 도박 행동을 인지하고 대처하는 방법을 배우는 것으로, 대안 활동을
함께 기획하고 건전한 놀이문화를 형성하도록 돕는다. 가족 예방 교육은 부모가 용돈 관
리, 스마트폰 사용지도, 효과적인 대화법을 익히도록 하며, 청소년의 중독 예방을 위한
부모의 역할을 강화하는 데 초점을 둔다.

(2) 심리 상담 및 치료

청소년 도박중독 개입방법으로 심리 상담 및 심리교육 등이 치료에 효과적이다. 도
박중독과 함께 심한 정신장애가 동반되고 있다면 공존 질환의 증상을 줄이는 정신의학
적 약물치료가 함께 병행되는 것도 필요하다. 도박 치료를 위한 심리치료 및 교육으로
인지행동치료(CBT), 가족치료, 집단치료 및 심리교육 프로그램 등이 도움이 될 수 있다.

• **인지행동치료**(CBT): CBT는 청소년이 도박을 하게 되는 생각과 행동 패턴을 인식하
고, 이를 긍정적인 행동으로 변화시키는 데 초점을 맞춘다. 연구에 따르면, CBT는 청소
년의 도박 행동을 줄이는 데 효과적이며, 특히 도박의 유혹을 견디고 대처하는 전략을
개발하는 데 도움이 된다.

• **가족치료**: 가족치료는 청소년과 그 가족이 함께 참여하는 프로그램으로, 가족 간
의 의사소통을 개선하고, 가족의 지원을 통해 도박 청소년의 회복을 도울 수 있다. 보호
자는 청소년이 도박문제를 극복하는데 필요한 금전 관리와 같은 환경을 조성하는 데 중
요한 역할을 한다. 또한 감정 소통의 기회를 통해 가족 간 의사소통 구조에 변화를 가져
올 수 있다. 부정적인 영향을 미칠 수 있는 가족 내 갈등과 통제 문제를 함께 살펴보고,
비난보다는 지지적인 부모 역할로의 전환을 통해 자녀와의 관계를 회복해 갈 수 있다.

• **집단 상담 및 심리교육 프로그램**: 집단 상담에서는 자신의 경험을 나누고 서로 공

유하는 기회를 갖는다. 이런 과정을 통해 힘든 상황에 대한 공감과 지지를 주고받는다. 공감과 지지를 통해 참여자는 유혹을 이겨낼 수 있는 자제력과 책임감을 키울 수 있다. 집단에서의 안정감과 공감적 지지는 중독 회복에 많은 도움이 된다. 청소년이 도박의 위험성과 그로 인한 결과를 이해할 수 있도록 돕는 프로그램도 효과적이다. 이러한 교육 프로그램은 도박문제에 대한 인식을 높이고, 건강한 대안 활동을 제공하여 도박을 예방하는데 기여할 수 있다. 운동, 명상, 글쓰기 등 감정 해소 활동도 집단이나 교육프로그램에 응용하거나 병행할 수 있다.

전문적인 치료 외에도 운동이나 건강한 여가활동, 종교생활, 봉사활동 등이 도박중독을 극복하는데 도움이 된다. 또한 도박중독자 또는 회복자들이 중독문제를 치료하고 회복상태를 유지하기 위해 정기적으로 모여 상호 격려와 지지를 제공하는 익명의 중독자 모임인 단도박 모임에 참여하는 것으로 회복유지와 도박문제 재발의 예방에 효과적일 수 있다.

(3) 정책 및 제도적 접근

청소년 도박중독 예방을 위한 정책적 접근은 개인 개입을 넘어, 사회 구조적 차원의 보호 체계 마련이 핵심이다. 이를 위해 불법 도박 콘텐츠 규제, 예방기관에 대한 재정 지원 확대, 청소년 친화적 정책 설계가 필요하다. 특히 온라인 도박 차단 시스템 구축, 확률형 아이템 정보 공개, 도박–게임 경계 기준 마련, 중독 예방기관의 인력·예산 강화가 주요 과제로 제시된다. 또한 유튜브·틱톡 등 SNS의 불법 도박 홍보 콘텐츠에 대한 모니터링과 제재, 청소년 대상 스트리머 콘텐츠 규제 역시 중요하다. 청소년 도박 문제는 다양한 요인이 얽힌 복합적 현상이므로, 심리 상담·예방교육·정책개입이 함께 이루어질 때 실질적인 회복이 가능하다.

한국도박문제예방치유원(KPGA)에서는 교육부, 교육청, 학교와 협력하여 중·고등학생 대상 도박 예방 교육을 진행하고 있다. 교육 내용은 수업 내 도박 위험성, 확률형 아이템 유사성, 불법 온라인 도박경고, 도박중독 신호 등 핵심 내용을 포함한다. 한국도박문제예방치유원에서는 1336(국번 없이) 및 카카오톡·문자·웹 등으로 도박 문제를 겪는 본인 또는 가족에게 연중무휴 서비스를 제공하고 있다.

다음은 청소년 도박문제 예방과 개입을 위해 활용할 수 있는 주요 기관 및 신고 창구
이다.

4 / 인터넷·게임중독

1) 개요

한국 청소년들에게 가장 흔하고 심각하게 나타나는 행위중독은 단연 스마트폰중독
과 인터넷/SNS중독이다. 2024년 한국지능정보사회진흥원(NIA), 보건복지부, 청소년정책
연구원(2024)의 조사에 따르면, 청소년 3명 중 1명 이상이 스마트폰 과의존 위험군에 해당
하며, 특히 중학생의 경우 심각 사용군 비율이 해마다 증가하고 있다. 단순히 스마트폰
을 오래 쓰는 수준이 아니라, SNS나 게임, 유튜브 영상에 시간 감각을 잃고, 학업이나
수면, 가족과의 관계까지 무너지는 현상이 이어지고 있다.

문제는 청소년들이 스스로 그 위험을 인식하기 어렵다는 데 있다. 처음엔 단순한 습
관처럼 시작되지만, 점점 통제력을 잃고 게임이나 SNS가 삶의 중심이 되어가는 병적 사

용 상태로 빠져들게 된다. 스스로 멈추고 싶어도 멈추지 못하고, 성적은 떨어지고, 가족과의 갈등은 깊어지고, 점점 더 외롭고 무기력한 상태에 놓이게 되는 것이다. 청소년기의 게임·인터넷 중독은 감정 조절, 자아정체감, 대인관계 형성과 같이 발달 과정의 핵심 영역에까지 영향을 미치며, 조기에 개입하지 않으면 장기적인 정신건강 문제로 이어질 수 있다.

2) 게임중독의 원인

청소년기는 자기조절 능력이 아직 충분히 발달하지 않았고 또래의 영향을 크게 받는 시기이기 때문에, 게임에 쉽게 몰입하게 된다. 게임은 캐릭터의 성장과 성취를 통해 현실에서 느끼는 무력감이나 낮은 자존감을 보상받게 해주며, 이는 청소년의 정체성 형성과도 밀접하게 연결된다. 특히 학업 스트레스, 가족 내 갈등, 외로움과 같은 부정적인 감정을 해소하지 못할 때, 게임은 감정을 잊게 해주는 도피처가 된다. 점수나 레벨업, 아이템 획득과 같은 보상은 뇌의 도파민 시스템을 자극하며, 이는 반복적인 몰입으로 이어진다. 현실에서의 실패나 소외 경험은 게임 속에서의 대리 만족으로 치환되기도 하며, 가상공간에서 느끼는 소속감과 유능함은 현실에서 충족되지 못한 정체성 욕구를 채워주는 역할을 한다.

3) 게임중독의 증상

게임중독은 심리적, 학업·생활, 신체적 문제를 동반한다. 심리적으로는 집중력 저하, 충동성 증가, 불안·우울, 분노 조절 어려움, 자존감 저하가 나타날 수 있다. 학업 및 생활 면에서는 수면 부족, 등교 거부, 성적 하락, 과제 미수행, 거짓말 등으로 가족 갈등이 심화될 수 있다. 신체적으로는 거북목, 손목 통증, 시력 저하, 수면장애, 식습관 불균형 등 건강에 문제가 생길 수 있다. 청소년이 게임에 몰입하는 이유는 정서적 회피나 보상행동인 경우가 많다. 중독 자체를 없애기보다는, 왜 그 세계로 들어갔는지, 무엇이 어려웠는지를 들어주는 태도가 더 근본적인 해결에 도움이 된다.

4) 게임의 종류

(1) 모바일 샌드박스·캐주얼 게임

모바일 샌드박스(mobile sandbox)와 캐주얼 게임은 둘 다 스마트폰이나 태블릿 같은 모바일 기기에서 즐길 수 있는 자유도 높은 게임 장르를 말한다. 모바일 샌드박스 게임은 게임의 무대만 제공되고, 무엇을 할지는 플레이어가 결정하는 게임이다. 플레이어가 스스로 목표를 정하고, 자기 방식대로 세계를 탐험하고 창조한다. 반면, 모바일 캐주얼 게임은 짧은 시간 동안 누구나 쉽게 즐길 수 있도록 설계된 게임이다.

- **쿠키런**(Cookie Run): 귀여운 쿠키 캐릭터들이 달리며 장애물을 피하고 젤리를 모으는 러닝 액션 게임이다.
- **마인크래프트**(Minecraft): '디지털 레고'와 같은 창작 중심 게임으로 꾸준한 선호도가 있다. 블록을 이용해 자기만의 맵 세계를 구성한다. 창작 맵은 SNS 공유, 여행형 퍼즐 등으로 문화적 확장이 있다.

(2) PC 온라인 FPS·AOS·배틀로얄

FPS(First-Person Shooter)는 1인칭 시점에서 총을 쏘거나 조력 활동을 하며 빠른 순발력을 요구하는 게임 장르로, 대표적으로 '발로란트', '서든어택'등이 있다. 반면 AOS는 MOBA(Multiplayer Online Battle Arena)라고도 불리며, 3인칭 시점에서 맵을 내려다보며 팀워크와 전략을 기반으로 전투를 벌이는 형태의 게임이다.

- **리그 오브 레전드**(League of Legends): 10대 남학생들이 많이 사용한다. 전략기반 팀플레이, 챔피언 성장 기회 등으로 자기효능감, 정체성 형성과 또래에서의 소속감을 강화할 수 있다.
- **발로란트**(Valorant): 정밀한 조력과 팀 전략이 결합된 경쟁으로 기술적 성취감, 집중력, 팀 워크의 감성을 제공하는 게임이다.
- **서든 어택**(Sudden Attack): 빠른 반응 중심의 경기와 경쟁적인 자극으로 또래와의 놀이

로써의 소셜 문화로 작용하는 것으로 보인다.

• **배틀그라운드**(PUBG): 카카오게임즈에서 만 15세 이용가 버전을 출시하였다. 생존 중심의 전략과 긴장감 있는 전투력으로 자기조절과 목표 달성의 체험을 하는 것으로 보인다.

(3) MMORPG 및 액션 RPG(role-playing game)

MMORPG(massively multiplayer online role-playing game)는 대규모 다중 사용자 온라인 역할 수행 게임으로 수천 명 이상이 동시에 접속해서 함께 플레이를 하는 것으로 각자 역할(직업, 클래스 등)을 맡아 캐릭터를 성장시키는 게임이며, 대표적인 게임으로는 메이플스토리, 로스트아크, 마비노기, 월드오브 워크래프트, 리니지 등이 있다. RPG(role-playing game)는 역할 수행 게임으로 플레이어가 특정 캐릭터의 역할을 맡아 그 인물이 되어 세계를 탐험하고 스토리를 따라가며 성장해 가는 게임 장르를 말한다. 메이플스토리, 던전앤파이터, 마비노기 등의 RPG 게임이 있다.

• **메이플스토리**(MapleStory): 국내 청소년 대상 셧다운제가 적용되는 대표 게임이다. 특히 중학생에게 높은 이용률을 보이고 있으며, 전사, 궁수, 도적 등의 직업을 선택하고 육성하는 게임이다. 개인 맞춤형인 커스터마이징(customizing)으로, 캐릭터나 아이템, 배경설정 등을 사용자가 원하는 대로 바꿀 수 있다.

• **던전앤파이터**(Dungeon Fighter Online): 한국 내 액션 RPG 장르의 대표적인 주자이다. 액션중심의 타격감과 콤보 액션으로 팀 기반 협동을 하는 게임이다. 즉각적인 쾌감을 제공하는 특징이 있다. 캐릭터별 고유 스킬과 무기를 활용한다.

• **마비노기 모바일**(Mabinogi Mobile): 생활 콘텐츠, 힐링과 창작, 감성 및 사회성 강화가 특징으로 낚시, 요리, 연주, 채집 등 힐링 기반 생활형 콘텐츠가 풍부하다.

(4) 모바일 RPG & 수집형 RPG(role-playing game)

• **블루 아카이브**(Blue Archive): 실시간 전략 RPG게임이다. 캐릭터는 모두 미소녀이며 학원도시 '키보토스'를 배경으로 한 전투 스토리가 중심이다. 캐릭터 수집, 전략이 몰입을

가져온다.

- **승리의 여신 니케**(Goddess of Victory; Nikke) : 미소녀 3인칭 수집형 RPG로, 유인 요인은 캐릭터 디자인, 스토리와 수집 욕구이다.

5) 게임중독 치료를 위한 학부모 개입

청소년이 게임에 몰입하는 이유는 단순한 재미보다 정서적 어려움이나 지지 부족에서 비롯된 회피 또는 보상행동인 경우가 많다. 따라서 단순히 억제하려 하기보다, 왜 게임에 빠졌는지 물어보고 이야기를 들어주는 태도가 필요하다. 부모는 게임 리터러시를 높이고, 인터넷 사용 시간 조절, 생활 구조 점검, 공감 중심의 대화를 통해 관계를 회복하려는 노력이 필요하다. 자녀가 즐기는 게임을 이해하려는 태도는 신뢰를 쌓고 대화를 이어가는 데 도움이 된다.(Do & Don't 참조) 또한 비난, 지시, 비교는 피하고, 감정을 수용하며 게임 외에도 즐거운 가족 활동을 함께 경험할 수 있도록 돕는 것이 중요하다.

Do	Do'nt
"요즘 게임 말고도 관심 있는 게 또 있어?"	"맨날 게임만 해서 도대체 뭐가 남아?"
"그 게임이 너한테 왜 재밌는지 궁금해."	"쓸데없는 게임에 시간 낭비 좀 그만해라."
"혹시 요즘 마음이 답답하거나 힘든 건 없었어?"	"네가 나약하니까 게임에 빠지는 거야."
"게임 말고도 같이 할 수 있는 걸 한번 찾아볼까?"	"게임 끊을 때까지 외출도, 친구도 없어."
"엄마·아빠는 네가 힘들지 않게 도와주고 싶어."	"다 너 잘되라고 하는 소리인데 왜 못 알아들어?"

또한 자녀의 생활구조 재설정은 중독 회복에 꼭 필요하다. 청소년과 합의하에 게임·공부·식사·수면 등의 스케줄을 함께 세우고 실천해야 하며, 부모가 일방적으로 정하기보다는 자녀가 직접 계획을 세워보게 하는 것이 책임감 형성에 도움이 된다. 운동, 봉사, 동아리 활동 등 대안활동을 권장하고, 수면, 식사, 학습의 균형 있는 일상을 유지하는 것이 중요하다.

DSM-5-TR 진단명에는 없지만 청소년들의 행위중독으로 인터넷 스마트폰 게임, 유튜브 스트리밍, 자극적인 숏폼, 쇼핑, 먹방 및 다이어트, 성형중독 등이 있다. 여기에서는 쇼핑중독에 빠진 여학생의 사례를 통해 중독에 대한 상담적 개입을 어떻게 하는지 설명하겠다.

> **사례**
>
> **수능 이후 쇼핑에 빠진 고3 여학생**
>
> 이름: 민서(가명), 만 19세, 고3 여학생
> 내방 경위: 어머니의 권유로 상담실 방문
>
> 민서는 최근 수능을 치른 고3 여학생이다. 수능 전까지 성실하게 학교생활을 해왔지만, 시험 결과가 기대에 미치지 못해 상심이 컸다. 1~2등급을 예상했지만 일부 과목에서 3~4등급이 나왔고, 원하는 대학에 진학하기 어렵다는 사실에 무력감과 자책감이 몰려왔다. 시험이 끝난 뒤 여름방학 기간 동안 민서는 친구들과의 연락도 줄이고, 집에 있는 시간이 많아졌다. 그러던 중 스마트폰으로 화장품 리뷰를 보거나 패션 쇼핑몰을 구경하며 시간을 보내기 시작했고, 처음엔 립밤이나 저렴한 액세서리부터 구매했다. 하지만 점점 더 고가의 화장품, 의류, 신발 등을 반복해서 구입하며 택배가 매일같이 집으로 도착하기 시작했다. 민서는 "뭘 사고 나면 기분이 잠깐 좋아져요. 근데 금방 또 허전해져서 또 뭘 찾아보게 돼요."라고 말했다. 쇼핑을 하지 않으면 불안하고 초조해지며, 자꾸만 무언가를 검색하고 장바구니에 담는 일이 하루의 대부분을 차지하고 있다. 어머니는 "아이가 예전보다 말도 줄고, 밥도 대충 먹고, 잠도 새벽까지 휴대폰 보다가 자요."라고 우려하며 상담실을 찾았다.

청소년의 행위중독은 "나는 사랑받을만한 가치가 있는가?", "그럴만한 존재인가?"를 끊임없이 증명받고 싶은 마음의 갈증임을 이해하고 이에 대처해야 한다. 따라서 개입의 핵심은 중독행위를 하지 못하게 하는 통제에 초점을 두는 것이 아니라 왜 그것을 사고 싶은지를 함께 알아보는 과정을 통해 마음을 이해하며 마음의 욕구를 더 건강하게 채울 수 있는 방법을 함께 모색하는 것에 초점을 두는 것이 좋다.

행위중독에 대한 개입은 중독행위를 억제하기 보다는 "무엇이 나를 힘들게 하는가?", "나는 누구인가 그리고 어떻게 살고 싶은가?"에 대한 질문을 회복하는 여정일 것이다. 행위중독의 치료를 위해 가능한 수많은 방법이 있을 것이다. 여기서는 보다 건강하게 청소년의 기본 욕구를 만족시킬 수 있는 7 가지 단계별 개입 방안을 소개하고자 한다.

1) 정서조절 기술 배우기: 민서가 충동적으로 화장품을 사기 전 감정을 인식하고 조절
- 물건을 사고 싶은 순간, 먼저 감정일지 앱에 기분을 써보기(예: "지금 기분이 답답하다. 엄마한테 미안한 마음이 들었다.)
- 긴장되거나 불안할 때 3분간 심호흡 앱(예: Calm, Breathly) 사용하기
- 쇼핑을 하고 싶을 때 선택해서 해볼 수 있는 '기분 전환 리스트'를 만들어 본다. 예) 자신이 좋아할 수 있는 취미나 평소 해보고 싶었던 것들.

2) 나다움에 대한 재정의: 소비가 아닌 가치, 성격, 소중한 관계를 통한 자기 정체성 회복하기: '좋은 화장품을 가진 나'가 아닌, '있는 그대로의 나'를 발견하는 과정
- 내가 좋아하는 성격 5가지, 사람들이 내게 자주 하는 말 정리하기
- 쇼핑 리뷰 대신 '나의 하루 만족도 일기' 써보기, 소비하지 않은 날 스스로 칭찬하기
- 거울 앞에서 화장하지 않은 얼굴로 "오늘 나 참 잘했어." 말하기

3) 자존감 빌딩(building) 활동: 성공 경험 찾기, 강점 찾기, 타인과의 의미 있는 연결 경험하기
- '무능하고 실패한 사람'이라는 생각 대신 성공경 험과 강점 회복
- 오늘 내가 잘한 일 1가지씩 적기 (예: 택배를 안 시켰다., 엄마에게 미안하다고 말했다.)
- 수능 결과 외에 내가 노력했던 것 목록 만들기
- 친구에게 안부 문자 보내고 답장을 받는 소소한 연결감 느끼기

4) 자기를 표현할 수 있는 방법 탐색: 쇼핑 대신 감정을 표현하고 위안을 얻을 수 있는 창의적 활동 찾기
- 좋아하는 색으로 오늘 기분 그려보기(아트저널링)
- '지금 마음을 5줄 시로 쓰기' 활동
- 자신이 사고 싶었던 화장품으로 캐릭터를 디자인하고 그림으로 표현
- 브이로그처럼 '민서의 하루' 영상 찍기 (외부 공유 없이 자기 기록용)

5) 심리 교육, 광고, 바이럴 마케팅, SNS 알고리즘에 의한 소비 욕구 조작에 대한 사실 인식하기: 민서가 SNS에서 보게 되는 광고와 추천 콘텐츠가 어떻게 소비를 유도하는지 인식
- 인스타그램 피드 중 '나를 흔든 광고 3개'를 캡처하고 이유 분석
- 유튜브에서 'SNS 알고리즘과 소비' 관련 영상 1편 시청 후 느낌 쓰기
- 장바구니에 담아둔 상품의 광고 문구를 비판적으로 읽고 평가하기

6) 비판적 소비자 되기: 지금 이 화장품이 정말 필요한지, 감정 때문인지 생각하는 훈련
- 쇼핑 전 '민서의 3단계 질문' 메모 보기
  ① 이건 지금 꼭 필요한가?
  ② 이 감정을 해결할 다른 방법은 없을까?
  ③ 어제 이 물건 생각났었나?
- '장바구니에 넣고 하루 기다리기' 실천 후 다음 날 다시 보기
- '한 달 동안 사지 않고 잘 지낸 물건 리스트' 만들어 보기

7) 소유 중심의 삶에서 경험 중심의 삶으로 전환. 예) 여행, 산책, 요리 등 물건을 사는 대신 민서의 감각과 기억에 남는 활동 계획
- 엄마와 함께하는 '1일 1산책' 챌린지 (저녁 식사 후 20분 동네 걷기)
- 새 화장품 대신, 집에서 엄마랑 같이 '홈카페 놀이' 해보기
- 쇼핑 대신 여행 계획 세우기 - 가보고 싶은 국내 여행지 찾고 루트 짜기
- 주말마다 '소비 없는 기분 전환' 목록 중 하나씩 실천하기: 요리, 책 읽기, 좋아하는 음악 듣기, 글쓰기, 자기 방 정리 정돈하기, 베란다 화초 키우기, 요가, 산책하기, 달리기, 사이클링 등 신체 활동하기

1 / 관계중독의 정의

관계중독(Relationship Addiction)이란 연애, 가족, 친구 등 친밀한 인간관계에 지나치게 의존하거나 집착하는 심리적 상태를 의미하며 해당 관계가 해롭거나 파괴적임을 인식하면서도 관계를 스스로 단절하지 못하는 중독 현상이다. 유사 용어로는 애정중독(Love Addiction), 공동의존(Codependency) 등이 있다.

중독적 사랑과 관계에 대한 최초의 개념화는 1975년 스탠튼 필(Stanton Peele)에 의해 시작되었으며 1982년 헝가리의 정신분석가이자 의사였던 션도르 라도(Sandor Rado)가 처음으로 관계중독이라는 용어를 제안했다. 이후 알코올중독자 가족 모임(Al-Anon) 등에서 사람 간의 관계에도 병리적 중독 양상이 나타날 수 있다는 사실이 본격적으로 알려지기 시작하면서 이 개념은 널리 사용되었다.

관계중독은 과정중독(Process Addiction)의 한 형태로 볼 수 있다. 중독 현상은 크게 행동중독(Behavior Addiction)과 과정중독으로 나눌 수 있는데 행동중독은 인터넷, 게임, 도박, 쇼핑 등 특정 행동에 과도하게 집착하는 형태지만 과정중독은 사람을 비롯한 특정한 대상이나 관계와의 상호작용 과정 자체에 강박적으로 의존하는 형태이다. 두 중독은 모두 물질중독과 유사한 신경생물학적 기전과 심리적 특성을 공유하지만, 과정중독은 대상과의 정서적 교류 과정에서 발생하는 신경전달물질의 변화와 심리적 충족감의 강렬함 때문에 더 회복이 어렵다고 알려져 있다.

관계중독은 내적 결핍과 정서적 공허감 때문에 관계에서 오는 감정적 위안에 과도하게 의존한다. 따라서 관계를 잃게 될 것에 대한 두려움이 매우 강하고 상대에게 심지어 정서적·신체적 학대를 당하는 상황에서도 관계를 끝내지 못한다. 이에 따라 최근에는 이별 범죄, 스토킹, 데이트폭력과 같은 사회적 문제로도 연결되는 사례가 증가하고 있다. 결국 관계중독이란, 개인이 가진 심리적 결핍을 관계로 채우려는 병리적이고 강박적인 심리 현상으로 개인과 사회 모두에게 심각한 부정적 영향을 미칠 수 있는 중독의 일종이다.

2 / 관계중독의 특징

관계중독은 단순히 타인과의 친밀감을 중요시하는 성향을 넘어 정서적으로 해롭고 병리적인 방식으로 관계에 집착하거나 이를 반복하는 중독 양상을 보인다. 그러나 이 개념은 학자마다 정의와 접근 방식에 차이를 보이며 아직도 국내외에서 통일된 진단 기준 없이 다양한 관점에서 논의되고 있다.

토마스 화이트맨(Thomas Whiteman)과 랜디 피터슨(Randy Petersen)은 공저인 『사랑이라는 이름의 중독』에서 관계중독을 '사랑중독', '성중독', '사람중독'으로 구분한다. 이들은 사랑중독을 사랑이라는 감정 그 자체에 몰입하는 현상으로 보며 이는 진정한 상호작용이 아닌 사랑에 빠지는 것을 목적으로 한다고 본다.

성중독은 성적 욕구 충족을 위해 타인이나 포르노를 이용하는 형태로 대상은 부차적이며 자신만의 쾌락 추구가 중심이 된다. 지나치면 외도나 병리적 성행동으로 이어질 수 있다. 사람중독은 특정 대상과의 관계에만 과도하게 의존하여 그 사람을 통해서만 자신이 살아 있음을 느끼는 상태로 연인관계를 넘어 부모-자녀 등 가족 관계에서도 나타날 수 있다. 예컨대 부모가 자신의 욕망을 자녀로 성취하고자 하며 자녀의 삶에 과도하게 개입하거나 동일시하는 경우 부모 스스로가 자녀에게 중독된 상태로 이해될 수 있다.

이러한 정의를 바탕으로 볼 때 본서에서 다루는 관계중독은 부부나 연인과 같은 이성 간 관계에 국한되지 않는다. 오히려 관계라는 틀 안에서 이루어지는 모든 인간관계에서 발생할 수 있는 중독 현상으로 동성 간 우정, 부모-자녀 관계, 직장 내 위계 관계 등 다양한 맥락에서도 동일한 중독적 패턴이 반복될 수 있음을 강조하고자 한다. 특히 한국 사회에서는 부모와 자녀 간에 나타나는 관계중독의 사례가 비교적 흔하며 이에 대한 연구도 꾸준히 축적되고 있다.

관계중독의 병리적 성격을 더욱 구체적으로 설명한 학자 중 하나인 수잔 피바디(Susan Peabody, 2005)는 관계중독을 자기 존중감이 낮은 사람에게서 주로 나타난다고 보았다. 그녀는 이러한 중독을 단순한 감정이 아닌 자신이 사랑에 빠졌다는 느낌 혹은 현재 맺고 있는 관계 자체에 지나치게 몰입하게 되는 심리적 상태로 설명한다. 즉, 사랑을 나누는 것이 아니라 사랑하고 있다는 감각에 중독되고 관계의 실질보다는 그 관계를 유지하고 있다는 감정 상태에 집착하는 모습을 보인다.

한편, 화이트맨과 피터슨(Whiteman & Petersen)은 관계중독이 반복적인 정서 패턴을 보인다고 강조한다. 이들의 설명에 따르면 관계중독자는 내면의 공허감을 해소하기 위해 타인과의 친밀한 유대를 갈망하고 관심과 지지를 제공해 줄 수 있는 대상이 나타났을 때 급속도로 감정에 몰입한다. 이러한 과정에서 상대방을 이상화하고 객관적인 인식을 상실한 채 자신의 정서적 필요를 전적으로 상대에게 투사하면서 강한 의존을 형성한다. 그러나 이와 같은 관계는 시간이 지나며 점점 해로워지고 관계의 부정적 측면을 인지하면서도 끊어내지 못하는 악순환으로 이어지며 이는 중독의 전형적인 반복성이라는 특성과도 부합한다.

또 다른 관점으로 그랜트 마틴(Grant Martin, 1991)은 관계중독을 물질중독과 유사한 병리적 경로를 따르는 심리적 장애로 규정한다. 그는 관계중독자가 타인에 대한 강박적 집착에 사로잡혀 감정과 행동의 자율성을 상실하고 자유로운 선택 능력과 독립적 사고를 잃는다고 설명한다. 이들은 관계 속에서 과도한 통제 욕구를 지니지만 감정 조절과 행동 통제에는 실패하며 그로 인해 자기기만과 합리화를 반복하게 된다. 또한, 충동성, 일관되지 않은 행동, 반복적 후회와 무력감 등을 경험하며 이러한 악순환은 점차 자존감 손상, 의지력 약화, 영성 상실, 관계 단절 시 금단증상으로까지 이어진다.

그는 관계중독의 위험한 증상으로 다음과 같은 아홉 가지 특징을 제시하였다.

• **감정 조절 실패로 인한 외현적 공격: 험악한 언어 사용, 신체적 폭력**(감정을 조절하지 못해 언어나 신체를 통해 공격적으로 표출함)

- **관계 단절 불안으로 인한 폭발적 감정 반응**: 자제할 수 없는 분노, 질투(관계가 끊길까 두려워 불안과 상실감이 분노나 질투로 터져 나옴)

- **정체성 혼란과 권위 도전**: 부모에 대한 불손함(특정 대상에 집착하며 다른 관계는 단절하고 부모 등 가까운 인물에게 반항과 공격으로 감정을 표출하는 경향을 보임)

- **책임 회피와 타인 배려 결여**: 만성적 지각, 무책임한 행동(관계에만 몰두하며 책임을 회피하고 일상 규범을 무시하는 태도로 나타남)

- **자기중심적 몰입과 통제 욕구**: 이기심, 높은 의존성(자신의 욕구를 우선시하며 관계없이는 존재가 불안해 타인에게 과도하게 매달림)

이러한 증상은 관계중독이 단순한 애착 문제가 아닌 전반적인 인격 기능과 삶의 질에 심각한 영향을 미칠 수 있는 중독적 상태임을 보여준다. 이처럼 다양한 학자들의 설명은 관계중독이 단순한 대인관계 어려움이 아니라 중독의 세 가지 핵심 특성을 공유한다는 점에서 과정중독의 범주로 분류될 수 있음을 시사한다.

관계중독의 핵심 특성

관계에 대한 강한 갈망(Craving)

내면의 공허감이나 외로움을 해소하고자 누군가와의 긴밀한 정서적 유대감을 갈구하며 상대가 약간의 관심을 보이기만 해도 이른 시일 안에 감정적으로 몰입하게 된다. 상대방에 대한 객관적인 평가가 어려워지고 모든 정서적 필요를 충족시켜 줄 이상적인 존재로 과대평가하며 강한 애착을 형성한다.

갈망에 대한 통제력 상실(Loss of control)

관계중독자는 자신에게 해로운 관계임을 인지하고도 그 관계를 멈추지 못한다. 이들은 혼자 있는 것에 대한 두려움이 극심하며 관계의 부재는 존재의 상실처럼 느껴진다. 그 결과, 상대방의 부정적 행동(정서적·신체적 학대 등)에도 관계를 유지하기 위해 감내하고 상대를 통제하거나 조정하려는 행동(감시, 질투, 소유욕 등)을 반복하게 된다. 이런 행동은 점점 자신에 대한 통제력마저 상실하게 만드는 악순환으로 이어진다.

반복적인 부정적 결과(Consequences)

관계중독자는 관계로 인해 자존감 저하, 자기감 상실, 직업적·사회적 부적응 등을 경험하지만 그런데도 관계를 단절하지 못한다. 이들은 중요한 일을 하면서도 관계에 관한 생각에서 벗어나지 못하고 관계의 여부에 따라 자신의 존재 가치를 판단하는 경향을 보인다. 결국 이러한 패턴은 개인의 심리적 기능 저하, 우울감, 대인관계 갈등, 삶의 전반적인 질 저하로 이어진다.

다음은 박수경(2024)이 관계중독으로 고통받는 내담자들을 상담하며 경험적으로 정리한 관계중독 자가 진단 점검표이다. 이 점검표는 전문적인 진단 도구라기보다는 관계중독이 의심되는 사람이나 관계중독의 특징이 무엇인지 궁금한 사람에게 참고 자료로 제공되기 위해 구성된 것이다. 관계중독은 아직 임상 진단 기준이 명확히 정립되지 않았기 때문에 전문적인 진단은 반드시 상담 기관이나 정신건강의학과 등 전문 기관을 통해 이루어지는 것이 바람직하다. 다만 본 점검표는 자신의 대인관계 특성에 대해 가볍게 점검해 보는 수준의 도구로 활용할 수 있다.

관계중독 점검표[19]

자가 진단 요령: 다음 문항을 읽고 자신에게 해당하면 '예', 그렇지 않으면 '아니오'로 표시한다. 더욱 정확한 자기 이해를 위해 문항을 가능한 한 솔직하게 답변해야 하며 미리 바람직한 방향을 정해놓고 체크하지 않도록 유의한다.

항목	예	아니오
1. 종일 관계만 떠올린다.		
2. 새로운 관계를 찾아 늘 사람들을 만난다.		
3. 길 가는 사람 아무와도 관계를 맺고 싶다.		
4. 언제나 지나치게 쉽게 사랑에 빠지는 편이다.		
5. 관계(친구, 연인)는 내 인생에서 가장 중요한 요소이다.		
6. 비어 있는 시간을 늘 사람 만나는 것으로 채우려 한다.		
7. 관계가 없으면 마치 세상이 모두 끝나버린 것만 같다.		
8. 언제나 내 기분보다는 상대방의 기분을 맞추려고 애를 쓴다.		
9. 관계를 유지하려고 시간과 돈을 너무 많이 허비하는 것 같다.		
10. 관계에서 오는 감정 기복을 조절하려고 노력하지만 실패한다.		
11. 혼자 있는 것이 너무 싫어서 아무라도 만나고 싶을 때가 있다.		
12. 관계 때문에 간혹 다른 관계(가족, 친구)가 깨어질 때가 있다.		
13. 당장 상대방을 만나지 않으면 미칠 것 같은 생각이 들 때가 있다.		
14. 주변에 나를 원하는 사람이 없으면 자신이 무가치하다고 느껴진다.		
15. 관계에 시간을 너무 빼앗기지 않으려고 노력하지만, 번번이 실패한다.		
16. 관계를 유지하기 위해서 인생에 더 중요한 것들을 포기할 때가 많다.		

---

19 출처 : 박수경(2024). 관계중독

관계중독(Relationship Addiction)은 특정 대인관계에 대한 강박적 집착과 감정적 의존을 특징으로 하며, 이로 인해 자율성과 자아정체성이 침해되는 심리적 상태를 의미한다. 이러한 관계중독은 몇 가지 인접 개념들과 개념적, 임상적으로 유사한 양상을 보인다. 대표적인 유사 개념으로는 공동의존(Codependency)과 의존성 성격장애(Dependent Personality Disorder, DPD)가 있다.

1) 공동의존 (Codependency)

공동의존은 타인의 감정 상태나 삶의 문제에 과도하게 몰입하여 자신의 감정과 욕구 정체성을 억압하는 심리적 경향을 말한다. 이러한 경향은 주로 알코올 중독자나 정서적 문제가 있는 사람과 밀접한 관계를 맺고 살아가는 이들 예컨대 중독자의 배우자, 자녀, 혹은 보호자 역할을 맡은 사람에게서 자주 관찰된다. 이들은 타인을 돌보는 역할을 통해 자신이 존재할 가치가 있다고 느끼며 이 과정에서 자신을 돌보는 감각은 점차 무뎌진다.

이러한 개념은 여러 이론가에 의해 다양하게 정의되어왔다. 앤 윌슨 쉐이프(Anne Wilson Schaef, 1896)는 공동의존을 중독자 주변인의 심리적 적응 양상으로 보며 남을 돌보려는 강박, 감정 억압, 현실 부정이 그 핵심이라 하였다. 멜로디 비에티(Melody Beattie, 1987)는 공동의존을 단순한 돌봄으로 보지 않고 오히려 타인을 통제하려는 시도이자 그로 인해 자기 자신을 잃어버리는 집착적 관계의 형태로 보았다. 이처럼 공동의존은 외형상 배려나 헌신으로 보일 수 있으나 실상은 자기 상실과 통제 욕구가 얽힌 복합적인 심리 구조를 내포하고 있다.

> **공동의존 사례 예시**
>
> 50대 여성 내담자 A 씨는 알코올 의존이 있는 남편과 30년을 함께 살며 남편의 회복을 위해 병원에 동행하고 회식 자리까지 사전에 조율하는 등의 노력을 기울여왔다. 남편의 음주로 인해 자녀와의 갈등이 깊어졌음에도 A 씨는 "그래도 내가 아니면 이 사람은 더 망가질 거예요."라고 말하며 이 관계를 놓지 못하고 있었다. 상담자는 A 씨가 오랜 시간 남편의 문제를 해결하려 애쓰는 과정에서 자신의 삶과 감정을 억눌러온 공동의존적 패턴을 인식하게 도왔다.

2) 의존성 성격장애 (Dependent Personality Disorder)

의존성 성격장애는 DSM-5에 명시된 공식 성격장애로 자신의 일상적인 결정조차 타인의 확신이나 조언 없이는 내리지 못하는 극단적인 의존 경향을 말한다. 이러한 사람들은 버림받는 것에 대한 강박적인 두려움을 가지고 있으며 중요한 관계가 끝나면 곧바로 새로운 관계를 찾아 의존하려는 경향을 보인다. 또한 책임을 회피하고 타인에게 쉽게 양보하거나 굴복하며 자신을 희생하면서도 비판에 과도하게 민감하게 반응하는 특징이 있다.

의존성 성격장애는 독립성과 자율성이 요구되는 상황에서 극심한 무력감을 느끼며 자신이 스스로 기능할 수 없다고 믿는 사고 틀이 깊게 자리 잡고 있다. 이러한 특성은 관계중독과도 일정 부분 겹친다. 실제로 관계중독자 중 일부는 불안정한 애착과 더불어 의존성 성격의 기질을 함께 가지고 있으며 관계 안에서만 자신이 살아 있다고 느끼거나 상대방이 없으면 존재 의미가 사라진다고 여긴다. 그러나 관계중독은 특정 관계의 감정적 중독에 더 가깝지만, 의존성 성격장애는 이러한 의존성이 광범위하고 성격 전반에 걸쳐 나타나는 점에서 차이를 가진다.

의존성 성격장애 사례 예시

20대 중반 여성 내담자 B 씨는 연애를 시작하면 상대의 말과 행동에 전적으로 의존하며 혼자서는 아무 결정도 내리지 못했다. 상대방이 하루만 연락을 늦게 해도 극심한 불안을 느꼈고 사소한 다툼에도 먼저 사과하고 매달리는 행동을 반복했다. 이전 연애가 끝난 직후에도 불과 2주 만에 새로운 관계를 시작했으며 "누군가 곁에 있지 않으면 아무것도 못 할 것 같아요."라고 호소했다. 상담자는 B 씨의 반복적인 의존과 불안을 의존성 성격 특성으로 개념화하고 점진적인 자율성과 감정 인식 훈련을 병행하였다.

3) 관계중독, 공동의존, 의존성 성격장애의 비교

■ 관계중독, 공동의존, 의존성 성격장애의 비교

구분	관계중독	공동의존	의존성 성격장애
초점 대상	관계 그 자체에 집착	타인의 문제에 몰입	타인의 보호와 결정에 의존
심리구조	중독적 관계 패턴 (금단, 갈망, 통제 상실)	통제, 부정, 억압 중심의 관계 유지	성격 특성으로 고정된 의존적 사고와 행동
감정 반응	분노, 질투 등 외현적 감정 폭발	억압된 분노, 죄책감, 감정 회피와 부정	불안, 무기력, 비판 회피
관계 상실 반응	감정 중독 상태로 관계를 끊지 못함(금단)	문제 해결에 집착하며 관계를 떠나지 못함	혼자 있는 것에 대한 극심한 불안으로 매달림
자기개념	"사랑받지 못하면 나는 무가치하다."	"상대를 도와야 내가 존재할 수 있다."	"나는 혼자선 아무것도 할 수 없다."
DSM 등재 여부	DSM 비등재	DSM 비등재	DSM-5 등재 (성격장애)

4 / 관계중독의 원인

관계중독은 단순한 친밀감 추구를 넘어서 특정한 심리적·발달적 배경과 사회문화적 요인이 복합적으로 작용해 형성되는 병리적 양상이다. 다음은 관계중독을 설명하는 주요 원인이다.

1) 애착 불안

관계중독의 핵심 원인으로는 유년기 양육자와의 불안정한 애착 경험이 지목된다. 생애 초기 중요한 시기에 정서적 지지와 반응성을 충분히 경험하지 못한 아동은 타인의 사랑을 언제든 잃을 수 있다는 유기불안을 내면화한다. 이러한 불안은 성인이 되어서도 재현되어 대인관계 속에서 끊임없이 상대에게 매달리거나 과도하게 통제하려는 양가감정을 형성하며 관계의 단절에 대한 강박적 두려움으로 이어진다.

2) 낮은 자존감

관계중독자는 대개 '나는 사랑받을 자격이 없다.'는 신념을 지니며 자신의 가치를 타인의 인정이나 애정을 통해 확인하려 한다. 자존감이 낮을수록 관계 유지 여부가 자기 존재의 기준이 되며 이는 자기주장이나 경계 설정의 어려움으로 나타난다. 결과적으로 해로운 관계를 알면서도 끊어내지 못하고 의존적 관계를 반복하게 된다.

3) 자기 정체감 부족

자기감(Self)이 충분히 발달하지 않으면 사람은 타인의 시선과 반응을 통해 자신을 정의하려는 경향이 생긴다. 관계중독자는 '나는 누구인가?'에 대한 불분명한 자기 정체감을 가지고 있으며 관계 안에서만 자기를 느낀다. 이에 따라 상대방에게 감정적으로 융합되며 자신과 타인의 경계가 모호해지는 상태를 반복하게 된다.

4) 공허감과 외로움

관계중독자는 흔히 만성적인 정서적 공허감이나 외로움을 호소한다. 이들은 혼자 있는 시간을 견디지 못하며 타인의 존재를 통해 정서적 결핍을 보상하려 한다. 이러한 심리는 관계를 단순한 친밀감이 아닌 생존 수단처럼 여기게 만들며 관계 단절 시 금단증상 수준의 불안과 절망감을 경험하게 된다.

5) 소셜미디어(SNS)의 영향

SNS는 현대인의 관계 형성 방식에 구조적인 변화를 불러왔다. 특히 청소년과 청년층은 SNS상에서의 인정욕구와 비교 심리, 즉각적인 반응에 중독되기 쉬우며 관계 속에 있어야 존재를 증명받는다는 심리를 강화한다. 현실보다 피상적인 관계에 매몰되며 이는 정서적 불안정성과 관계에 대한 강박적 집착으로 이어질 수 있다.

6) 역기능적 초기 대상관계와 수치심

애착 외에도 초기 양육자와의 역기능적 상호작용은 관계중독의 뿌리가 된다. 유아기에 충분한 수용과 공감을 경험하지 못한 사람은 '나는 특별하지 않다.', '나는 거절당할 만한 존재'라는 수치심(Shame)을 내면화하며 성장한다. 이 수치심은 성인이 된 후에도 지속적인 인정 욕구와 감정 통제 실패로 나타나며 자신에게 해가 되는 관계 속에서도 끊어 내지 못하는 반복적 패턴을 형성한다.

7) 자기대상 결핍(Self object Deficiency)

자기 심리학 관점에서는 관계중독이 자기대상(Self object)의 기능 결핍에서 비롯된다고 본다. 생애 초기 거울 대상(존재를 반영해 주는 사람)이나 이상화 대상(존경할 수 있는 사람)이 충분히 기능하지 못했을 경우 성인은 타인에게서 안정감을 보상받으려 한다. 이들은 타인의 관심과 애정 없이는 자기감이 유지되지 않는다고 느끼며 관계 위기 시 심한 무력감이나 감정적 붕괴를 경험한다.

관계중독의 원인은 단일 요인이 아닌 애착 불안, 낮은 자존감, 자기 정체감 부족, 공허감과 외로움, 사회문화적 자극 등이 복합적으로 작용하는 다층적 구조를 갖는다. 특히, 생애 초기 형성된 관계 경험은 관계 중독적 성향의 토대를 형성하며 이후 삶에서 반복적으로 관계 양식을 고착화시킨다. 따라서 관계중독에 대한 개입은 단순히 관계를 끊는 것을 목표로 하기보다 내면의 결핍과 상처를 이해하고 회복하는 작업이 병행되어야 한다.

대학생 C 양(22세)은 최근 수업 결석과 과제 미제출로 인해 학사경고 위기에 놓였고 학교의 학업 중단 예방 상담 프로그램에 따라 상담센터에 연계되었다. 주변 친구들은 그녀가 남자 친구에게 지나치게 몰입하고 있다며 우려를 표했고 실제로 C 양은 남자 친구의 연락이 끊기면 아무 일도 손에 잡히지 않을 만큼 불안해하고 있었다. 그가 필요하면 돈과 시간을 아낌없이 내어주고 심지어 수업 중간에도 무단으로 자리를 박차고 나가 그를 만나러 가는 일이 잦았다. 이 관계가 자신을 소진하고 있다는 것을 인지하면서도 C 양은 "그 사람의 반응 하나에 하루가 무너져요. 제 감정이 완전히 휘청거려요."라고 말하며 관계를 놓지 못하고 있다.

과거 맞벌이 부모 밑에서 자란 C 양은 스스로 잘하는 아이라는 기대 속에 자라며 감정을 표현하거나 위로받는 경험 없이 성과 중심의 인정만을 받아왔다. 이러한 정서적 결핍은 성인이 된 이후 자신이 주는 애정만으로 관계를 유지하려는 집착으로 이어졌고 상대가 자신을 무시하거나 소홀히 대하더라도 "내가 더 잘하면 괜찮아질 거야."라고 믿으며 끊임없이 자신을 희생하고 있었다. 현재 C 양은 남자 친구의 무관심, 약속 파기, 경제적 요구 등의 반복된 부정적 경험에도 불구하고 관계를 끊어내지 못하며 정서적 고갈 상태에 이르고 있다.

1) 대상관계이론(Object Relations Theory)

대상관계이론은 인간의 성격과 정서적 기능이 초기 양육자와의 관계 즉, 대상(Object)과의 상호작용에서 비롯된다고 본다. 여기서 대상이란 실제 인물 그 자체보다도 내면에 형성된 타인에 대한 이미지와 그 이미지와 맺는 심리적 관계를 의미한다. 아동기 중요한 인물(예: 어머니, 아버지)과의 상호작용은 내면에 내면화된 대상으로 자리 잡고, 이는 이후 삶에서 자신과 타인에 대한 기대, 감정, 행동 반응의 틀로 작동한다. 초기 대상관계가 안정적이고 일관되었다면 성인은 자신과 타인을 분화된 존재로 인식하고 감정적 경계를 형성할 수 있다. 그러나 불충분하거나 혼란스러운 초기 양육 경험은 내면에 '좋은 대상'과 '나쁜 대상'이 통합되지 못한 채 분리되어 남게 되며 이는 성인의 관계에서 이상화와 평가절하, 융합과 단절의 반복, 그리고 자기 상실 같은 양상으로 나타난다. 치료의 목적은 내담자가 왜곡된 내면의 대상관계 패턴을 인식하고 치료자와의 관계 안에서 더 현실적이고 통합된 관계 양식을 새롭게 형성하는 데 있다.

C 양은 남자 친구에게 감정적으로 과도하게 의존하며 그의 무관심이나 거절에 깊은

불안을 느끼고 관계 안에서 자기 존재의 가치를 증명받으려 한다. 이는 그녀가 자신의 자기감(Sense of self)을 독립적으로 유지하지 못하고 관계 속 타인에 의해 정의되고 규정되는 상태임을 시사한다. 대상관계이론의 관점에서 보면 C 양은 애정은 성과에 따라 조건적으로 주어진다는 내면화된 대상을 가지고 있으며 이 내면의 관계 도식은 현재 남자친구와의 관계에서 재현되고 있다.

그녀의 반복적 자기희생, 버림받음에 대한 과도한 두려움, 관계에 대한 비현실적인 기대는 초기 양육자와의 미해결 관계로부터 기인한 내면의 상처받은 자기와 이상화된 타인 간의 왜곡된 상호작용이다. 특히 C 양은 부모의 인정 욕구에 부응하기 위해 감정을 억누르고 잘하는 아이로 살아왔으며 이는 자신의 욕구를 느끼거나 표현하는 능력 자체를 제한해 왔다.

치료자는 C 양이 자신의 내면에 존재하는 조건적으로 사랑을 주는 대상과 늘 부족한 자기의 이미지와 상호작용 방식을 탐색하도록 돕는다. 이를 위해 치료 초기에는 그녀의 감정과 욕구를 있는 그대로 받아들이고 이상화나 회피 없이 치료적 관계 안에서 안정감을 경험하도록 유도한다. 이를 통해 C 양은 있는 그대로의 나도 괜찮다는 감각을 처음으로 심리적으로 체험하게 되며 이상화—평가절하의 양극단 없이 현실적인 타인과 자신을 인식할 수 있는 내면의 통합 작업을 경험하게 된다. 또한 치료자는 반복되는 연애 패턴을 현실에서 발생한 사건만이 아니라 심리 내면에서 작동하는 무의식적 대상관계의 재현으로 이해하게 하며 그녀가 관계 속에서 자신을 잃지 않고도 타인과 연결될 수 있다는 새로운 관계 모델을 형성할 수 있도록 돕는다. 이러한 개입은 C 양이 더 이상 타인을 통해 자기 존재를 입증하려 하지 않고 자기 자신을 분명히 인식하며 주체적인 관계를 형성할 수 있도록 변화시키는 핵심 기반이 된다.

2) 인지행동치료(Cognitive Behavioral Therapy, CBT)

인지행동치료는 인간의 정서적 고통이 외부 사건 그 자체보다 그 사건에 대한 인지적 해석에서 비롯된다고 본다. 즉, 동일한 상황이라도 그것을 어떻게 해석하고 의미 부여하느냐에 따라 전혀 다른 감정과 행동 반응이 나타날 수 있으며 이러한 반복적인 인지-정서-행동의 악순환이 문제 행동을 고착시키는 핵심 기제가 된다. 관계중독 내담자는 종종 '나는 사랑받을 자격이 없다.', '그가 떠나면 나는 무너질 것이다.'와 같은 자동적 사고(Automatic thoughts)에 사로잡혀 비현실적 신념을 사실처럼 받아들이며 관계에 과도하게 집착하거나 자신을 희생하는 경향을 보인다. 아론 백(Aaron T. Beck)은 이러한 자동적 사고가 왜곡된 핵심 신념(Core beliefs)과 중간신념(Intermediate beliefs)에 근거해 형성되며 인지적 왜곡(Cognitive distortions)이라는 형태로 반복된다고 보았다. 흔히 나타나는 왜곡에는 이분법적 사고, 과잉일반화, 정서적 추론 등이 있으며 이는 객관적 현실보다는 주관적 해석을 통해 감정과 행동을 유발한다.

인지행동치료는 내담자가 자신의 사고 패턴을 관찰하고 그것이 사실인지 또는 보다 적응적인 해석이 가능한지를 점검하도록 돕는다. 이때 사용되는 주요 전략 중 하나가 재구조화(Cognitive restructuring)이며 이는 기존 사고의 틀을 해체하고 새로운 관점을 형성하는 리프레이밍(Reframing)을 통해 이루어진다. 인지행동치료는 삶을 단선적인 흑백논리로 해석하는 경직된 사고를 교정하고 현실의 다양성과 회색지대를 수용하는 인지적 유연성(Cognitive flexibility)을 회복하는 데 주력한다. 이를 통해 내담자는 자신의 감정 반응과 행동 선택에 대한 주도성을 회복하고 중독적 관계에서 벗어나 보다 건강한 대인관계를 형성해 나갈 수 있다.

위의 사례에서 C 양은 남자 친구의 말과 행동에 따라 하루의 감정 상태가 좌우되며 무관심이나 무시에도 "내가 더 잘하면 괜찮아질 거야."라며 계속해서 자신을 희생하고 있다. 이는 사랑받지 못하면 나는 무가치하다는 근본적인 자기 신념에서 비롯된 자동적 사고로 존재의 확신을 타인의 반응에 의존하게 만든다. 인지행동치료는 이러한 사고의 틀을 점검하고 과도하게 부정적이거나 이분법적인 해석을 현실에 기반한 대안적 사고로 바꾸도록 유도한다. 예를 들어 "연락이 없으면 날 싫어하는 거야."라는 자동적 사고는 "그가 바쁜 것일 수 있고 내 가치와는 무관하다."라는 해석으로 조정될 수 있다. 상담자는 감정 기록지와 인지 재구조화 도구를 활용해 C 양이 자신의 감정과 그 이면의 생각을 구분하고 감정과 행동 사이의 인지적 틈을 확보하고 사고의 유연성을 획득하도록 훈련한다. 이 과정을 통해 C 양은 더 이상 관계에 종속되지 않고 자기감정의 주인이 되는 연습을 시작하게 된다.

50대 여성 D 씨(54세)는 남편과 사별한 이후 외동아들과 단둘이 살아왔다. 오랜 시간 가족 내 유일한 관계였던 아들을 통해 정서적 위안을 얻어왔으며 자기 삶과 정체성을 그 관계 안에서 형성해 왔다. 그러나 최근 아들이 독립을 준비하면서 정서적으로 거리를 두려고 하자 D 씨는 예상치 못한 상실감과 불안을 반복적으로 경험하고 있다. 아들이 방문을 닫는 사소한 행동에도 '내가 밀려나는 것 같다.'라는 감정을 느끼며 하루에도 몇 번씩 안부를 확인하거나 외출 계획을 캐묻는 등의 행동으로 갈등을 유발하고 있다. "이 아이가 무심하게 구는 순간 나는 사라지는 느낌이 들어요."라는 진술에서 알 수 있듯 D 씨는 아들과의 연결이 약해질수록 자신의 존재가 무너지는 듯한 정서적 혼란을 겪고 있다.

과거 감정을 표현하지 않는 부모 아래에서 자란 D 씨는 정서적 교류보다는 역할 수행에 익숙했고 사랑은 곧 책임과 헌신이라는 방식으로 배워왔다. 이러한 배경은 남편과의 관계 그리고 이후 자녀와의 관계에서도 반복되었고 결국 아들과의 유일한 유대관계 안에서 자신이 살아 있음을 확인받으려는 관계 중독적 경향으로 이어졌다. 자녀에 대한 인정과 관심에 강한 갈망을 느끼고 감정 조절이 어려워지며 갈등과 신체화 증상까지 동반되고 있는 지금 D 씨는 자신도 자신의 반응이 과도하다는 것을 인식하고 있지만, "나도 이렇게까지 집착하는 내가 이상하단 걸 알아요. 그런데 멈출 수가 없어요."라며 관계에 대한 통제력을 상실한 채 고통을 호소하고 있다.

3) 애착 기반 치료(Attachment-Based Therapy)

애착 기반 치료는 인간의 정서적 고통과 대인관계의 어려움이 주로 초기 양육자와의 애착 경험에서 비롯된다고 본다. 유아기와 아동기에 형성된 애착유형은 친밀감 형성, 정서 조절, 자율성 유지, 자아정체감 발달의 중요한 기초가 되며 성인기의 생활 전반에도 영향을 미친다. 특히 민감하고 일관된 돌봄이 모자란 환경에서 자란 사람은 불안정 애착(예: 회피형, 저항형, 혼란형)을 형성하기 쉬우며 이는 타인의 반응에 과도하게 회피하거나 과도하게 매달리는 방식으로 나타날 수 있다. 이러한 애착 손상은 '나는 사랑받을 수 없다', '타인은 믿을 수 없다'와 같은 자신과 타인에 대한 내적 작동 모델(Internal working model)을 부정적이고 경직된 방식으로 고착시키며 성인기 대인관계에서 반복되는 갈등과 정서적 고립을 유발한다.

애착 기반 치료는 내담자가 자신의 부적응적 애착 패턴을 인식하고 재구성하도록 돕는다. 치료자는 안정적이고 일관된 치료 관계를 통해 심리적 안전기지(Safe base)를 제공하고 내담자가 억눌렀던 감정과 욕구를 현재의 안전한 맥락에서 재경험하고 표현할 수 있도록 지지한다. 이를 통해 내담자는 과거의 상처를 새로운 시각에서 재해석하고 더욱 성숙하고 유연한 방식으로 타인과의 관계를 형성·유지하는 역량을 회복해 나가게 된다.

위 사례에서 D 씨는 남편과 사별한 이후 아들과의 관계를 삶의 중심으로 두며 아들에 대한 과도한 감정적 몰입과 통제 욕구를 반복하고 있다. 이는 과거 양육자와의 소원한 정서적 유대 경험, 사랑과 돌봄이 충분히 충족되지 않았던 성장 배경에서 비롯된 불안정한 애착 패턴의 연장이라 볼 수 있다. D 씨는 자신이 애착을 맺을 수 있는 유일한 대상으로 아들을 전적으로 동일시하며 그와의 정서적 거리감에 민감하게 반응하고 관계 상실에 대한 극심한 불안을 표출하고 있다.

애착 기반 치료에서는 D 씨가 자신의 감정적 반응이 현재 아들의 행동만이 아닌 과거의 정서 결핍과 상실 경험에서 비롯되었음을 인식하도록 돕는다. 치료자는 D 씨가 자신의 불안을 직면하고 이를 건강하게 표현할 수 있도록 안정적 치료 관계를 형성하며 감정에 대한 수용과 공감을 통해 새로운 애착 경험을 제공한다. 예를 들어, D 씨가 "내가 버려지는 것 같다."라고 말할 때, 치료자는 "그 상실감은 참 오래된 감정일 수도 있어요. 혹시 그 감정을 처음 느꼈던 기억이 있나요?"와 같은 반응을 통해 내면의 애착 경험을 탐색하게 한다. 이 과정을 통해 D 씨는 자신의 정서 반응을 외부 요인에만 귀속시키는 방식에서 벗어나 자기 감정을 이해하고 조절하며 관계 안에서 자율성과 안정감을 회복해 나갈 수 있게 된다.

4) 정신화 기반 치료(Mentalization-Based Treatment, MBT)

정신화 기반 치료는 자신과 타인의 마음, 감정, 생각, 의도 등을 이해하고 해석하는 능력인 정신화(Mentalization)를 회복하고 강화하는 데 초점을 둔다. 정신화는 '나는 왜 이런 감정을 느끼는가?', '그 사람은 왜 그런 행동을 했을까?'와 같이 인간의 내면 상태를 인식하고 추론하는 능력이며 이는 안정적인 애착 관계 속에서 발달한다. 그러나 애착이 손상되거나 불안정한 경우 스트레스 상황에서 정신화 능력이 쉽게 무너지게 된다. 이럴 때 사람들은 자기감정에 압도되어 충동적으로 반응하거나, 타인의 행동을 왜곡하여 해석하며 관계 안에서 반복적인 갈등과 고립을 경험하게 된다. 특히 관계중독 내담자는 타인의 말과 행동을 자신의 내면적 결핍과 불안으로 해석하고 반응을 조절하지 못한 채 관계에 과도하게 몰입하거나 통제하려는 양상을 보인다. 정신화 기반 치료는 내담자가 감정에 휘말리기보다 한 발 떨어져 자신과 타인의 심리 상태를 생각할 수 있는 상태로 회복하도록 돕는다. 치료자는 내담자가 감정과 생각을 구분하고 자신의 감정이 생긴 맥락을 성찰하며 타인의 마음도 다양하게 추론해 보는 연습을 지속적으로 유도한다. 이를 통해 내담자는 관계에서의 심리적 자동 반응을 줄이고 보다 안정적이고 유연한 대인관계를 형성할 수 있게 된다.

D 씨는 자녀가 방을 닫는 행동이나 무심한 말투만으로도 '나를 미워하는구나!', '버림받았어.'라는 감정을 강하게 느끼고 즉각적으로 자녀 방을 여는 행동을 반복하고 있었다. 이는 자녀의 행동을 있는 그대로 관찰하기보다 자신의 감정으로 해석하고 반응한 전형적인 정신화 실패의 예라고 볼 수 있다. MBT에서는 먼저 감정과 해석의 분리를 훈련한다. 치료자는 "그 순간 어떤 감정이 드셨어요?", "그 감정이 어떤 생각과 연결되었나요?"와 같은 질문을 통해 D 씨가 자신의 감정 상태를 명확히 인식하고 감정과 행동 사이의 거리를 확보할 수 있도록 돕는다.

다음으로 "자녀는 왜 그런 행동을 했을까요?", "혹시 다른 이유도 있었을까요?"와 같이 타인의 심리를 상상하는 훈련을 반복한다. 이는 타인의 행동을 자기감정의 연장선이 아닌 자기와 구별된 독립된 내면세계를 가진 존재로 바라보도록 훈련하는 과정이다. 감정이 고조되는 위기 상황에서는 정신화 능력이 급격히 저하될 수 있음을 설명하고 그 시점을 알아차리고 멈추는 정신화 중단 감지 훈련을 병행한다. 예를 들어, 자녀의 반응에 불안이 치솟는 순간 '지금 내가 느끼는 감정은 현재 상황만이 아니라 과거의 상처에서 비롯된 것일 수 있다.'는 메타 인지적 거리두기를 시도하도록 한다. 이러한 개입을 통해 D 씨는 자신의 감정을 인식하고 통제하는 능력을 회복하는 한편 자녀와의 관계에서도 과도한 통제와 오해를 줄이고 자기와 타인의 마음을 조화롭게 이해하는 관계 방식을 배워가게 된다.

고등학생 F 양(17세)은 최근 친구들과의 반복적인 갈등으로 학교생활이 불안정해졌고 담임교사의 권유로 상담에 참여하게 되었다. F 양은 같은 반 친구 A와 매우 가까운 사이로 수업, 점심시간, 학원까지 거의 모든 일과를 함께하며 "그 친구가 나의 유일한 버팀목"이라고 표현했다. 그러나 A는 사교적인 성격으로 다양한 친구들과 자연스럽게 어울렸고 이를 지켜보는 F 양은 점점 불안해지고 질투심에 휩싸이게 되었다. F 양은 A가 다른 친구와 이야기를 나누면 "배신당한 기분"이 든다며 울거나 A에게 장문의 메시지를 보내 자신의 감정을 확인받으려 했다. 때로는 A를 감정적으로 몰아붙이고, A 주변의 다른 친구들을 질투하며 의도적으로 관계를 방해하기도 했다. 이에 따라 A와의 사이가 소원해질 때면 F 양은 극심한 외로움과 자기 비난에 시달렸고 다른 친구들과의 관계도 점차 단절되었다.

상담 초기에 F 양은 "그 친구만은 절대 나를 버리면 안 돼요. 걔 없으면 나도 없어지는 것 같아요."라고 말하며 눈물을 터뜨렸고 관계가 멀어질까 봐 늘 긴장된 상태였다. 과거사를 탐색하던 중 F양은 초등학생 시절 부모의 잦은 이혼 위기와 양육자 간의 반복된 싸움 속에서 항상 불안한 상태로 자라왔고 집에서는 감정을 표현하거나 기대기 어려운 분위기였음을 털어놓았다. 이러한 환경은 F 양이 유일한 정서적 안정감을 또래 친구에게서 찾고 그 관계에 과도하게 몰입하는 방식으로 이어졌다.

5) 변증법적 행동치료(Dialectical Behavior Therapy, DBT)

변증법적 행동치료는 마샤 리네한(Marsha Linehan)이 개발한 치료 접근으로 감정 조절의 어려움, 충동적 행동, 관계 불안정 등에 효과적으로 적용된다. 변증법적 행동치료의 핵심 철학은 수용과 변화의 균형으로 내담자가 현재의 감정과 행동을 비판 없이 수용하면서 동시에 더 적응적인 방식으로 변화할 수 있도록 돕는 데 그 목적이 있다. 관계중독 내담자들은 타인의 반응에 민감하게 휘둘리고 강렬한 감정을 통제하지 못한 채 충동적인 관계 행동을 반복하는 경향이 있으며 변증법적 행동치료는 이와 같은 문제에 직접적으로 개입할 수 있는 체계적인 기법을 제공한다.

변증법적 행동치료는 네 가지 핵심 기술 모듈을 중심으로 구성된다.

첫째, 마음 챙김(Mindfulness)은 감정과 생각을 판단 없이 인식하는 훈련을 통해 반사적 반응을 줄이고 자기 인식을 확장한다. 둘째, 감정 조절(Emotion regulation)은 감정의 유래와 반응 패턴을 이해하고 과도한 정서 반응을 조절하는 방법을 익힌다. 셋째, 고통 감내(Distress tolerance)는 감정적 위기를 파괴적이지 않은 방식으로 견디는 전략을 제공하며 넷째, 대인관계 효능감(Interpersonal effectiveness)은 친밀함과 자율성 사이에서 건강한 관계를 유지하기 위한 기술을 포함한다. 이 접근은 정서적 반응성이 높은 청소년, 충동적 대인 행동을 반복하는 사람, 타인의 수용에 지나치게 의존하는 관계중독 내담자에게도 효과적이다.

F 양은 또래 친구 A와의 관계에서 정서적으로 지나치게 몰입하고 있으며 A의 일상적인 행동에도 불안을 느끼고 즉각적인 감정 반응과 행동(질투, 집착, 확인 강박 등)을 반복하고 있다. 이처럼 감정과 행동 사이의 틈이 좁고 타인의 반응에 따라 정서가 급격히 요동치는 양상은 변증법적 행동치료의 개입 대상에 해당한다.

마음 챙김 훈련에서는 F 양이 감정이 고조되는 순간 자신의 감정과 신체 반응을 인식하고 지금, 이 감정은 어디서 오는가를 탐색하도록 한다. 예를 들어 "친구가 다른 친구와 이야기할 때 나는 소외감을 느꼈다."라는 식의 감정 명료화 연습을 통해 정서적 여백을 확보할 수 있도록 돕는다. 감정 조절 기술로는 감정 일지를 활용해 사건-감정-반응의 흐름을 기록하고 질투나 불안 같은 감정에 자동으로 반응하기보다는 대안을 모색하는 훈련을 진행한다. 감정의 강도를 수치화하고 감정에 영향을 준 생각과 해석을 검토하며 더욱 균형 잡힌 반응을 설계한다. 고통 감내 기술에서는 F양이 위기 상황에서 감정적 반응을 보류하고 감각 기반 안정화 기법을 사용할 수 있도록 훈련한다. 예를 들어, 차가운 물로 손을 씻기, 5-4-3-2-1 감각 자극 인식하기(시각 5개-촉각 4개-청각 3개 등), 지금은 견디는 시간이라는 자기 말 걸기 루틴 등이 실습 된다. 대인관계 효능감 훈련에서는 친구와의 관계 속에서 자신의 욕구를 적절히 표현하고 거절이나 거리두기를 받아들이는 기술을 연습한다. 예를 들어 "나는 네가 다른 친구와 친하게 지낼 수 있다는 걸 알아. 하지만 나는 너와도 함께 있고 싶은 마음이 있어."라는 식의 표현을 통해, F양이 관계 안에서 자율성과 친밀감을 균형 있게 유지하도록 돕는다.

6) 대인관계 과정치료 (Interpersonal Process Therapy, IPT)

대인관계 과정치료는 개인의 심리적 어려움이 대인관계 내에서 형성되고 유지된다고 보며 증상을 완화하고 기능을 회복하기 위해 대인관계의 질과 패턴을 변화시키는 데 중점을 둔다. 대인관계 과정치료는 특히 우울, 불안, 관계갈등, 애도, 역할 전환기 위기 등과 관련된 심리적 문제에 효과적인 접근이며 내담자가 자기감정과 욕구를 보다 명확히 인식하고 타인과의 소통에서 적절한 반응을 할 수 있도록 돕는다. 치료의 주요 초점은 지금, 여기(Here and now)의 관계 경험이며 치료자는 내담자의 대인관계 경험을 탐색하고 반복되는 갈등 양상, 타인에 대한 기대, 감정 표현 방식 등을 조명한다. 내담자는 치료적 관계 속에서 새로운 상호작용 경험을 하게 되며 기존 관계에서 왜곡된 기대와 반응을 점진적으로 수정해 나갈 수 있다. 이를 통해 내담자는 '나—타인' 관계의 경계를 더 건강하게 유지하고 타인의 반응에 대한 지나친 의존을 줄이며 자율성을 회복하게 된다.

고등학생 F 양은 친구 A와의 관계에서 극단적인 밀착과 질투를 반복하며 관계의 균형을 유지하는 데 어려움을 겪는다. A가 다른 친구와 어울리거나 자신에게 바로 응답하지 않으면 F 양은 버림받았다는 감정을 느끼고 곧장 불안, 분노, 소외감 등의 감정으로 이어진다. 이는 그녀의 내면에 '나는 혼자 남겨질 것이다.', '가장 친한 사람이 떠나면 나는 무가치하다.'는 대인관계 스크립트가 작동하고 있음을 시사한다. 치료자는 F 양과의 안정된 관계를 통해 그녀의 감정 반응이 현재 상황에서 비롯된 것인지 혹은 과거 대인관계에서 형성된 패턴의 반복인지를 함께 탐색한다. 예컨대, 그녀가 친구의 일상적인 행동에 과도하게 반응할 때 치료자는 "지금 그 감정은 어디서 온 걸까?", "이전에도 비슷한 느낌을 받은 관계가 있었을까?" 등의 질문을 통해 자기 인식과 감정 맥락화를 도와준다.

또한 치료자는 F 양이 타인에게 기대하는 과도한 상호작용과 반응을 점검하고 관계에서 자신의 욕구와 타인의 욕구가 공존할 수 있음을 경험하게 한다. 예를 들어, 친구 A가 다른 친구와도 시간을 보내는 것이 F양을 배신하는 것이 아니라는 점을 인식시키고 그 과정에서 친밀하지만, 독립된 관계의 모델을 함께 설정해 나간다. 치료적 관계 속에서 F 양은 감정 표현을 연습하고 갈등을 직접적으로 다루는 방식, 적절한 거리 두기, 감정의 명료한 전달법을 익히며 점차 자기중심적 관계 양식에서 벗어나게 된다. 이러한 경험은 그녀가 실제 또래 관계 안에서도 더욱 건강한 정서 교류와 균형 있는 관계를 형성해 나갈 수 있는 기반이 된다.

1 / 청소년 약물남용 상담의 과정

청소년 약물남용은 단순한 일탈이 아니라, 심리적 고통, 스트레스, 또래 관계 문제, 자기통제력의 어려움 등이 복합적으로 작용한 결과로 나타난다. 이에 따라 상담자는 도덕적 판단이나 일방적 훈계가 아닌, 발달적 특성과 회복 가능성을 고려한 전문적인 개입을 통해 청소년이 약물 없이 건강하게 살아갈 수 있도록 지원해야 한다. 상담은 관계 형성 → 사정 → 행동변화 → 회복유지 → 추수지도의 과정을 통해 이루어진다.

1) 초기 단계: 관계 형성 및 사정

중독 상담 과정은 먼저 내담자와의 신뢰 관계를 형성하고, 약물 사용에 대해 개방적으로 이야기할 수 있는 분위기를 조성하는 것을 목표로 한다. 이를 통해 약물 사용의 심각도, 사용 패턴, 관련된 요인들에 대해 전반적으로 사정하게 된다. 상담 전략으로는 라포를 형성하기 위해 감정을 중심으로 한 대화를 나누고, 약물 사용이 시작된 시기와 빈도, 사용 당시의 상황 등을 구체적으로 파악한다. 또한 약물 남용 위험 선별도구를 활용하며, 가족관계, 학교생활, 또래 관계, 정신건강 등 다양한 영역에서 정보를 수집한다. 이 과정에서 상담자는 내담자를 비판하지 않고 수용적인 태도를 유지해야 하며, 약물 사용 그 자체보다는 그 행동 이면에 있는 감정과 욕구를 탐색하는 데 초점을 두어야 한다.

2) 중기 단계: 행동 변화 및 자기통찰 촉진

중독 상담의 과정에서는 약물 사용이 내담자에게 어떤 심리적 기능을 했는지를 이해하는 것을 시작으로, 감정 조절 능력, 자기효능감, 그리고 문제 상황에 대한 대처 기술을 향상시키는 것을 주요 목표로 삼는다. 또한 내담자가 지닌 왜곡된 사고나 잘못된 신념을 교정하고, 건강한 대안 행동과 긍정적인 대인관계 기술을 습득할 수 있도록 돕는다. 이를 위한 상담 전략으로는 "나는 왜 약물을 사용했는가?"에 대한 탐색을 통해 약물 사용의 심리적 의미를 인식하게 하며, 스트레스, 우울, 분노 등의 감정을 표현하고 통제하는 연습을 병행한다. 또한 또래 압력에 효과적으로 대처하고 거절하는 기술을 훈련하며, 약물 사용의 결과를 되돌아보는 시간을 통해 자기 인식을 높인다. 이러한 과정을 통해 자기효능감을 강화하고, 긍정적인 자아개념을 회복할 수 있도록 한다. 구체적인 개입 기법으로는 인지행동치료(CBT)를 통해 사고와 행동의 연결고리를 점검하고 수정하며, 동기강화 상담(MI)을 활용해 변화에 대한 내적 동기를 이끌어낸다. 더불어 역할극, 감정일기 쓰기, 재발 방지를 위한 훈련 등의 다양한 실습 활동이 활용되어 실제 생활 속에서 적용 가능한 변화로 이어질 수 있도록 돕는다.

3) 종결 단계: 회복 유지 및 재발 예방 계획

중독 상담의 마지막 단계에서는 내담자가 지금까지의 변화를 스스로 정리하고 그 성과를 인식할 수 있도록 돕는 것을 주요 목표로 한다. 이와 함께 향후 약물에 재노출될 수 있는 위험 상황에 대비한 구체적인 계획을 세우고, 자기통제를 유지할 수 있는 전략과 건강한 대안 행동을 지속할 수 있는 방안을 마련하는 데 중점을 둔다.

상담 전략으로는 회복에 대한 내담자의 동기를 다시 한번 강화하고, 초기 상담에서 설정한 목표들을 점검하며 성취 수준을 확인한다. 또한 고르스키의 회복 단계 모델 등을 활용하여 재발 징후를 인식하고 조기에 대응할 수 있도록 훈련하고, 감정적 위기 상황에서 스스로 도움을 요청할 수 있는 자원들을 정리한다. 이에는 신뢰할 수 있는 사람, 사용할 수 있는 서비스, 활용 가능한 대처법 등이 포함된다. 필요에 따라 지역사회 자원과도

연계하여 지속적인 지원이 가능하도록 하는데, 예를 들어 치료센터, 회복모임, 청소년 상담복지센터 등과의 연결을 통해 내담자가 상담 종료 후에도 회복을 이어갈 수 있는 기반을 마련한다.

4) 추수지도 및 지속적 지지

중독 상담의 종결 이후 단계에서는 내담자가 상담 종료 후에도 회복 상태를 안정적으로 유지할 수 있도록 지원하는 것을 주요 목표로 하며, 상담관계의 단절로 인해 생길 수 있는 심리적 공백을 최소화하는 데에도 중점을 둔다. 이를 위한 상담 전략으로는 1~3개월 간격으로 전화, 문자, 방문 상담 등의 방식으로 주기적인 후속 점검을 실시하며, 내담자가 스스로 자신의 상태를 점검할 수 있도록 자기점검 워크시트나 감정기록지를 제공한다. 또한 회복 과정에서 지속적인 사회적 지지를 받을 수 있도록 멘토링 프로그램에 연계하거나, 또래 지지 그룹을 소개하여 상담 이후에도 정서적 유대와 회복 동기를 유지할 수 있도록 돕는다. 이러한 후속 관리 전략은 내담자가 자율성과 책임감을 가지고 회복 여정을 지속할 수 있도록 하는 데 중요한 역할을 한다.

상담자는 공감적 지지자(비난 없이 내담자의 감정·경험을 수용하고 공감) 변화 촉진자(자기 이해와 동기 유발, 행동 변화 유도), 기술 훈련자(감정조절, 거절, 문제해결 등 실생활 기술 지도), 연계 조정자(가정, 학교, 지역자원 등과 협력체계 구축), 재발 관리자(재발을 예방하기)가 되어야 한다.

궁극적으로 청소년 약물남용 상담은 일시적 행동 교정이 아닌 전인적 회복과 재사회화의 과정이다. 상담자는 청소년이 약물 없는 삶을 스스로 선택할 수 있도록 신뢰, 통찰, 기술, 지지의 과정을 단계적으로 제공해야 하며, 필요시 가족, 학교, 지역사회 자원과 협력하는 통합적 개입 체계를 구축해야 한다.

2 / 청소년 중독 상담의 실제

    중독문제를 다루는 상담에서는 내담자의 변화를 유도하고 유지하기 위한 동기 강화가 핵심 요소로 작용한다. 특히 동기강화 상담(MI)과 프로차스카(Prochaska)의 변화 단계 이론은 중독 상담에서 효과적인 개입 방향을 제시해 준다. 이러한 이론들은 내담자의 준비도와 인식 수준에 맞는 맞춤형 접근을 가능하게 하며, 실질적인 행동 변화를 촉진한다. 본 글에서는 동기강화 상담의 원리와 중독 상담에서의 적용, 프로차스카의 변화 5단계, 그리고 FRAMES 개입 전략 등을 중심으로 효과적인 상담 개입 방안을 살펴보고자 한다. 이를 통해 상담자가 변화의 과정을 어떻게 지원할 수 있는지를 사례를 통해 구체적으로 이해해보고자 한다.

1) 동기강화 상담(MI) 기반 중독 상담

(1) 프로차스카의 변화의 5단계

    중독 상담에서 프로차스카(Prochaska)와 디클레멘트(DiClemente)의 변화 단계(Stage of Change)란 내담자가 약물 사용과 같은 문제 행동을 변화시켜 나가는 과정을 단계적으로 설명하는 개념이다. 이 모델은 변화를 전혀 고려하지 않는 전숙고 단계(Precontemplation Stage), 변화의 필요성을 인식하고 고민하기 시작하는 숙고 단계(Contemplation Stage), 구체적인 계획을 세우고 의지를 다지는 준비 단계(Preparation Stage), 실제로 행동 변화를 실천하는 실행 단계(Action Stage), 그리고 그 변화를 장기적으로 유지하려는 유지 단계(Maintenance Stage)로 구성된다. 중독 상담에서는 내담자가 각 단계에서 적절한 지지를 받아 다음 단계로 나아갈 수 있도록 돕는 것이 중요하다. 이때 핵심적인 개입 도구로 활용되는 것이 바로 동기강화 상담(MI)이며, MI는 내담자의 내적 동기를 자연스럽게 끌어올려 자발적이고 지속 가능한 변화를 촉진하는 데 효과적인 상담 기법이다.

(2) 동기강화면담

    중독 상담에서 동기강화 상담(MI)은 내담자와 변화에 대해 대화하는 것을 핵심 개념으로 한다. 중독행동치료에서는 중독 행동의 변화 자체가 치료의 주요 목표이기 때문에, 상담자는 변화의 성질, 양가감정, 변화동기, 변화단계, 변화대화, 유지대화, 공감적 반영 등에 대해 이해하고 접근할 필요가 있다. 이러한 이해를 바탕으로 MI에서는 내담자의 변화동기를 효과적으로 강화하기 위해 네 가지 기본 원리를 중심으로 개입이 이루어진다.

- **공감 표현하기**: 내담자의 감정과 입장을 상담자가 적절히 공감하고 이를 명확하게 전달함으로써 신뢰를 형성하는 것
- **불일치감 만들기**: 질문을 통해 내담자가 현재 자신의 행동이 본인의 신념이나 가치와 얼마나 일치하지 않는지를 스스로 인식하도록 유도하여 변화의 동기를 자극하는 것
- **저항과 함께 구르기**: 내담자가 저항하거나 자신의 행동을 정당화할 때 이를 직접 반박하지 않고 상담자의 반응을 유연하게 조정함으로써 방어를 줄이고 자율성을 유지하게 하는 것
- **자기 결정을 지지하기**: 내담자가 변화할 능력이 있음에도 자기효능감이 낮아 시도조차 하지 않으려는 경우, 상담자는 그의 자기 결정권을 지지하고 격려하여 변화 행동을 실천할 수 있도록 돕는 것

(3) FRAMES 개입 전략

FRAMES는 동기강화 상담(Motivational Interviewing)과 단기 개입에서 사용하는 중독 개입 전략 중 하나로, 행동 변화를 촉진하기 위한 6가지 핵심 요소의 약자이다. 특히 음주 문제나 약물 사용 행동을 다루는 데 자주 사용된다. FRAMES는 다음 여섯 가지 핵심 요소의 머리글자를 딴 약어로, 청소년의 음주문제에 대해 비판이나 강요 없이 동기를 높이고 자율적 결정을 유도하는 상담 전략이다.

- **F-Feedback** (피드백): 현재 음주 행동이 자신과 주변에 어떤 영향을 미치는지 구체적이고 중립적으로 피드백 제공
- **R-Responsibility** (책임감 강조): 변화 여부는 청소년 자신의 선택과 책임임을 명확히 함
- **A-Advice** (조언): 비난이 아닌 공감적이고 정보에 기반한 조언 제공

- M—Menu of options (선택지 제시): 여러 대안 중 스스로 선택할 수 있게 유도
- E—Empathy (공감적 태도): 판단 없이 진심 어린 공감과 수용 제공
- S—Self efficacy (자기효능감 강화): 변화할 수 있다는 자신감과 희망 제공

(4) 사례의 적용

사례는 청소년 흡연(담배) 문제를 주제로 한 FRAMES와 동기강화 상담을 기반으로 청소년의 방어적 태도와 변화 동기를 고려해 구성하였다.

사례

- 내담자: 중3 여학생
- 상담 의뢰 과정: 학교 화장실에서 흡연하다 적발 → 보호자 동의하에 상담 의뢰
- 호소문제: 나만 피는 것도 아니고, 스트레스 때문에 그렇다.

[축어록]
- 상담자 1: 상담실까지 오는 게 쉽지 않았을 텐데, 와줘서 고마워요.
- 내담자 1: 솔직히 뭐, 억지로 왔죠. 다 피우는데 왜 나만 문제냐고요.
- 상담자 2: 그 말, 되게 억울하게 들려요. 나만 찍혔다는 느낌도 들고. (공감 & 관계 형성)
- 내담자 2: 진짜요. 애들 다 피워요. 나 혼자만 걸린 거고. (살짝 부드러워짐)
- 상담자 3: 그럼 피울 때 어떤 기분이에요? 그게 필요한 순간이 있을 것 같아서요. (비난 없이 호기심으로 접근)
- 내담자 3: 그냥 머리 복잡할 때요. 친구들이랑 있을 때도 그렇고. 혼자 있을 때는 심심해서 피우고.
- 상담자 4: 담배가 친구 같았던 건가요? 혼자일 때, 답답할 때 옆에 있어 주는 존재처럼? (긍정적 기능 인정 & 정서 연결)
- 내담자 4: 맞아요. 없으면 심심하고 좀 불안하고 그래요. (고개 끄덕임)
- 상담자 5: 한편으로는 편안하게 해주는 구석이 있고, 또 한편으로는 걸렸을 때 곤란한 점도 있었죠? (양가감정 탐색)
- 내담자 5: 부모님한테 뒤지게 혼났어요. 핸드폰도 뺏기고…….
- 상담자 6 (변화 동기 탐색): 그렇게 혼나고도 계속 피우는 이유는 뭘까요? 그만둘 생각은…… 아직 없어요? (변화 동기 탐색)
- 내담자 6: 끊고 싶다는 생각은 가끔 해요. 근데 또 화나면 바로 피우게 돼요.
- 상담자 7: 그럴 때 선택은 항상 당신 손에 있죠. 끊으라고 강요하진 않을게요. 대신, 만약 '끊을 수 있다면 좋겠다.'는 마음이 있다면…… 방법을 같이 찾아볼 수는 있어요. (책임 & 선택 강조)
- 내담자 7: 방법이 있긴 한가요? 그냥 못 참겠는데……. (조금 열린 반응)
- 상담자8: 우리가 할 수 있는 건 '그 순간'에 다른 선택을 할 수 있도록 연습하는 거예요. 혼자 참으라는 게 아니라, 예를 들면 숨쉬기 연습, 입에 뭔가 물기, 친구한테 톡하기 등. 그중에서 가장 가능성 있어 보이는 걸 하나만 시도해 보는 건 어때요? (자기효능감 강조 및 메뉴 제시)
- 내담자 8: (생각에 빠짐) 음…… 물 마시기? 근데 그거 효과 있을까요?
- 상담자 9: 처음엔 좀 이상하게 느껴질 수 있어요. 그런데 '해봤다.'는 경험이 쌓이면 진짜 선택지가 생겨요. 오늘 우리가 얘기한 것 중에 하나라도 시도해 보고, 다음 시간에 어땠는지 같이 얘기해 봐요. 어떤 상황에서도 당신을 비난하지 않을 거예요. (강화 & 마무리)

이 사례는 중학교 3학년 여학생이 흡연으로 학교에서 징계를 받은 후 보호자 동의하에 상담에 참여하게 된 장면으로 시작된다. 내담자는 "다들 피우는데 왜 나만 문제냐."며 방어적인 태도를 보이고 있었고, 상담자는 이를 판단하거나 지적하지 않고 "그 말, 되게 억울하게 들려요."라는 공감적 반응을 통해 관계 형성과 정서적 안정의 기초를 다졌다. 이는 동기강화면담의 핵심 원칙인 공감적 이해 표현에 해당하며, 내담자의 저항을 낮추고 자발적인 표현을 이끌어 내는 데 효과적이었다.

상담자는 흡연이 내담자에게 주는 긍정적 기능을 묻고, 이를 통해 "답답할 때, 외로울 때 피우면 마음이 좀 편해진다."라는 내담자의 진술을 자연스럽게 끌어냈다. 이는 내담자의 행동에 담긴 의미를 존중하는 동시에, 이후 양가감정을 탐색할 수 있는 기반을 마련한 질문이었다. 이후 상담자는 "한편으로는 편하지만, 또 한편으로는 걸리면 곤란한 점도 있었죠?"라는 방식으로 흡연의 이득과 손해를 균형 있게 살피도록 유도했으며, 이는 동기강화면담에서 변화 대화(change talk)를 이끌어내는 중요한 전략이었다.

내담자는 흡연을 끊고 싶다는 생각은 있지만, 실제로는 "못 참겠다."는 이유로 반복된다고 말하며 무기력감을 드러냈다. 이에 상담자는 "선택은 당신 손에 있어요. 억지로 하자고는 하지 않을게요."라고 말하며 자기 결정권과 책임을 강조하였다. 이는 FRAMES 모델의 핵심 원칙 중 하나로, 변화의 주체가 외부가 아닌 내담자 자신임을 인식시키는 과정이었다. 상담자는 이어 "화날 때 대신 해볼 수 있는 방법을 하나만 골라보는 건 어때요?"라며 숨쉬기, 물 마시기, 친구에게 연락하기 등 구체적인 대안을 제시하였고, 이는 선택 메뉴를 제공하는 접근으로 내담자의 통제감과 참여감을 높였다.

상담 전반에 걸쳐 상담자는 내담자가 스스로 변화를 만들 수 있다는 자기효능감을 지속적으로 강화하였다. "오늘 한 가지라도 해봤다면, 그게 시작이에요."라는 말은 내담자의 작은 시도를 소중하게 인정하고 다음 단계로의 연결 가능성을 열어주는 표현이었다. 또한 내담자의 행동에 대한 직접적인 비난이나 충고는 자제하면서도, "그렇게 반복되면 어떤 일이 생길까 생각해 본 적 있나요?"와 같은 질문을 통해 간접적인 피드백을 제공하였으며, 이는 FRAMES 모델의 첫 번째 요소로서 내담자가 현재 행동의 결과를 스스로 인식하게 돕는 방식이었다.

종합적으로, 이 상담 사례는 내담자의 방어적이고 수동적인 태도를 공감적 관계, 자율성 존중, 현실적인 대안 제시를 통해 변화 동기로 전환시키는 동기강화면담의 원리가 효과적으로 구현된 예시라 할 수 있다. FRAMES의 여섯 가지 요소(Feedback, Responsibility, Advice, Menu, Empathy, Self-efficacy)는 대화 전반에 자연스럽게 통합되어, 내담자가 자신의 행동을 돌아보고 '변화할 수 있다.'는 가능성을 발견하도록 돕는 역할을 했다.

3 / 인지행동치료 기반의 재발 예방 상담

인지행동은 각각의 이론적 접근에 따라 서로 다른 용어를 사용하는데 이 장에서는 인지행동적 접근에 대한 전반적인 이해를 돕고자 두 이론의 주요 개념에 대해서 살펴보고자 한다.

1) 중독의 인지적 왜곡 이해: "나는 이걸 해야 안정돼."

인지행동치료는 사고가 정서와 행동에 영향을 미친다는 전제 하에, 왜곡된 인지를 수정하여 행동 변화를 이끄는 치료적 접근이다. 말랫과 고든(Marlatt, 1985)은 중독을 의지 부족이 아닌 학습된 습관으로 보며, 고전적 조건형성(예: 금단증상 완화를 위한 음주)과 조작적 조건형성(예: 음주로 사회적 불안 완화)의 결합으로 중독이 강화된다고 보았다. 회복은 잘못 학습된 사고와 행동을 재구성하는 과정이며, 개인은 자기통제 능력을 지닌 존재로 간주된다. 따라서 '알코올 중독자'라는 낙인보다는 변화 가능성을 가진 존재로 바라보는 것이 중요하다.

2) 중독 재발에 대한 인지행동치료 관점

인지행동치료 관점에서 중독이 재발되는 이유는 비합리적인 사고(인지 왜곡), 조절되지 않은 감정 상태, 그리고 반복된 회피적 행동 패턴이 서로 맞물려 악순환을 형성하기 때문이다. 이 세 가지 요소가 제대로 다뤄지지 않으면, 내담자는 스트레스 상황이나 부정적 감정을 마주할 때 다시 중독 행동에 의존하게 된다.

(1) 자동적 사고와 인지 왜곡

중독자는 종종 자신에 대해 부정적인 신념이나 비합리적인 사고를 갖는다. 예를 들어, '나는 원래 의지가 약하다.', '한 번 실패했으니 끝이다.', '이 고통은 감당할 수 없다.', '이번 한 번쯤은 괜찮다.'와 같은 생각은 대표적인 인지 왜곡에 해당한다. 이러한 이분법적 사고, 과잉일반화, 파국화 등은 중독 행동을 정당화하거나 회복 가능성을 포기하게 만들어 재발 위험을 높인다.

(2) 감정 조절 실패

중독자는 불안, 우울, 분노, 외로움과 같은 부정적 정서를 효과적으로 조절하지 못하는 경우가 많다. 감정이 심화될수록 이를 직면하기보다는 회피하려는 경향이 강해지며, 익숙하고 즉각적인 해소 수단인 음주, 게임, 약물 등 중독 행동에 다시 의존하게 된다. 이처럼 중독은 감정을 피하는 수단이 되며, 조절되지 않은 감정 상태는 재발의 주요 촉발 요인이 된다.

(3) 회피적 행동과 패턴

중독자는 스트레스나 문제 상황에 직면했을 때 회피를 선택하는 경향이 있다. "기분이 안 좋으니 게임이나 하자.", "불안하니 한 잔 마시자."와 같은 반응은 일시적 안정감을 줄 수 있지만, 문제 해결을 지연시키고 회피 행동을 반복하게 만든다. 이 과정이 습관화되면 삶의 기능이 저하되고 중독 행동이 더욱 강화된다.

CBT의 개입 목표는 자동사고를 인식하고 재구성하도록 돕고, 감정을 명료화하며 조절 기술을 익히게 하는 것이다. 또한 중독 행동을 대체할 수 있는 건강한 행동을 훈련하고, 재발을 실패가 아닌 학습의 기회로 받아들이도록 지원한다.

3) 사례의 적용

- 내담자: 17세 고등학교 2학년 남학생
- 주 호소: 게임중독 재발
- 상담 배경: 부모의 통제하에 게임을 한동안 중단했으나 최근 2주간 몰래 밤새도록 게임을 하며 재발함.
- 정서 상태: 무기력, 자기 비난, 회피, 좌절
- 행동 결과: 학업 손상, 수면 부족, 가족과의 갈등 증가
- 호소 내용: 한 번 깨지니까 그냥 포기하게 돼요. 나 같은 건 안 고쳐져요.

[축어록]

1. 문제 상황 구체화 (상황–생각–감정 연결)

- 상담자 1: 게임을 다시 시작하게 된 때가 최근 2주라고 했죠. 어떤 일이 있었을까요?
- 내담자 1: 모의고사 성적이 또 떨어졌어요. 친구들은 잘하는데 저는 안 되니까 그냥 갑자기 확 무너졌어요.
- 상담자 2: 그런 상황에서 무슨 생각이 들었나요?
- 내담자 2: 아, 나 이거 진짜 안 되겠다. 공부도 안 되고, 부모님도 짜증만 내고…… 나는 그냥 게임밖에 못 하는 인간인가 보다.
- 상담자 3: 그 생각을 하니까 기분은 어땠어요?
- 내담자 3: 되게 허무하고, 자포자기. 그냥 아무것도 하기 싫었어요. 그래서 게임 켰어요.

2. 왜곡된 사고 패턴 인식하기

- 상담자 1: '나는 게임밖에 못 하는 인간이다.'라는 말, 객관적으로 봤을 때 얼마나 사실 같아요? 0부터 100까지.
- 내담자 1: 그때는 90%. 지금은…… 한 40%?
- 상담자 2: 그 생각이 들었을 때, 어떤 증거는 그걸 지지하고, 어떤 증거는 반박할 수 있었을까요?
- 내담자 2: 공부는 못 했지만, 친구 상담 도와준 적도 있고, 수학시험은 한 번 올랐어요. 근데 전부 다 망친 것처럼 느껴졌어요.

3. 재발 촉진 요인과 회피 행동 확인

- 상담자 1: 게임하기 전엔 어떤 감정을 피하고 싶었나요?
- 내담자 1: 좌절감이요. 그냥 아무것도 하기 싫은 상태.
- 상담자 2: 그 감정을 피하는 데 게임 말고 다른 방법이 있을 수 있었을까요?
- 내담자 2: ……운동하거나…… 친구랑 수다 떨기?

4. 대안 행동 계획 및 행동실험 설계

- 상담자 1: 게임 말고 스트레스를 풀 수 있는 3가지 방법을 적어볼까요? 시험 전에, 성적이 떨어졌을 때, 심심할 때 상황별로요.
- 내담자 1: 스트레스 쌓일 때 샤워하기, 음악 듣기, 무기력할 때는 10분 산책, 유튜브 운동 따라 하기, 외로울 때는 친구에게 짧게 연락하기
- 상담자 2: 이번 주엔 그중 하나를 '게임 충동이 왔을 때 실험처럼 해보는 것'으로 정해볼까요? 성공이든 실패든 그 경험 자체가 중요해요.

5. 재발은 실패가 아니라는 인식 강화

- 상담자 1: 다시 게임을 시작했다고 해서 회복이 끝난 건 아니에요. 진짜 중요한 건 다시 방향을 찾는 거예요. 이번에 알게 된 건 뭘까요?
- 내담자 1: 제가 무너질 때 어떤 생각을 하고, 뭘 회피하려고 하는지요.

이 사례는 고등학교 2학년 남학생이 반복적인 게임중독 문제로 상담에 의뢰된 경우이다. 내담자는 일정 기간 게임을 중단했지만, 최근 재발하며 자기비난과 무기력에 빠져있다. 인지행동치료 관점에서는 성적 하락으로 인한 스트레스가 자동사고(예: '나는 안 되는 인간')를 유발했고, 이는 좌절과 허무감으로 이어지며 회피 행동으로 게임에 몰입하게 된 것으로 해석된다. 내담자는 실패를 전반적 무능력으로 일반화하고 흑백논리로 자신을 부정하는 사고 왜곡을 보이며, 이는 중독 행동을 반복시키는 핵심 요인이다. CBT 개입은 자동사고와 감정, 행동의 연결을 인식시키고, 왜곡된 사고를 재구성하는 훈련과 더불어 심호흡, 산책, 대화 등의 대안 행동을 개발한다. 또한 재발을 실패가 아닌 학습의 기회로 재해석하며 자기효능감을 회복하도록 돕는다. 인지행동치료는 '부정적 사고 → 감정 회피 → 중독 행동'의 고리를 끊고, 내담자가 건강한 사고와 행동 전략을 습득하도록 지원한다.

4 / 청소년 중독 회복 모델과 공동체

중독 회복은 삶의 균형을 회복하고, 회복 주체로 성장해 가는 과정을 포함한다. 청소년 중독 상담에서도 이러한 관점을 반영한 다양한 회복모델과 공동체 기반 개입이 시도되고 있다. 이 장에서는 자기조절을 중심으로 한 SMART Recovery, 가족의 참여를 강조하는 CRAFT, 회복 경험의 본질을 설명하는 CHIME 모델, 그리고 재발 과정의 구조를 제시한 고르스키의 11단계 모델을 중심으로, 청소년의 회복 여정을 다각도로 지원할 수 있는 이론과 실천적 접근을 소개하고자 한다.

1) SMART Recovery (Self-Management And Recovery Training)=자기관리 기반 회복 훈련

Alcoholics Anonymous(AA)/Narcotic Anonymous(NA)의 12단계 중독 회복 프로그램과 선배 회복자의 지지는 중독 치료 모델에서 성공적인 회복에 기여하는 주요한 역할을 한다. 12단계 중독회복 프로그램의 특징은 특정 종교를 기반으로 하지 않지만 자신의 무력감과 영적 존재에 대한 인정을 바탕으로 한다. 어떤 이들에게는 성공의 요인으로 작용하는 이 특징이 일부 참여자에게 거부하게 하는 요인으로 작용한다. 또한 AA/NA의 오프라인 모임에서 발생하는 다양한 부작용으로 인해 사회적 지지가 필요하지만 사회적 지지를 포기하는 이탈이 발생하여 참석자의 회복에 지장을 주기도 한다. 이에 서구 여러 나라에서 AA/NA와 유사하지만 오프라인뿐만 아니라 온라인 모임이 가능하고, 외부의 존재에 대한 의존이 아닌 중독자 스스로가 중독을 극복하게 도와주며 다양한 형태의 중독의 문제를 다루도록 돕는 SMART(Self Management and Recovery Training) Recovery가 대안으로 부상하였다.

현재 국내에서도 SMART Recovery 프로그램에 참여할 수 있는 경로가 마련되어 있다. 예를 들어, 노원구중독관리통합지원센터(02-6941-3677)에서는 매주 목요일 온라인(Zoom) 모임을 운영하고 있으며, 자세한 내용은 공식 홈페이지(https://smartkr.org)를 통해 확인할 수 있다.

스마트는 '자기조절과 회복의 훈련(Self-Management and Recovery Training; SMART)'의 약자로 회복을 위해서는 본인 스스로 역할이 중요하다. 스마트는 물질 중독 혹은 행위 중독을 끊기 위해 스스로를 독려하고, 상호적인 자조 그룹을 제공하는 것을 목적하며 스마트의 핵심은 4요소 프로그램이라고 볼 수 있고, 각 요소는 동기를 강화하고 유지하며, 충동에 효과적으로 대처하고, 생각, 감정, 행동을 다루는 데 도움이 되는 도구, 기술, 그리고 전략을 제공하여 균형 있는 삶을 살아갈 수 있도록 돕는다.

SMART Recovery에서 제공하는 다양한 도구와 자료들은 효과적인 회복 과정을 돕는 데 활용된다. 여기에는 세 가지 질문을 통해 자기성찰을 유도하며, 변화 계획표를 작성하여 구체적인 목표를 설정한다. 결정 저울을 사용하여 행동 변화의 장단점을 명확히 파악하고, 약물 사용을 유발하는 촉발 요인을 찾아 대비한다. 주의 전환 활동으로 충동을 관리하며, 충동 일지를 기록하여 자신의 반응 패턴을 이해한다. 또한, 주간 계획표를 통해 일상을 체계적으로 관리하며, 충동 다루기 기술을 익혀 위기 상황에 대처한다. 기도 후 파전과 같은 독특한 비유는 회복 과정의 어려움과 극복을 상징적으로 표현하며, 생각, 감정, 행동 다루기를 통해 자기조절 능력을 향상시킨다. 생활 방식 밸런스표는 건강하고 균형 잡힌 삶을 유지하는 데 도움을 주며, 목표 설정하기는 회복 여정의 방향을 제시한다. 이러한 모든 도구는 도구 모음집으로 제공되어 개인이 필요에 따라 활용할 수 있다.

2) CRAFT (Community Reinforcement and Family Training)

CRAFT-SP 매뉴얼은 중독 문제를 겪는 가족이나 친구를 돕는 데 특화된 예방적 개입 지침서이다. 이 매뉴얼은 기능 분석, 긍정적 강화, 효과적인 의사소통, 자기관리 전략 등을 통해 중독 당사자가 스스로 치료에 참여하도록 유도하는 것을 목표로 한다. 특히, 비판이나 강요 대신 공감과 행동 변화를 중시하며, 가족의 삶의 질을 유지하면서도 실제적인 변화를 이끌어내는 실질적인 방법들을 제시한다.

CRAFT-SP 매뉴얼은 총 17개의 주요 워크시트를 포함하여 중독 문제를 겪는 가족과 친구들을 효과적으로 돕는다. 이 워크시트들은 중독 행동의 원인과 결과를 분석하는 기능 분석 워크시트부터 시작한다. 또한, 효과적인 대화를 위한 긍정적 의사소통 가이드와 긍정적인 행동에 보상을 제공하는 방법을 정리한 긍정적 강화 사용법 워크시트를 제공한다. 행동 목표 달성을 위한 계획된 보상표와 개인의 삶의 우선순위를 탐색하는 삶의 가치 워크시트도 포함되어 있다. 한국에서는『사랑하는 사람이 중독에 빠졌다면』이라는 책으로 번역되었다. 직접 'CRAFT' 이름을 내세우지는 않아도, 가족지원교육, 중독자 가족치료 프로그램에서 원리를 반영해 중독재활센터, 정신건강복지센터, 가족 상담 프로그램에서 CRAFT 방식을 사용하고 있다.

매뉴얼은 중독 당사자의 치료 참여를 유도하는 대화 연습 워크시트, 중독 행동을 유발하는 요인과 그 대처 방안을 정리하는 촉발 요인 및 대처 전략 워크시트도 담고 있다. 위기 상황에 대비한 안전 계획 템플릿과 변화 목표를 구체화하는 행동 변화 계획표도 제공된다. 가족 구성원의 자기 돌봄 수준을 점검하는 자가 돌봄 체크리스트 역시 중요한 부분이다.

이 외에도 변화 과정을 관찰하고 기록할 수 있는 행동 관찰 차트, 다양한 보상 아이디어를 나열하는 보상 항목 브레인스토밍 워크시트, 변화 목표를 명확히 설정하는 목표 설정 워크시트가 있다. 특정 행동의 이득과 손실을 비교하는 비용—이익 분석표, 중독 행동을 무조건적으로 돕지 않도록 돕는 '지원 대신 방임 피하기' 워크시트, 자신의 입장을 분명하게 전달하는 단호한 대화 연습, 그리고 재발을 예방하기 위한 계획표도 마련되어 있다.

3) CHIME 모델 (회복경험의 핵심 요소)

　CHIME 모델은 정신건강 회복에서 개인이 어떻게 의미 있는 삶을 회복해 나가는지를 설명하는 핵심 틀이다. 특히 조현병, 우울증, 중독 등의 정신질환 회복 경험을 질적으로 연구한 결과를 바탕으로 만들어진 심리·사회적 회복모델이다. 회복을 단순한 '치료'가 아닌 삶의 재구성과 회복력 강화로 재정의하고 있다. 정신질환 및 중독 회복을 포괄하는 경험적 통합 모델이다.

　• Connectedness (연결감): 회복은 혼자가 아닌 관계 속에서 가능하다. 가족, 친구, 치료자, 동료 등과의 안전하고 지지적인 관계는 회복의 기반이 된다. 고립감을 줄이고 공감과 소속감을 경험하는 것이 중요하다.
　• Hope and Optimism (희망과 낙관): 회복이 가능하다는 믿음은 행동의 에너지가 된다. 주변 사람의 격려, 본인의 작은 변화 경험이 희망의 씨앗이 된다.
　• Identity (정체성): '조현병 환자', '중독자'라는 낙인이 아닌, 나 자신의 고유한 존재로서의 인식을 회복한다. 질병이 나의 전부가 아님을 깨닫고, 새로운 자아를 재구성한다.
　• Meaning in Life (삶의 의미): 고통의 경험이 무가치하지 않음을 발견하고, 새로운 삶의 방향과 목적을 찾는 과정으로 자원봉사, 예술, 가족과의 관계 등 다양한 방식으로 의미를 회복한다.
　• Empowerment (역량 강화): 스스로 결정하고 책임지는 주체적인 존재로 자존감 회복, 자기 옹호, 자기 주도성이 중요한 회복 자원이 된다.

4) 고르스키의 재발회복 11단계 적용

　고르스키와 밀러(Gorski & Miller, 1986)의 재발회복 11단계는 중독에서 회복 중인 사람이 다시 약물이나 행동 중독으로 재발할 가능성이 높아지는 심리적·정서적 경고 신호와 회복 경로를 구조화한 모델이다. 이 이론은 미국 중독치료 전문가 테렌스 고르스키가 개발한 것으로, 중독자의 재발이 갑작스럽게 일어나는 것이 아니라, 점진적인 과정 속에서 예측 가능한 단계를 거친다는 전제하에 구성되어 있다.

고르스키는 재발을 '회복에서 역기능적으로 변화되어 가는 과정' 이라 정의한다. 이런 역기능은 질병지향모델이 정의하듯이 알코올이나 약물사용에 근거가 될 것이다. 그러나 고르스키는 '단주중심 역기능'도 언급하고 있다. PAW는 심리사회적 스트레스에 대해 안정된 기간에서부터 정서적 혹은 신체적 붕괴로 나아가는 증상의 진행을 포함한다. 재발은 중독자가 장기간 동안 추적조사에 개입할 필요가 있기 때문에 자연적 회복과정의 당연한 한 부분으로 간주된다.

■ 고르스키의 재발회복 11단계

단계	단계 명칭	설명
1	건강에 해로운 감정	감정적으로 감당하기 어렵거나 감당할 수 없는 문제에 직면하는 것과 같다.
2	부정	도움을 요청하지 않고, 이러한 감정이 자신에게 영향을 미치지 않는다고 확신한다. 약물이나 술을 복용하지 않았기 때문에 모든 것이 괜찮다고 생각한다.
3	강박적 행동	약물이나 술을 여전히 원하지 않지만, 과로, 과도한 운동, 중독성 있는 관계 등 다른 행동을 보이는 경우. 주의를 돌리기 위해 회피행동 할 수 있다.
4	유발요인	약물 사용을 상기시키는 어떤 일이 발생하는데, 대개 다른 사람, 장소 또는 상황과 관련이 있다. 하지만 이제 우리는 건강에 해로운 감정, 부정, 그리고 강박적인 행동을 하게 되었기 때문에, 이 유발요인은 우리가 혼란에 빠지지 않았을 때보다 더 큰 영향력을 발휘한다.
5	내면의 혼란	계기가 되어 '마약이나 술을 다시 할까?' 생각하게 되는 내면의 혼란이 생긴다.
6	외부적인 혼란	가족이나 동료들과 다툼이나 논쟁을 벌이기 시작한다. 프로그램이나 친목회에 대해 씁쓸해할 수도 있다. 이때 우리는 어떤 도움도 거부하기 시작한다.
7	통제력 상실	모든 것 때문에 지금 많은 문제가 발생하기 시작한다.
8	중독적인 생각	회복이 효과적이지 않고, 자유로워지는 것이 당신이 원하는 것이 아니라고 생각하는 것이다.
9	고위험 상황	재발할 가능성이 있는 장소나 상황에 처하는 것. 예를 들어, 마약을 사러 차를 몰고 다니거나, 파티에서 마약을 하는 친구를 만나는 것처럼 말이다.
10	재발(신체적)	실제로 약물이나 술을 다시 사용하는 단계로, 이전의 감정·생각·행동이 누적되어 신체적 행동으로 나타난 결과이다.
11	재발 후유증	어떤 사람들은 자신의 실수를 깨닫고 도움을 요청하지만, 어떤 사람들은 중독을 지속한다.

중독 상담에서 상담자의 역할은 단순히 정보를 전달하거나 금지를 요구하는 데 그치지 않고, 내담자가 스스로 중독 문제를 인식하고 회복의 여정을 주도할 수 있도록 돕는 전인적·다기능적 지원자로서의 역할을 수행한다. 중독의 특성상 심리·정서·사회적 기능 전반에 걸친 개입이 필요하기 때문에, 상담자는 다음과 같은 역할을 복합적으로 수행하게 된다.

1) 공감자

내담자의 고통, 죄책감, 부끄러움 등 복합적인 감정을 비판 없이 수용하고 이해하는 것은 신뢰 형성을 위한 관계 중심 개입의 출발점이 된다. "그런 상황에서는 누구라도 그런 선택을 했을 수 있어요."라는 상담자의 말은 비난 없는 분위기에서 내담자가 자기 경험을 안전하게 탐색할 수 있도록 돕는다.

2) 촉진자

내담자가 자신의 행동과 감정의 연결고리를 인식하고, 변화에 대한 내적 동기를 발견하도록 질문, 반영, 요약, 재구성을 통해 통찰을 유도한다. "그때 화가 나서 마셨다고 하셨죠. 그 감정 말고는 어떤 게 더 있었을까요?"라고 질문함으로써 내담자가 자기 문제를 깨닫고, 회복의 필요성을 스스로 느끼도록 유도한다.

3) 기술 훈련자

회복을 위한 구체적인 행동 전략과 대처 기술을 가르치고 훈련시킨다. 예를 들어 충동 조절, 거절 기술, 스트레스 관리, 대체 행동, 재발 예방 훈련 등이 있다. "지금처럼 화날 때는 어떤 행동을 하면 위험한가요? 그때 사용할 수 있는 다른 방법을 찾아볼까요?"

라는 질문을 통해 중독 행동을 대체할 수 있는 건강한 행동 레퍼토리를 확장시킨다.

4) 연계자

내담자가 병원, 자조 모임, 복지서비스, 정신건강지원센터 등과 지속적으로 연결되도록 돕는다. 중독은 개인 혼자만의 문제로 해결하기 어려우므로 지지체계 형성이 핵심이다. "근처에서 AA 모임이 열리고 있어요. 처음엔 제가 함께 가드릴게요."라고 제언함으로써 회복에 필요한 외부 자원과의 연결시키고, 사회적 고립을 해소시킨다.

5) 동기 탐색자

내담자의 변화 의지와 이유를 찾아 언어화하도록 돕는다. 동기강화 상담(MI)의 핵심 역할로, "변화하고 싶은 마음"을 스스로 말하게 한다. "그렇게 살고 싶지 않다고 하셨죠. 그 말은 어떤 삶을 원한다는 뜻일까요?"라는 상담자의 질문은 내담자로 하여금 '강요된 금지'가 아닌 '내 안에서 시작된 변화'로 이어지게 한다.

6) 재발 관리자

재발이 일어날 수 있는 과정을 예방하고, 재발이 곧 실패는 아님을 인식시킨다. 내담자와 함께 재발 신호를 함께 점검하고, 대처 전략을 함께 준비한다. "요즘 수면 패턴이 깨진 건 재발의 초기 징후일 수 있어요. 우리 대처 방안을 세워봐요."라고 점검함으로써 재발을 조기에 인식하고, 회복으로 다시 돌아오도록 지원한다.

이렇듯 중독 상담자의 태도와 자질은 무비판적이고 수용적인 태도로, 내담자의 자기 결정권 존중(내담자의 속도와 선택 존중)하고, 비의존적 관계 설정(상담자에게 의존하게 만들지 않음)하며, 회복 중심 관점(중독자는 무력한 존재라는 시각을 넘어서 회복 가능성을 봄)을 견지해야 한다.

4부

소년사법

14장 소년사법

1 소년법

최근 청소년에 의한 범죄는 점점 더 복잡하고 다양한 양상으로 나타나고 있다. 단순한 절도나 폭력과 같은 전통적인 유형을 넘어, 사이버 공간을 이용한 범죄, 디지털 기술을 악용한 성 관련 범죄, 약물 관련 문제 등 새로운 형태의 범죄도 심각한 사회문제로 대두되고 있다. 이처럼 청소년 범죄는 점차 복합적이고 지능화되는 경향을 보이고 있기에 청소년 범죄에 대한 종합적인 이해가 더욱 요구된다.

1) 소년과 소년법

1958년에 제정된 「소년법」은 청소년 범죄에 대한 원칙을 규정하는 대표적인 법으로 청소년의 미성숙과 성장 가능성을 고려하여 처벌보다 보호와 교육 및 교화를 중심으로 처우하는 것을 기본 원칙으로 삼고 있다.

「소년법」의 제정 목적은 "반사회성이 있는 소년의 환경 조정과 품행 교정을 위한 보호처분 등의 필요한 조치를 하고, 형사처분에 관한 특별 조치를 함으로써 소년이 건전하게 성장하도록 돕는 것"이다.(「소년법」 제1조) 이때 '소년'이란 19세 미만인 자를 말하고(「소년법」 제2조), 소년범죄란, 19세 미만 소년의 범죄행위를 일컫는다. 연령과 행위의 특성에 따라 소년을 구분하는데, 소년부 보호사건 대상이 되는 소년의 세 가지 유형은 다음과 같다.(「소년법」 제4조 1항)

① 죄를 범한 소년
② 형벌 법령에 저촉되는 행위를 한 10세 이상 14세 미만 소년
③ 아래에 해당하는 사유가 있고, 그의 성격이나 환경에 비추어 앞으로
   형벌 법령에 저촉되는 행위를 할 우려가 있는 10세 이상인 소년
  가. 집단적으로 몰려다니며 주위 사람들에게 불안감을 조성하는 성벽이 있는 것
  나. 정당한 이유 없이 가출하는 것
  다. 술을 마시고 소란을 피우거나 유해환경에 접하는 성벽이 있는 것

「소년법」은 다음과 같은 특징을 가지고 있다.(임동호 외, 2019)

• 보호주의: 소년의 건전한 육성을 기하기 위해 반사회성이 있는 소년에 대해 보호처분을 행하도록 함

• 교육주의: 소년법은 청소년을 단순한 범죄 행위자로 보기보다 환경과 발달특성에 의해 일탈 가능성이 있는 존재로 간주하기 때문에 처벌보다는 개인의 회복과 성장을 돕기 위한 보호처분중심의 조치가 우선 됨

• 인격주의: 소년의 과거 행위보다 현재 인격과 가능성에 주목하여, 내면의 범죄적 위험성을 제거하는 데 중점을 둠

• 예방주의: 범죄를 저지른 소년뿐 아니라 장래 범죄 가능성이 있는 소년도 보호 대상으로 하여, 재범 방지와 예방 중심의 교육적 조치를 추구함

2) 소년범의 유형 분류

소년범은 연령과 법적 책임 능력에 따라 다음과 같이 유형이 분류된다.

■ 소년법에서의 소년 분류

구분	범죄소년	촉법소년	우범소년
개념	죄를 범한 소년	형법 법령에 저촉되는 행위를 한 소년	형법 법령에 저촉되는 행위를 할 우려가 있는 소년
연령	만 14세~19세 미만	만 10세~14세 미만	만 10세~19세 미만
처벌	처벌됨(감경 적용)	처벌 대상 아님(보호처분 대상)	

「소년법」에 따라 소년보호사건은 촉법소년(10세 이상~14세 미만)을 대상으로 진행한다. 촉법소년은 법적으로 형사미성년자 신분으로 형사입건은 불가능하며, 고소가 성립하지 않으므로 경찰서장이 검찰을 경유하지 않고 직접 관할 소년부(가정법원)로 송치하게 된다. 반면, 소년형사사건은 범죄소년(14세 이상~19세 미만)이 저지른 사건을 대상으로 하며, 성인과 같은 형사절차를 거쳐 검찰에 송치한다. 다만, 경미한 사건의 경우 선도심사위원회에 회부하여 훈방, 즉결심판 청구가 가능하다.

■ 소년사건 종류에 따른 처리

구분	소년사건 종류	
	소년보호사건	소년형사사건
소년 기준	촉법소년	범죄소년
송치 기준	가정법원 송치	검찰 송치
처벌 기준	보호처분	형사처벌
법적 기준	소년법 제4조 제2항	소년법 제48조

소년보호처분은 법원 소년부 판사가 소년보호사건을 심리한 결과, 소년의 성행 및 환경개선을 위하여 국가가 적극적으로 보호할 필요가 있다고 인정될 때 내리는 처분으로, 형사처분과는 달리 소년의 장래에 부정적인 영향을 미치지 않는다.(법무부 범죄예방정책국, 2025)

즉, 소년보호사건에서 내려지는 보호처분은 소년의 특성과 상황을 다면적으로 고려하여 결정되며, 소년의 사회적 복귀와 재범 방지를 도모하기 위해 일반적으로 전과 기록이 남지 않는다. 그러나 소년원 송치와 같은 중대한 처분은 향후 소년의 장래에 심리적·사회적인 영향을 미칠 수 있으므로 유념해야 한다.

■ 소년보호사건 진행 절차[20]

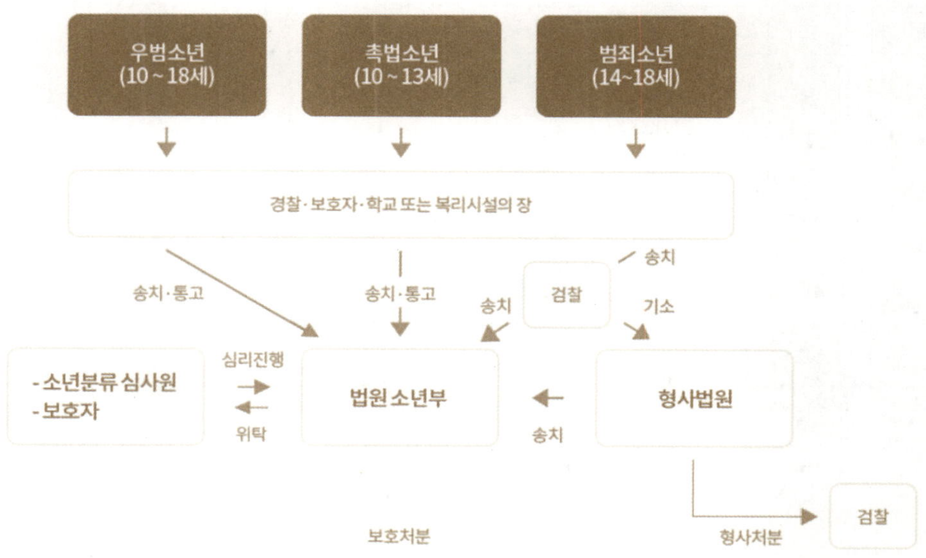

소년보호재판은 가정법원 소년부 또는 지방법원 소년부에서 진행되며, 조사 → 심리 → 처분 결정의 과정을 거친다. 소년부는 조사 또는 심리를 할 때에 정신건강의학과 의사·심리학자·사회사업가·교육자나 그 밖의 전문가의 진단, 소년분류심사원의 분류심사 결과와 의견, 보호관찰소의 조사결과와 의견 등을 고려해야 한다.(「소년법」 제12조) 이 과정에서 소년부 판사는 소년의 성격, 환경, 비행 경위, 재비행성 여부에 대한 의견 등을 종합적으로 검토하여 보호처분을 결정한다.

소년보호처분은 처벌이 아니라 소년을 보호하는 조치의 개념으로 소년의 비행 정도에 따라 1호부터 10호까지 구분되며, 사회 내 처분과 시설 내 처분으로 나눌 수 있다. 또한, 소년의 사정에 따라 두 가지 이상의 보호처분을 병과 할 수 있다.

---

20 출처: 법무부 범죄예방정책국 홈페이지

■ 소년보호처분의 종류

구분	호	내용	기간	나이
사회 내 처우	1호	보호자·보호자를 대신하여 소년을 보호할 수 있는 자에게 감호위탁	6개월 (1회 연장 가능)	10세 이상
	2호	수강명령	100시간 이내	12세 이상
	3호	사회봉사명령	200시간 이내	14세 이상
	4호	단기 보호관찰	1년	10세 이상
	5호	장기 보호관찰	2년 (1년 연장 가능)	10세 이상
시설 내 처우	6호	아동복지법상 아동보호시설이나 그 밖의 소년보호시설에 감호위탁	6개월 (1회 연장 가능)	10세 이상
	7호	병원, 요양소 등 의료재활소년원[21]에 위탁	6개월 (1회 연장 가능)	10세 이상
	8호	1개월 이내 소년원 송치	1개월 이내	10세 이상
	9호	단기 소년원 송치	6개월 이내	10세 이상
	10호	장기 소년원 송치	2년 이내	12세 이상

　　이와 같이 「소년법」은 처벌의 목적보다는 사회로의 복귀와 적응을 위한 개입을 우선시하며, 이러한 철학은 심리·정서적 개입, 교육 프로그램, 상담, 가족 지원 등의 구체화된 방식으로 소년의 재범 방지와 성장 촉진을 돕는다.

---

21 「보호소년 등의 처우에 관한 법률」 일부 개정: 법률 제17505호(2020.10.20.) 보호처분 7호 '소년의료보호 시설' → '의료재활소년원'으로 개정

비행 청소년 처벌의 철학적 기반

청소년 비행에 대한 사회적 대응은 단순한 처벌을 넘어서 다양한 철학적 기반 위에서 이루어진다. 처벌은 과거의 잘못에 대한 응징에 그치지 않고, 재범 방지, 사회적 안정, 교정과 회복이라는 더 넓은 목적을 포함한다. 소년사법에서도 이러한 다양한 처벌 철학이 반영되어 있으며, 이는 각각의 사법 결정과 개입 전략에 영향을 준다. (이윤호 외, 2023)

1) 응보(Retribution)

응보는 범죄에 대해 그에 상응하는 처벌을 가해야 한다는 가장 전통적인 형벌 철학으로, 과거의 잘못에 대한 도덕적 질서 회복과 정의 실현을 그 정당화 근거로 삼는다. 이러한 관점은 행위자의 과거 행위에 초점을 두고 형벌을 부과하지만, 청소년에게 그대로 적용될 경우 성장 가능성과 회복력 등 발달적 특성을 충분히 반영하지 못할 우려가 있어 보다 신중한 접근이 요구된다.

사례

17세의 민수는 폭행으로 동급생에게 심각한 상해를 입혔다. 피해자의 부모는 "의도적으로 사람을 다치게 한 만큼 반드시 벌을 받아야 한다."라고 주장하며, 엄중한 처벌을 요청했다. 재판부는 민수에게 형사처벌에 준하는 보호처분을 내림으로써 범죄의 무게에 비례한 응보적 처벌을 가했다.

2) 억제(Deterrence)

억제는 처벌을 통해 범죄 발생을 예방하고자 하는 관점으로, 그 정당성은 범죄 억제를 통한 사회적 예방에 둔다. 억제는 범죄자를 대상으로 한 개인적 억제(특별억제)와 사회 전반에 경고를 주는 일반적 억제(일반억제)로 나뉘며, 이는 처벌의 목적이 미래에 초점을 두고 있음을 의미한다. 소년사법에서도 일정 수준의 제재가 비행 예방에 기여할 수 있으나, 청소년은 아직 자기통제력과 미래 예측 능력이 충분히 발달하지 않은 시기이므로 억제

효과에는 한계가 존재한다.

13세의 지원은 연속적인 절도 행위를 반복하다 보호관찰 처분을 받았다. 보호처분 후에는 "또 잘못하면 더 심한 처벌을 받을 것 같아 무섭다."라며 행동을 자제하는 모습을 보였다.

3) 무능력화(Incapacitation)

무능력화는 범죄 가능성이 있는 사람을 사회로부터 격리함으로써 범행을 사전에 차단하거나 재범을 방지하고자 하는 미래지향적 관점에 기반한다. 소년원 송치(8호~10호 처분)와 같이 청소년의 이동과 선택의 자유를 제한하는 조치가 이에 해당되며, 이는 범행능력을 물리적으로 무력화하려는 목적을 가진다. 그러나 이러한 조치는 청소년의 사회화에 부정적인 영향을 줄 수 있고, 그 효과 또한 일시적일 수 있어 신중히 검토되어야 하며, 일반적으로는 최후의 수단으로 사용된다.

14세의 동현은 흉기를 소지한 채 또래를 위협한 혐의로 소년부에 송치되었다. 그는 과거에도 유사한 사건으로 보호처분을 받은 이력이 있어, 재범 위험이 높다고 판단한 판사는 10호 처분(소년원 송치)을 결정하였다. 이는 장기적 개입으로 격리 및 감시를 통해 잠재적 위험을 차단한 조치이다.

4) 교화개선(Rehabilitation)

교화개선은 청소년이 자신의 비행 원인을 인식하고 내면의 변화를 통해 사회의 건전한 구성원으로 성장할 수 있도록 돕는 것을 목표로 하는 처벌 철학이다. 이러한 접근은 단순한 제재가 아니라, 청소년을 다시 교육하여 사회에 복귀시키려는 미래지향적인 목적을 내포한다. 상담, 교육, 보호처분 등을 통해 실현되는 이와 같은 조치는 소년법의 핵심 이념으로 작용하며, 청소년의 미성숙성과 발달 가능성을 고려할 때 가장 중요한 형사정책적 접근 중 하나로 평가된다.

가정폭력과 학교 부적응으로 비행을 반복하던 은지는 보호관찰 기간 중 상담과 직업훈련 프로그램에 참여하였다. 이후 은지는 "내가 왜 그랬는지 알겠다. 나도 제대로 살고 싶다."라고 말하며 학업에 복귀했다.

5) 회복(Restoration)

회복의 철학은 범죄를 개인의 일탈로만 보지 않고, 법을 위반하게 된 배경에는 사회 전반의 구조적 책임이 있다는 점을 강조한다. 이는 공동체가 범죄 발생에 일정한 영향을 미쳤다는 인식에 기반하여, 지역사회 역시 회복 과정에 적극적으로 참여해야 함을 시사한다. 회복적 정의는 가해자, 피해자, 공동체 간의 갈등을 해소하고 관계를 회복하는 데 초점을 두며, 소년사건에서는 피해자와의 대화, 공동체 봉사, 책임 인정 활동 등을 통해 실현될 수 있다. 이러한 접근은 단순한 처벌을 넘어 청소년이 자신의 행동에 대한 책임을 인식하고, 피해자와 공동체 모두가 회복될 수 있는 기회를 제공한다는 점에서 점차 확대되는 추세이다.

학교에서 물건을 훔친 재현은 피해 학생과 대화의 기회를 가졌다. 재현은 자신의 행동으로 상처받은 친구의 이야기를 직접 들으며 사과했고, 피해 학생은 그 진심을 받아들였다. 이후 재현은 자발적으로 봉사활동에 참여하며 책임을 다하려 했다. 담임선생님은 이러한 재현과 피해 학생 간의 관계를 원만하게 만들기 위해 조력하고 있다.

청소년 비행에 대한 처벌은 단순한 응징에 그치는 것이 아니라, 다양한 처벌 철학을 바탕으로 다층적인 접근이 이루어져야 한다. 응보, 억제, 무능력화, 교화개선, 회복의 각 관점은 청소년의 발달적 특성과 사회적 책임을 균형 있게 고려하는 데 기여한다. 특히 최근의 소년사법은 단기적인 제재보다 청소년의 장기적인 사회복귀와 책임 있는 성장을 중심에 두고 있으며, 그에 따라 회복적 정의와 교화 중심의 개입이 점차 강조되고 있다.

이러한 철학적 토대는 이후 살펴볼 소년사법제도의 변화와 실천 전략을 이해하는 데 중요한 기초가 된다.

3 / 소년사법제도의 변화

소년사법제도는 시대적 요구와 사회의 가치 변화에 따라 그 목적과 대응 방식이 변화해 왔다. 전통적인 처벌 중심의 관점에서 벗어나 청소년의 권리 보호와 회복적 정의를 강조하는 방향으로 나아가고 있다. 소년사법제도의 대표적인 변화 흐름으로는 적법절차 보장, 강경대응주의의 등장, 공중보건 모형의 도입 등이 있다.

1) 적법절차(Due Process Model)

예전에는 소년사법제도가 청소년의 복지·보호를 명분으로, 절차적 권리를 거의 보장하지 않은 상태였다. 즉, 청소년을 보호한다는 명목하에 오히려 청소년의 자유권이 침해되었다. 1967년 미국의 Gault(골트) 사건을 계기로, 청소년에게도 변호인 조력권, 자기변호권, 증거 제시 및 대질신문권 등 헌법적 권리를 보장해야 한다는 판례가 마련되었다.

> **판례**
>
> 골트(Gault)는 당시 15세로, 이웃 여성에게 외설적인 전화를 걸었다는 혐의로 체포됨. 체포 당시 부모에게 통보되지 않았고, 공식기소 없이 보호처분절차가 진행되었음. 변호인도 없고, 증인도 출석하지 않았음. 성인이면 가벼운 처벌에 그쳤을 사안이지만, 골트는 최대 6년간 소년원에 수감될 처지였음. 미국연방대법원(1967)은 소년보호사건이라 하더라도 청소년은 적법절차 보장 등의 기본권을 보장받아야 한다며 골트의 처분을 위헌으로 판결함. 이는 미국의 소년사법제도를 근본적으로 재편한 획기적인 대법원 판례임.[22]

---

22 출처: EBSCO, n.d

적법절차의 개념은 청소년이라 하더라도 법적 절차에서 성인과 동일한 기본적인 인권과 법적 보호를 보장받아야 함을 강조하는 입장이다. 소년보호사건에서 적법절차는 변호인의 참여가 보장되며, 판결 이유가 명확히 고지되는 등 형사사법 절차에 준하는 처리를 보장해 주는 것이다. 이는 청소년의 인권 보장과 공정한 절차 실현을 위한 기본 전제라 할 수 있다.

2) 강경 대응(Get-Tough Approach)

1990년대 후반부터 청소년의 비행이 흉포화·집단화되고, 언론을 통한 사건 보도가 과장되면서, 청소년 비행에 대한 사회적 불안감이 급증하였다. 이에 따라 소년범에 대한 관대한 처벌보다는 엄격하고 강경한 대응으로 전환하자는 목소리가 커졌다. 이러한 흐름은 미국, 영국 등 여러 국가에서 공통적으로 나타났으며, 한국 역시 이에 영향을 받아 소년범죄에 대한 강력한 제재 조치를 강화하려는 움직임이 나타나고 있다. 처벌 강화의 대표적인 예가 형사처벌 연령을 낮추자는 즉, 촉법소년의 연령을 14세에서 13세로 하향하자는 사회적 논의가 대두된 것이다.(법무부, 2022; 법제처, 2022) 이는 소년범죄가 증가함에 따라 보도가 확대되었고, 처벌을 요구하는 여론도 확산되면서 정치권과 정부의 강경 정책을 촉진하게 되었다. 강경 대응은 일정 시기의 사회적 요구를 반영한 결과이지만, 청소년의 성장 가능성과 재사회화를 고려한 균형 있는 접근이 필요하다. 따라서, 예방 중심의 개입과 회복적 정의와 같은 대안적 접근을 함께 모색해야 한다.

3) 공중보건 모형(Public Health Model)

공중보건 모형은 청소년 비행을 단순한 개인의 도덕적 일탈이나 처벌 대상으로 보지 않고, 복합적인 사회·심리·환경적 요인의 결과로 이해한다. 즉, 범죄를 질병처럼 보는 접근으로 범죄의 조기 진단, 예방, 치료, 재발 방지를 목표로 한다. 따라서, 공중보건 모형은 3단계 예방구조를 지닌다.

- **1차 예방**: 학교폭력예방교육, 마약류 예방교육, 청소년 보호 캠페인, 부모교육 프로그램 제공, 지역사회 안전망 구축과 같이 범죄 발생 이전에 위험 요인을 제거하는 '사전 예방'에 초점을 둠
- **2차 예방**: 정서·행동의 문제가 있는 고위험군 학생을 선별하거나, 고위험군 청소년 위기개입, 가정 밖 청소년 발굴을 위한 아웃리치 활동과 같이 위기 청소년을 조기에 발견하여 개입하는 '조기 발견'에 초점을 둠
- **3차 예방**: 이미 비행을 저지른 청소년에 대한 상담·치료 및 회복, 보호관찰, 직업 훈련, 사회복귀 프로그램과 같이 '재범 방지'에 초점을 둠

따라서, 교육, 복지, 보호, 사법, 지역사회 등의 다기관·다영역의 협력 체계가 필요하며, 특히 최근에는 청소년의 정신건강, 성, 약물 사용, 빈곤, 학교 적응 문제 등을 함께 다루는 다학제적 접근이 강조된다.

소년사법제도는 보호 중심에서 절차적 권리 보장, 처벌 강화, 그리고 다학제적 예방 중심 모델로 변화해 왔다. 이는 단순한 처벌이 아닌 청소년의 권리 보장과 회복을 중심으로 한 통합적 대응 체계가 점점 중요해지고 있음을 시사한다.

4 / 소년사법 전략

소년사법은 청소년의 특성과 사회 변화에 맞추어 연계적이고 통합적인 대응 전략을 요구한다. 단순한 처벌이나 보호에 그치지 않고, 예방부터 개입, 처분 이후의 사회 복귀에 이르기까지 전 과정에서 효과적인 전략이 적용되어야 한다. 최근에는 회복적 정의와 공공보건적 접근을 포함한 통합적 전략이 강조되며, 다음과 같은 네 가지 범주로 정리할 수 있다.

1) 예방과 개입(Prevention & Intervention)

소년범죄를 줄이기 위해서는 비행 이전 단계의 조기 개입과 위험요인의 감소, 보호요인의 강화가 핵심이다. 위험요인이란, 청소년이 비행이나 범죄를 저지를 가능성을 높이는 개인적·환경적 요소를 의미한다. 반면, 보호요인은 청소년이 비행에 빠지지 않고 긍정적으로 성장하도록 도와주는 보호적 환경과 심리적 자원을 말한다. 보호요인이 충분할수록 위험요인의 영향을 완화시킬 수 있다. 따라서 소년사법 전략에서는 단순히 위험요인을 억제하는 데 그치지 않고, 청소년의 보호요인을 적극적으로 강화함으로써 회복적이고 예방적인 환경을 조성하는 것이 핵심이 된다.

■ 예방 및 개입 전략을 위한 주요 위험요인과 보호요인

구분	요인	
	위험 요인	보호 요인
개인	충동성, 낮은 자기통제력	자기이해, 감정 및 통제조절 능력
가정	방임, 학대, 부모의 범죄경력	안정된 가족관계, 부모 지지
학교	학교 부적응, 낮은 학업성취	교사와의 신뢰, 학교 소속감
또래	비행 또래와의 관계	긍정적인 또래관계
지역사회	유해환경, 빈약한 지역자원	이용가능한 지역사회 안전망

소년범죄의 예방과 재범방지라는 소년보호주의를 달성하기 위해서는 소년범죄에 대한 신속한 개입과 관리, 효율적인 운영을 위한 제도개선 외에 궁극적으로는 교육과 복지의 확대, 지역사회 연계라는 범정부적인 노력이 수반되어야 한다.(국회입법조사처, 2021) 따라서, 청소년 비행의 예방과 개입에 있어서 청소년의 심리·정서적 문제, 가정환경, 지역사회 자원과의 연결 등 다층적인 요인의 접근이 필요하다.

2) 점진적 제재(Graduated Sanctions)

1980년대 소년범죄의 규모가 확대되고 보다 심각해지면서 소년사법의 업무 과중과 수용 경비의 과중으로 인한 부담과 결부되어 하나의 대안적인 제재로 발전하게 된 이념이다. 소년사법에서 점진적 제재는 비행의 심각성과 재범 위험 수준에 따라 개입 강도를 점진적으로 조절하는 것이다. 행위의 수준과 청소년의 특성, 개입의 효과성 등을 종합적으로 고려하여 경미한 비행에는 최소한의 개입으로, 비행 수준이 높거나 재범의 위험이 있는 경우에는 보다 강력한 조치로 단계적으로 대응하는 방식이다. 점진적 제재의 예시로 소년보호처분 1호에서 10호까지의 부과를 들 수 있는데, 보호자의 감호나 사회봉사 등의 가벼운 조치로 시작해 보호처분의 호수가 높아질수록 시설에 수용되는 강력한 제재를 부과한다고 볼 수 있다.

3) 시설수용(Institutional Placement)

소년사법에서 시설수용은 청소년의 비행 정도가 심각하거나, 재범 방지와 교정이 어렵다고 판단되는 경우에 한하여 최후의 수단으로 활용된다. 즉, 소년은 일정 기간 통제된 환경에서 치료·교육·교정을 병행할 수 있는 시설에 수용된다. 시설수용은 소년의 비행과 환경을 종합적으로 고려하여 선택되어야 하며, 처벌보다 회복과 사회복귀에 초점을 맞춘 보호적 처우로 이해되어야 한다. 수용기간 동안 청소년이 자신을 성찰하고 변화할 수 있는 계기를 마련할 수 있도록 돕는 것이 시설수용의 궁극적인 목적이다.

소년원과 소년교도소는 모두 청소년 범죄자를 수용하는 곳이지만, 주요 목적과 수용 대상에서 차이가 있다. 소년원은 교육과 교화를 목적으로 하는 보호처분 시설로 비행 청소년의 재비행을 방지하고 사회 적응을 돕기 위한 시설이다. 반면, 소년교도소는 형벌을 집행하는 시설로 형사처벌을 받은 청소년에게 교정 및 교육을 제공한다. 또한, 소년법상 6호 처분은 아동보호시설 또는 소년보호시설의 감호위탁으로 가정의 보호력이 부족하고, 사회 적응 능력이 부족한 소년에게 처분한다. 7호 처분은 의료재활소년원의 위탁으로 정신질환, 약물 남용 등 의학적 치료와 요양이 필요한 경우에 처분한다.

4) 대안제도(Alternative Sanctions)

최근에는 소년사법에서 형사처벌이나 장기 시설수용 대신, 회복적이고 교육적인 방식의 대안제도를 통해 소년범죄에 대응하려는 시도가 확산되고 있다. 대안제도란 형사사법절차 또는 보호처분 대신, 청소년의 회복 가능성과 사회복귀를 중심에 두고 지역사회 내에서 문제해결과 성장을 유도하는 개입 방식을 말한다. 기존의 소년사법이 지니고 있는 문제점 즉, 소년사법체계와 연령범주의 문제, 처우의 적절성 부족 및 재범률 증가 문제, 낙인효과 문제, 사회 재통합 노력의 한계, 아동·청소년 범죄피해자에 대한 관심과 인식의 부족 문제 등(김은경, 2007)을 극복하고자, 소년사법의 새로운 대안으로 회복적 사법(Restorative Justice)이 도입되었다. 사회통제시스템은 아래의 그림과 같이 분류가 가능하다.

■ **사회통제시스템의 비교**[23]

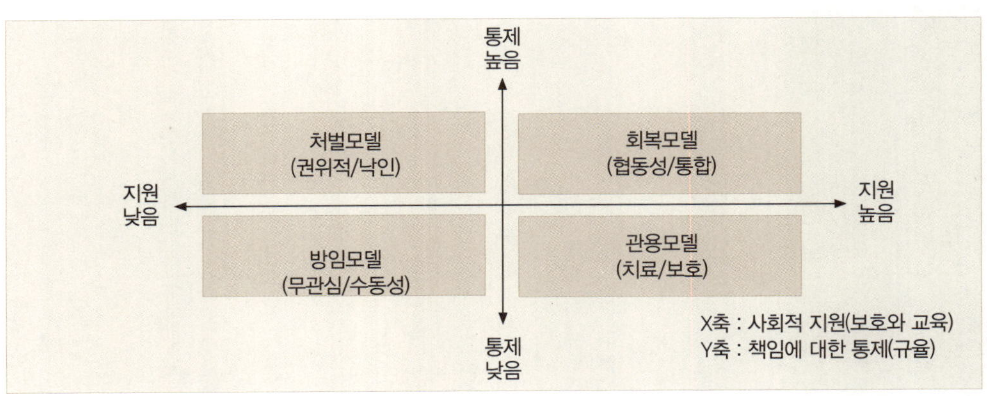

---

23 출처: 김은경(2007). 21세기 소년사법 개혁과 회복적 사법의 가치. 형사정책연구, 18(3), 1159-1188.

- **처벌 모델**: 범죄자의 책임을 강조하고 통제가 이루어지지만, 보호와 지원의 수준은 낮아 부정적인 낙인효과를 수반함
- **방임 모델**: 책임에 대한 규율과 보호 및 지원이 모두 낮은 수준에 머무름
- **관용 모델**: 보호와 지원에 초점을 두고 선도나 교육적 접근을 강조하지만, 범죄자의 책임에 대한 규율과 통제는 낮음
- **회복 모델**: 범죄자가 자신의 책임을 자각하도록 유도하고 보호와 지원의 측면에서도 높은 관심을 내포하는 접근법으로 회복적 사법과 연결됨

회복적 사법이란, 범죄로 인해 영향을 받은 사람들이 함께 모여 범죄로 인해 야기된 피해와 손상을 회복할 수 있는 방법에 대한 합의를 도출하는 과정으로, 범죄로 파괴된 피해자와 범죄자, 지역공동체 간에 관계를 복원하는 것을 의미한다. 이에 회복적 사법은 범죄로 인한 피해의 회복, 자발적이고 능동적인 참여와 화해, 지역사회의 주도적인 역할을 강조한다.(이순래, 2007)

이윤호와 김지연(2006)은 회복적 사법의 유형 4가지를 다음과 같이 설명했다.

피해자-가해자 중재(Victim-Offender Mediation)

안전하고 구조화된 환경에서 가해자를 만나서 범죄에 대한 중재된 논의에 참여할 기회를 피해자에게 제공하게 되는데, 이때 훈련된 중재자의 도움으로 피해자는 가해자에게 범죄로 인한 신체적, 감정적, 재정적 손실이나 손상에 대하여 언급하게 되고, 범죄에 대하여 질문하고 답변을 듣게 된다.

가족집단회합(Family Group Conferencing)

소년사법에서 가족집단회합에는 가해자와 피해자 및 가족, 지지자와 경찰관, 회합 절차를 중재하는 중재자로 구성되며, 범죄를 효율적으로 다룰 수 있는 방안과 계획을 형성하는데 중점을 둔다. 또한, 가해자로 하여금 책임감을 가지도록 하고, 지역사회나 피해자에게 입힌 손해에 대해 배상하도록 하며, 재범가능성을 최소화함으로써 지역사회의 안전을 회복시키는데 의의가 있다.

써클양형(Circle Sentencing)

써클에는 범죄 피해자 및 가해자, 그들의 가족과 사법기관 및 사회봉사기관의 종사자, 지역의 인사들이 모여 사건을 이해하기 위해 함께 대화를 나누게 되며, 이들은 범죄로 피해를 입은 당사자를 치료하고 향후 범죄를 예방하는데 필요한 사항을 파악한다.

점진적 제재(Graduated Sanctions)

경미한 범죄에서 중대한 범죄에 이르는 모든 범죄에 있어 소년범죄자로 하여금 스스로의 행동에 대한 책임을 묻는 한편 공공의 안전을 도모하려는 의도에서 출발한다. 특히 초범에 대해서는 신속하고 확실한 처벌이 가해지며, 지속적인 범행에 대해서는 점진적으로 보다 더 엄한 처벌이 가해지게 되는 것이다.

소년사법의 대안적 실천으로 우리나라는 2022년에 법무부가 회복적 사법지원센터를 개소하여, 현재 소년보호관찰 선도위탁 회복적 이음프로그램, 폭력사범대상 소년수강명령 프로그램, 소년보호기관 회복적 서클프로그램 등을 진행하고 있다.(법무부 범죄예방정책국, 2022)

소년사법에서는 형사처벌이나 시설수용 외에도 다양한 교정적 처분 제도를 마련하여 청소년이 자신의 행동을 반성하고, 공동체에 기여할 수 있도록 돕고 있다.

1) 전환제도(Diversion)

소년범죄자의 경우 형사사법절차가 장기화됨에 따라 낙인이 심화된다. 낙인이론가들은 사법기관의 개입을 최소화함으로써 낙인과 재범률을 줄이기 위한 방안으로 비범죄화, 대체처분, 다이버전의 정책을 제시하였다.(이윤호, 김지연, 2006) 이 중 전환제도는 소년범죄가 형사처벌로 직접 이어지지 않도록 상담, 교육, 사회봉사 등 비형사적 처우로 전환하는 제도를 말한다. 초범이거나 경미한 비행을 저지른 청소년의 낙인효과를 줄이고, 조기교정과 회복을 도모하는 데 초점이 있다. 주요 방식으로 조건부 기소유예, 선도조건부 훈방, 소년부 송치 전 선도교육 등 형사절차를 거치지 않고도 교정과 교육을 통해 문제행동을 개선할 기회를 제공한다.

2) 보호관찰(Probation)

보호관찰은 처분을 받은 소년이 사회 내에서 일정한 지도와 감독을 받으며 생활하는 제도이다. 다시 말해, 법원이 처분할 수 있는 강제력이 최소한인 교정 대안으로서, 비행 청소년이 지역사회와 부모에게로 되돌려 보내져서 정해진 기간 동안 일련의 규율이나 조건을 지키도록 하는 것이다. '학교에 다니고, 음주나 약물을 해서는 안 되며, 통금을 지켜야 한다.'는 등의 보호관찰 대상 소년들에게 맞는 일련의 감시 감독과 보호지원을 받는 조건으로 비행소년을 시설에 수용하지 않고 선고나 집행을 유예하거나 가석방을 시키는 것이다.(이윤호, 이승욱, 2023) 소년사법의 보호처분 4호(단기), 5호(장기)에 적용되며, 수강명령이나 사회봉사명령과 병합되기도 한다. 보호관찰은 격리 없이 소년이 학교생활 및 가정 복귀 등의 일상생활을 유지하면서 변화 가능성을 모색할 수 있고, 낙인의 영향을 최소화한다는 점에서 의의가 있다.

3) 배상명령(Restitution Order)

배상명령 제도는 소년범이 저지른 범죄로 인해 발생한 피해에 대해 민사소송 없이 형사절차 내에서 피해자에게 손해배상을 명령할 수 있는 제도이다. 손해배상에는 범죄로 인한 직접적인 물적 피해, 치료비, 위자료 등이 포함되며, 주로 절도, 재물손괴, 폭력 등 손해가 명확한 사건에서 활용된다.

소년사법에서 금전적 배상은 결국 비행소년이 아니라 그 부모의 능력으로 이루어지는 것이고 따라서 오히려 의존성을 높이며 소년보호처분의 억제효과를 낮춘다는 비판이 있다.(이윤호, 이승욱, 2023) 그러나 배상명령은 피해자의 피해회복을 신속하게 지원하고, 소송절차의 복잡성을 줄여 피해자의 부담을 덜어주기 위한 목적으로 진행되며, 피해자의 권리보호를 강화하고, 가해자의 책임을 인식하도록 유도하는 효과를 지닌다.

4) 중간제재(Intermediate Sanctions)

중간제재는 시설수용이나 형사처벌 이전 단계에서 활용할 수 있는 비수용형 처우 방식으로, 처벌과 보호의 중간 지점에서 이루어지는 대안적 개입이다. 이러한 처우는 소년사범에 대한 강력처벌, 엄중한 구금시설 수용을 통해 행동의 교정, 재범 억제를 이루려는 노력이 아닌, 맞춤형 개별처우, 다양한 프로그램 제공, 사회와의 소통과 연결 강화를 통해 소년사범의 교정·교화를 목표로 한다.(이승현, 박선영, 2017)

우리나라의 경우는 보호처분 1호(보호자 감호위탁)를 받은 청소년을 위한 사법형 그룹홈인 청소년회복지원시설과 6호 처분인 아동복지시설이 소년사범을 위한 중간처우 시설이라고 할 수 있다. 중간처우 시설은 주로 민간단체, 사회복지단체, 교육단체 등이 운영하고 있어 다양한 처우, 개별화된 처우, 맞춤형 처우, 교육 처우 등이 가능하다는 장점이 있다.(박선영, 2018)

청소년회복지원시설의 주요 기능은 위탁 청소년 보호 및 생활 지원, 사회서비스 지원이며, 2024년 12월 기준으로 전국 18개소가 있다.(여성가족부 홈페이지) 6호 처분 시설은 전국에 13곳이 운영되고 있다.

6 학교폭력 관련 현행법과 제도

학교폭력은 단순한 또래 간 갈등을 넘어서, 심각한 인권 침해이자 범죄로 인식되고 있다. 특히 최근에는 사이버 공간에서의 폭력, 딥페이크 등 디지털 기반 2차 가해, 단톡방 따돌림 등이 증가하면서 법과 제도도 이에 맞춰 지속적으로 개정되고 있다.

1) 학교폭력예방 및 대책에 관한 법률(약칭: 학교폭력예방법)

「학교폭력예방 및 대책에 관한 법률」은 학교폭력의 예방과 대책에 필요한 사항을 규정함으로써 피해 학생의 보호, 가해 학생의 선도·교육 및 피해 학생과 가해 학생 간의 분쟁 조정을 통하여 학생의 인권을 보호하고 학생을 건전한 사회구성원으로 육성함을 목적으로 한다.(「학교폭력예방 및 대책에 관한 법률」 제1조)

'학교폭력'이란 학교 내외에서 학생을 대상으로 발생한 상해, 폭행, 감금, 협박, 약취·유인, 명예훼손·모욕, 공갈, 강요·강제적인 심부름 및 성폭력, 따돌림, 사이버 폭력 등에 의하여 신체·정신 또는 재산상의 피해를 수반하는 행위를 말한다. 특히, 사이버 폭력이란 정보통신망을 이용하여 학생을 대상으로 발생한 따돌림, 딥페이크[24] 영상 등을 제작·반포하는 행위 및 그밖에 신체·정신 또는 재산상의 피해를 수반하는 행위를 말한다.(「학교폭력예방 및 대책에 관한 법률」 제2조)

---

24 딥페이크: 인공지능 기술 등을 이용하여 학생의 얼굴·신체 또는 음성을 대상으로 성적 욕망 또는 불쾌감을 유발할 수 있는 형태로 편집·합성·가공한 촬영물·영상물 또는 음성물을 말함. 최근 법률이 개정되어 딥페이크의 생성 및 유포도 학교폭력으로 명시하였으며, 개정된 법률은 2025년 8월 01일부터 시행됨.

학교폭력이 발생했을 경우, 「학교폭력예방 및 대책에 관한 법률」에 따라 학교의 장은 피해 학생을 보호하고, 가해 학생에 대해 조치를 취할 수 있다. 뿐만 아니라 사이버 폭력의 피해자도 지원할 수 있는데, 개정된 법률에 따르면 국가는 사이버 폭력에 해당하는 촬영물, 영상물, 음성물, 복제물, 편집물, 합성물, 가공물, 개인정보, 허위 사실 등이 정보통신망에 유포되어 피해를 입은 학생에 대하여 촬영물 등의 삭제를 위한 지원을 할 수 있다.(「학교폭력예방 및 대책에 관한 법률」 제16조: 시행일 2025년 8월 01일)

피해 학생의 보호 및 가해 학생에 대한 조치

피해 학생 조치	가해 학생 조치
1호) 학내외 전문가에 의한 심리 상담 및 조언	1호) 피해 학생에 대한 서면사과
2호) 일시보호	2호) 피해 학생 및 신고·고발 학생에 대한 접촉, 협박 및 보복 행위의 금지
3호) 치료 및 치료를 위한 요양	3호) 학교에서의 봉사
4호) 학급교체	4호) 사회봉사
5호) 삭제	5호) 학내외 전문가, 교육감이 정한 기관 에 의한 특별교육이수 또는 심리치료
6호) 그 밖에 피해 학생의 보호를 위하여 필요한 조치	6호) 출석정지
	7호) 학급교체
	8호) 전학
	9호) 퇴학 처분

2) 학교폭력 관련 법률의 적용

학교폭력은 「학교폭력예방 및 대책에 관한 법률」에 따라 학교 차원의 징계 및 예방 조치를 받을 수 있지만, 사안이 중대할 경우에는 일반 형사법령으로도 처벌이 가능하다.

- 형법: 모욕죄, 협박죄, 강요죄, 명예훼손죄, 상해죄 등
- 성폭력 처벌법: 디지털 성범죄(불법 촬영물, 딥페이크 포함), 성적 괴롭힘 등
- 정보통신망 이용촉진 및 정보보호 등에 관한 법률: 사이버 명예훼손, 사이버 모욕, 불법 촬영물 유포 및 협박·강요 등

사례	고등 1학년 지훈은 친구 서희와의 갈등 후, 딥페이크 기술로 서희의 얼굴을 음란물에 합성하여 단체 채팅방에 유포함. 사진은 친구들 사이에서 빠르게 퍼졌고, 서희는 심각한 수치심과 불안으로 등교 거부 상태가 됨.
적용 법령	– 학교폭력예방법: 학교폭력으로서 심의위원회 개최, 가해 학생 징계 가능 – 성폭력처벌법: 딥페이크 음란물 제작·유포는 디지털 성범죄 – 정보통신망법: 불법 촬영물 유포, 사이버 명예훼손, 협박 – 형법: 모욕죄, 명예훼손죄, 협박죄 등

학교폭력예방법은 학교 차원의 징계·예방 조치를 규정하는 법이지만, 중대한 사이버 폭력 또는 디지털 성범죄 등은 형법, 성폭력처벌법, 정보통신망법의 적용 대상이 될 수 있다는 점을 명확히 인식하고 교육해야 한다.

3) 제도적 대응 체계

학교폭력에 효과적으로 대응하기 위해서는 법적 제재만으로는 한계가 있다. 피해자의 보호와 회복, 가해자의 교정과 재발 방지를 위해서는 제도적 지원 체계와 전문 기관의 개입이 병행되어야 한다. 이에 제도적으로 학교폭력에 대응하기 위해 다양한 상담·신고·중재 기관과 프로그램을 운영하고 있으며, 이를 통해 학생들이 위기 상황에서 도움을 받을 수 있도록 하고 있다.

(1) 학교폭력제로센터

학교폭력제로센터는 「학교폭력 근절 종합대책(2023.4.)」에 따라 학교폭력 사안 조사, 피해 학생 심리 상담 및 치료, 피해·가해 학생 관계 개선, 피해 학생 법률서비스 등을 통합·지원하기 위해 마련되었으며, 다음과 같이 운영한다.

- **학교폭력 전담조사관 운영**(2024년 3월 시행): 교원·경찰·청소년 전문가 출신 등의 전문가를 위촉. 학교폭력이 신고·접수되면 직접 학교에 방문하여 해당 사안을 조사하도록 함
- **피해 학생 전담 지원단**: 퇴직 교원·경찰 및 심리 상담가 등으로 구성. 피해 학생과 일대일로 상담하여 실질적으로 필요한 부분을 확인한 후 전문기관과 함께 연계·지원함
- **학교폭력 관계개선 지원단**: 교육전문가, 상담·복지 전문가, 화해·분쟁조정 전문가 등으로 구성. 피해 학생과 가해 학생 모두에게 관계 개선 프로그램을 제공하여 양측 관계를 회복시키고, 심리·정서적 안정 및 학교와 일상생활, 또래관계 등의 안정적인 적응과 신속한 복귀, 회복을 조력함

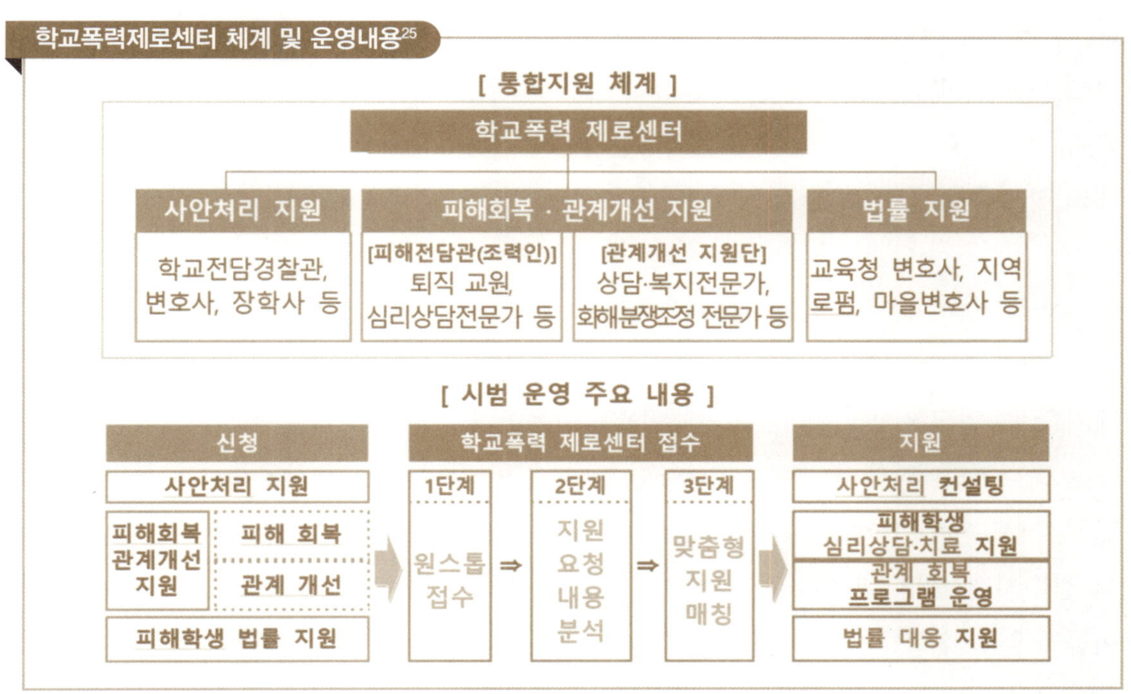

---

25 출처: 교육부(2023.07.23.) 보도자료

(2) 117 학교폭력 신고센터

117 학교폭력 신고센터는 피해 학생, 교사, 학부모, 목격자 누구나 학교폭력 피해 발생 시 긴급하게 신고하고 상담, 지원을 받을 수 있는 곳이다. 전국 어디서나 국번 없이 117번으로 전화하여 학교폭력 관련 상담 및 신고를 할 수 있으며, 경찰청·여성가족부·교육부 합동으로 운영되기 때문에 전문적인 지원을 받을 수 있다. 117 학교폭력 신고센터는 24시간 상주하는 상담원이 전화(117), 홈페이지 게시판 및 실시간 1:1 상담, 문자(#0117), 앱(117 Chat)을 통해 직접 관리하며, 위급 상황 발생 시 즉각 112와 연계해 출동하여 피해자에게 상담·치료·보호조치 제공을 지원한다.

(3) 학교전담경찰관(School Police Officer: SPO)

국가는 학교폭력예방 및 근절을 위하여 학교폭력 업무 등을 전담하는 경찰관을 둘 수 있다.(「학교폭력예방 및 대책에 관한 법률」 제20조) 학교전담경찰관은 학교폭력 예방(정기적인 학교폭력 예방교육 및 캠페인, 법 교육 시행 등), 피해자 보호·가해자 선도·정서 지원(피해 학생 심리 및 법률지원, 가해 학생에 대한 상담 및 징계 후속 지도역할 수행), 정보수집 및 대응 체계 구축(학교폭력 관련 정보수집, 학교전담조사관 등과 협업하여 조기 개입 지원)을 위해 학교에 파견되는 경찰관을 말한다. 2012년 6월 학교전담경찰관(SPO) 제도를 도입하고 당시 193명으로 시작한 학교전담경찰관은 2025년 기준 1,127명으로 1인당 평균 10.7개의 학교를 담당하고 있다.(청소년유스폴넷 홈페이지)

(4) 국민신문고(www.epeople.go.kr)

국민신문고는 학교폭력을 포함한 다양한 교육·사회문제에 대해 국민이 직접 민원을 제기할 수 있도록 마련된 정부통합 민원플랫폼이다. 이 시스템은 학교폭력 전담 신고기구는 아니지만, 피해 학생이나 학부모, 교사, 일반 국민 누구나 학교폭력과 관련된 고충 민원, 제도 개선 요청, 정책 건의 등을 자유 양식으로 제출할 수 있도록 지원한다. 민원이 접수되면 해당 내용이 관계기관(교육청, 경찰청 등)으로 이송되어 검토·처리가 이루어진다. 비공개 익명 신고도 가능하여 신고자의 신원이 보호된다. 민원에 대한 처리 결과는 국민신문고 시스템을 통해 확인할 수 있으며, 이를 통해 국민은 교육행정에 대한 정책적 참여와 피드백의 기회를 가질 수 있다.

4) PROTECT 중재 프로그램

PROTECT 중재 프로그램은 학교폭력 상황에서 피해자와 가해자 사이의 갈등을 해결하고, 관계를 회복하며, 학교 공동체의 신뢰를 회복하는 것을 목표로 하는 회복적 정의(restorative justice) 기반의 중재모델이라 할 수 있다. 이 프로그램은 「학교폭력예방 및 대책에 관한 법률」 제1조에 명시된 '피해자 보호, 가해자 교육, 피해자·가해자 간의 조정'을 실제 현장에 적용한 접근으로 회복 중심의 개입에 초점을 둔다. 이 프로그램은 학교폭력 사건 발생 직후 갈등 조정을 위한 구조화된 개입 방식이며, 6단계의 흐름으로 구성되었다.

Preparation(준비) → Respect(존중) → Ownership(책임 인식) → Talk(대화) → Empathy(공감) → Community Trust(공동체 신뢰 형성)

프로그램의 특징은 갈등의 평화적 해결을 지향하며, 폭력의 근본 원인을 이해하고 재발을 방지하는 구조이다. 또한 가해자에게는 자기 성찰과 책임 이행의 기회를, 피해자에게는 정서적 회복과 존중의 경험을 제공하며, 학교 공동체는 신뢰와 안전을 회복하여 통합을 경험하게 된다. 학교전담경찰관(SPO), 교사, 상담교사 등이 중재자로 참여하며, 또래 조정이나 학교 차원의 회복적 활동과 연계할 수 있다.

학교폭력은 학교 내부만의 문제가 아닌, 아동·청소년의 인권과 안전에 직결된 사회적 이슈로서 법적·제도적 대응이 지속적으로 발전하고 있다. 예방과 처벌을 넘어, 피해자 보호와 가해자 교정, 공동체 회복을 아우르는 통합적 대응이 강조되고 있으며, 이는 학생들이 보다 안전한 환경에서 성장할 수 있도록 돕는 기반이 된다.

청소년이 성폭력의 피해자 혹은 가해자가 되는 사건은 점차 다양해지고 있으며, 그 대응을 위한 법적 장치는 계속해서 정비되고 있다. 특히 아동·청소년은 발달상 미성숙성과 보호의 필요성이 높기에 일반 성폭력 범죄와 구분하여 별도의 법률 적용이 이루어지고 있다.

1) 「아동·청소년의 성보호에 관한 법률」(약칭: 아청법)

「아동·청소년의 성보호에 관한 법률」은 19세 미만 아동·청소년을 성범죄로부터 보호하기 위한 특별법으로, 청소년 대상 성범죄에 가장 강력한 처벌 규정을 두고 있다. 이 법의 목적은 아동·청소년 대상 성범죄의 처벌과 절차에 관한 특례를 규정하고 피해 아동·청소년을 위한 구제 및 지원 절차를 마련하며 아동·청소년 대상 성범죄자를 체계적으로 관리함으로써 아동·청소년을 성범죄로부터 보호하고 아동·청소년이 건강한 사회구성원으로 성장할 수 있도록 함을 목적으로 한다. (「아동·청소년의 성보호에 관한 법률」 제1조)

「아동·청소년의 성보호에 관한 법률」에서 최근 개정된 주요 내용은 다음과 같다.

• **아동·청소년 성 착취물**(2020년 개정): 2019년 N번방 사건 이후로 2020년 개정안에는 아동·청소년을 대상으로 하는 음란물은 '성 착취·성학대'를 의미하는 '성 착취물'이라는 것을 명확히 하며, 아동·청소년 성 착취물 관련 범죄에 대한 처벌을 강화하였다.

• **디지털 성범죄 수사특례**(2025년 개정): 아동·청소년의 디지털 성범죄에 있어 사법경찰이 신분을 비공개 혹은 신분을 위장하고 범죄 현장 또는 범인으로 추정되는 자들에게 접근하여 범죄행위의 증거 및 자료 등을 수집·수사할 수 있다.

「아동·청소년의 성보호에 관한 법률」은 성폭력 피해를 입은 아동·청소년을 적극적으로 보호하고 지원해야 할 대상으로 규정한다. 이에 피해자의 심리적 회복, 법률적 조력, 사회복귀를 위한 제도가 마련되어 있다.

기관	역할
수사 및 재판과정	진술 및 조사과정에서 영상물 촬영 및 녹화, 증거보전의 특례, 신뢰 관계에 있는 사람의 동석, 서류·증거물의 열람 및 등사, 비밀누설 금지, 피해 아동·청소년 등에 대한 변호사 선임의 특례
해바라기센터	상담, 의료, 법률, 수사지원 등을 원스톱으로 제공
일시 보호소 및 쉼터	단기 체류 및 안전 확보, 긴급 보호 목적
대한법률구조공단	무료 법률 상담 및 변호사 선임 지원
청소년 상담복지센터	정서적 지지, 상담, 학업 복귀 지원 등 장기적 회복 중심 서비스 제공
학교 및 교육청	학업 연계, 전학 조치, 학교 내 안전조치 등 시행 가능

또한, 아동·청소년 대상 성범죄의 재범 방지와 피해자 보호를 위해 유죄 판결 이후에도 성범죄자에 대한 사후 관리가 제도적으로 이루어진다.

• **성범죄자 신상정보 공개**: 성범죄자의 성명, 나이, 사진, 주소 및 실제 거주지(읍·면·동 단위), 신체정보(키, 몸무게), 범죄 사실 요지(판결일, 죄명, 선고형량), 성범죄 전과 사실, 전자장치 부착 여부 등 8가지를 '성범죄자 알림e' 사이트에 최대 10년간 공개하는 조치이다. 이는 법원이 재범 위험성, 피해자 보호 필요성 등을 종합적으로 판단하여 명령을 부과하며, 공개 대상자에게는 별도 통지가 이루어진다.

• **성범죄자 취업제한**: 성범죄로 유죄 판결이 확정된 자에 대해 학교, 유치원, 어린이집, 학원, 청소년 시설, 아동복지시설 등 아동·청소년 관련 기관에 최대 10년간 취업을 제한하는 제도이다. 성범죄자의 접촉을 직·간접적으로 차단해 아동·청소년의 2차 피해를 막고자 하는 데 목적이 있다.

2) 「성폭력범죄의 처벌 등에 관한 특례법」과 「형법」

　「성폭력처벌법」은 강간, 강제추행 등 기존 형법상 성범죄를 보완하고, 디지털 성범죄, 통신매체 이용 음란, 업무상 위력에 의한 추행 등 사회 변화에 따라 새롭게 등장한 다양한 성폭력 유형을 보다 정밀하고 강력하게 처벌하기 위해 제정된 특별법이다. 이 법은 형법상 성범죄를 포함하면서도 별도의 법률로 구성되어, 성폭력 사건의 특수성을 반영한 처벌 규정과 피해자 보호 절차를 함께 담고 있다.

　특히 「형법」은 성범죄의 기본 틀을 제공하는 일반법으로서 강간, 강제추행, 준강간 및 준강제추행 등을 규정하며, 성폭력처벌법은 이러한 규정을 토대로 보다 구체적이고 강화된 적용기준을 마련하고 있다. 따라서 성폭력 사안에서는 일반적으로 형법과 성폭력처벌법이 함께 적용되거나, 성폭력처벌법이 우선 적용된다. 2020년 개정된 형법에서는 의제강간 조항의 연령이 상향되어, 19세 이상의 사람이 13세 이상 16세 미만인 아동·청소년을 추행·간음하거나 아동·청소년으로 하여금 다른 사람을 추행·간음하게 하는 경우에 엄격한 처벌에 처한다.

3) 성폭력 관련 법률 적용 사례

① 「아동·청소년 성보호에 관한 법률」 적용 사례

사례	초등학교 6학년 민서는 방과 후 다니는 영어학원에서 남자 강사로부터 반복적인 신체 접촉을 겪었다. 강사는 "발음 교정해 줄게."라며 민서의 어깨, 팔, 등, 허리를 자주 만졌고, 주위 사람이 없을 땐 책상 아래에서 무릎을 만지는 등의 부적절한 행동을 했다. 민서는 처음엔 혼란스러웠지만 점차 불안과 두통을 호소했고, 결국 부모에게 "학원 가기 싫다."며 울음을 터뜨렸다.
적용 법령	가해자는 「아동·청소년의 성보호에 관한 법률」 제7조(강제추행 등) 위반으로 형사처벌 대상 법원은 유죄 판결 시, 최대 10년간 가해자의 신상정보 공개와 아동·청소년 관련 기관 취업제한 명령 가능 피해 아동은 진술 녹화, 신뢰인 동석, 비밀보장, 변호사 선임 특례 등 보호조치를 받을 수 있음.

② 「아동·청소년 성보호에 관한 법률」 적용 사례[26]

사례	중학교 2학년 딸을 둔 부모입니다. 아이가 요즘 '자신을 예뻐해 주는 대학생 오빠'가 생겼다며 기뻐하길래 혹시나 하고 아이의 랜덤 채팅앱에 들어가 보았습니다. 그런데 해당 대학생으로 추정되는 남성은 평소 아이에게 친절한 말투로 대하다가, 한 번은 "교복을 입고 찍은 다리 사진을 보내 달라."라고 요구하는 대화 내용을 봤습니다. 다행히 사진을 보내지는 않았지만, 그 대학생을 처벌할 수 있을까요?
적용 법령	피해자와 친밀한 관계를 형성한 뒤 이를 이용해 디지털 기술과 온라인 공간에서 성적으로 학대 및 착취하는 경우 「아동·청소년의 성보호에 관한 법률」 제25조 온라인 그루밍 유형의 디지털 성범죄로 처벌 대상 온라인에서 아동·청소년을 성적으로 착취하기 위한 목적으로 '성적 욕망이나 수치심 또는 혐오감을 유발할 수 있는 대화'를 지속·반복적으로 하거나 '성적 행위를 하도록 유인·권유'하는 행위는 처벌 가능 19세 이상의 사람이 정보통신망을 통하여 16세 미만인 아동·청소년에게 성적 착취를 목적으로 행위를 한 경우는 처벌 대상

③ 「성폭력 범죄의 처벌 등에 관한 특례법」 적용 사례

사례	21살 은진이는 3개월 전 헤어진 남자친구와 찍었던 성관계 동영상이 자기도 모르게 유포된 사실을 알게 되었다. 은진이는 성관계 당시 촬영에 동의했지만, 이별한 이후 남자친구가 그 동영상을 삭제한 줄 알았다고 했다. 뒤늦게 유포 사실을 알게 된 은진이는 "촬영에 동의했던 제가 잘못한 건가요?"라며 울면서 상담실에 찾아왔다.
적용 법령	'촬영'에 대해 동의했더라도, '유포'에 대한 동의를 하지 않았다면, 「성폭력 범죄의 처벌 등에 관한 특례법」 제14조 디지털 성범죄로 처벌 대상 디지털 성범죄 촬영물 또는 복제물을 소지·구입·저장·시청한 경우에도 처벌 대상 디지털 성범죄란, 「청소년 성보호법」 제11조, 「성폭력 처벌법」 제14조, 제14조 2항, 제14조 3항에 근거한 불법 촬영, 비동의 유포, 유포 협박, 불법 합성 등을 말함.

중앙 디지털 성범죄 피해자 지원센터

여성가족부 산하 한국여성인권진흥원에서 운영하는 지원기관으로 피해 상담 및 피해 촬영물 무료 삭제지원, 피해자지원기관 연계 등 디지털 성범죄 피해자를 전문적으로 지원함

- 홈페이지: https://d4u.stop.or.kr
- 전화번호: ☎ 02-735-8994
- 여성긴급전화: ☎ 1366 (365일 24시간 상담 가능)

---

26 출처: 찾기 쉬운 생활법령 정보 홈페이지. https://easylaw.go.kr

중독성 약물은 마약류(마약, 향정신성의약품, 대마), 흡입제(본드, 부탄가스, 니스, 신나 등), 기타(알코올, 니코틴, 카페인 등) 물질을 포함한다. 이 중 마약류는 「마약류 관리에 관한 법률」로 관리하며, 흡입제는 「화학물질관리법」으로 관리하고 있다.

1) 「마약류 관리에 관한 법률」과 처벌기준

「마약류 관리에 관한 법률」(이하 마약류 관리법)은 마약, 향정신성의약품, 대마 등 중독성과 위해성이 큰 약물을 제조·수입·유통·사용하는 행위를 통제하기 위한 대표적인 법률이다. 이 법은 마약류의 불법 유통 차단과 오·남용 방지를 목적으로 하며, 누구든지 마약류 관리법에 따르지 아니한 마약류 사용에 대해 강력한 처벌 규정을 두고 있다. 다음에 해당하는 행위를 엄격히 금지하고 있으며, 마약류 관리법의 형벌 체계는 마약류의 위험성 및 위반행위 유형을 고려하여 규정한다.

- 마약 또는 향정을 소지·소유·사용·운반·관리·수입·수출·제조·조제·투약·수수·매매·매매의 알선 또는 제공하는 행위
- 대마를 재배·소지·소유·수수·운반·보관 또는 사용하는 행위
- 마약 또는 향정을 기재한 처방전을 발급하는 행위, 한외마약을 제조하는 행위

마약류 관리법 형벌 체계

위험성	마약, 가목 향정 〉 나목 향정 〉 다목 향정 〉 라목 향정, 대마 순으로 중한 벌칙
행위유형	수·출입 〉 제조 〉 매매 〉 수수 〉 사용. 순으로 중한 벌칙 다만, 미성년자를 대상으로 한 범죄는 가장 무겁게 처벌
최고형	무기 또는 5년 이상의 징역, 이의 상습범은 사형, 무기 또는 10년 이상의 징역

또한, 마약류 사용자의 사법적 처우 절차로 형사소송법에 따라 기소를 유예할 수 있다. 기소유예의 조건은 다음과 같다.

- **치료조건부 기소유예**: 치료가 필요하다고 판단되면, 치료보호기관에 입원·외래 치료를 의뢰한다.
- **교육이수 조건부 기소유예**: 교육기관에 교육을 의뢰하는 것으로 경미한 마약류 사용자에게 재활교육의 기회를 제공한다.
- **보호관찰 선도조건부 기소유예**: 선도의 목적으로 선도유예 기간 동안 재활을 위한 교육을 받도록 한다.
- **사법-치료-재활 연계모델 참여조건부 기소유예**(2024년 실시): 마약류 투약 사범 중 치료·재활이 필요하다고 판단되는 조건부 기소유예자에 대해 맞춤형 치료·재활 프로그램을 진행한다.

2) 제도적 대응 체계

정부는 마약류 문제에 효과적으로 대응하기 위해 범부처 협력 체계를 구축하고 있다. 예방, 단속, 치료, 재활 등 전 과정을 아우르는 통합적 관리를 위해 각 부처가 역할을 분담하여 협력하고 있다. 아래는 우리나라의 마약류 안전관리 범정부 대응 체계 개요이다.

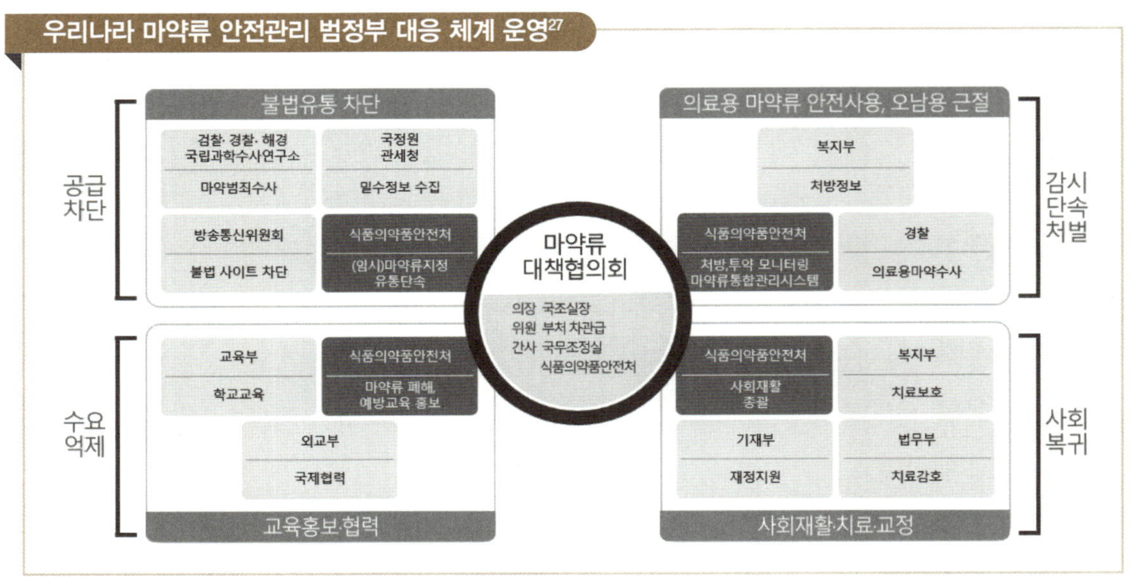

(1) 마약류 무료 익명 검사

마약범죄 피해자를 보호하고 추가 피해 차단 및 치료지원을 위해 서울시가 마약류 성분검사(필로폰, 대마, 모르핀, 코카인, 암페타민, 엑스터시 등 6종)를 진행하고 있다. 익명성, 신속성, 편의성이 있으며, 서울시민이라면 누구나 거주지와 상관없이 가까운 보건소에서 무료로 검사를 받을 수 있고, 서울시 치료보호심사를 거쳐 검사비 등을 지원받을 수 있다.

(2) 중독관리통합지원센터 운영[28]

보건복지부는 지역사회 중심의 통합적인 중독관리 체계 구축을 통해 중독자 조기발견· 상담·치료·재활 및 사회복귀를 지원하기 위해 중독관리통합지원센터를 운영하고 있다. 지역사회 내 알코올 및 기타 중독(마약, 인터넷게임, 도박)에 문제가 있는 자와 그 가족이 해당되며, 전화 상담 및 센터방문 등을 통하여 서비스 이용이 가능하다.

---

27 출처: 식품의약품안전처 홈페이지. https://www.mfds.go.kr
28 출처: 보건복지부 홈페이지. https://www.mohw.go.kr

(3) 마약류 중독의 사회재활 지원체계

마약류 문제는 단순한 처벌만으로 해결하기 어렵기 때문에, 재활과 사회 복귀를 위한 통합적 지원이 필요하다. 특히 청소년은 조기 개입 시 회복 가능성이 높아 심리·정서적 지원과 재활 프로그램이 중요하다. 정부와 민간기관은 중독자와 그 가족을 위한 상담, 치료연계, 재활교육 등을 운영하고 있으며, 주요 기관과 프로그램은 다음과 같다.

마약류 중독의 사회재활 지원체계

구분	용기 한걸음 센터(1342)	함께 한걸음 센터
역할	마약류 관련 종합 상담, 초기 상담	교육 및 재활
대상	마약류 사용자 및 가족, 마약류 관련 누구나 이용 가능	마약류 중독자
업무	마약류 오남용 예방 상담, 정보제공, 사용자 심리검사 및 재활 상담, 유관기관(치료병원 등) 연계 (연중무휴 1일 24시간, 연 365일)	중독자 개인 맞춤형 재활프로그램, 조건부 기소유예자 재활교육, 수강·이수 명령교육

＊ 청소년 중심 마약류 중독재활센터

  마약중독 청소년의 재활을 위한 상담 및 프로그램을 운영.

  중독재활전문가가 개인 상담, 부모 상담, 미술활동, 야외활동, 교육프로그램(변화동기 강화, 마약류의 이해, 건강한 친구관계 형성법 등)을 실시

＊중앙중독재활센터 마약류 사용 청소년 전문 상담 전화: ☎02-6929-3192

＊마약류 중독자 치료보호기관 현황 [부록 14장]

3) 약물 관련 법률 적용 사례

① 「마약류 관리에 관한 법률」 적용 사례

사례	고등학교 졸업을 앞두고 해외여행을 다녀온 준수는 현지에서 합법인 대마초를 친구와 함께 흡입했다. 귀국 후 자신의 SNS에 이를 자랑하는 게시물을 올렸고, 이를 본 지인의 제보로 경찰 조사가 이루어졌다.
적용 법령	- 대한민국 국민은 속인주의에 따라 타국에서 합법인 대마초를 하였더라도, 「마약류 관리에 관한 법률」 제3조 및 제61조에 의해 처벌됨. - 속인주의: 범죄행위가 발생한 장소와 관계없이, 행위자의 국적에 따라 자국의 형법을 적용하는 원칙이다. 즉 자국민이 해외에서 범죄를 저질렀더라도 자국의 법률에 따라 처벌을 받을 수 있다.

② 「마약류 관리에 관한 법률」 적용 사례

사례	중학교 3학년 영훈이는 SNS를 통해 "고액 아르바이트"를 홍보하는 글을 보고 연락을 취했다. 지시는 단순한 '물건 배송'이었고, 정해진 장소에 물건(마약)을 숨겨두고 인증 사진을 보내는 방식이었다. 반복되는 배송을 통해 수십만 원을 벌게 된 영훈은 '드랍 알바'가 불법이라는 사실을 인지하지 못한 채 활동을 계속했다. 영훈은 경찰의 잠복수사 과정에서 적발되었다.
적용 법령	– 마약을 투약하지 않고 소지·운반만 해도 「마약류 관리에 관한 법률」 제58조에 의해 처벌됨. – 드랍알바: 마약 유통 조직이 대면 접촉을 피하기 위해 특정장소에 마약을 놓고('드랍') 가면 구매자가 이를 가져가도록 하는 비대면 마약 전달 방식에 가담하는 아르바이트 형태를 말한다.

③ 「마약류 관리에 관한 법률」 적용 사례

사례	체대 입시를 앞둔 고등학교 2학년 지후는 발목 부상으로 병원 진료를 받던 중, SNS에서 "펜타닐 패치만 붙이면 스트레스 없이 잠도 잘 오고 기분도 좋아진다."는 이야기를 접하게 되었다. 이후 SNS를 통해 알게 된 또래에게서 펜타닐 패치를 건네받아 사용하기 시작했고, 점차 불안, 수면장애, 집중력 저하, 무기력감 등 금단증상을 겪으며 학교생활과 인간관계에 심각한 문제를 겪었다. 이상함을 느낀 같은 반 친구가 지후를 경찰에 신고하였다.
적용 법령	– 「마약류 관리에 관한 법률」 제2조에 의해 처벌됨. – 펜타닐은 의료용 마약으로 지정되어 있어 의사의 처방 없이 사용하는 것을 금지함. 의사의 불법처방 및 소지·복용·유통 모두 불법. – 2018년 5월 18일부터 시행한 '마약류 취급보고' 제도에 따라 마약류 취급자 또는 마약류 취급승인자가 취급한 모든 내역을 '마약류통합관리시스템(www.nims.or.kr)'에 보고하게 된다.(「마약류 관리에 관한 법률」 제13조 3항)

청소년 약물 문제는 단순한 일탈 행위가 아닌, 신체적·심리적·사회적 회복이 필요한 중대한 사안이다. 이에 우리 사회는 법적 처벌뿐만 아니라 예방·치료·재활까지 포괄하는 대응 체계를 마련하고 있다. 특히 청소년 대상 마약류의 확산을 막기 위해 교육·상담·의료·사회복지 영역 간 협력이 지속되어야 하며, 청소년을 위해 건강한 환경을 조성하는 것이 무엇보다 중요하다.

본 장에서는 청소년 비행에 대한 법적 대응과 보호제도를 중심으로 소년사법의 핵심 요소들을 다루었다. 소년법의 기본 개념부터 다양한 전략과 제도적 장치까지를 종합적으로 살펴봄으로써, 청소년이 처한 다양한 사회적 맥락 속에서의 법적 개입의 의미를 이해하고자 하였다. 궁극적으로 소년사법은 단순한 처벌이 아닌 회복과 성장의 기회를 제공하는 방향으로 나아가야 하며, 이를 위해 정책, 교육, 상담, 복지 영역의 지속적인 연계와 협력이 필요하다.

∷ 참고문헌

가요한, 문은영. (2022). 대상관계이론과 상담. 서울: 학지사.

고홍월, 황재원. (2018). 청소년의 학년 증가에 따른 공격적 비행의 변화와 영향요인 탐색. 아시아교육연구, 19(4), 945-968.

권구환, 장수미, 홍석호. (2019). Akers의 사회학습이론을 적용한 청소년 비행 연구에 대한 체계적 문헌고찰. 보건사회연구, 39(2), 424 - 468.

권남희, 이혜경, 진은설. (2020). 청소년심리 및 상담, 서울: 학지사

김경아. (2021). 청소년이 성을 알면 달라지는 것들. 서울: IVP

김경준. (2021). 청소년 비행의 원인과 예방 방안에 대한 고찰. 청소년복지연구, 23(2), 55-78.

김경호. (2009). 청소년 동성애와 상담방안에 관한 연구: 개별, 집단, 가족, 학교 상담을 중심으로. 아시아교육연구 (Asian Journal of Education), 10(2), 135-168.

김계연, 박성연. (2017). 청소년 비행의 이해와 상담. 서울: 학지사.

김미선. (2015). 학교 부적응 청소년의 특성과 지도 방안. 한국청소년정책연구원.

김선영. (2022). 청소년이 경험한 부정적 생애경험 유형과 폭력비행 가해 간 관계, 서울대학교 박사학위논문.

김요완. (2013). 현장 중심의 성 상담과 성교육. 파주: 교문사

김윤희. (2019). 청소년의 흡연 행동과 또래 집단의 영향 분석. 청소년학연구, 26(1), 33-52.

김은경. (2007). 21세기 소년사법 개혁과 회복적 사법의 가치. 형사정책연구, 18(3), 1159-1188.

김정운, 박상준. (2020). 도박장애의 진단과 개입. 한국중독심리학회지, 18(2), 45-61.

김준호, 박성훈, 박형민, 신동준. (2015). 일탈과 범죄의 사회학. 파주: 다산출판사.

김지연, 장은진. (2020). 청소년 비행에 대한 생태학적 접근과 상담적 개입. 청소년 상담연구, 28(1), 123-150.

김진성. (2019). 청소년 비행의 사회학적 이론 고찰. 한국범죄학회지, 13(1), 55-78.

김현수. (2019). 요즘 아이들 마음고생의 비밀. 서울: 해냄출판사.

김현주. (2000). 학교부적응 학생의 심리적 특성과 상담방안. 한국심리학회지: 상담 및 심리치료, 12(2), 45-61.

노언경. (2024). 중학생의 현실세계 학교폭력 피해 유형과 사이버 폭력 피해 유형 간 전이 양상 및 심리적 특성. 교육종합연구, 22(4), 1-20.

노연민, 홍정순. (2023). 대학생의 유기불안과 관계중독의 관계에서 정서조절곤란과 투사의 매개효과. 청소년 상담연구, 31(1), 109-133.

박선영. (2018). 소년사범에 대한 중간처우 확대 방안. 소년보호연구, 31(1), 71-104.

박성호, 김도형. (2009). 자기통제력과 청소년 비행과의 관계: Gottfredson과 Hirschi의 일반범죄이론 검증. 청소년학연구, 16(10), 253-276.

박성희. (2018). 청소년 비행 상담의 실제: 사례기반 접근. 파주: 양서원.

박수경. (2023). 우리가 외면한 진실: 성범죄 심리의 민낯과 이면의 진실. 한국인간관계심리연구소.

박수경. (2024). 관계중독. 서울: 가연.

박재홍, 김성환(2011). 청소년기 뇌 발달과 인지, 행동 특성. 생물치료정신의학, 17(1), 11-20.

박종효, 이선숙, 임재연, 최은영, 권지웅(2022). 학교폭력 예방 및 학생의 이해. 서울: 학지사.

서미정. (2009). 초기 청소년의 외현적 공격성 변화와 비행, 우울/불안 및 학업성취감: 잠재성장분석. 한국청소년연구, 20(2), 141-167.

성태훈. (2022). 쉽게 풀어 쓴 MMPI-2/A 해석 상담 및 심리 상담에서의 적용. 서울: 학지사.

소경섭. (2024). 청소년비행의 모든 것. 서울: 학지사.

송광선. (2002). 청소년 약물 남용의 징후 및 대처방안. 청소년복지연구, 5(2), 33-47.

송명자. (2006). 발달심리학. 서울: 학지사.

송영옥. (2022). 청소년비행의 결정요인에 관한 연구. 경남대학교 박사학위논문.

신민섭, 김미연, 김수경, 김주현, 김지영, 김해숙, 류명은, 은싱글. (2005). 웩슬러 지능검사를 통한 정신병리의 진단평가. 서울: 학지사.

신은정, 이종복. (2019). 문제행동 청소년의 인지행동적 상담 개입. 한국청소년 상담학회지, 27(2), 87-112.

엘렌 베스, & 로라 데이비스. (2023). 아주 특별한 용기: 성폭력 생존자들을 위한 영혼의 치유 (이경미, 역). 동녘. (원서 출판년도: 2008)

오인수. (2025). 학교폭력 심리적 이해와 상담적 개입. 서울: 학지사.

윤정민, 조성욱. (2021). 게임장애의 진단기준 및 평가 도구 고찰. 한국청소년정책연구, 28(3), 77-99.

이만종. (2017). 범죄와 청소년비행의 사회학. 파주: 법문사.

이명화(2003). 상담자를 위한 청소년 성 상담 지침, 아하서울시립청소년성문화센터.

이무송. (2022). 청소년의 신종마약류중독 실태 및 대응방안 연구. 한국중독범죄학회보, 12(2), 35-53.

이수정. (2024). 최신 범죄심리학 (5판). 서울: 학지사.

이수정, 박미혜. (2019). 청소년 행위중독의 신경생물학적 특성. 한국정신신체의학회지, 9(1), 1-16.

이순래. (2007). 소년사법의 현황과 소년범죄에 대한 대응전략. 형사정책연구, 18(3), 1047-1080.

이순희. (2023). 청소년의 비행경험에 대한 현상학적 연구. 평택대학교 박사학위논문

이승우, 남재성. (2021). 청소년의 자살충동에 영향을 미치는 요인에 관한 연구: 사회유대 요인을 중심으로. 한국범죄심리연구, 17(4), 119-136.

이승현, 박선영. (2017). 소년범 대상 중간처우제도의 활성화 방안. 한국형사정책

연구원.

이영문 외. (2020). 청소년 중독과 정신건강 공존장애 진단과 개입 전략. 국립정신건강센터.

이영민, 김상겸. (2018). 범죄사회학. 고양: 대영문화사.

이윤호. (2002). 12세 미만 범죄소년에 대한 정책대안의 모색. 21세기 청소년비행의 처우에 관한 새로운 방향 모색 세미나. 범죄예방위원회 전국연합회.

이윤호, 김지연. (2006). 최근 소년사법의 경향에 따른 소년범에 대한 효과적인 대응방안의 모색. 한국공안행정학회보, 22, 321-348.

이윤호, 이승욱. (2023). 청소년비행론 (2판). 박영사.

이은주. (2000). 성폭력 가해자 치료 프로그램 개발을 위한 기초연구. 한국여성학, 16(1), 175-202.

이유진, 조은숙. (2024). 초기 청소년 대상 부모참여 포괄적 성교육 프로그램이 참여자의 성지식, 성태도, 성관련 의사소통에 미치는 효과 연구. 한국가족관계학회지, 29(1), 115-140.

이인영. (2015). 청소년 뇌과학 연구가 미국의 소년사법에 미친 영향에 관한 고찰. 홍익법학, 16(3), 433-455.

이정혁. (2018). 청소년 약물 남용의 특성과 대응 방안. 한국청소년정책연구원.

이종원, 김동일, 홍현주. (2016). 청소년 사이버 비행의 이해와 예방. 한국청소년정책연구원.

이종원 외. (2016). 한국아동청소년패널조사 Ⅶ. 한국청소년정책연구원.

이창한. (2021). 한국 범죄학. 교문사.

임동호, 류동수, 성시한, 이경민, 정정란, 차승준, 최용희(2019). 청소년육성제도론 (2판). 지식공동체.

장근영, 임지연. (2021). 아동·청소년 대상 디지털 성범죄 현황 및 대응 방안 연구(연구보고서). 한국청소년정책연구원.

정미경. (2021). 청소년의 감정 조절 능력 향상을 위한 집단 상담 프로그램 개발. 상담학 연구, 22(4), 217-237.

정문성. (2021). 청소년 비행론. 학지사.

정선화 외. (2022). 중독과 상담. 학지사.

정여주. (2021). 청소년 사이버 폭력 문제와 상담. 학지사.

정여주, 신윤정. (2020). 청소년 사이버 폭력 가해척도 개발 및 타당화. 학습자중심교과교육연구, 20(23), 1453-1473.

정여주, 선혜연, 신윤정, 이지연, 오정희, 김옥미, 윤서연, 박은경. (2024). 학교폭력 예방 및 학생의 이해 (2판). 서울: 학지사.

정익중. (2019). 청소년복지론. 파주: 나남출판.

정율. (2007). 청소년 성소수자를 둔 가족 상담. 청소년 성소수자 상담 기초교육 자료집. 동성애자인권연대.

정혜, 진현, 명호, 박지선. (2010). 비행 청소년의 유형에 따른 전두엽 실행기능의 차이: 평생지속형과 청소년기 제한형을 중심으로. 한국심리학회지: 학교, 7(2), 235-249.

조은문, 임려원, 김영순, 이은미, 권민성, 박숙자, 정현주, 고혜인, 장수미, 이유미, 최정란, 최꽃닢, 김혜숙. (2025). 위기 상담 유형별 치료적 개입. 서울: 작가와.

조정실, 차명호. (2012). 교사와 학부모를 위한 학교폭력 상담. 서울: 학지사.

조희정. (2012). 사이버불링의 개념과 대응방안에 대한 탐색적 연구. 청소년 상담연구, 20(1), 1-25.

채규만. (2012). 성행동 심리학. 서울: 학지사.

천성문 외. (2019). 성심리의 이해. 파주: 양서원.

최재윤, 이광섭. (2011). 청소년 비행론. 서울: 학지사.

최영주. (2018). 행위중독 영역에서 도파민 보상체계의 역할에 대한 고찰. 한국행동과학회 논문집, 23(4), 112-130.

최화경. (2019). 청소년 약물남용의 중독 경로 분석. 중독연구, 9(1), 65-78.

하혜숙, 정환욱. (2025). 성교육과 성 상담. 한국방송통신대학교출판문화원.

한국청소년 상담복지개발원. (2022). 가출청소년 실태조사 및 보호체계 연구.

홍상욱 외. (2014). 청소년 비행과 상담. 파주: 교육과학사.

홍서아, 김종식. (2022). 청소년의 관계중독현상의 이상심리 연구. 한국중독범죄학회보, 12(2), 81-100.

황명구, 송현정. (2019). 관계중독 연구 활성화를 위한 동향 분석: 2005년부터 2019까지. 한국콘텐츠학회지, 19(10), 98-111.

경기도 청소년안전망 채움. (n.d.). 경기도 청소년안전망 채움 성 문제.

교육부. (2015). 학교 성교육 표준안.

교육부. (2024). 2024년 학교폭력제로센터 전국 176개 설치 공정한 사안조사, 맞춤회복지원까지 통합제공. 보도자료.

교육부, 이화여자대학교 학교폭력예방연구소. (2024). 학교폭력 사안처리 가이드북.

국가법령정보센터. (2025). 학교폭력 예방 및 대책에 관한 법률.

국가법령정보센터. (n.d.). 국가법령정보센터.

국민신문고. (n.d.). 국민신문고.

국회입법조사처. (2021). 소년사법제도개선에 관한 기존 논의와 새로운 방향 ,NARS 현안분석 제220호.

다음백과사전. (n.d.). 다음백과.

마약류통합관리시스템. (n.d.). 마약류통합관리시스템 홈페이지.

방송통신위원회. (2022). 2022년 사이버 폭력 실태조사 결과 보고서.

법무부. (2022).「소년법」,「형법」개정안 입법예고.

법무부 범죄예방정책국. (n.d.). 법무부 범죄예방정책국 홈페이지.

법제처. (2022).「소년법」입법동향. 최근 입법동향.

보건복지부. (n.d.). 보건복지부 홈페이지.

식품의약품안전처. (n.d.). 식품의약품안전처 홈페이지.

여성가족부. (2005). 성폭력 피해자 치유·가해자 교정 프로그램 매뉴얼.

여성가족부. (2023). 2022 청소년백서.

여성가족부. (n.d.). 여성가족부 홈페이지.

여성가족부, 통계청. (2022). 청소년 통계.

찾기 쉬운 생활법령정보. (n.d.). 찾기 쉬운 생활법령정보 홈페이지.

청소년유스폴넷. (n.d.). 청소년유스폴넷 홈페이지.

청소년정책연구원. (2023). 청소년정책 실태조사.

한국건강증진개발원. (2020). 청소년 금연프로그램 운영지침서.

한국도박문제관리센터. (2022). 청소년 도박중독 실태 보고서.

한국마약운동퇴치본부. (2023). 2022 한국다르크포럼: 자료집.

한국 상담학회. (2024). 사단법인 한국 상담학회 윤리강령.

한국상담심리학회. (2025). 2025년 7월 하계 교육연수 자료집.

한국여성인권진흥원. (2022). 디지털 성범죄 유형별 실태 및 지원체계 분석 보고서.

한국청소년 상담복지개발원. (2018). 위기청소년 사례개입 매뉴얼.

한국청소년 상담복지개발원. (2023). 2023 청소년 상담이슈페이퍼, 4호.

한국형사·법무정책연구원. (2001). 청소년 성범죄자의 재활프로그램의 실태 및 개선방안.

한국형사정책연구원. (2015). 청소년 사이버범죄 실태 및 대응방안 연구.

APA. (2013). Diagnostic and Statistical Manual of Mental Disorders (5th ed.) (권준수 역). 서울: 학지사.(원전: Diagnostic and Statistical Manual of Mental Disorders (5th ed.), 2013)

APA. (2024). DSM-5-TR 간편질환진단통계편람 (권준수 역). 서울: 학지사.(원전: Diagnostic and Statistical Manual of Mental Disorders, Fifth Edition, Text Revision [DSM-5-TR], 2022)

Wallin, D. J. (2012). 애착과 심리치료 (김진숙·이지연·윤숙경역). 서울:학지사. (원전: Attachment in Psychotherapy, 2007).

Weiss, L. G., Saklofske, D. H., Holdnack, J. A., et al. (2020). WISC-V 임상적 활용과 해석 지침서 (이명경, 안성희, 엄정호 외 공역). 서울: 학지사. (원전: WISC-V: Clinical Use and Interpretation-Scientist-Practitioner Perspectives, 1st ed., 2015)

Morey, L. C. (2014). PAI의 평가의 핵심 (오상우, 홍상황, 박은영 역). 서울: 학지사.(원전: The Personality Assessment Inventory: Professional Manual, 1991)

Peabody, S. (2010). 사랑중독:관계에 대한 집착과 의존에서 벗어나기 (류가미 역). 서울: 북북서. (원전: Addiction to love: Overcoming obsession and dependency in relationships, 1995)

Martin, G. (1994). 좋은 것도 중독이 될 수 있다 (임금선 역). 서울: 생명의 말씀사. (원전: When good things become addictions, 1991)

Archer, R. P. (2023). MMPI-A를 통한 청소년 정신병리 평가 (안도연 역). 서울: 학지사. (원전: MMPI-A: Assessing Adolescent Psychopathology, 1992)

Schaeffer, B. (2010). 사랑중독 (이우영 역). 서울: 이너북스. (원전: Is it love or is it addiction, 2009)

Whiteman, T., & Petersen, R. (2004). 사랑이라는 이름의 중독 (김인화 역). 서울: 사랑플러스. (원전: Victim of Love, 1998)

Crain, W. (2012). 발달의 이론 (송길연, 유봉현 역). 서울: 시그마프레스. (원전: Theories of Development, 2005).

Adams, D. (1988). Treatment Models of Men Who Batter. In K. Yllo & M. Bograd (Eds.), Feminist Perspective on Wife Abuse (pp. 176-199). Newbury Park: Sage Publications.

Agnew, R. (1992). Foundation for a general strain theory of crime and delinquency. Criminology, 30(1), 47-87.

Akers, R. L. (1973). Deviant behavior: A social learning approach. Belmont, CA: Wadsworth.

American Psychiatric Association. (2013). Diagnostic and statistical manual of mental disorders (5th ed.; DSM-5). Arlington, VA: American Psychiatric Publishing.

Anderson, S. W., Bechara, A., Damasio, H., Tranel, D., & Damasio, A. R. (2013). Impairment of social and moral behavior related to early damage in human prefrontal cortek. In Social neuroscience (pp. 29–39). Psychology Press.

Archer, J. (2006). Testosterone and human aggression: An evaluation of the challenge hypothesis. Neuroscience & Biobehavioral Reviews, 30(3), 319-335.

Babor, T. F., Higgins–Biddle, J. C., Saunders, J. B., & Monteiro, M. G. (2001). AUDIT: The Alcohol Use Disorders Identification Test—Guidelines for Use in Primary Care (2nd ed.). World Health Organization.

Bandura, A. (1963). The role of imitation in personality development. In D. P. Hartley (Ed.), Current theory and research in motivation: Vol. 1. Nebraska Symposium on Motivation (pp. 211-274). Lincoln, NE: University of Nebraska Press.

Bandura, A. (1977). Social learning theory. Englewood Cliffs, NJ: Prentice Hall.

Barker, R. G., Dembo, T., & Lewin, K. (1941). Frustration and regression: An experiment with young children. In J. M. Hunt (Ed.), Personality and the behavior disorders (Vol. 1, pp. 457-481). New York: Ronald Press.

Bass, E., & Davis, L. (1988). The Courage to Heal: A Guide for Women Survivors of Child Sexual Abuse. New York: Harper & Row.

Beattie, M. (1987). Codependent No More: How to Stop Controlling Others and Start Caring for Yourself. Center City, MN: Hazelden Foundation.

Beauvoir, S. de. (1953). The Second Sex (H. M. Parshley, Trans.). New York, NY: Alfred A. Knopf.

Becker, H. S. (1963). Outsiders: Studies in the sociology of deviance. New York, NY: Free Press.

Berkowitz, L. (1989). Frustration–aggression hypothesis: Examination and reformulation. Psychological Bulletin, 106(1), 59-73.

Blakemore, S. J., & Robbins, T. W. (2012). Decision–making in the adolescent brain. Nature neuroscience, 15(9), 1184–1191.

Book, A. S., Starzyk, K. B., & Quinsey, V. L. (2001). The relationship between testosterone and aggression: A meta-analysis. Aggression and violent behavior, 6(6), 579-599.

Brennan, P. A., Hammen, C., Andersen, M. J., Bor, W., Najman, J., & Williams, G. M. (2000). Birth complications and early-onset depression: Risk factors for externalizing behavior problems in adolescents. Journal of Clinical Child Psychology, 29(3), 241-252.

Brownmiller, S. (1975). Against our will: Men, women, and rape. New York: Simon & Schuster.

Buss, D. M., & Duntley, J. D. (2006). The evolution of aggression. In M. Schaller, J. A. Simpson, & D. T. Kenrick (Eds.), Evolution and social psychology (pp. 263-285). Psychology Press.

Burton, D. L., et al. (2002). A social learning theory comparison of the sexual victimization of adolescent sexual offenders and non-sexual offending delinquents. Child Abuse & Neglect, 26(9), 893-907.

Butler, J. (1990). Gender Trouble: Feminism and the Subversion of Identity. New York & London: Routledge.

Caspi, A., McClay, J., Moffitt, T. E., Mill, J., Martin, J., Craig, I. W., Taylor, A., & Poulton, R. (2002). Role of genotype in the cycle of violence in maltreated children. Science, 297(5582), 851-854.

Cass, V. C. (1979). Homosexual identity formation: A theoretical model. Journal of Homosexuality, 4(3), 219-235.

Center for Substance Abuse Treatment. (2005). Screening and Assessment Tools Chart. U.S. Department of Health & Human Services.

Cloward, R. A., & Ohlin, L. E. (1960). Delinquency and opportunity: A theory of delinquent gangs. New York: Free Press.

Cohen, A. K. (1955). Delinquent Boys: The Culture of the Gang. Glencoe, IL: Free Press.

Corey, G. (2021). Theory and Practice of Counseling and Psychotherapy (10th ed.). Cengage Learning.

Cortoni, F., & Marshall, W. L. (2001). Sex as a coping strategy and its relationship to juvenile sexual history and intimacy in sexual offenders. Sexual Abuse: A Journal of Research and Treatment, 13(1), 27−43.

Crockett, M. J., Clark, L., Apergis−Schoute, A. M., Morein−Zamir, S., & Robbins, T. W. (2012). Serotonin modulates the effects of Pavlovian aversive predictions on response vigor. Neuropsychopharmacology, 37(10), 2244−2252.

Davison, G. C. (2001). Conceptual and ethical issues in therapy for the psychological problems of gay men, lesbians, and bisexuals. Psychotherapy in Practice, 57(5), 695−704.

Dollard, J., Doob, L. W., Miller, N. E., Mowrer, O. H., & Sears, R. R. (1939). Frustration and aggression. New Haven, CT: Yale University Press.

Durkheim, É. (1897). Le Suicide: Étude de sociologie. Paris: Alcan.

EBSCO. (1967). In re Gault. In Research Starters: Law. EBSCO.

Eccles, D. A., Macartney−Coxson, D., Chambers, G. K., & Lea, R. A. (2012). A unique demographic history exists for the MAO−A gene in Polynesians. Journal of human genetics, 57(5), 294−300.

Ellis, H. (1927). Studies in the Psychology of Sex, Vol. I: The Evolution of Modesty, The Phenomenon of Sexual Periodicity, Auto−Erotism (3rd ed.). Philadelphia, PA: F. A. Davis Company.

Erikson, E. H. (1968). Identity: Youth and crisis. W. W. Norton & Company.

Ewing, J. A. (1984). Detecting alcoholism: The CAGE questionnaire. JAMA, 252(14), 1905-1907.

Farmer, A. D., Bierman, K. L., & Conduct Problems Prevention Research Group. (2002). Predictors and consequences of aggressive−withdrawn problem profiles in early grade school. Journal of Clinical Child and Adolescent Psychology, 31(3),

299-311.

Farrington, D. P. (1996). Understanding and Preventing Youth Crime. York, England: Joseph Rowntree Foundation.

Foucault, M. (1978). The History of Sexuality, Vol. 1: An Introduction (R. Hurley, Trans.). New York, NY: Pantheon Books.

Friedman, A. S., & Utada, A. (1989). A method for diagnosing and planning the treatment of adolescent drug abusers (ADAD). Journal of Drug Education, 19(4), 285-312.

Galván, A. (2013). The teenage brain: Sensitivity to rewards. Current Directions in Psychological Science, 22(2), 88-93.

Gladding, S. T. (2018). Counseling: A Comprehensive Profession (8th ed.). Pearson.

Gorski, T. T., & Miller, M. (1986). Staying Sober: A Guide for Relapse Prevention. Independence, MO: Independence Press.

Gottfredson, M. R., & Hirschi, T. (1990). A General Theory of Crime. Stanford, CA: Stanford University Press.

Grant, J. E., & Chamberlain, S. R. (2016). Expanding the definition of addiction: DSM-5 vs. ICD-11. Current Addiction Reports, 3(4), 6-12.

Hagan, J., Gillis, A. R., & Simpson, J. (1990). Power-control theory of gender and delinquency. American Journal of Sociology, 96(4), 962-990.

Heatherton, T. F., Kozlowski, L. T., Frecker, R. C., & Fagerström, K. O. (1991). The Fagerström Test for Nicotine Dependence: a revision of the Fagerström Tolerance Questionnaire. British Journal of Addiction, 86(9), 1119-1127.

Hester, M., & Westmarland, N. (2004). Tackling street prostitution: Towards a holistic approach (Home Office Research Study No. 279). Home Office Research, Development and Statistics Directorate.

Hindelang, M. J., Hirschi, T., & Weis, J. G. (1979). Correlates of delinquency:

The illusion of discrepancy between self—report and official measures. American sociological review, 44(6), 995—1014.

Hirschi, T. (1969). Causes of delinquency. Berkeley, CA: University of California Press.

Hite, S. (1976). The Hite Report: A Nationwide Study on Female Sexuality. New York, NY: Macmillan.

Horvath, A. T., & Yeterian, J. D. (2012). SMART Recovery: Self—empowering, science—based addiction recovery support. Journal of Groups in Addiction & Recovery, 7(2-4), 102-117.

Hudson, S. M., Marshall, W. L., Wales, D., McDonald, E., Bakker, L. W., & McLean, A. (1993). Emotional recognition skills of sex offenders. Annals of sex research, 6(3), 199—211.

Janet Sasson Edgette. (2006). Adolescent Therapy That Really Works: Helping Kids Who Never Asked for Help in the First Place. Norton Professional Books.

Kelly, M. S., Kim, J. S., & Franklin, C. (2017). Solution—focused brief therapy in schools: A 360—degree view of research and practice. Oxford University Press.

Knight, J. R., et al. (1999). A new brief screen for adolescent substance abuse. Archives of Pediatrics & Adolescent Medicine, 153(6), 591-596.

Koob, G. F., & Volkow, N. D. (2010). Neurocircuitry of addiction. Neuropsychopharmacology, 35(1), 217-238.

Le Blanc, M. (2005). La conduite déviante des adolescents: son développement et ses causes. Traité de criminologie empirique (4eéd.), 227—272.

Lee, J. A. (1977). A Typology of Styles of Loving. Personality and Social Psychology Bulletin, 3(2), 173-182.

Lee, S. Y., & Oh, I. (2012). School violence in South Korea: An overview of school violence and intervention efforts. In S. Jimerson, M. Furlong., A. Nickerson, & M. Mayer (Eds.), Handbook of school violence and school safety:

Inernational research and practice (2nd ed.), NY: Routledge.

Liu, J., Raine, A., Wuerker, A., Venables, P. H., & Mednick, S. (2009). The association of birth complications and externalizing behavior in early adolescents: direct and mediating effects. Journal of Research on Adolescence, 19(1), 93-111.

Liu, J., & Raine, A. (2017). Nutritional status and social behavior in preschool children: the mediating effects of neurocognitive functioning. Maternal & child nutrition, 13(2).

MacKinnon, C. A. (1979). Sexual Harassment of Working Women: A Case of Sex Discrimination. New Haven, CT: Yale University Press

Main, M., & Solomon, J. (1990). Procedures for identifying infants as disorganized/disoriented during the Ainsworth Strange Situation. In M. T. Greenberg, D. Cicchetti, & E. M. Cummings (Eds.), Attachment in the Preschool Years: Theory, Research, and Intervention (pp. 121-160). Chicago, IL: University of Chicago Press.

Marlatt, G. A., & Gordon, J. R. (1985). Relapse prevention: Maintenance strategies in the treatment of addictive behaviors. New York: Guilford Press.

Martin, G. L. (1991). When Good Things Become Addictions. Wheaton, IL: Victor Books.

Marshall, W. L. (1988). The use of sexually explicit stimuli by rapists, child molesters, and nonoffenders. Journal of Sex Research, 25(2), 267-288.

Masters, W. H., & Johnson, V. E. (1966). Human Sexual Response. Boston, MA: Little, Brown and Company.

Max, J. E., Koele, S. L., Smith Jr, W. L., Sato, Y., Lindgren, S. D., Robin, D. A., & Arndt, S. (1998). Psychiatric disorders in children and adolescents after severe traumatic brain injury: a controlled study. Journal of the American Academy of Child & Adolescent Psychiatry, 37(8), 832-840.

McCarn, S. R., & Fassinger, R. E. (1996). Validation of an inclusive model of sexual minority identity formation on a sample of gay men. Journal of Homosexuality, 32(2), 53-78.

Merton, R. K. (1938). Social Structure and Anomie. American Sociological Review, 3(5), 672-682.

Miller, W. B. (1958). Lower Class Culture as a Generating Milieu of Gang Delinquency. Journal of Social Issues, 14(3), 5-19.

Miller, G. A. (1997). The Substance Abuse Subtle Screening Inventory Manual (3rd ed.). The SASSI Institute.

Moffitt, T. E. (1993). Adolescence-Limited and Life-Course-Persistent Antisocial Behavior: A Developmental Taxonomy. Psychological Review, 100(4), 674-701.

Moffitt, T. E. (1993). The neuropsychology of conduct disorder. Development and psychopathology, 5(1-2), 135-151.

Money, J. (1994). Sex Errors of the Body and Related Syndromes: A Guide to Counseling Children, Adolescents, and Their Families (2nd ed.). Baltimore, MD: P. H. Brooks Publishing.

Morrow, D. F. (1993). Social work with gay and lesbian adolescents. Social Work, 38(6), 655-660.

Myer, R. A., & James, R. K. (2013). Crisis Intervention Strategies (7th ed.). Cengage Learning.

Nevin, R. (2007). Understanding international crime trends: the legacy of preschool lead exposure. Environmental research, 104(3), 315-336.

Niehoff, D. (1999). The biology of violence: How understanding the brain, behavior, and environment can break the vicious circle of aggression. Free Press.

Ó Ciardha, C., & Ward, T. (2013). Theories of cognitive distortions in sexual offending: What the current research tells us. Trauma, Violence, & Abuse, 14(1), 5-21.

Olweus, D. (1978). Aggression in the schools: Bullies and whipping boys. Hemisphere.

Olweus, D. (1991). Bully/victim problems among schoolchildren: Basic facts and effects of a school-based intervention program. In D. J. Pepler & K. H. Rubin (Eds.), The development and treatment of childhood aggression (pp. 411-448). Hillsdale, NJ: Lawrence Erlbaum Associates.

Olweus, D. (1993). Bullying at School: What We Know and What We Can Do. Oxford: Blackwell.

Olweus, D. (1997). Bully/victim problems in school: Facts and intervention. European Journal of Psychology of Education, 12(4), 495-510.

Pathchin, J. W. & Hinduja, S. (2010). Traditional and nontraditional bullying among youth: A test of general strain theory. Youth & Society, 43(2), 727-751.

Pathchin, J. W. & Hinduja, S. (2015). Measuring Cyberbullying: Implications for researxh. Aggression and Violent Behavior, 23, 69-74.

Peabody, S. (2005). Addiction to Love: Overcoming Obsession and Dependency in Relationships (3rd ed.). Berkeley, CA: Celestial Arts.

Peele, S., & Brodsky, A. (1975). Love and Addiction. New York: Taplinger.

Petry, N. M., Rehbein, F., Gentile, D. A., Lemmens, J. S., Rumpf, H. J., Möß le, T., ⋯ Woelbert, E. (2014). An international consensus for assessing internet gaming disorder using the new DSM-5 approach. Addiction, 109(9), 1399-1406.

Rado, S. (1933). The Psychoanalysis of Pharmacothymia. Psychoanalytic Quarterly, 2, 1-23.

Reiss, I. L. (1960). Premarital Sexual Standards in America. Glencoe, IL: The Free Press.

Rosenbaum, A., & O'Leary, K. D.(1981). Marital Violence: Characteristics of Abusive Couples. Journal of Consulting and Clinical Psychology, 49(1), 63-71.

Rothbart, M. K., & Bates, J. E. (2006). Temperament. In W. Damon, R. M. Lerner, & N. Eisenberg (Eds.), Handbook of child psychology: Social, emotional, and personality development (6th ed., Vol. 3, pp. 99-166). Hoboken, NJ: John Wiley & Sons.

Rusbult, C. E. (1980). Commitment and satisfaction in romantic associations: A test of the investment model. Journal of Experimental Social Psychology, 16(2), 172-186.

Sampson, R. J., & Laub, J. H. (1993). Crime in the making: Pathways and turning points through life. Cambridge, MA: Harvard University Press.

Santrock, J. W(2021). Adolescence (17th ed.). McGraw-Hill Education.

Schaef, A. W. (1986). Co-Dependence: Misunderstood, Mistreated. San Francisco, CA: Harper & Row.

Selekman, M. D. (2010). Collaborative Brief Therapy with Children. Guilford Press.

Skinner, H. A. (1982). The Drug Abuse Screening Test. Addictive Behaviors, 7(4), 363-371.

Somerville, L. H., & Casey, B. (2010). Developmental neurobiology of cognitive control and motivational systems. Current opinion in neurobiology, 20(2), 236-241.

Steinberg, L(2017). Adolescence (11th ed.). McGraw-Hill Education.

Steinberg, L., Albert, D., Cauffman, E., Banich, M., Graham, S., & Woolard, J. (2008). Age differences in sensation seeking and impulsivity as indexed by behavior and self-report: evidence for a dual systems model. Developmental psychology, 44(6), 1764.

Steiner, M., Dunn, E., & Born, L. (2003). Hormones and mood: from menarche to menopause and beyond. Journal of affective disorders, 74(1), 67−83.

Sternberg, R. J. (1986). A triangular theory of love. Psychological Review, 93(2), 119-135.

Susman, E. J., Schmeelk, K. H., Worrall, B. K., Granger, D. A., Ponirakis, A., & Chrousos, G. P. (1999). Corticotropin - releasing hormone and cortisol: Longitudinal associations with depression and antisocial behavior in pregnant adolescents. Journal of the American Academy of Child & Adolescent Psychiatry, 38(4), 460−467.

Sutherland, E. H. (1947). Principles of criminology (4th ed.). Philadelphia: J.B. Lippincott.

Swanson, J., Oosterlaan, J., Murias, M., Schuck, S., Flodman, P., Spence, M. A., ... & Posner, M. I. (2000). Attention deficit/hyperactivity disorder children with a 7−repeat allele of the dopamine receptor D4 gene have extreme behavior but normal performance on critical neuropsychological tests of attention. Proceedings of the National Academy of Sciences, 97(9), 4754−4759.

Sykes, G. M., & Matza, D. (1957). Techniques of neutralization: A theory of delinquency. American Sociological Review, 22(6), 664-670.

Tittle, C. R. (1995). Control Balance: Toward a General Theory of Deviance. Boulder, CO: Westview Press.

Wehmuth M, Antoniuk SA, Da Silva KB, Raskinb S, Oliveira Christoff AD, et al. (2020). Dopamine DRD4 gene polymorphism as a risk factor for epilepsy in autism spectrum disorder. J Biol Med 4(1): 012−017.

Weinstein, A., & Lejoyeux, M. (2015). New developments on the neurobiological and pharmaco−genetic mechanisms underlying internet and videogame addiction. American Journal of Addictions, 24(2), 117-125.

World Health Organization. (2019). International classification of diseases for mortality and morbidity statistics (11th rev.; ICD−11).

Wright, E. R., & Perry, B. L. (2006). Sexual identity distress, social support, and the health of gay, lesbian, and bisexual youth. Journal of Homosexuality, 15, 81-110.

Wubbolding, R. E. (2011). Reality therapy: Theories of psychotherapy. American Psychological Association.

Zuckerman, M. (1994). Behavioral expressions and biosocial bases of sensation seeking. Cambridge university press.

[부록 5장] 사이버 폭력 목격 척도[29]

N	문항	하위 요인
1	사이버상에서 다른 사람에게 막말을 하는 것을 본 적이 있다.	언어 폭력
2	사이버상에서 다른 사람에게 무시하는 말을 하는 것을 본 적이 있다.	
3	사이버상에서 다른 사람을 비하하여 말하는 것을 본 적이 있다.	
4	사이버상에서 다른 사람에게 욕을 하는 것을 본 적이 있다.	
5	사이버상에서 다른 사람에 대해 조롱하는 말을 하는 것을 본 적이 있다.	명예 훼손
6	사이버상에서 다른 사람에게 성격에 대해 비난하는 말(예: 인성 쓰레기 등)을 하는 것을 본 적이 있다.	
7	채팅 서비스(카카오톡, 타임라인, 에스크 등) 이용 중 친구들의 친구 신청을 거부하거나 단체 대화방에서 친구를 제외시키는 것을 본 적이 있다.	소외
8	사이버 게임상에서 친구들을 고의적으로 소외시키는 것을 본 적이 있다.	
9	채팅 서비스에서 특정 친구가 알아듣지 못하는 말을 사용하여 소외시키는 것을 본 적이 있다.	
10	사이버상에서 모르는 사람에게 적대적인 말이나 욕설을 하는 것을 본 적이 있다.	플레 이밍
11	사이버상에서 누군가의 게시글에 다수가 적대적인 말이나 욕설을 하는 것을 본 적이 있다.	
12	사이버상에서 모르는 사람의 험담이나 무시하는 말을 하는 것을 본 적이 있다.	
13	사이버상에서 상대방의 야한 사진을 요구하는 것을 본 적이 있다.	성 폭력
14	사이버상에서 원치 않은 성적인(야한) 내용이 담긴 글 또는 소설을 보내는 것을 본 적이 있다.	
15	사이버상에서 다른 사람을 대상으로 하는 야한 내용이 담긴 글이나 사진/동영상을 퍼트리는 것을 본 적이 있다.	

---

29 출처: 정여주, 신윤정(2020).

[부록 9장-1] 초·중등학교 성교육 표준안

■ 초등학교 성교육 표준안[30]

목표
• 심리적 변화, 남녀의 성과 심리 특성, 출산 과정의 이해, 자신의 신체변화를 긍정적으로 인식하여 건강한 성 의식을 갖는다.
• 가족의 소중함, 결혼으로 형성되는 가정과 가족의 관계, 동성 친구와 이성 친구 사귀는 방법 등을 이해하여 인간관계를 형성하는 기초 능력을 지닌다.
• 올바른 몸가짐과 바람직한 의사소통을 이해하고, 자기주장을 올바르게 표현할 줄 알며, 자기주장과 다를 때 거절하는 방법을 익혀 이를 실생활에서 실천한다.
• 남녀 생식기의 위생과 관리, 생식기의 청결한 관리와 옷차림, 사춘기 생리현상의 이해와 건강관리, 에이즈의 감염과 예방 등을 알고 건강한 성생활을 위해 이를 생활화한다.
• 집안에서의 역할 분담, 성 차이와 성역할의 이해, 성적 강요 행동에 대한 대처, 성역할의 변화와 양성평등, 성폭력의 의미와 올바른 대처 방법 등을 통해 가정의 소중함을 이해하고, 인터넷의 편리성과 위험성, 대중매체의 성 상품화, 음란물의 문제점 등을 바르게 인식하여 이에 대처하는 방법을 알고 실천한다.

■ 중학교 성교육 표준안

목표
• 성에 대한 과학적 지식을 바탕으로 성 건강에 필요한 신체·심리적 특성과 사회적 역할과 기능을 습득하고 생명존중과 성 정체성 등 성에 대한 올바른 가치관을 확립하여 성에 대한 긍정적 인식으로 행복한 삶을 영위할 수 있는 능력과 태도를 기른다.
• 청소년과 성, 생식기관과 2차 성징, 청소년기의 성 심리, 청소년기의 성 정체성 등을 이해하고 자신과 타인의 신체에 대한 긍정적 이미지의 구현을 통해 건강한 성의 중요성을 인식하고 건강한 성 의식을 갖는다.
• 성별에 따른 가족 구성원의 역할과 중요성, 이성 친구와의 갈등과 언어 사용, 놀이에서 이성 친구 간에 지켜야 할 예절, 내가 꿈꾸는 결혼과 부모의 역할 등의 이해를 통해 친구와 가정의 소중함을 알고 인간관계를 형성하는 기초 능력을 지닌다.
• 성적 의사결정의 사례를 통해 그 의미를 이해하고, 효과적인 의사소통 조건과 방법을 익혀 실생활에 활용하며, 성에 대한 자기주장과 거절방법, 성 문제로 인한 위기관리 등을 익혀 이를 실생활에서 실천한다.
• 남녀의 성 인식의 차이 및 책무성 등을 바르게 이해하고, 이를 일상생활에 실천함으로써 올바른 성 예절을 생활화한다.
• 생식기 건강과 태아, 임신과 출산, 신생아 관리, 피임의 종류와 방법 등을 이해하고, 성매개 감염병의 종류와 예방법, 에이즈의 감염경로와 예방법을 안다.
• 성폭력의 실태와 문제점, 성폭력 예방과 대처법, 미혼부·모와 한 부모 지원법 등을 이해하고, 대중매체에 나타난 성 문제 분석, 음란물의 영향과 대처, 성매매의 이해와 방지법 등을 바르게 인식하여 문제 상황에 대처하는 방법을 알고 이를 실천한다.

---

30 출처: 교육부(2015). 학교 성교육 표준안. 교육부.

목표

- 성에 대한 과학적 지식을 바탕으로 성 건강에 필요한 신체 · 심리적 특성과 사회적 역할을 이해하고 생명존중과 성 정체성 등 성에 대한 올바른 가치관을 형성하여 책임 있는 성행동으로 행복한 삶을 영위할 수 있는 능력과 태도를 기른다.
- 인간의 삶과 성, 인간의 성 심리, 생애 주기에 따른 성의 변화 등을 이해하고 출산 과 부모 되기 준비, 인간의 신체상과 성 의식에 대한 인식 등을 통해 건강한 성의 중요성을 인식하고 건강한 성 의식을 갖는다.
- 자녀 양육과 부모의 역할에 대한 이해를 통해 부모의 책무에 대한 이해를 높이고, 건전한 이성 교제와 예절, 배우자의 선택과 이성관 등을 정립하고 이성과의 인간관계를 발전시킬 수 있는 관계능력을 지닌다.
- 성에 대한 올바른 가치관, 성적 합리적 의사결정, 이성과 의사소통 기법, 효과적인 거절 방법 등에 대한 이해를 통해 성 문제에 대한 대처능력을 향상시키고, 성 문제로 인해 발생하는 위기관리 능력을 키워 이를 실생활에 활용한다.
- 성관계와 이에 따른 책임감, 성욕의 해소, 성 기능 부진의 이해 등을 통해 성에 대한 책무성을 높이고 건전한 성생활의 의미를 알고 이를 통해 올바른 성 예절을 생활화한다.
- 피임법의 선택, 인공임신중절, 생식기의 질병과 건강관리, 신생아 돌보기 등을 이해하고, 성매개감염병의 종류와 대처 방법을 안다.
- 데이트 성폭력, 예술과 외설, 성매매의 실태와 원인, 성매매의 예방과 대처, 성과 관련된 법률의 이해 등을 통하여 문제 상황에 대처하는 방법을 알고 실천한다.

[부록 9장-2] 청소년 성교육 프로그램 예시[31]

회기	목표	교육 내용 및 활동
1	성이란 무엇인가? 신체중심의 이해	• 성이란 무엇인가? • 신체의 이해
2	성에 대한 마음중심의 이해	• 신체 구조 이해 • 신체변화란 • 생명의 탄생과 책임감
3	생리, 임신, 피임이해	• 임신, 동의, 의사결정 • 성적 행동에 대한 규범 및 또래 영향 • 성병 위험감소와 이해
4	몸에 대한 경계와 자기 결정권 이해	• 신체 자기 결정과 동의
5	가치, 인권, 문화, 사회, 섹슈얼리티와 성적 행동	• 가치/인권/문화/사회와 성 • 섹슈얼리티와 성적 행동
6	안전한 관계 이해 사이버 성범죄, 그루밍 인식	• 성폭력에 대한 이해 성폭력, 그루밍에 대한 이해 •
7	건강과 복지	• 성적 행동의 규범과 또래 영향력
8	성 고정관념과 성차별에 인식	• 성인지교육, 성별 고정관념, 부모의 사춘기에 대한 마음 이해
9	부모-자녀 성 관련 의사소통과 부모의 성인식 증진 교육	• 부모-자녀 간 대화의 시간 • 가족 성인지

---

31 출처: 이유진, 조은숙(2024) 연구를 재구성하여 소개함

[부록 9장-3] 청소년 성교육 지원 기관

기관명	주요 사업 및 정보
한국 청소년 성문화센터협의회 (지역별 성문화센터 운영)	성교육 프로그램, 성폭력 예방, 체험형 교육, 교사/부모 연수 대상: 만 5세~고등학생, 교사, 부모 https://www.sexcenter.or.kr 02-735-5256
푸른아우성 (BlueB)	인권 기반 성교육, 청소년/교사/부모 대상 맞춤 교육 대상: 중·고등학생, 교사, 부모 https://www.blueb.co.kr 02-322-7942
탁틴내일	청소년 성교육, 성폭력 예방, 권리교육 대상: 청소년, 교사, 부모 https://www.tacteen.net 02-338-2890
한국 여성민우회 성교육팀	성인지 기반 성교육, 디지털 성폭력 대응, 캠페인 대상: 청소년, 여성, 일반 시민 https://www.womenlink.or.kr 02-737-5763
청소년사이버 상담센터 (청소년 상담복지개발원)	실시간 채팅, 문자, 전화 성 상담 및 위기 상담 (국번 없이 1388) 대상: 전국 청소년 누구나 https://www.cyber1388.kr
다들어줄개 앱 (여성가족부)	모바일 기반 성 상담, 관계/자존감/성 문제 등 익명 상담 대상: 청소년 앱·플레이 스토어 검색:"다들어줄개"
지역 보건소 내 청소년 건강센터	피임, 생리, 성병 검사, 임신 관련 의료 상담 대상: 청소년 (지역 보건소별 상이) https://www.hcd.go.kr

[부록 9장-4] 청소년 성 착취 성폭력 피해자 지원 기관

기관명	주요 사업 및 정보
여성긴급전화 1366	24시간 상담, 긴급보호, 주거지원, 연계서비스 제공 www.women1366.kr/ ☎ 1366
해바라기센터 (성폭력 피해자 통합지원센터)	성폭력 피해자 대상 의료·법률·수사·심리 상담 통합 지원 www.sunflowercenter.or.kr (지역별 상이) ☎02-3672-0365
성 착취(성매매) 피해 청소년 치료·재활서비스	성매매 피해 청소년의 사회복귀 지원 www.cheum.hi1318.or.kr ☎ 02-735-1509
성폭력 피해 아동·청소년 전용 쉼터	심리안정, 학업지원, 보호·숙식 제공 www.women1366.kr ☎ 1366 ☎ 02-120
경찰청 / 사이버경찰청	24시간 성폭력·성 착취 신고 접수 www.police.go.kr/ ☎ 112
학교폭력신고센터 (117센터)	학교 내 성폭력 및 폭력 피해 신고 www.safe182.go.kr/ ☎ 117
대한법률구조공단	가정폭력·성폭력 무료 법률 상담 및 구조 www.klac.or.kr/ ☎ 132
성폭력 피해자 지원사업	상담, 의료, 법률, 보호, 숙식 제공 ☎ 02-735-1509
중앙디지털 성범죄피해자지원센터 (디지털 성범죄 전용)	피해 상담, 디지털 자료 삭제, 모니터링, 수사·법률·의료 연계 지원 https://d4u.stop.or.kr ☎02-735-8994

[부록 9장-5] Cass(1979)의 동성애 정체성 발달단계와 상담방안[32]

발달단계	상담 방법
정체성 혼란 (confusion)	이 단계에서는 동성애에 이끌리는 등 다름을 느낀다. 상담자는 지지적 태도를 기반으로 다름에 대한 감정을 탐색하고 자아가 분열되지 않도록 도와야 한다.
정체성 비교 (comparison)	강하게 동성애 이끌리거나 때로는 불쾌감을 느끼기도 하는 단계이다. 조화를 이루는 것에 대한 불안이 있고 사회적 고립감을 느끼기도 하기에 상담자는 이상적 자아를 탐색하고 두려움, 불안 등을 탐색해야 한다. 또한 다른 LGBTQ+ 지지자원과 연결을 돕는 것이 도움이 된다.
정체성 인내 (tolerance)	성 정체성을 부인하며 동성애자인 또래 친구 또는 어른을 탐색하는 단계로 이중적인 삶을 경험한다. 상담자는 부정적 생활을 회피하고 사회적 참여를 독려하면서 성인들과 지지적 관계를 유지할 수 있도록 도울 수 있다.
정체성 수용 (acceptance)	LGBTQ+ 와 접촉 증가하며 사회적으로는 가족 또는 학교에서 외로움을 느낄 수 있는 단계이다. 커뮤니온 이슈를 탐색하고 자존감을 잃지 않도록 돕는 것이 필요하다.
정체성 자긍심 (pride)	이성애자들과 구분하려는 태도로 차별에 대한 분노를 보이기도 하는 단계이다. 자기 수용을 돕고, 이성애자와의 긍정적 교류를 격려하는 것이 필요하다. 단 과도하게 드러내는 것에 대한 주의가 필요하다.
정체성 통합 (synthesis)	이성애자들과의 재회가 되는 단계이다. 정체성과 나에 대한 연결을 돕는 것이 필요하다.

---

[32] 출처: 김경희(2009)의 '청소년 동성애와 상담방안에 관한 연구'를 재구성함

[부록 9장-6] 청소년 성 정체감·성 지향성 상담 기관

기관명	주요 사업 및 정보
청소년성소수자 위기지원센터 띵동	성소수자 청소년 위기 상담, 긴급지원, 커뮤니티 연계, 자립 지원 https://www.ddingdong.kr ☎ 02-924-1227 / 카카오톡: 띵동119
한국성적소수자 문화인권센터	성소수자 인권 상담, 커뮤니티 및 교육 지원 https://www.lgbtpride.or.kr ☎ 02-715-9984
청소년전화 1388	성 정체감·성적 지향 관련 고민 상담 및 연계 https://www.kyci.or.kr ☎ 1388 (24시간)

[부록 10장] 약물에 대한 설명

1. 억제제(진정제, Depressants, Downers)

순서	약물명	설명
1	펜타닐	• 매우 강력한 합성 아편 유 사제(opioid) 진통제 • 원래 암 환자의 통증을 줄이기 위해 복용제, 패치식으로 개발됨 • 약리 작용은 모르핀과 유사하지만 효능은 모르핀보다 50~100배 더 강력해 소량을 흡입해도 인체에 치명적임 • 중독, 금단증상이 가장 위험한 마약 계열로 중단할 경우 신체적 고통이 매우 심각하게 나타남 • 소형 화학합성 시설에서 간단히 제조 가능하기 때문에, 소규모 불법 조직도 쉽게 제조할 수 있음 • 걷는 모습이 비틀거리고 굳어진 신체 모습으로 인해 좀비 마약으로 불리기도 함 • 청소년들 사이에서 패치 오남용 사례 발생
2	날부민	• 마약성 진통제 계열로 수술 후 진통, 분만 진통 등 통증 완화에 사용되어짐 • 순수 μ 작용제(예: 모르핀)보다 호흡억제 위험이 낮으나 모르핀, 펜타닐 등과 함께 사용 시 작용 상쇄되어 주의가 필요 • 천장효과(ceiling effect: 일정 용량 이상 사용 시에도 효과가 일정)가 있어 과용 위험이 비교적 낮음 • 심리적 진통제 의존의 gateway 역할 가능함
3	러미나 (페노바르비탈)	• 바르비튜레이트계 진정 및 수면제로 GABA 수용체를 강화하여 중추신경계를 억제함 • 과거 간질 발작 예방과 치료를 위해 사용되었으나 남용 위험으로 제한적 사용 • 장기간 사용 시 강한 내성이 발생하며 신체적 의존과 심한 금단증상 발생 • 알코올, 다른 억제제와 병용 시 호흡억제, 혼수, 사망 위험이 급증 • 오늘날에는 벤조디아제핀 계열로 대체되었으나 오남용 주의가 필요함
4	졸피뎀	• 벤조디아제핀 보다 안전하다는 이유로 오남용이 많은 약물 • 스틸녹스, 졸피론, 졸피드 등 단기 불면증 치료 약에 사용됨 • 1일 1정, 10mg, 4주 복용으로 4주 이상 복용 시 의사와 약물사용에 대한 재평가 필요 • GABA 수용체와 결합하여 진정효과를 내며 복용 후 자동차 운전 등에 치명적 • 알코올과 동시에 복용 시 효과가 강해져 사망 위험 증가함
5	프로포폴	• 중추신경 억제제로 전신마취제로 사용됨 • 수면 내시경 등 진정 목적, 단시간 수면 유도를 위해 사용되어 수면제처럼 남용 사용됨 • 정맥주사 형태로 빠르게 신체 반응 나타남 • 전문의약품으로 의료 목적 외의 사용은 불법으로 지정된 향정신성 의약품임
6	코데인	• 아편 유사 진통제로 μ 오피오이드 수용체에 작용하여 억제효과 나타냄 • 기침약, 감기약, 진해제로 위장되어 오남용 사례가 증가함 • '퍼플 드링크'로 코데인이나 프로메타진 등과 탄산음료, 시럽으로 혼합, 가공하여 섭취하는 사례도 있었음
7	디아제팜	• 벤조디아제핀계 항불안제 계열의 억제제 • 불안장애 치료에 주로 사용되며 경구, 정맥주사, 근육주사 등으로 투여가 가능 • 신체적, 심리적 의존이 매우 강하여 수 주 이상 지속 복용 시 내성 및 금단증상 발생함 • 갑자기 중단할 경우 생명 위협이 가능하여 의학적 감시하에 감량 필요함

| 8 | GHB | • 단일 분류가 쉽지 않은 복합 작용성 약물이나 전반적인 작용은 억제제 성격에 가까움
• 중추신경계 억제와 일부 상황에서 흥분감과 해리감 유도 가능성이 있음
• 무색무취, 액상 형태로 음료에 혼합하여도 식별하기 어려워 데이트 강간 약물로 사용됨
• 파티, 클럽에서 '기분 좋아지는 액체'로 유통되며 편안한 기분, 성적 해방감 등으로 오남용 문제 발생함
• 복용 후 당시 상황을 기억하지 못하며 기억상실 유발함 |

2. 각성제(흥분제, Stimulants, Uppers)

순서	약물명	설명
1	암페타민	• 중추신경계 활동이 증가하며 교감신경 활성화되는 각성제 • 우리나라에서 메틸페니테이트(콘서타), 페니드 계열이 사용되며 ADHD 치료제로도 쓰임 • 도파민, 노르에피네프린 등의 신경전달물질 분비를 촉진하여 각성, 집중력 향상, 기분 고양 효과를 유발함
2	애더럴	• 암페타민 복합제로 '공부 집중약' 시험을 잘 보려고 먹는 비처방 복용 사례가 문제시됨 • 식욕억제 효과로 체중감량 목적 복용에도 사용됨 • 장기 남용 시 폭력성, 충동 조절 문제, 집중력 저하, 불안, 약물중독 전이 위험이 커짐
3	메스암페타민	• 메스, Ice, 필로폰, 히로뽕, 뽕, 크리스털 은어로 불림 • 도파민, 노르에피네프린, 세로토닌 등의 신경전달물질 방출을 폭발적으로 증가시켜 뇌를 강하게 자극함 • Club drug 흥분제로 각성, 기분 고양, 식욕 억제, 자신감 증가, 말 많아짐 등 쾌감 수반 • 흡입, 주사, 비강흡입 등 있으나 주사(작대기)가 특히 치명적임 • 뇌세포 손상, 기억력 저하, 환각 등 신체와 정신을 모두 파괴하는 마약임 • 강력한 환시, 환청 등 정신병적 행동과 피해망상 나타남 • 버그증상으로 피부에 벌레가 기어 다니는 환각 증상으로 피부 상처, 손톱자국, 메스페이스(얼굴 파괴) 나타남
4	YABA	• 광란의 약으로 불리며 태국, 라오스, 미얀마, 말레이시아 등 동남아 지역을 중심으로 확대 • 작고 붉은, 주황색 알약 형태로 향기가 첨가되기도 함 • UN 등 국제기구에서도 심각한 약물로 지정함
5	코카인	• 도파민, 노르에피네프린, 세로토닌의 재흡수를 억제하는 중추신경 흥분제임 • 강한 쾌감과 피로감을 감소시키며 지속시간이 짧아 반복 복용을 유도하는 약물임 • 장기 복용 시 코카인 유발 정신병 발생 가능성이 있으며 강한 심리적 의존성을 지님
6	펜터민	• 중추신경 흥분제로 식욕을 억제하기 위해 사용되며 일명 나비약으로 불림(디에타민, 휴터민 등) • 도파민, 노르에피네프린 증가를 유도하여 식욕감소, 에너지 증가, 기분 상승 등 흥분제 특성이 동반됨 • 청소년 외모, 다이어트 관심사로 SNS 상에서 살 빠지는 약으로 홍보되며 무분별하게 복용하는 사례 나타남
7	엑스터시 (MDMA)	• 암페타민(흥분제)와 메스칼린(환각제)의 구조가 혼합된 약물로 사이클로스틱 계열로 분류됨 • 엑스터시, 몰리, E, Adam, X 등의 은어로 표현되어 행복한 약, 사랑의 약, 기분 좋아지는 약으로 위장되어 사용됨 • 도파민, 세로토닌, 노르에피네프린 증가로 감각이 민감해지고 흥분, 쾌감, 활동성 증가함

3. 환각제(Hallucinogens)

순서	약물명	설명
1	LSD	• 사이키델릭 계열 환각제 약물로 세로토닌 수용체(5–HT2A)에 강력히 작용하여 지각·감각·사고를 왜곡함 • 1938년 스위스에서 최초 합성되어 만들어졌으며 맹독성 맥각균에서 파생됨 • 종이에 약물을 흡수시켜 혀 밑에 녹이거나 삼키는 방식으로 사용됨 • 플래시백/베드트립: 복용 수일~수개월 후에도 LSD 사용 당시 환각이 재현되는 현상 발생
2	케타민	• 마취제로 개발되었지만 정신적 해리감의 환각효과로 인해 환각제로 분류됨–해리성 환각제 • NMDA 수용체를 억제하여 감각차단, 해리 증상 유발함 • 최근에는 저용량 케타민은 난치성 우울증 치료에 사용됨 • 심리적 의존, 내성 증가, 방광 손상 등 문제가 나타날 수 있음
3	펜사이클리딘 (PCP)	• 중추신경계 억제제와 환각제 성격이 혼합된 해리성 환각제로 분류됨 • 엔젤 더스트(Angel Dust)로 불리며 대마초/마리화나에 PCP를 적셔 파는 방식으로 대마초 흡연으로 오해하는 사례도 발생함 • 망상, 환각, 편집증, 과대망상 등 나타나며 정신병적 증상 지속되어 나타날 수 있음
4	대마초 (마리화나)	• 환각제(Hallucinogen) 계열이지만, 억제·흥분 특성도 일부 혼재됨 • THC 정신작용 유발 성분으로 감정, 기분 변화를 유발함, 반복 사용 시 THC로 내성 발생 • 뇌의 칸나비노이드 수용체(CB1, CB2)에 작용
5	해시시	• 대마 식물에서 추출하여 만든 고농축 환각제로 THC가 주요 성분 • 대마초 THC 3~15%/ 해시시:THC 20~60%로 강력한 환각과 중독 효과를 지님

4. 기타 약물

순서	약물명	설명
1	디설피람	• 알코올 중독 치료제로 사용되며 알코올에 대한 혐오 조건화를 유도함
2	날트렉손	• 알코올 중독 및 오피오이드 중독치료에 효과적인 중독 치료제임
3	신종마약 NPS	• 기존 마약과 유사한 작용을 하며 화학구조를 변형시킨 신종 마약 • 디자이너 마약, 가짜 마약, 스마트 마약 등으로 불림 • 액체, 젤리, 오일, 디자인 드럭, 전자담배 액상 등 다양한 형태임

[부록 14장] 마약류 중독자 치료보호기관 현황 ('24.10월 말 기준)[33]

지역	구분	병원명	지정 병상 수(개)	대표번호
서울	은평구	서울특별시 은평병원	25	02-300-8114
	광진구	* 국립정신건강센터	2	02-2204-0114
부산	연제구	부산의료원	2	051-507-3000
	사상구	부산시립정신병원	8	051-310-7710
대구	서구	대구의료원	2	053-560-7575
	동구	* 대동병원	25	053-663-1008
인천	동구	인천광역시의료원	2	032-580-6000
	서구	* 인천참사랑병원	50	032-571-9111
광주	광산구	광주시립정신병원	5	062-949-5200
대전	중구	* 참다남병원	4	042-222-0122
	서구	마인드병원	2	042-528-6550
울산	남구	마더스병원	10	052-270-7000
경기	의정부시	경기도의료원의정부병원	5	031-828-5000
	용인시	용인정신병원	10	031-288-0114
	용인시	* 경기도립정신병원	10	031-330-6200
	의왕시	계요병원	10	031-455-3333
	수원시	아주편한병원	2	031-269-5665
	이천시	이천소망병원	5	031-637-7400
	부천시	더블유진병원	1	032-321-1433
강원	원주시	* 원주세브란스기독병원	2	033-741-0114
	춘천시	국립춘천병원	10	033-260-3000
충북	청주시	청주의료원	2	043-279-0114
충남	공주시	국립공주병원	2	041-850-5700
전북	익산시	* 원광대학교병원	2	1577-3773
	김제시	신세계병원	32	063-545-8700
	완주군	전라북도마음사랑병원	4	063-240-2100
전남	나주시	국립나주병원	10	061-330-4114
경북	포항시	포항의료원	3	054-247-0551
경남	창녕군	* 국립부곡병원	90	055-536-6440
	양산시	양산병원	2	055-379-0202
제주	제주시	* 연강참병원	2	064-759-9641
합계		31개 의료기관	341	–

* 권역 치료보호기관

---

33 출처: 보건복지부 홈페이지. https://www.mohw.go.kr

저자 프로필

1	이지연	숭실대학교 글로벌미래교육원 심리학 전공 지도교수 한국상담심리학회 1급, 임상심리사 1급, 청소년상담사 1급, 청소년지도사 1급
2	고혜인	사단법인 제주국제명상센터 상담교육원장 교육학 박사(상담심리전공), 임상심리사 1급, 청소년상담사 1급
3	노성현	새숨심리상담센터 대표 J.S갤러리 관장 상담심리학 박사
4	김재은	위로심리상담연구소 대표 교육학 박사(상담심리전공), 전문상담사 1급
5	김아신	마음자리심리상담센터 대표 상담심리학 박사, 상담심리사 1급 및 주수퍼바이저, 심리학회 중독상담사
6	정현주	성모 정신건강의학과 상담심리사, 플러스 아동발달 센터 상담사 교육학 박사(상담심리전공), 임상심리사 1급, 청소년 상담사 2급
7	이윤진	건국대학교 교육학 박사수료 한국상담심리학회 1급, 한국상담학회 1급, 임상심리사 1급
8	송찬미	국방부 군 전문상담관, 인하대학교 교육학 상담심리 박사수료 청소년상담사 1급, 전문상담사 2급, 전문상담교사 2급
9	정새롬	포항교육지원청 Wee센터 전문상담사 한국상담학회 1급, 청소년상담사 1급, 임상심리사 1급
10	손향미	위안심리상담센터 대표 청소년상담사 1급
11	오은경	공군 교육사령부 교수 한국상담심리학회 1급, 한국코치협회 KPC 인증코치

12	김혜숙	중학교 전문상담교사, 가톨릭대학교 대학원 심리학과 겸임교수 한국상담심리학회 1급, 전문상담교사 1급
13	신수진	육군 병영생활전문상담관 한국상담심리학회 1급
14	정난숙	한국비폭력대화교육원 강사 한국상담학회 1급, 전문상담교사 1급
15	조은문	모은상담심리연구소 소장, 교육학 박사(상담심리전공) 한국상담심리학회 1급, 한국상담학회 1급, 전문상담교사 1급, 청소년상담사 1급, 임상심리사 1급, 학교상담전문가 1급, 국제공인 소매틱 동작치료사
16	임려원	모은상담심리연구소 대표 한국상담심리학회 1급, 청소년상담사 1급, 임상심리사 1급